Гиш Џен
ЖЕНА ЗА ЉУБАВ

Уредник
СИМОН СИМОНОВИЋ

Превела са енглеског
АЛЕКСАНДРА МАНЧИЋ

This project was funded by the Office of Public Affairs, United States Embassy Belgrade. The Office of Public Affairs, United States Embassy Belgrade, or the United States Government neither not takes responsibility for the content of this project.

Овај пројект је у целости помогло Одељење за медије и културу Амбасаде САД у Београду. Одељење за медије и културу Амбасаде САД у Београду, ни Влада САД не одговарају за садржај пројекта.

ГИШ ЦЕН

ЖЕНА ЗА ЉУБАВ

Роман

РАД

ЖЕНА ЗА ЉУБАВ

За Палому

ІДЕО

1

Долази Лан

БЛОНДИ / Онога дана када је дошла Лан, још се могло рећи чија је ово породица — Карнегијева и моја.

Имали смо троје деце. Две прелепе азијске — или боље да кажем, азијско-америчке — девојчице, Венди, од девет година, и Лизи, од петнаест година, обе усвојене; и рођеног сина, Бејлија, од тринаест месеци. Пошто је Карнегијево порекло кинеско, а моје европско, Бејли је полутан, како се каже — или сад већ постоји неки други израз, мање неприкладан — „полутан" ме је увек подсећало више на неко младунче него на наше дете изненађења, дошло да нам огреје крило у средњим годинама.

Наша је породица била, у сваком случају, импровизација. *Нова америчка породица*, изјавио је једном наш сусед Мичел, тетурајући се пијан уз наше двориште степениште. Али за Карнегија и мене, било је то нешто што смо просто направили. Нешто што смо изабрали.

Његова мајка, Мама Вонг, сматрала је да је то неприродно.

Са вама је проблем што вам недостају тачке, волела је да каже. *Само, ви мислите да ја размишљам као Кинези, али кажем вам. Дете треба да одрасте, да каже ово је моја мајка, тачка. Ово је мој отац, тачка. Иначе породица изгледа као да није права.*

Увек добра у приписивању кривице, мене је окривљавала за породицу.

Знам ја Блонди. Све што лујка ради, она ради исто. А није ни права лујка, као њена пријатељица Габријела. Само је хоће-ми-се-да-сам-лујка.

Покушавала сам да јој кажем како је то мој избор — да волим надимке. Покушавала сам да јој кажем да Блонди може да сматра за моје удато име, као да сам уместо презимена променила име. Јер, ја сам таква — мислила сам да сам таква, пре него што је дошла Лан. Отворена особа. Флексибилна особа. Зар ме у школи нису изабрали за Девојку са Највише Разумевања Према Другима?

КАРНЕГИ / Наша рођена Блонди је својевремено спремала папирне марамице за краљицу која се враћа кући.

Него, како било да било, Габријели је име Блонди сметало много више него што јој је сметало да њу саму називају лујка. А прва је признала да се два-три пута враћала на земљу, можда и више. Као и да је провела године тражећи себе без великог успеха.

БЛОНДИ / *Бар имаш своју породицу*, имала је обичај да каже Габријела, прелиставајући огласе личне природе. Могуће прилике заокруживала је ружичастом бојом; црвена коса извиривала јој је испод капе за бејзбол.

Бар сам имала своју породицу.

Свака срећна породица има своја наивна схватања. Претпостављам, кад се осврнем уназад, да су таква била и наша.

У то време, наша хранилица за птице била је најпопуларнија у граду. По снегу бисмо имали по стотину и више птица. Али понекад су долазиле и веверице, све више и више веверица, како су године пролазиле. Прикуцала сам лимену тепсију на врх стуба са којег је хранилица висила; и стуб сам премазивала. А ипак су се гладне птице скупљале по грмљу, понекад — превише често — дрхтећи. Гомиле снега рушиле су се са грања док би се птице гнездиле на њима. За то време, веверице су се завлачиле у хранилицу преко дрвећа, често из два-три правца одједном. Направиле би окрет у ваздуху — летеле, превртале се, стресале — да би се на крају стропоштале на земљу. Тек с времена на време би понека стигла до семења, машући репом; али, како би се само хранилица тада затресла и заљуљала! Семе би се тада у црним чаршавима просуло по белом снегу.

— Веверице ће победити — рекао је Карнеги посматрајући све то. — Природно је да буде тако.

Али семе је, на наше изненађење, у пролеће проклијало — а зар и то није било природно? Претпостављала сам да је семе стерилно. Морало је бити стерилно. Међутим, једнога дана сам у трави приметила венац изданака сунцокрета — сваки са мајушном лептир-машном од лишћа — који убрзо уопште више нису били изданци; из дана у дан су, неким чудом, постајали све већи и већи — све док се нису расцветали, скромни, огромних глава, фантастични, тако правилни да сам ја то називала лепотом.

Њих сам видела када сам се управила у кревету, онога дана у рану јесен када је Лан дошла код нас. Наша кућа била је стара, са огромним даскама у патосу и, између њих, сразмерно широким пукотинама. Прстом на нози опипала сам једну од њих и осетила храпавост, и поред свег нашег спремања. Деца су вриштећи трупкала низ степенице; Карнеги је позвао појачање, што значи, мене. Ипак сам још пола секунде уживала у свом цвећу. У извесном смислу, било је потпуно погрешно — гомила која се одједном појавила насред дворишта у дар-мару. А ипак, како сам их само упијала кроз прозорско окно, кроз сунцем обасјану маглу — ту чудновату дивоту. Тако начичкани; разбацани; испретурани; изгледали су као да су им поиспадала контактна сочива, свима до једног, и свима истовремено. Били су то кућевни, некако смеђолики сунцокрети — три и по метра високи, са по једном стабљиком, танки и жгољави. Сударали су се оним огромним главама. Како су само били чудни — хранилица за птице још је стајала, шћућурена негде у висини њихових колена, попут нечега о шта би се могли саплести. А опет, некако аутентични. Блажено безбрижни, пуни ликовања што су од сопственог семена постали они сами.

Да ли ће та Лан — име јој је Лан, што значи „орхидеја" — бити попут њих?

Док сам била на другој години студија, провела сам једно лето у Хонг Конгу и учила мандарински. Једно лето није дуго времена. Ипак сам донекле сазнала да Кинези уопште веома цене оно што је култивисано. Култивисано.

Ти сунцокрети, међутим, били су све друго, само не култивисани.

Наравно, људи из континенталне Кине били су другачији од оних из Хонг Конга. Млађе генерације биле су другачије од старијих. Мање образовани били су другачији од оних више образованих. Таоисти су били другачији. И сама Лан би могла бити другачија.

У овој породици не уопштавамо, говорила је моја мајка. *У овој породици смо отворени за све.*

Ипак, дубоко у души, желела сам да та Лан никада не дође у прилику да их посматра. Желела сам да не будем принуђена да објашњавам њихову лепоту.

Веровала сам ја, молим вас да ме схватите, у отвореност. У значај културне размене, нарочито у време глобализације, и све то. Моја породица увек је примала студенте са размене. И ма какве биле околности под којима долази та Лан, ипак је она, на крају крајева, Карнегијева рођака. Род рођени.

Ипак, када бих могла да додам неку реч нашем језику, била би то реч за следеће: мир какав одрасла жена осећа у данима — ретким данима — када не треба да води рачуна ни о чијим назорима осим сопствених.

ВЕНДИ / Тата је укључио брисаче на ветробрану, али као нико ништа не види због магле. Како авион уопште може да слети, каже Лизи, али тата каже да има специјалне инструменте, па нико и не мора ништа да види.

— То ти је као скакање — каже он — зар не можемо да се спустимо на тле затворених очију?

— Авион нема ноге као наше — каже Лизи. — То је охрабрујуће, али није истина.

— Ма немој — каже тата. — А где си то научила?

— Неке ствари знаш и сам ако си довољно паметан да их схватиш — каже она.

— Шта је охрабрујуће? — кажем ја.

— Мућни главом — каже Лизи.

— *А-а-а-а-пћих!* — каже Бејли.

Беба Бејли је тако мали да још има оно огледалце испред себе у колима. Сад поново кија у бебу у огледалу — *а-а-апћих!* — и смеје се и смеје, толико воли себе да му цуре бале. Тата каже да је као Нарцис који је направио сопствено језеро, али нам не каже шта то значи. Када дође време, схватићеш моје шале, каже. Када дође време.

— Можда ће да се дигне — каже мама. — Надајмо се најбољем.

— Можда ће да се дигне — каже Лизи, подражавајући је. — Надајмо се...

— Елизабет Бејли Вонг — каже тата. — Сместа прекини.

Окреће главу сасвим уназад, готово као сова, па видимо како му се кожа на врату набира у некакву спиралу кад то ради. Татини родитељи су били кинески Кинези, као из Кине, па зато има исту овакву кожу као и ја и Лизи, меку и глатку као брдо снега по којем нико није корачао, само лети донекле боје чаја, и набрану на неколико места, па тако схваташ да, кад год окрене главу уназад, ради тачно исту ствар. Стално изнова. Али он то ипак и даље ради, баш као што и Лизи стално остаје Лизи, кад не би било тако, вероватно бисмо сви полетели до плафона од среће и поразбијали главе.

— Можда ће да се дигне — каже Лизи још једном подражавајући мамин глас, а онда каже својим обичним гласом: — Кад одрастем, хоћу ли и ја тек тако да сипам бесмислице?

Нема одговора.

— А шта ако нам се не допадне? — каже Лизи. — Можемо ли да је пошаљемо назад у Кину?

— Можемо ли да је пошаљемо назад у Кину — уздише мама.

Лизи носи прстен у носу и наушнице, и тетоважу од кане у облику змија. Хвала богу да ће се бар тетоважа опрати и да ће јој она кратка, кратка коса поново израсти, каже мама, али наравно, не пред Лизи, пошто сасвим добро зна шта ће јој Лизи одговорити. А то је, *Зашто да не посветлим косу, то ти је исто као кад ти на своју стављаш прелив, а осим тога, зашто и ја не бих била плава кад ми је мајка плава?*

Зато мама само каже нешто као да јој се не свиђа та реченица, да се људи шаљу назад у Кину. Зато што људи то говоре чак и онима који савршено говоре енглески и овде су одавно, каже, и како би ти се допало да људи тако нешто теби кажу?

— Неће мени то да кажу — каже Лизи.

— Надајмо се — каже мама.

Она се не окреће као тата да би разговарала са нама, само погледа у огледало са задње стране штитника у колима. Мама је као сушта супротност тати. Тата је мишићав. Кад би га човек бацио у океан, он би потонуо право на дно, а мама би плутала. Тата је зове сви-на-јуриш. И она је као забавна. Можемо да је видимо у огледалу, са плавим очима и плавом, плавом косом и оним руменим, руменим уснама. Прави изглед девојке са села, каже Лизи, пошто је њена породица пореклом одатле, са мамине стране, у сваком случају, са фарме у Висконсину, где су људи прави, а не лажни. Наравно, она је одрасла у Конектикату. Ипак, ко би помислио да ће завршити на месту где људи заиста купују оне црне маркиране вреће за пелене? Ето, то би понекад волела да зна, претпостављам да је увек замишљала да ће једнога дана одлутати назад на своју фарму.

Међутим, као, ето ти је овде.

— Надајмо се — каже мама. — Али, чак и ако не кажу, у нашој породици се не говори о слању људи назад у Кину. Зато што неки људи којима то кажу, за почетак, уопште нису из Кине.

— Неки су из Њу Џерзија — каже тата.

— Неки уопште нису кинеског порекла — каже мама.

— Мислиш, неки од њих су ко-зна-шта — каже Лизи. — Јел' тако? Јапанци, или Вијетнамци.

— Тако је.

— Или папазјанија, као ја. Јел' тако?

— Тако је.

— Превише си осетљива — каже Лизи.

Мама поново подигне штитник и оно светалце поред огледала трепне и угаси се. А то је, сад кад га нема, била најсветлија ствар коју сам видела целог дана, видим, толико је сиво напољу.

— А како то да бледолика из ове породице мора све ово да објашњава? — пита мама у празно.

Тата пребацује брисаче на највећу брзину, иако у ствари не пада киша.

— Ти си више биће удато за полунеандерталца који тек треба да прими обичаје средње класе, ето како — каже он окренувши се према њој. А када се она не окрене према њему, диже и спушта обрве, има оне велике густе обрве као гусенице. Онда тихо каже нешто као: — Молим те за стрпљење.

Зазвони му мобилни телефон, ове недеље мелодија је „Прелепа Америко", и то је, каже, због Лизи и мене, хоће да нас натера да научимо још нешто осим „Афунга Алафиа". Нема он ништа против свахилија, свахили је врло лепа ствар, каже, језик који многи говоре.

— Звучи сјајно — каже сада у телефон, пословним гласом. — Само пази да визуелно буду у реду и... тачно тако.

Бејли почиње да плаче, па му Лизи запуши уста цуцлом.

— У сваком случају, она је из неког градића негде између Шангаја и Пекинга — каже мама. — А то су градови у Кини.

— То си нам већ рекла — каже Лизи.

Али мама ипак понавља целу причу, као да је то нешто што треба да се уради у случају пожара или тако нешто.

— Врло је фина и рођака нам је — каже мама. — Биће код нас неколико година, помагаће нам око вас, и сви ћемо је заволети.

— То је охрабрујуће, али не нужно и истинито — каже Лизи.

— Овде нико ништа не може да каже — каже тата.

— Ни то није истина — каже Лизи.

— Па шта је истина? — кажем ја. — Кад си већ тако паметна.

ЛИЗИ / — Родитељи су лажови — рекла сам. — Кад се забрину, охрабрују те, а краду ти слаткише за Ноћ вештица ако не пазиш.

— Нико ти није крао слаткише за Ноћ вештица — каже тата. — Ако говориш о прошлој години.

— Ја сам пазила — рекла сам ја.

ВЕНДИ / — Мени је понеки недостајао — кажем ја.
Гледам татин црни потиљак, па онда мамин плави потиљак.

— Ја уопште и не волим путер од кикирикија — каже тата.

— О, забога, Карнеги — каже мама.

— И уопште не марим за Кит-Кат — каже.

— Па стварно! — каже мама. — Ти си моје четврто дете.

— *Па, тужи ме, тужи ме, шта ми можеш* — пева тата. — *Ја... сам их појеоооо.*

Мобилни му поново звони, у глави нам одјекују речи. *О, леја, јер је простран*а...

— Хоћеш ли, молим те, да ставиш то на вибрацију — каже мама. И када тата не одговори: — Душо, молим те. Примање телефонских позива по цео дан неће ти помоћи. Ако буде отпуштања, биће отпуштања.

— Хвала ти на том утешном увиду — каже тата. — То ће ми донети готово исто онолико утехе током бесаних ноћи колико и то што знам да је Велики Гринспан, цар економије, предвидео да ће се то десити.

Телефон му поново звони. *О, лепа, јер је...*

— И могу ли само да кажем да сам ја свој искључила иако сутра имам састанак одбора — каже мама.

— *Лепша си од пролећног дана* — запева тада тата. — *Слађа си од Кит-Ката...*

Али ипак искључи телефон и да га мами. Она га остави у преградак за рукавице, који затвори уз тресак, зато што не ради баш најбоље. Наравно да се он ипак поново отвори, па га она још једном залупи, сада мало нежније, што јој упали. Чује се оно кврц. Онда погледа преко рамена и каже: — Тата вам је много вицкаст.

— Боље да сам вицкаст, него виц од човека — одговара он.

— А све то зато што му је мајка дала име Карнеги — каже мама. — Карнеги Вонг.

— Ко беше тај Карнеги, кажеш? — питам ја.

Али мама каже: — Ко би други него мама Вонг урадио тако нешто? Стварно.

Тата каже да његов проблем није само његов проблем.

— Зар не мислиш да у неком тренутку у животу свако мора да се упита, чија ли је то била шала?

— Не — каже мама.

— То је зато што је твоја породица са Средњег Запада, где су вечита питања, Хоће ли падати снег? Хоће ли падати киша? — каже тата. — А да и не помињемо, Хоће ли икада престати?

— Разлика између мене и тебе — каже мама — јесте у томе што ја бар могу да замислим судбину која није смешна.

Знак на путу. Знак на путу. Искачу из магле као ниоткуда, онда постају све већи и већи, док не нестану. Као *пуф*.

— Док веровање у саобраћајну сигнализацију обично траје само једну генерацију — слаже се тата на крају.

— Зар саобраћајна сигнализација није из оног теста што ће Лизи морати да полаже? — питам ја.

Брисачи бришу ли бришу, као да им је то домаћи задатак који просто морају да ураде.

· · ·

Аеродром је велики и лако се пере, ето шта каже Лизи, сваку површину је лако опрати, због свих оних људи. Људи су прљави. Лепе жваке испод седишта, просипају кафу, све би постало одвратно да нема хемикалија.

— Наша Лизи, истинољупка — каже тата крцкајући прстима. — Можда ћеш постати новинар-истраживач.

— Новинари су лажови — каже Лизи. — Само их занима да ли је нешто добра прича, а истина није увек добра прича.

— Лизи — каже мама. — Молим те.

— Не, немој да престајеш — каже тата. — Само покушај да то кажеш тако да људи могу да те чују.

— Мислиш, тако да мама може да ме чује — каже Лизи.

— Мама и ја.

— Хммм — каже она. И онда нас све изненади поновивши то, гласније: — Хммм.

По средини аеродреома нема сенки, и због тога све звучи некако чудно.

Мама цупка Бејлија и жмирка да види шта пише на екрану. Врећа са пеленама клати се, тешка и велика, иза њених леђа, не би била толико тешка да нема бочица и пакетића са ледом које мора да тегли наоколо сад кад се Бејли одједном одбио од сисе.

— Наравно, знала сам да ће једном бити последњи пут — рекла је својој пријатељици Габријели телефоном. Габријела је била у Италији, али су ипак стално разговарале и дописивале се електронски. Али, мислим, да се одбије од сисе. Бочица је бочица. Желела сам да га дојим мало дуже, то је све.

Плакала је.

ЛИЗИ / — Јадна мама — рекла је Венди.

Али ја сам рекла: — Видиш? Никад није била тако блиска са нама, чак ни кад смо биле бебе. Не као са Бејлијем. Суочи се са чињеницама, није то исто.

ВЕНДИ / Мада ће можда мама бити иста таква каква је према нама и према Бејлију када буде порастао, ето шта ја мислим. Можда ће и са Бејлијем да буде као, *Причаћемо после вечере, у реду?* И, *Жао ми је, шећеру, знам да је ово наше посебно време, али, такав је живот запослене мајке.* И можда ће тата бити као, *Понови ми то, слушам те, само треба времена да човек отвори срце. Зато прво мораш да станеш. Тако.* Па ће онда дубоко да удахне. *Хуух. А сад ми понови, без смејања. Шта је било?*

ЛИЗИ / — Или можда неће.
Али, у сваком случају — врећа за пелене.

ВЕНДИ / — Можеш ли мало да испразниш то? — каже тата.
Али мама каже, жмиркајући: — Кад да стигнем? И слободно очисти хладњак, кад си се већ прихватио.
Тако је тата тек узео торбу са маминог рамена и још је гура у мрежицу испод колица, кад она убрза корак. Бејли поскакује, и њене сисе поскакују, и њена бела сукња лепрша око ње као да дува јак ветар, и заруменела се у лицу. Као да је сложила боју лица са бојом усана, тако да јој очи дођу плаве као ласерски зраци за специјалне ефекте.
— Већ је стигла — каже мама. — Поранила! По магли! Ко би помислио да ће стићи раније?
— Раније! — вичемо ми. — Раније! Мора да јој је авион имао специјалне инструменте!
И трчимо кроз ходнике, трчимо и трчимо.

КАРНЕГИ / Избор сасвим неопростивих очекивања:

1. Да ће имати неку несрећну трајну.
2. Да ће кувати боље од Маме Вонг, али ће бити потребно обавестити је о ужасима холестерола.
3. Да ће бити поуздана.
4. Да ће изгледати као да је упола млађа.
5. Да ће крпити.
6. Да ће говорити кинески.
7. Да ће избегавати да се налази у центру пажње.
8. Да ће волети боце са врелом водом.
9. Да ће носити џемпере на копчање.
10. Да ће навијати за обе стране на утакмици.

Заиста је била кадра, како се испоставило, да навија за обе стране на утакмицама.

И заиста је говорила кинески. Мандарински, наравно, као и неке друге дијалекте.

И заиста је изгледала упола млађе. Ниједна седа, нигде борице, захваљујући оној азијској предиспозицији за талажење поткожне маснође. Лако би човек могао помислити да је мало старија рођака наших девојака, мада сам знао да има четрдесет и шест. Седам година старија од мене, годину дана старија од Блонди.

Какво изненађење, међутим, што се кретала онако очаравајуће како се кретала. Када смо је први пут угледали — њу, или оно за шта смо помислили да је она, према слици — ишла је низ покретну стазу заједно са бујицом других путника из Калифорније, према улазним вратима чекаонице. Прилика средње висине, у црном, мршава. Ниско везан коњски реп, дуг врат. Модиљанијевске облине рамена.

Дошло је до застоја, и уследила је нервоза; неком типу се провалило дно кесе. Многи су кренули да му помажу да скупи запрепашћујућу лепезу предмета који су се котрљали, док су други гледали. Једино је Лан тада почела да нестаје, па да се изнова појављује, смирено се провлачећи кроз гужву. Нека се други гурају; она је скретала, измицала се, тихо и смирено. Навикнута на гомилу, како је изгледало. Нестајала, појављивала се, нестајала, појављивала се. Застала је само једном, збуњено, да пљуне у отворену канту за ђубре. Брз, савршен погодак; у поређењу са испљувцима које сам виђао у Кини, овај је био савршено елегантан.

Поново је нестала.

Затим се створила, већ прошавши обезбеђење, на неколико метара од нас. Неупадљива жена, ни пријатна ни непријатна. Лице отегнуто у дужину, очи развучене у ширину, нос спљоштен, уста пуна, јагодице оштре. Испијеног лица, а опет некако стално на опрезу, као у ратној зони. Ништа није било окачено на њу. Како су само натоварено деловали сви око ње, како идиотски претрпани висуљцима. И како се само понашала, какво слатко-застрашујуће држање. У њему није било ничега кинеског. Само се Лан тако држала, као да је решила да одвоји главу од ногу.

— Лан! — довикнули смо. — Лан!

Она је накратко застала.

Шта је оно тада прешло преко њеног лица?

Можда је само била уморна од путовања. Можда је била пометена због Лизиног прстена у носу и тетоваже, или њене плаве косе. Или је можда плавокоси низ Блонди, Бејли и Лизи било оно што ју је изненадило. (Десило се да смо црнокоса Венди и ја стали мало иза осталих.)

Касније смо сазнали да, иако смо јој послали наше слике, због полупредвидљивог поштанског лутања она те слике није примила. У сваком случају, уследио је неки ситан квар на систему. Могло се видети како притиска дугме за ресетовање.

— Како сте — рекла је тренутак касније, повративши се.

Стезала је ручну торбицу, пошто је била пуна прокријумчарених ствари које је успела да провуче кроз царину.

— Добродошла у Америку! Какав је био лет? — рекли смо.

— Здраво, поновила је. Осмехујући се осмехом који ћемо убрзо научити да препознајемо, неким искривљеним полуосмехом.

— Ти си Лан? — упитао сам ја, одједном се запитавши.

— Драго ми је. — климнула је главом.

Блонди је извукла свој кинески из нафталина: — *Нин схи бу схи јиоа Лин Лан?*

Лан је мало олабавила стисак и рекла на кинеском: — *Говорите кински!*

— *Говорим* — рекла је Блонди.

— *Врло добро говорите.*

— *Неколико година сам га учила на колеџу* — рекла је Блонди.

Дуга станка; Лан је мало узмакла. Онај полуосмех.

БЛОНДИ / Можда је требало да кажем, *Нали, нали* — што значи, „Где, где?" — кад је рекла да добро говорим. То је кинески сценарио, на крају крајева. Можда уопште није требало да признам да говорим језик, или да га говорим лоше, грозно, највише реч-две.

Или је можда требало да кажем нешто што почиње са *ти*. Она је рекла нешто што почиње са *ти*; можда је уместо са *ја*, требало да одговорим на исти начин, са *Ти. Врло си љубазна.*

КАРНЕГИ / — Не заборави на то да си плавуша — рекао сам. — Плавуша која говори кинески. Можда ју је то збунило. Или је помислила да се стављаш изнад ње.

БЛОНДИ / Зашто бих, забога, тако нешто радила? — рекла сам.

КАРНЕГИ / — Само знам да би моја мајка помислила тако нешто — рекао сам. У том погледу је врло строго делила ствари. Увек је гледала са висине на некога, или је била убеђена да неко на њу гледа са висине. Као да је цео свет за њу лествица, а сви ми само сироти пењачи.

БЛОНДИ / Рекао је: — Лан се можда запитала и да ли је заиста члан породице — да нисмо случајно под *дадиља* мислили *aui*. Служавка. И шта је значило то што смо смо је довели са студентском визом, кад она није студент?

— Али, зар то није била виза коју је најлакше добити? — рекла сам ја.

У сваком случају, била је одевена сва у црно, попут Лизи, али је утисак био сасвим различит. Све што је Лизи носила било је поцепано или изобличено на неки начин — одећа јој је била натрљаћу-ти-нос. Ланина одећа, напротив, изгледала је као да је брижљиво уклопљена. Све је изгледало ново — њене дебеле најлон-чарапе, и сандале од скаја са високом потпетицом; тесна сукња, и џемпер са V-изрезом. Џемпер је био плетен, са ивицом извезеном у цик-цак. Сукња се уклапала. Ништа јој није најбоље пристајало. Чак и доњи веш као да није био сасвим њен — груди су некако чудно стајале испред ње.

КАРНЕГИ / Препознатљиво хладноратовска ствар, тај грудњак, наговештавао је напредни индустријски инжењеринг и претњу пројектилима.

БЛОНДИ / Видело се — чак и ми смо видели — да није баш из Шангаја. Видело се да уопште није из неког града, него из предграђа — из места где људи имају више него некада, али се тешко може рећи да су богати.

Изгледала је неколико центиметара виша од Лизи, која је имала добрих метар и шездесет. А ипак су изгледале тако слично. Обе у црном, као што сам рекла, и витке, мада Лизи има дуг струк. Или не, можда је Лан више личила на Венди — тако сам помислила кад је Венди пришла. Венди још није почела да се развија. Мада се већ могло видети како ће увек остати витка — право чудо за некога мог облика. Мада нижа од Лан, имала је ноге и труп у сличној сразмери. И обе су имале ону танку и сјајну црну косу.

Венди, хвала богу, није носила црно. Венди је још носила оно што сам јој ја куповала. Кошуљу на цветове, шортс на цветове. Сандале на цветове. Једина добра ствар у томе што је била помало стидљиво дете била је то што је у деветој години још била моја.

Још моја, кажем. А ипак, од тренутка када сам угледала њих три заједно, помислила сам да изгледају, упркос разликама, као комплет. Да ли је то било расистички? Попут кухињских тегли, помислила сам. Мала-средња-велика.

Карнеги и Лан су натегнуто ћаскали поред траке за пртљаг. Онда нико није ништа говорио. Онда је Лизи нешто рекла, и зачудо, Лан се осмехнула и одвратила јој — о Мајклу Џордану, ни мање ни више, и о још некоме — о још једном кошаркашу, Јао Мингу? — са изненађујућом топлином. Рекле су још нешто што нисам чула. Како је само Лан још била обавијена опрезом; а ипак, лице јој је, како је почела да се опушта, заблистало смиреном живошћу.

— Какву дивну кожу имаш — рекла је Лизи. Мора да знаш како треба да једеш. И добру воду имаш.

Лан је ово рекла нежно се осмехујући, уз благо махање рукама. Њени покрети били су попут шапата — није давала велике знаке одобравања, као што је Лизи тврдила да ја стално радим. Лизи је, заузврат, заблистала, оборивши стидљиво главу, тако да се дебељушкасти подвољак указао под њеном брадом. Нисам знала да још има тај мали подвољак; одједном сам је видела, поново као бебу, како тражи да идем за њом унаоколо по дворишту. *Ја мотор! Ти приколица!*

— Како си само паметна. Видим ти то по очима, паметна си — обратила се она Венди мало касније. — Људи би требало да те слушају.

— Волим да играм шах — рекла је Венди. — Добра сам учитељица! И ја узимам часове! Можеш да вежбаш на компјутеру! У школи морам да се играм са дечацима, пошто ниједна девојчица неће да се игра, али на компјутеру има оних сајтова.

— Учиш ме — рекла је Лан. — Вежбам са тобом.

Било је немогуће не заволети је. Покушала сам да јој се осмехнем, и да прокљувим да ли ми узвраћа на осмех. Понекад би ми се учинило да је тако. Ипак, док се пртљаг вукао наоколо, остала сам изван круга њеног шарма. Можда је то било зато што сам била заузета шетајући Бејлија. Надвила се над њим као нов новцати подупирач за младицу, помагала му да се хоп-хоп-хоп попне уз степенице — Бејли је обожавао степенице. Носио је нове беле кожне ципелице на шнирање; његове вреле песнице стезале су ме за прсте.

— Види шта ти умеш! — Лан је тепала Бејлију док смо, обилазећи круг, полако пролазили проед ње.

Десна, лева, десна, лева.

— Какав велики дечко — рекла је Лан у следећем кругу.

Додирнула га је по образу — нокти су јој били дивно углачани, заобљени и ружичасти. Бејли, стидљив, пружио је руке да га подигнем. Али, када се нашао у мом наручју, почео је он њој да тепа, показујући зубиће. Трептао је и ударао ме по мишици, тајанствено се уживевши.

— Зашто сви прича са бебом а не са велики девојчице? — упитала је Лизи и Венди. — Приметите то?

Бејли се тада намрштио — зашто, нико не би умео да каже. Почео је да кењка; девојке су Лан показале његову варалицу. Показале су јој и колица, и како се склапају. Пустиле су је да проба сама. Она их је савршено склопила, без упутстава, из прве.

— У Кини ова колица има много — објаснила је.

— Стварно? — рекле су девојке.

— Како зовете то?

— Колица — рекла је Лизи. — Кол-лица.

— Корица — рекла је Лан.

— Кол-лица. Кол-лица.

Онда је један кофер стигао оштећен. Лан је љупко чучнула, спустивши кофер на под. Девојке су чучнуле поред ње, као да то раде сваки дан. Кофер је био увијен у пластику. Она ју је скинула, не тако што би поцепала омот, него исекавши је глатко по дијагонали, маказицама на склапање. Изгледа ништа није недостајало. Ипак, Карнеги је љутито одвукао оштећену торбу на колицима за пртљаг како би од авио-компаније затражио да учини нешто. Пратили смо га као пачићи, окупивши се послушно испред канцеларије за жалбе све док се он није изнова појавио, ликујући, и објавивши да је средио да јој дају нову торбу.

На то се Лан први пут осмехнула пуним, истинским осмехом — савршено слатким, девојачким осмехом, тако нимало притворним и толико љубазним да је Карнеги Вонг, већ четрнаест година мој супруг, поцрвенео.

ВЕНДИ / У колима навали да седи у трећем реду, сасвим позади, тако да мама и тата могу да седе заједно, и нас троје деце заједно, у средњем реду, мада нисмо имали неку нарочиту жељу. У почетку не прича ништа, али кад јој се обратимо, она се окрене, па онда и она почне да прича.

— Која ти је омиљена боја? — пита.

— Погоди — каже Лизи.

А Ланлан — тражи од нас да је зовемо Ланлан — каже: — Црна.

Или нешто слично. Не каже баш „црна", него каже „цлна", али је разумемо, зато што нам се допала.

— Знала си зато што носим све црно! — каже Лизи.

Ланлан клима главом. — Црно много лепо — каже. — Волиш црташ слике?

— Волим! — каже Лизи. — Откуд си знала?

— Црно много ... како се каже? ... Уметничко — каже Ланлан.

— И ти носиш црно! — кажем ја. — Носиш Лизину омиљену боју.

— А-у-у-у — каже она. — Или кажете ју-ху-и?

— А-у-у-у — каже Лизи.

— Разумем — каже она, мада се опет нешто мршти. — А оно, бозе браги? Или бозе, шта? Бозе браго теби.

— Боље се ти држи оног А-у-у-у — кажем ја.

— Јеси ли и ти уметник? — пита Лизи.

— Ја? О, не, не — каже. Онда каже: — Видим, америчка мода не као кинеска мода.

— Имамо звонцаре — кажем јој ја — хипи-моду!

— Не носе сви те ствари — каже Лизи. — Ја, лично, уопште не обраћам превише пажње на моду.

— У Кина исто имамо мода — каже Ланлан. — Али ја као ти. Не обраћам много пажње.

— Нимало? — кажем ја.

— Па, добро — каже она, осмехујући се. — Мало. Сад неколико недеља. Сад сам ... како се каже ... зртва моде.

— И ја помало обраћам пажњу — каже Лизи.

— Помало? — кажем ја. — Много! Само за то и зна, за моду! Многи се облаче као Лизи. Као њења другарица Ксанаду. Питај је за Ксанаду, Ксанаду је практично њена близнакиња!

— То је тотална неистина — каже Лизи.

— А-у-у-у — каже Ланлан мирно. — А ти, Венди? Јеси ти зртва моде?

Прича ли прича са нама, сад сваки час милује Бејлија по глави, иако он спава.

— На мене је ред! На мене је ред! — раздеремо се Лизи и ја углас, али када Ланлан подигне прст, чак и Лизи уђути као замађијана.

— Мој енглески не тако добар — понавља Ланлан. — Знам само неке речи.

— Као на пример? — каже Лизи.

— „Зовите 911" — каже Ланлан. — „У случају опасности зовите 911."

— Енглески ти је фантастичан! — кажемо јој. Јеси ли га учила на колецу?

Она се мало насмеши, па онда каже: — Није баш колец. Али, као колец. Обично кажемо универзитет.

Уместо „обично" каже „обично".

— Као универзитет? — кажемо ми.

— У Кини, много људи, можда не тако богати, или тешко да прођу испит, онда учи сами — каже. — Наставник види понекад.

— А-у-у-у — кажемо ми.
— Тако може да добије диплома. Наравно, то мало траје.
— Јеси ли ти добила диплому? — питамо ми. — Јеси ли?
Она не одговара, него се само осмехује и седи као нека дама, правих леђа и скупљених колена, тако да јој је крило као сточић.
— Ми смо богати Американци — каже Лизи. — Зар нисмо?
Ланлан гледа кроз прозор у густу маглу, као да тамо има шта да види. Нема шта да се види, али очи јој опет севају лево-десно, зато што се тако брзо крећемо.

БЛОНДИ / Наравно, била је одушевљена нашом кућом. И ми смо били одушевљени својом кућом — била је то лепа стара фармерска кућа, до града се могло пешице, са тремом, и пространим валовитим травњаком, и са амбаром претвореним у гаражу, а ових дана, и са црно-белом патуљастом козом — у ствари, Габријелином, као што ћете чути. Чак и кроз маглу се могло видети како из куће пуца видик преко целог брежуљка. Земља је лежала у зеленим наборима око ње, попут сукње. Ја сам имала своје ексцентричне сунцокрете иза куће — нису се могли одмах видети. Али тамо, код прилаза, стајао је наш мали воћњак са седам великих јабукових дрвета посађених у круг тако да им се гране безмало додирују. Наравно, свако за себе, та дрвета су била незграпна, какво јабуково дрво уме да буде. Изгледале су некако артритично. Као група, међутим, изгледала су љупко, као да су се ухватила у коло. А у пролеће би направила целу таваницу од пупољака. Ако бисте се из дворишта испред куће попели уз малу извишицу — било је пет-шест камених степеника — доспели бисте до ниског цветног неба — до раја. Ко би се могао наситити те чаролије? А тек ујесен! Могли сте видети како се сада грање повија под плодовима — већином јестивим, мада нисмо користили пестициде. Ускоро би девојке кренуле да беру јабуке, старе гране би се повијале тако ниско да само што нису убацивале плодове у корпе. И Лизи и Венди су се пењале на њих док су биле мале, и замишљале да су високо у ваздуху; као старије, обе су ходале по гранама као по кружним пречкама за еквилибристе. И обе су се попеле на врх дрвета, једнога дана, и довикивале Карнегију и мени да дођемо да их видимо.

КАРНЕГИ / Гране у средини биле су одскочне даске за веверице; наши олимпијци скакали су са њих на колски прилаз, око бицикала и трицикала, котураљки и дасака за котурање, могле су и да се тркају. Изнад наших глава, дроздови су весело ширили (у реду, подражавали) оригиналнији цвркут других птица.

Облаци су пловили. Ветар је дувао.

Трава се пресијавала од росе.

Све у свему, кућа је била као сновиђење — призор моје лепе жене, Блонди, чији опширан опис овде убацујем.

Јер Блонди је, у четрдесет и петој, и сама била сновиђење.

Имала је, морам признати, подбрадак. Чело су јој избраздале боре; имала је звездицу у корену носа. Извесне старачке пеге, некада неприметне, постајале су јако видљиве. Уши су јој биле ружичастије и прозирније него некада. Њена природно лимунжута коса, некада ваздушаста, сада је била спласла. Како би је уопште рашчешљала да није пене! Имала је трбух заостао од трудноће, због којег је била склона да носи врећасте ланене џемпере. Више за њу не бисте рекли да је гипка. Речи на које је Блонди подсећала све су почињале на *тег*: *тегљење*, *тегобе*... Нећу даље из мужевљих обзира, али и зато што речи не изражавају њену парадоксалну лакоћу. Риба-полетуша, ето шта је била. Цепелин напуњен неким јединственим гасом.

Није била млада. Жалила се на стрес. Жалила се на проблеме са краткорочним памћењем. Налазила се у перименопаузи. Узимала гинко, женшен, ехинацеу током хладних годишњих доба. Витамин А. Калцијум са сојом. Биле су јој потребне наочари за читање и ни за живу главу није могла да памти имена. Ипак је некако успевала бриљантно да води маркетинг друштвено одговорне инвеститорске компаније у чијем оснивању је учествовала, макар и док је свој живот уз сеоски камионет прекривала илузијом о несмањеном одушевљењу. То није била тривијална ствар. Човека би испунило страхопоштовањем када би видео како прави своје уклете куће за Ноћ вештица (употпуњене ефектом сувог леда), а да и не помињемо свакојака друга чудеса која су укључивала јогурт, прелив од сира, дволитарске боце сода-воде. Како је само успевала да је одушеви (за потребе домаћег задатка) прича о пловидбама, помисао на Индију, систем бодовања на изложбама паса!

Нико не би прионуо на домаће задатке као Блонди.

Имала је глатку, нежну, местимично прозирну кожу, кроз коју су се дирљиво назирале вене. Буцмасте подлактице сужавале су се у изненађујуће ситне, хитре шаке. Њени прсти кретали су се вешто, али мало искоса, као да је управо устала од стола за маникир. Још нека мала изненађења: изненађујуће мали нос, и мале, али округле, живахне очи. Последњи пут када је Блонди отишла код фризера, вратила се са неким надобудним жбуном на глави; стратегија против сплашњавања. Сада је изгледала као Лори Андерсон која се претворила у баштованку.

Укратко, у поодмаклом средњем добу, Блонди је задржала извесну неусиљену нежност и искру малог града. Умела је да буде стидљива, али је умела и да вас изненади. И била је искрена, моја Блонди, мила моја гомила нечега што тек треба да буде излакирано.

Ипак, необјашњиво, личила је на професионалног агента за продају некретнина док је Лан показивала своја нова открића, станчић у гаражи-рођеној-амбар саграђеној нарочито за девојку *au pair*.

— Ово је твоја кухињица — рекла је Блонди.

Испруженом руком показала је врата у боји дрвета која су водила у малу кухињу за приколицу. Показала јој је како се користи електрични шпорет намењен малим просторима. Поред њега, фрижидер у пола величине. Све те ствари ставили су претходни власници, који су углавном презирали све што је право и направљено у нормалној величини. Склонила је длаку са радне површине налик касапском пању.

— Ах! — рекла је Лан.

Она се, како ми се чинило, барем напола осмехивала. Климала је главом. Ушла је у главну собу, са рељефним таписоном од акрилика, и онда стала тамо, стежући шаке. Посматрала је таписон.

БЛОНДИ / Мислили смо да те снабдемо само основним стварима, а да теби препустимо уређивање — рекла сам ја. — Тако нећеш морати да живиш по туђем укусу.

— Ах! — рекла је она.

— Ако ти се не свиђа бело, радо ћемо ти помоћи да окречиш. Девојке обожавају такве ствари.

— Ах! — рекла је још једном она.

КАРНЕГИ / Намештај је припадао мојој мајци. Велики тоалетни сто од махагонија који нисмо имали где да ставимо. Могло се чути како одоздо мекеће коза.

БЛОНДИ / Карнеги би јој дао гостињску собу. Мислио је да би осећала као да је више добродошла ако би била у кући — део куће.

Али, то је било тачно испод наше спаваће собе, а станчић је био и пространији. Имао је кухињицу, и купатило. Имао је таванске прозоре. Прозори су били отворени и на два зида, имала је и вентилатор на плафону. Чак и по магли се могло видети колико је прозрачен. И није се улазило кроз гаражу — постојао је посебан улаз наспрам куће, иза оставе за алат. Сиђе се стазицом, па се онда попне спиралним степеницама.

КАРНЕГИ / — Да сам ја на њеном месту, волела бих да имам сопствени простор — рекла је Блонди. — Да сам ја на њеном месту, желела бих да имам своју приватност.

У данашње време, човек мора да узме у обзир своје хромозоме пре него што проговори. Ипак, прикупивши своју килаву мушку храброст, изнео сам осетљиво запажање.

— Да ли си видела како је погледала у своја стопала? Прво је погледала у таписон, па онда у ноге. Има нешто што није хтела да каже.

— Видела сам да је оборила главу — рекла је Блонди после неког тренутка. — Учинило ми се да је то било пошто је видела сунцокрете иза куће. Знаш какво су чудо направили.

Лан је погледала у своје ноге, подигавши мало обрве; зурила је у палце на ногама који су се видели кроз чарапе, као да од њих тражи савет или пријатељство. Затим је сасвим благо пребацила тежину. Чуо сам шкрипу, и видео да су јој ципеле са високим потпетицама тако нове, тако синтетичке, тако јефтине. Усецале су јој се у ноге. Видео сам како се заљуљала на петама, миц по миц померајући врхове стопала преко испупчења на таписону, преко поруба са предње стране. Био је то покрет који сам виђао код многих жена током година, али га нисам запажао. Женски еквивалент лабављења кравате. Али никада нисам видео тако натекао рис на нози као што је био њен, нити кожу на местима где се ципела усецала у стопало тако жарко црвену. Пете су јој извиривале са задње стране сандала; те ципеле су биле премалене. Можда су јој ноге отекле у авиону. То је било могуће. Ипак, Блонди никада не би носила такве ципеле. Данас је, у ствари, носила полуортопедске данске кломпе. Када је корачала, клопарала је.

Блонди би се с правом пожалила да је боле ноге. Лан је само замишљено зурила у своје.

2
Извуци ме

КАРНЕГИ / Лан. Разуме се да смо причу почели од Лан, због које се на крају толико тога десило. Али ја је овде почињем изнова, како бих се вратио две године уназад, у време када ми је мајка још била жива; јер, у почетку, верујте ми, беше Мама Вонг.

Да то није недозвољиво? Није важно.

Вратићемо се на причу о гђици Права Кичма врло брзо, ништа се не бринте.

Како је само трезвено раздрагано било првих четири-пет година боравка моје мајке у Дому за негу старих Евергрин Панорама! Други станари у одељењу за алцхајмер долазили су и одлазили; само је Мама Вонг опстајала, опстајала. Следећих неколико година и ми смо осећали поносну кривицу. Она је превазишла сва очекивања. Надживљавала је друге људе. Доказивала да је баш онаква каква је волела да буде, победник.

Таква победа била је скупа. Нисам могао а да не приметим, негде током седме године, да је то коштало 4500 долара месечно и није било покривено осигурањем; као и да то није могло да се каже. Није било дозвољено сећати се како се Мама Вонг, сада у осамдесет и трећој години, хвалисала како су у њеној породици жене често доживљавале стоту. То би било безосећајно.

— Колико ли ме често уопште препознаје? — ипак сам рекао, разоткривајући звер у себи, једног лепог приградског јутра.

— Али, понекад се ипак деси — рекла је Блонди истог часа. Понекад, када је она ту.

Блонди је држала руку на трбуху док је то говорила; тада, у четрдесет и трећој, на наше највеће изненађење, била је трудна. Пред њом је поскакивала патуљаста коза, са главом набијеном у кантицу за заливање. Нисам био баш сигуран како се коза зове; знао сам само да је припадала Блондиној драгој пријатељици Габријели, која је претрпела уништавање ограде које је довело до уништења њеног врта од стране јелена. То је, опет, довело до тога да она пусти ловца на своје имање, човека који је ловио луком и стрелом и облачио се као дрво. Он је месо поклонио сиротишту. Ипак, Габријела је била принуђена да оде на опоравак у Италију.

Тако је њена коза дошла (илегално) да живи на нашем лепом приградском имању, где је нашу децу боцкала роговима и грицкала њихове сличуге. Ољуштила нам је букву. Од нашег травњака направила је смејурију.

Њен шарм био је у томе што је могла да држи уши раширене право устрану, као пародија распећа.

Ипак, Блонди је обожавала то створење, зато што је припадало Габријели, и зато што ју је подсећало, срећно четвороношче, на њену некадашњу неприкосновену породичну фарму.

— Коза је данас поново боцнула Венди — рекао сам. — Пала је и избила зуб.

Блонди је одсутно оставила козу да дивља, док јој се надувени трбух, баш као и Блондин, дизао и спуштао. Кантица за заливање гласно је звечала.

— Да ли се уплашила? — упитала је Блонди.

— Побегла је вичући како је баш срећна што не живи на фарми.

— А шта си ти рекао?

— Ја сам јој рекао да је у праву, да треба да се потруди да запамти тај тренутак и да се држи предграђа до краја живота. И још сам је питао да ли јој се једе козије месо за вечеру.

— Карнеги — рекла је Блонди, поново спустивши руку на трбух.

Помогао сам јој да ослободи козу, која ме је у знак вечне захвалности ритнула у реп кичме.

— Није она попут твоје мајке — рекла је Блонди. Она је само коза.

Меркао сам њену брадицу.

— Мораш да јој опростиш, Карнеги, мораш.

Погледао сам козу у очи; она је зурила у мене са благословеном равнодушношћу. Њене правоугаоне зенице личиле су на прорезе на поштанском сандучету.

Преко пута улице, комшија је извукао врећу пуну лишћа на плочник. Мичел, савршено налик врећи с лишћем, носио је нову црну кожну јакну и исто тако нове бифокалне наочаре; на срећу, ничега новог у његовом поздраву. Одмахнуо сам му. Мичел је стигао до треће жене, норвешке каћиперке која је волела да носи саронг-сукње. Да ли је она била знак виталности или болести? Да ли је била смешно секси, или напросто смешна? Блонди је мислила да је Мич опседнут смрћу. У сваком случају, навукао је пост-простатни страх од жена. Ја сам, напротив, мислио да је Мич опседнут дојкама, баш као и његов брат Ник, са неколико љубавница Азијаткиња, о којима сам, из неког нејасног расног разлога, стално слушао: *Не зезам се, све ће да ураде, појединачно или у групама*.

Ако ћемо право, ја сам био тај који је опседнут смрћу.

Сад се могло чути како Мичел креће, на свом новом мотоциклу, у своју нову канцеларију. У недељу, ни мање ни више. *Homo resurrectus*. Васкрсли човек.

Мене остави са мајком на самрти која неће да умре.

Папуче као да су јој магнетом биле везане за тепих. Руке као да су јој магнетом биле везане за бокове. Нису сви болесници од алцхајмера у почетку тако слаби; али на крају би прошли и кроз стадијум Маме Вонг. Чиста је срећа што је доспела тамо и остала.

Некада давно — пре много, много времена — била је то ненормална жена, чезнутљивог погледа у споју са манирима пецароша. Нисам личио на њу. Њени бесмислено дуги прсти били су само њени, тај њен огроман домашај. Нос јој је био превише пљоснат да би био типично сечуански, али је имала крупне очи и издужено лице, као људи из њеног краја; као и нарочиту кожу какву су људи приписивали томе што је одрасла у Чонкингу. Био је то благослов који доноси живот у парном купатилу; цео живот је тако стална нега лица. И она је имала заобљена рамена кинеског бесмртника; а ја сам, како је изгледало, наследио очеву крупну грађу, заједно са обрвама налик гусеницама. *Изгледаш као варварин*, говорила је моја мајка, *ко зна одакле си ти*. То је била љубазна ствар коју је Мама Вонг умела да каже.

Волела је да пеца. Било је то нешто што је научила да ради са мола током првог лета у Америци; и до краја живота је волела дуге, дуге конце који су се спуштали ка дну океана. Волела је да лови тајне које би умеле да се измигоље. Волела је да не зна шта се ухватило на удицу док се не нађе у ваздуху — лудачки се трзајући, веће или мање, и уопште, другачије од онога што је замишљала. *Већина људи не схватају, ми дошли из мора*, умела је да каже. *Те рибе наш предак*. Понекад би се смејала себи када би то говорила. *Ујка делфин, деда кит*. Није сматрала недостојним да у својим прелепо израђеним ташнама, од телеће коже и са љупким позлаћеним копчама, носи тегле са мамцима. Најчешће су то биле варалице, вештачки мамци, тек понекад су били живи.

БЛОНДИ / Колико је само тешко било дијагностиковати алцхајмер! Колико је само тешко било рећи шта је за њу неуобичајено понашање. Свако њено понашање било је неуобичајено.

КАРНЕГИ / Нека се зна: својевремено је побегла са Копна тако што је препливала луку све до Хонг Конга. Колико је то било уобичајено? Кад се узме у обзир да је у води било ајкула; кад се узме у обзир да она баш и није умела да плива. Свако други би двапут размислио. Али моја мајка, пошто је била моја мајка, само је пригрлила по једну кошаркашку лопту испод сваке руке, пљескала ногама док није стигла, и онда потражила неког даљег рођака.

Што се хоће, то се и може, објашњавала је, много година касније, ако би је неко питао.

Или: *Просто не волим оне комунисте.*

И сад је још говорила такве ствари, празних очију.

— Што се хоће.

— Ти комунисти.

— Рођак се изненади, да. Изненади се.

Једном сам јој за Дан мајки поклонио спаваћицу са штампаним рибама; још ју је ноћу носила у кревету. Постала је провидна од прања, тако да су јој се кроз пастрмку могле видети брадавице, које су тужно изгледале као резервне самолепиве ножице за неки кућни апарат. Што је било још горе, и пелена јој се видела, морала је да носи пелену. Урлала је и урлала кад бих покушао да је натерам да попије сок.

— Дехидрираћеш — рекао сам јој. — Желиш ли да умреш од жеђи?

Често би, током првих година у Панорами, још говорила енглески, пошто је ишла у основну школу коју су водили амерички мисионари. Каква је то срећа била за нас! Често је још умела и да се нашали. *Шта? Замишљаш да си белац? Ти си Вонг! Вонг! Вонг!* — говорила је, ударајући руком по душеку. Или: *Од два Вонга — два Вонга — два — неће испасти белац!* Било је то време када сам пазио на сваку реч коју би изговорила. Никада није волела да говори о својој прошлости; сада сам чекао, са бележницом у руци, да се било шта појави. И појављивало се, на известан начин, током времена. Часна сестра, воз, девојчица која је плакала и плакала. Опасно место. Књига. Боца. Али, које место? Која књига? Каква боца? Реченице су извирале са више упорности него смисла. *Звучала је као мачка. Као мачка. Мачији звук.* Бележница је углавном остајала празна — и из месеца у месец, како је изгледало, била све празнија — док на крају нисам одустао од ње.

Како су године пролазиле, ионако је све више мумлала на кинеском. Понекад би Блонди могла да преведе. Иако је

Блонди учила кинески на колеџу, и истрајно га поправљала откако је Лизи дошла код нас, моја мајка је упорно тврдила да уопште не зна који језик Блонди говори када говори мандарински. *Чудно звучи.* Сада је Мама Вонг пажљиво слушала. Понекад, озбиљно одговарала. Али, то је било као у лабораторији за језик у којој има проблема са напајањем; сви дијалози били су измешани. А шта да кажем о данима — којих је стално било све више и више — када би заборавила мандарински, и, како је изгледало, знала само сечуански? Како смо само добро упознали његов звук. Онај свађалачки, шиштави звук, неправилан и праскав, као петарде. Зажалио сам што ме није научила да га говорим. Да ли је икада могла да ми каже зашто?

У сваком случају, више није могла.

Појединих дана, само би зурила. Неких дана је изгледало као да покушава да ме натера да се сетим неких ствари уместо ње. *Река*, рекла би. Али, када бих ја рекао, *Која река? Мислиш, у Сечуану?*, она би ме погледала као да нема појма шта то причам о рекама. Неких дана је била расположена да баца ствари; стакло и тешке предмете држали смо ван њене собе. Других дана била је дивна, попут детета. Једном је љуљала у наручју цвет који сам јој поклонио, и гладила га по латицама. Поредила је своју сенку са мојом и хипнотисано посматрала како једна нестаје под другом.

Направио сам малу представу позоришта сенки за њу.

— Онда је врана рекла *ґрак, ґрак, ґрак!* — рекао сам јој. — И то је био знак свим шумским створењима да се искраду у долину.

— Врана пријатељица много корисна — рекла је она. — Цела шума изгледа као празна без ње.

Други пут ме је замолила да је голицам.

— И ја ћу тебе да голицам — предложила је.

— У реду — рекао сам; али сам остао затечен када се голицање претворило у пољубац у уста.

— Ох, мама — рекао сам. — Ја сам ти син. То сам ја, Карнеги.

Онда је она кокетно оборила је поглед, и напућила уста — за још један пољубац, побојао сам се.
— Баш немаш среће — рекла је.

БЛОНДИ / С времена на време би га препознала. Пошто би сатима зурила или жмиркала, одједном би повикала, *Карнеги*, и упитала га нешто. Колико ће дана остати код куће за Божић, на пример. Или, када ће научити да никога није брига за његово мишљење? *Само умукни, рекла би. Умукни. Само умукни.*

КАРНЕГИ / И шта ми је са косом, изгледа као да ни берберин не може да поднесе да буде у истој просторији са мном, рекла би. Није ни чудо што сам морао да се оженим том уседелицом Блонди. *Па ћеш йосле да добијеш смешну децу, нико неће знати шта су она.*

БЛОНДИ / Плакао је.

КАРНЕГИ / Плакао сам што је гледам тамо у оној болно једнокреветној, климатизованој соби. Плакао сам што гледам прозор од несаломивог стакла и недокучиве слике мога оца, мене, деце. (Поштедели смо је Блондиних слика.) Жмиркала је у њих с одсутним изразом. Задовољство да бира слике још је зависило од ње, али остатак искуства је недостајао, као што јој је, како је изгледало, било познато. Изгледала је зачуђена, као неко ко покушава да се сети шта је то тако укусно у вези са чоколадом.
Да ли је било лакше шетати је по врту у Дому за негу старих Евергрин Панорама — од миља званог Панорама — чак и када су ме заљубљене пацијенткиње салетале, цокћући, *Лейотане, лейотане*, ако не и *Јеби ме, јеби ме*? Понекад сам тако мислио. Понекад би врт изгледао тако девичански, да бих

пожелео да ишчупам онај колски точак постављен у њему. Није то зато што сам био добри мали Кинез. Није чак ни зато што ми је она мајка. Било је то зато што сам је ја једини на свету познавао. *Буди моја*, говорили су људи на Дан заљубљених. Али, наравно, нису мислили озбиљно; нико не би пожелео да неко буде његов онако како је Мама Вонг била моја. Нико не би пожелео да види њено право лице како светлуца попут виртуалне реалности иза ње — како цмиздри, удара, плаче. *Извуци ме, извуци ме*, као да је дошло до неког озбиљног квара. Тешке, тешке техничке грешке.

Њено млађе ја није било лако обуздати. Колико се само излагала опасности, колико је живела, колико урадила! Жена-пионир, проживела је истинско америчко чудо — хипотеку. У Кини њене младости, зграде су се куповале за готовину. Што је значило, како је истакла, да су богати остајали богати. Само у Америци — О, Америко! — било је хипотекарних позајмица које је могао добити свако. Често је препричавала с каквим је узбуђењем открила да може купити кућу за три породице за положених само пет хиљада долара. Како је дивно што су она и њен мали Карнеги могли да живе у једном стану, а да станари отплаћују хипотеку. За свега тридесет година, зграда ће бити њихова.

Наравно, људи су на тебе гледали с висине. Мама Вонг је била савршено свесна да се никога у суседству уопште не тиче шта она мисли о њима. Да јој никада нико неће прићи ако зна да око њеног појаса звецка одређена врста кључева. Да ће увек морати да стоји по страни и да се осмехује. *Како је скромна!* — говорили су тада људи. — *Како је љупка! Како дивна!* Као да је нека конкубина.

Са друге стране, шта је жена у Кини? Има разлога зашто су бунари наших старих били пуни лешева. У новије време у моду су ушли пестициди. Безболни, причали су људи, и осим тога, тело ти добије сладак мирис. И зар мајка Маме Вонг није била, на крају крајева, права конкубина? У данашње време, има жена у Тајпеју и Хонг Конгу — пословних жена, супруга разних превараната — које се ужасавају од помисли на Америку. *Схватате ли да се у Америци према свима поступа једнако?* — питале би. — *Схватате ли?*

Али за моју мајку, ех — Америка! Овде је удовица могла тек тако да уђе у канцеларију у бостонској Кинеској четврти и да добије помоћ око молбе за добијање хипотеке.

И службеник би бесплатно обавио правне послове. Није дуго прошло док Мама Вонг није сазнала у којим крајевима треба да купује, којим посредницима да верује, и која врста троспратнице доноси највеће приходе у односу на улагања: оне које имају по три спаваће собе у сваком стану. (*Људи углавном плаћају по спаваћој соби*, објаснила ми је једном. *Трећа спаваћа соба значи да можеш да га издајеш породици, много мање проблема него са студентима.*) Понекад би Мама Вонг оцу приписивала заслуге за свој успех. Да није оставио *такозване беле паре за црне дане* — замисли само. Каква је срећа што је узео полису осигурања, и онда умро!

Али, други јунак у њеној причи била је Америка. *Само Америка!* - то је вероватно била њена омиљена изрека. Где би иначе људи могли да дођу без игде ичега и да заврше са целим блоковима некретнина? Шепурила се у својој бунди и спортским патикама. Носила је прстење велико као друмска огледала. Сви власници ресторана у Кинеској четврти су је познавали, и тврдили да су њихови очеви познавали њеног оца у Кини, или да су њихови рођаци били школски другови њеног стрица. Нема везе што су били из Кантона. Тврдили су да су њихова браћа припадала истом братству као и мој отац. Никада није узимала јела из јеловника; паркирала се где год би јој се прохтело. Узбудљиво је то, наравно, гледати како друге хвата болест зинулих очију. О њој су се шириле приче: какве су јој пословне навике, на шта воли да троши, како штеди. Шта није било сумњиво? Људи су одмеравали њена кола, њену одећу, њену косу, њене пратиоце.

Али, ако би се заљубила, то би увек био успех. Покушао сам да разговарам са њом о равнотежи. Све што је, међутим, она желела, осим да се шири, шири, шири, било је да се ја сложим да је успех важан.

— Иначе, шта? — рекла је. — Иначе, морао би да се возиш подземном железницом, а знаш ли како се људи тамо према теби понашају? Као према црву.

— Ја се стално возим подземном железницом — рекао сам јој. Знао сам и шта је улична банда, и шта је пропуштање кроз шаке. Схватао сам да је попети се значило извући се.

БЛОНДИ / Ипак се оженио мноме. Госпођицом Мисли Својом Главом. Кад год би Мама Вонг размишљала о мени, купила би себи пар ципела, или ташницу.

— Једнога дана ћеш сазнати шта је Америка — рекла је.

КАРНЕГИ / Недељу дана пре нашег венчања купила је мерцедес. За ту прилику се очеличила читајући приручник за употребу.

Ее, то су била времена, кажемо сада.

Млађе ја Маме Вонг била би прва особа која би скренула пажњу, са извесном мрачном раздраганошћу, колико кошта одељење за алцхајмер у Дому за негу старих Евергрин Панорама. Волела је да се чврсто држи идеје да нема бесмислица.

Шта је било? На крају се уопште и не бринеш о мени? Откад то треба да плаћаш људе са стране да се брину о твојој мајци? Шта ради Блонди, реци ми. Ради ван куће, за шта? Ја да ти кажем, не ради она за паре. Ради за себе! Да сви пате. Чак и њена деца, не брине се о њима. Твоја мајка се о теби бринула целог живота. Тешко се борила. Зашто, реци ти мени. Зашто?

Да ли је заиста због овога шкртарила и штедела? Правила рачунице и довијала се, претварала се и варала? Да ли је подносила захтеве и тужбе, жалила се и потраживала, зато да би Блонди и ја могли да се искупимо од породичних обавеза? Какве год друге техничке проблеме имала Мама Вонг, звук је радио изванредно. *Незахвалниче! Себичњаку! Целог живота ринтам, ради чега?* Понекад ми је напросто било драго што више није могла да сазна како сам спискао наследство на све ово, на најлуксузнији смештај који смо Блонди и ја успели да нађемо. Свесно; учинили смо то свесно. Од првог дана смо схватили да ће изванредан смештај са колским точком у башти, и патуљцима, и водопадима од плексигласа, појести наследство које ми остане после плаћања пореза за мање-више десет година. Није ли од нас било донекле племенито што смо одлучили да нам то није важно?

Избаци мајку најбоље као смеће, и још расипај паре.

Знали смо какво је њено мишљење. Знали смо.

БЛОНДИ / Али ипак, Мама Вонг никада није морала да види саму себе онако како смо то морали Карнеги и ја. Никада није затекла себе како лута напољу по олуји, дозива мужа, или на кинеском покушава да каже телефонисткињи да је пала. Покушала је да угризе удицу за рибе на коју је као црва ставила сопствени прст. Покушала је касапским ножем да скине сигурносну наруквицу. Неговали смо јој косу и нокте, али је ипак заударала. А осим тога, наравно, ту су била и питања.

Чија су то деца? — упитала би, и минут касније опет: — *Чија су то деца?*

Ко је мајка?

Ко је отац?

КАРНЕГИ / Кућу смо прилагодили њеним потребама. Унајмили посебну помоћ. Поставили материјал који упија звуке. Ивице степеништа и тоалетне шоље обележили флуоресцентном траком. Али она је опет говорила, *Немам своју кућу, немам своју кућу.*

БЛОНДИ / Можда није требало да је селимо — стање јој се много погоршало док је живела са нама. Можда је требало да узмемо целодневну помоћ, али да је оставимо у њеној кући.

КАРНЕГИ / Требало је, могли смо, зашто нисмо. У сваком случају, било је прекасно.
Чија је ово кућа? Чија је ово кућа?
Је ли ово твоја кућа? Је ли ово твоја кућа?
Тешко је било не наслутити метод у том лудилу.

БЛОНДИ / Испрепадала је јадну Лизи. *То није Мама Вонг*, расплакала би се. *То није она!*
Једнога дана Мама Вонг је оборила Лизи на земљу и покушала да је удави.

КАРНЕГИ / Све што смо могли да учинимо било је да нађемо смештај који не заудара.

БЛОНДИ / Карнегију се нису допали постери са енглеским сценама из лова. Као ни мотив са љубичицама.

КАРНЕГИ / Декоратер је био заљубљен у гранчице.

БЛОНДИ / Али било је светло и прозрачено, имали су и сигурносна врата. Намештај на трему је био као од прућа. На огласној табли биле су исписане активности за тај дан — Сунчани доручак, Јутарње протезање и затезање, Омиљене љубавне песме свих времена.
И, не смемо заборавити особље састављено од светаца.

КАРНЕГИ / Па, неки су били свеци, неизбежно попрскани евергрином. Тешко је било не приметити да је на ознакама на униформи стајало: ЕВЕРГРИН ПАНОРАМА — СВЕ ШТО ЖЕЛИТЕ У СВОМ ДОМУ И ВИШЕ ОД ТОГА. Било је особља које је одлазило када им се заврши смена, било да је следећа смена стигла, или не. Било је особља које је станарима облачило туђу одећу. Шестомесечно смењивање целокупног особља било је готово стопостотно.

БЛОНДИ / Ипак, шта је са оним болничаром који је радио јутарње вежбе? Онај са Кариба?

КАРНЕГИ / Ах, да. Како је само нежно будио пацијенте ако је било потребно. Усправио би их у положај за игру, тако да може да баца црвену лопту једном по једном, док би Марго, она што је спремала ручак, питала, *Пилетина кордон блу или Паста примавера, г. Маркс?* — по четири-пет пута. То је радила између оних, *Беки, молим те седи* и *А ти, Ерик, шта ћеш, Пилетину кордон блу или Пасту примавера? Беки, молим те, седи.* Како је само дипломатски особље излазило на крај са нападима дијареје међу пацијентима! Чистило, проветравало, дезинфиковало, ако треба.

БЛОНДИ / Мама Вонг је добијала јагоде кад пристигну. Имала је леп поглед.

КАРНЕГИ / Било је пацијената који су вриштали. Било је пацијената који су спавали у заједничким просторијама. Поређали би их на клупе, оклембешене, као пуњење животиње. Једна је грлила лутку; породица јој је донела колевку и колица. Једна је дочекивала госте. *Јеси ли ти моје дете? Ти ћеш бити моја смрт. Јеси ли ти моје дете?*

Дом као да је годинама привлачио музикално друштво. Било је пацијената који су певали оперу, пацијената који су певали песмице из мјузикла, пацијената који су само певали. Неке од песама би вам се урезале у мозак:

Можеш јо цео дан да је храниш витамином А и шприцером од брома
Али лек никада не допире до места где лежи болька.

Постоји место за нас. Негде постоји место за нас.

Здраво, мајко. Здраво, оче. Ево мене у Логору Гранада.

Сви ти таленти били су разлог због којег је амбијентална музика била онако гласна.

Једнога дана дошли смо и затекли Маму Вонг сву у модрицама. Претукао ју је неки други пацијент, који је од Маме Вонг помислио да је поларни медвед пуштен да тумара около. *Враћај се у кавез!* — викао је. Касније је рекао да га не би ни пипнуо да се поларни медвед склонио. Али медвед се није склонио. Стајао је насред ходника као да не разуме енглески. Морао је да га удари, ради јавне безбедности.

Мама Вонг је имала модрицу на образу, модрицу на руци. На срећу или на несрећу, није се сећала да су је назвали поларни медвед. Ипак, сећала се да су је болничари напали без леда. Да није без реда? Никада то нисмо сазнали.

У сваком случају, тужан је био тренутак када је Мама Вонг спустила своју лагану ручицу у моју руку. Заборавивши да је целог живота била разочарана мноме, расплакала се.

— Види шта ти се десило — рекао сам ја. — То ти се неће десити више никада, док сам ја жив.

— Бринеш о мени?

Глас јој је био слаб и несигуран као и рука. Носила је мушки џемпер, зелен као вештачка трава, са извезеном палицом и купицом за голф.

— Бринућу се о теби — рекао сам.
— Да ти платим?
— Не, не треба да ми платиш.
— Ипак ти дам бакшиш.

Дрхтање је престало.

— Седамнаест посто — рекла је.
— У реду. Хвала.

Нагнуо сам се преко Маме Вонг да навучем завесу и да је заклоним од поподневног блеска; Блонди је устала да ми помогне. Мама Вонг је склонила своју руку као у костуру у травнато зелени рукав. Ортопедска ципела јој се развезала. Коса јој је била очешљана на раздељак, на једну страну са предње стране главе, на другу са задње.

— Осмaнаест посто ако натераш мог сина Карнегија да се отараси оне своје жене — рекла је.

— У реду.

— Знаш мог сина Карнегија?

— Знам.

— И као мали је био тежак гњаватор — рекла је, и шака јој је изненада извирила. — Понекад плаче, плаче, и ја му испрашим тур, а он не престаје.

— Па — рекао сам, покушавајући да се не расплачем поново као моје млађе ја. — Морао је тебе да преживи.

Болничарка кратке косе појавила се на вратима са графиконом; махнуо сам јој да се удаљи. Блонди ми је са саосећањем масирала леђа.

— Како знаш? — упитала је Мама Вонг.

— Знам.

— Ма немој? — погледала ме је оштро, погрбивши се. Очи су јој засветлуцале као ретко када у последње време, пошто су биле јако суве.

— Јесте — рекао сам ја.

— Знам — рекла је она.

Болничарка се вратила. Блонди јој је махнула да се удаљи као што сам ја мало раније учинио, а када је она наизглед одбила да се склони, љубазно јој је затворила врата пред носом. Квадрат сунца је ускочио кроз прозор и оцртао се на вратима.

— Знам ја тебе.

— Јесте, мама, ја сам...

— У ствари хоћеш двадесет посто.

— Не, мама, ја сам...

— Знам ја тебе, не заваравај се, знам ја ко си ти. Зато ти ништа не дам. Чујеш? Ништа! Нула посто! Ништа!

Слабашно је лупала раширеном шаком по кревету.

БЛОНДИ / Понекад је заиста изгледало као да ће, ако ико треба да умре, то бити Карнеги. Ангина му се поново јако погоршала у Панорами, тако да је двапут морао да узима нитроглицерин.

Ипак је одлазио свакодневно, и после тога би слабо могао да ради.

КАРНЕГИ / Навика је навика.

БЛОНДИ / — Зашто не узмеш слободан дан? — предложила сам му једног јутра. — Мајка ти неће умрети због једног дана.

Јела сам млевене овсене пахуљице са смеђим шећером, свој стандардни зимски доручак. По њима сам посипала хикори-орахе, и комаде брескве, и свеже боровнице, док је Карнеги себи спремао кашу са два посто мекиња.

КАРНЕГИ / Реци да сам изопачен: више волим да ми доручак личи на постконзументски рециклирани материјал.

— *Carpe diem* — рекао сам. — *Memento mori*.
— Тачно.
— Помисли како се деца осећају што имам времена за пословна путовања, али не и за њих.
— Тачно.
— И брак. Помисли шта би то значило за брак.
— Могао би да размислиш о томе.
— Пао сам на тесту из стреса.
— Пао си на тесту из стреса.
— Зар онда није време да одем? Зар не би требало да почнем да живим сопствени живот пре него што умрем?
— Зар не би?

БЛОНДИ / Наставио је да проучава новине. Насловна страница, уводник, вести из економије. Никада није направио ниједан исечак.

Ја сам била та која је вадила исечке из новина. Била сам опчињена људима који се школују код куће. Досељеницима. Ранчерима. Недавно сам исекла чланак о заједници жена у Кини које су спавале с мушкарцима, али нису живеле са њима. Породица је била матријархат, имовина је остављана ћеркама. Жене су биране љубавнике по својој вољи. Звале су се На.

Карнеги никад није чуо за њих.

Сад је чешао нос. Кад је појео своје житарице, узела сам његову чинијицу, али му нисам донела кафу. То га је натерало да подигне поглед.

Махнула сам му.

КАРНЕГИ / Са другог краја велике собе допирало је зујање глодара у његовом точку за вежбање. Поред њега се дизао тренажер-ходалица, на којем сам ја бацао изазов сопственој смртности, пошто бих се пажљиво истеглио, пазећи на брзину откуцаја срца, једном недељно. Челик и гума, са црвеним пластичним елементима, имао је онај неодређени индустријски изглед, као у центру града, који је некада повезиван с уметничким поткровљима, а сада је употпуњаван графиконима са приказима вежби. То је стварно испуњавало човека очајањем, нарочито овако, као сада, осветљено јутарњом светлошћу пуном испарења која је могла бити готово непроцењиво вредни поглед који је иначе расејано божанство упутило наниже.

Шта је човек, када је натерао сву ону раскош да сија по њему? Шта је робна кућа Сиерс?

БЛОНДИ / — О, Карнеги — уздахнула сам на крају, доливајући. — Да ли је одувек било овако тешко разговарати? Реци ми, и даћу ти твоју кафу.

— Наравно да није — рекао је он прелазећи на спортске стране. Мораш некога да познајеш изузетно добро да би се толико мучио.

Он је склонио руку.
Ја сам затворила очи.

Срећа. Ако сваки живот представља отеловљење велике грешке, као што је тврдио Карнеги, одбрамбена страст, смишљена како би онај ко је поседује могао да се одвоји од провалије, била је моја велика грешка. По томе сам личила на своју мајку. Желела сам да будем срећна, и да моја деца буду срећна. Желела сам да будем тамо где ми је дато да будем, и да моја деца исто тако имају ту прилику. Карнеги, покушавала сам то да прихватим, није био ни срећан, нити несрећан. Много више него што је бринуо о срећи, Карнеги је бринуо о извесној ситној освети. Никада нисам покушала да за Карнегија напишем песму какве смо моја браћа и сестре и ја писали једни за друге док смо одрастали. Али, ако бих имала времена да напишем песму о Карнегију сада, у његовим средњим годинама, знам какав би био њен рефрен:

У праву! У праву! Ја, Карнеги Вонг, ја сам у праву!
Моја мајка није у праву.
Никада неће знати колико није у праву.
Али ја сам у праву, праву, праву.

3

Аутоматика

ВЕНДИ / Ланлан је заљубљена у наша купатила. Тако су лепа, каже, тако чиста и блистава и уопште не заударају, пошто нема сливника у поду — претпостављам да у Кини имају неке смрдљиве сливнике. И тако велика! Мисли да је купатило мојих родитеља несумњиво велико као дневна соба. И како је само згодно што вода може просто да се пије право из славине, и не мора да се прокувава.

ЛАН / *Пешкири су били тако дебели и меки. И велики отворени прозор са чисто белим завесама, баш као у америчким филмовима. Имало је чак и фотељу од прућа, у углу, и цвеће у вази на сточићу. И врч пун шкољки, и гомилу часописа.*

ВЕНДИ / Аууу — каже она.

Прича некако као тихо, и наравно да то не би рекла мами и тати, посебно с мамом једва да уопште прича. Али са мном и са Лизи прича, нарочито са мном. *Ви сте кинески свет*, каже понекад, па претпостављам да је то разлог, мада не каже ништа што је велика тајна. Запрепашћена је колико су наша светла сјајна, и колико места има свуда, не само у купатилу него и у свим собама, у целој кући, и целом дворишту. Да ли је цела кућа стварно наша? Само за нашу породицу? *Аууу*. Не може да верује колико је град празан, како можеш да идеш улицом и никога да не сретнеш. И онолики травњаци на све стране! Не може да схвати како свако има свој травњак, колико је сваки од њих зелен и мек, штета што је наш упропастила коза. Једног дана нашли смо јој добре флaстере и натерали је да скине ципеле и наглавке и да хода боса по њему.

— Ауууу — каже она, мрдајући прстима.

Водимо је и у бакалницу.

ЛАН / *Разуме се, видела сам ја америчко све на филмовима, а супермаркета сада у Кини свуда има. Нисам била баш толика незналица да би ме задивила бакалница.*

ВЕНДИ / Радње некако нису онако лепе као што је она мислила, на филмовима су лепше. Ипак, каже да јој је то као да је ушетала у филм, а дивно је бити у филму. Међутим, како је све скупо! Ко може да плати такве цене? Задивљује је амерички новац, све те велике новчанице — новчанице од педесет долара, новчанице од сто долара, па онда чекови, и још кредитне картице, не може да поверује како сви користе чекове и кредитне картице, али сад види зашто су им потребне. Кад је све тако скупо! Шетка се између рафова као да је пошла у инспекцију. Не стане одмах поред тезге као многи други људи, да трпа ствари у пластичне кесе. Стане мало подаље и дохвата воће са даљине, као да јој је рука веома лепа дизалица, или као да има нешто у вези са воћем што јој буди неповерење, као да само изгледа као воће, али је у ствари нешто друго.

ЛАН / *Наравно, такво воће је потпуно безукусно. Ако узмеш брескву, одмах приметиш да уопште не мирише.*

ВЕНДИ / Каже да је из неког места што се зове Сужоу, али живи у Провинцији Шандонг, у близини неког града што се зове Јинан, где се, како ми се чини, заглавила, зато што јој је нека баба-тетка одатле, или тако нешто.

ЛИЗИ / Дуго је радила у фабрици обуће. Као, морала је да зашива горње стране ципела за доње стране ципела. Горња за доњу, горња за доњу. Биле су то најружније ципеле какве си икада видела, рекла је, ципеле какве добијеш кад их држава дизајнира. Тако она мисли, а нема сумње да ће се једнога дана и цео свет са тиме сложити.

ЛАН / *Онда је дошла тржишна економија, и фабрика је затворена. Цела наша производна јединица била је отпуштена. Али, сви смо добили бесплатне ципеле, свако по три пара. Видите? Показала сам им своје ципеле. Наравно, нису тако удобне као платнене ципеле какве је правила моја баба-тетка. Правила их је са поставом коју си могао да промениш ако се навлажи.*

ВЕНДИ / Мислили смо да ће онда носити те платнене ципеле, зашто их не носи? Али она каже не, не одговарају. Превише старомодне, каже.

ЛИЗИ / После тога је добијала повремене послове, у овој фабрици, па у оној фабрици. Некло време је била домаћица у караоке-бару у граду, што је мени звучало забавно. Али, Лан је рекла да уопште није.

ЛАН / *То ти је било исто као кад висиш у некој Радњи за дружење, што је много жена радило. Није то било никаква срамота. Шта бисмо друго радиле? Биле смо huang fei de yu dai — изгубљена генерација — наше животе упропастила је Културна револуција. Кад су државне фабрике позатваране, нисмо могле да нађемо послове чак ни као келнерице или продавачице. Превише старе. За такав посао, боље ти је да си дошла право из школе.*

ВЕНДИ / Показујемо Ланлан сву кинеску храну које има у нашој бакалници, и она се изненади колико много тога има. Паста од пасуља, клице од пасуља, ђумбир, свакојаки резанци, кинески купус, кинеске печурке, бамбусове младице, водени кестен, хоисин-сос, и соја-сос, и сусамово уље. Можеш чак да купиш и смрзнуте ваљушке, и смрзнути вонтон, и смрзнути шао маи. Има и сушија, кажемо јој, али она каже да не једе јапанску храну, просто није навикла на њу.

ЛАН / *И у Кини имамо смрзнуте ваљушке.*

ВЕНДИ / Ланлан је поносна што је њена породица из тог Сужоуа, који се налази близу Шангаја и има све оне дивне баште. Њена породица је некада имала такву башту, каже, и она је поносна на то, у ствари, зато су јој и дали име Лан, што значи орхидеја. Зато што је њена породица имала стакленик у башти и што је тамо гајила свакојаке орхидеје. А оне су биле веома крхке и танане, рекла је, нису биле нимало обичне, нису биле као воће у пиљарници. Разгледа гомиле воћа и пита да ли су супермаркети снабдевени у време жетве.

— Сад је време жетве — скреће нам пажњу, као да нас нечему учи.

Али, наравно, знамо то, због сајмова који се одржавају у време жетве, целог живота нас је мама вукла да цедимо јабуке и да гледамо како се стрижу овце, једном нас је натерала да идемо по најгорем пљуску.

— Не — кажемо јој. — Пиљарница је увек оваква, чак и зими.

— И зими! — каже она.

ЛИЗИ / Као да се изненадила, али се постидела што се изненадила.

ЛАН / *Нисам ишла на универзитет, али нисам незналица.*

ВЕНДИ / Тешко је објаснити да смо увек мислиле да је сјајна ствар одрасти на селу, због маме, кад бисмо могли, сви бисмо се вратили на фарму. Ланлан не мисли да је село баш тако сјајно. Наравно да има својих добрих страна, каже, плаво небо и чист ваздух и нема загађења. И влада се мање меша, каже. Али тамо нема посла, а зар то није проблем?

Гледа оно воће као да ће оно њу да поједе, или као да ће да јој позли од њега. А ако и неће храна, хоће ваздух око ње. Мисли да у бакалници мораш да носиш џемпер, иначе ћеш да назебеш, и мораш да пазиш да ти не назебу ноге. Она верује у чарапе уопште, али нарочито у бакалници, што се односи и на нас, па зато Лизи и ја сад носимо сокнице, да јој учинимо. А како су само моћне касе, каже Ланлан. *Ауууу.* Гледа скенер, како испушта онај танки црвени зрак и онда *биип!* Њена нова велика реч је „аутоматик", што изговара као „авама-ик".

— Америка не треба да се зове „Америка" — каже. — Треба да се зове „Авама-ика."

— Земља слободе, отаџбина биипа! — смеје се Лизи.

ЛИЗИ / Ланлан је открила купоне, за које је у почетку мислила да служе за куповину нечега чега нема довољно. Као што је уље, рекла је, или шећер. Како може да нема довољно шећера? питале смо нас две, али она је само рекла да је то тешко објаснити. Као што је и нама било тешко да њој објаснимо шта су ти купони. Рекла је да је сигурна да у Кини има купона, у великим градовима имају свега, али, зар су то стварно паре за џабе? Рекла сам јој да је све то само начин на који те корпоративна Америка тера да купујеш више производа њихове марке, и Ланлан је климнула и рекла да зна за америчке корпорације.

ЛАН / *Чули смо за то на ТВ. Како америчке компаније хоће да завладају целим светом. Како свима намерно продају америчке производе. То је у ствари врста оружја.*

ВЕНДИ / Ипак, тражи купоне које добијаш у новинама. Исеца купоне за ствари које су нам потребне, плус за ствари које су потребне њој. Лосион за руке, зубна паста. Она сецка, лепо, никад не исцепа купон. Мама јој даје паре за те ствари, осим новца за књиге и остало, зато што каже да зна да би и она волела сама себи да купује личне ствари, да је на Ланином месту. И Лан стварно купује, иако каже да јој не треба да купује све и свашта, као Американци. Као, купује ону зубну пасту што има пумпицу, а не у обичној туби. Одушевљена је што добија четкицу на поклон. Земља слободе!

Онда четкицу да Лизи, и Лизи се одушеви.

Ланлан је запањена колико ствари људи бацају, као, колико салвета користе по ресторанима, и како узимају кесице са кечапом које уопште не употребе, али ми смо запањени што је Лизи узела четкицу за зубе и осмехнула се као да никад у животу није имала четкицу за зубе, или као да је целог живота цркавала да добије плаву. Кад Ланлан иде са мном или са Лизи, ухвати нас под руку. И Лизи се то свиђа, нико не може да поверује да је тако.

Како је све ново, каже Ланлан, и нема прашине. Запањена је како јој ципеле остану чисте, зато што је свуда асфалт или трава, као, нема нигде блата. И јел' истина да прашине нема ни у пролеће? Ни у пролеће, кажемо ми.

— А полен — каже она.

Каже да је чула на ТВ, у програму конверзације на енглеском, да има проблема са поленом, мораш да переш косу сваки дан, да га избациш. Само понегде, кажемо ми, као доле на Југу, овде горе има мало полена, али не баш толико. И као да нигде нема ђубрета, каже она, и где уопште људи пљују? Кажемо јој да нико не пљује, и она је запањена. *Ауу*. И како је све тихо! Све је тако мирно и лепо, каже она, осим козе.

ЛАН / *Била сам запањена што нема сламова, као они што сам видела на ТВ и у филмовима. Питала сам децу где су сламови. Али рекле су ми да нема сламова у близини места где они живе, има их само далеко, у граду. Рекла сам им како смо у Кини много слушали о сламовима, и оне су се изненадиле. О сламовима и насиљу, рекла сам им. Али оне су ми рекле да у њиховом месту нема насиља. Рекле су да се деси да на некога пуцају, али само на вестима. У њиховом месту ни на кога нису пуцали.*

ВЕНДИ / Запањена је што уместо сламова има толико цркава на све стране, претпостављам да се из филмова не види колико их има. Идемо ли ми у цркву, занима је, и запањи се кад јој кажемо да не идемо, мада мама понекад иде, зато што смо тако одлучиле, и родитељи нас не терају. Као, рекли су да је то наша одлука.

ЛАН / *Како родитељи могу да пусте дете да одлучује о нечему тако важном? Нисам то могла да схватим. Зар амерички родитељи не брину довољно за своју децу да их не пуштају да раде шта хоће?*

ВЕНДИ / Не раде сви родитељи тако, каже Лизи. Само неки. Ми имамо среће.

Ланлан заћути мало, као, на секунду.

— Људи могу да раде шта хоће, нико не сме ништа да каже — каже она. — Ауууу.

— Слобода — кажемо ми. — У Америци је све питање слободе.

— Слобода — каже она — ауууу.

Али онда каже да јој се чини како није добро ни превише слободе, и да је индивидуализам страшна ствар, и да се нада да нас две не верујемо превише у идеализам. Ја јој кажем да нисам сасвим сигурна ни шта је индивидуализам, и она је задовољна тиме.

Изненађена је што нема термоса, али зато има много компјутера. Четири само у нашој кући! То је зато што тата воли хај тек, кажемо ми, и мама има код куће машину накачену на посао, и нас две имамо још по једну машину, заосталу ко зна од када. Није то нешто типично.

— Аууу — каже ипак Ланлан.

Почињемо да јој објашњавамо шта је Интернет, али испоставља се да она већ зна.

— У Кини ... — почиње.

А Лизи каже: — У Кини, у великим градовима сад има свега.

Онда се сви смејемо. И како само сви у центру прелазе улицу на пешачком прелазу — Ланлан мисли да је невероватно да људи напросто не прелазе где им падне на памет. И како брзо људи овде ходају! Сви се стално некуд journe.

ЛАН / *Кинези су много опуштенији. У Америци је све тако једноставно, тако удобно. А људи су ипак напети.*

ВЕНДИ / И сви бициклисти носе кациге, и колико аутомобила људи имају!

— У Кини сад многи имају кола — каже.

Али је ипак чуди што неке породице имају по двоја, или чак троја, и што чак и нека деца имају кола. И хоће ли Лизи заиста ускоро да научи да вози? Изненађена је што људи возе једном руком, понеки, и истовремено причају мобилним телефоном, мисли да сви у Америци само причају и причају, нарочито су деца тако радознала. У Кини деца не питају *зашто зашто зашто*, каже. И онда терају све да их слушају, као да имају шта да кажу.

— Кажу да су америчка деца врло добра у школи — каже. — Кажу, поставиш им једно питање, и она причају, причају, причају. Поставиш им три питања, и обожавају те.

— Као што ти нама постављаш питања! — кажем ја.

Она се осмехне оним својим смешним осмехом.

ЛАН / *У школи, кажу, кад йричаш са америчком децом, мораш да йишаш, Хоћеш ово, или хоћеш оно? Плаво или црвено? Онда су срећна. Ако само кажеш, Ево ти црвено, знам да волиш црвено, деца су незадовољна. Не желе да знаш шша она воле, хоће сама да изаберу.*

ВЕНДИ / То је отприлике тачно, каже Лизи. Као, ја сам желела да имам плаву косу, нисам хтела да ми коса буде обична црна док не умрем. Разумеш шта мислим?

Ланлан клима главом, али онда каже: — Црна коса много лепа, ништа не фали црна коса. То је твоја природна коса.

Каже, нада се да нећемо постати *сшойосшошне* Американке. Деца прво по цео дан причају само о себи, каже, па после по цео дан мисле само о себи. По цео дан мисле, Шта ми је омиљено ово? Шта ми је омиљено оно?

ЛАН / *Кинези кажу да Американци не брину за друге, брину само за себе. Американци се не брину чак ни о рођеним мајкама и очевима. Кад им родишељи осшаре, Американци их йросшо сшаве у сшарачки дом. Родишељи им умиру сами. Кинези кажу да Американци немају осећања.*

ВЕНДИ / Каже да у Америци, ако посудиш новац од некога и онда се *нађеш у нейрилици*, људи очекују да вратиш новац без обзира на све.

— Наравно, у данашње време чак и у Кини има таквих људи — каже она. — Нарочито они који су рођени за време Културне револуције. Али то нису прави Кинези.

Кад је њен деда умро, каже, имао је цео ковчег пун меница од људи за које је знао да би му платили кад би могли, само што нису могли, и то је само требало да покаже колико је велико срце имао, пошто им није тражио. На самртној постељи само је рекао да жели да се сви ти папири спале.

— Ето како размишља прави Кинез — каже она.

— Аууу — кажемо ми.

Ланлан је запањена што људи у Америци возе и једу у исто време, због тог једења у колима она само одмахује главом. То је тако опасно, каже, стварно би требало да буде забрањено, као у Кини. И још мисли да је то лоше за варење, а варење је још једна од ствари о којима много прича, осим о назебу. Шта је добро за стомак, шта је лоше за стомак, шта је вруће, шта је хладно. Воли да нас учи неким стварима, и Лизи већ много тога зна — да бели лук и банане имају топлоту, да крушке хладе, као и корен лотоса. Нема везе што једва да и зна шта је корен лотоса, Лизи је као Елејн, из школе, само прича ствари како јој падне на памет. Ланлан мисли да је за стомак лоше да се једе док се вози. Каже, не зна како Американци могу да једу, а да се не зауставе да једу, мада очигледно могу пошто гледај колико има дебелих људи! Много више него у филмовима. Каже, чула је да се и Кинези, када дођу у Америку, угоје. Наравно, и у Кини сада има дебелих људи, све их је више, због Мекдоналдса, али их ипак нема толико као овде, и не може очима да поверује колико људи једу. Колико су сендвичи велики, толики да људи једва могу довољно да зину. Па и пића — тако су велика да људи морају обема рукама да их дижу.

Кад их види, прође је воља да једе, не жели да се угоји као Американци. И људи овде толико заударају, да јој се повраћа. Како само заударају! То не можеш да приметиш на филму.

ЛАН / *Кинези не заударају.*

ВЕНДИ / Занима је да ли ће људи мање заударати зими, кад буду носили џемпере. Изненађена је и колико су неки људи рутави, то зна из филмова, али ипак није схватала колико су длакави, чак и неке жене, каже, а има мушкараца који изгледају као *стопостотни мајмуни*.

ЛАН / *Чак су им и леђа сва длакава.*

ВЕНДИ / И како само седе, каже. Неке жене се чак и не покривају одећом, а велике су као планина и преливају се преко столице. Чуди је што америчке столице нису веће. И блене у црнце са косом уплетеном на свакојаке начине, или са распуштеном косом, као велике лопте морске траве, занима је користи ли се то за нешто. За рибаће четке, можда, или за пуњење јастука. Запањена је колико се људи разликују једни од других, знала је то из филмова, али ју је то ипак запањило, и што ти потпуни странци кажу здраво на улици, иако те у животу нису видели. Каже, први пут кад јој се то десило, побегла је.

ЛАЂ / *Понекад виђам мушкарце како пуштају жене да иду испред њих. Чак им и врата отварају, као да су важне особе! Баш као на филму. Запањило ме је да то видим.*

И нико не једе веверице, чак ни на селу, тако су ми рекле девојке. Има толико хране. Људи остављају цела дрвета пуна воћки да просто опадну.

ЛИЗИ / Од тога јој се повраћало, што ми је било разумљиво. Јер, ако ћемо право, и мени се од свега тога понекад повраћало.

ВЕНДИ / Уме да буде топла и весела, пуна веселих песмица и смешних гласова, али уме и да потоне као сунце, а да се врати као месец. Сад је овде, сад је онде, зна много игара. Понекад чак не знамо ни у којој се соби налази. Често седи на поду или на хоклици, воли хоклице. Не треба јој столица да би седела право, она седи право и на хоклици, у ствари, ни хоклица јој не треба. Она седи право чак и кад чучи, и уме да чучи много боље до Лизи. Наслони лактове на колена, као да је то нешто најудобније, и чучи некако сасвим лагано, скупљених стопала, тако да изгледа као оне чинијице за пиринач што имају постоље. Или понекад као да би могла да је постави на главу и да устане а да је не преврне. Каже, свуда јој је удобно. Американцима је потребно да све буде постављено, и можемо да видимо колико је поносна што њој не треба. Воли да говори шта јој све не треба.

— Не треба ми више одеће — каже.

— Не треба ми више хране.

— Не треба ми више простора.

Каже да може да *chi ku* — да једе горко — и да је по томе различита од Американаца, задовољна је што не остаје овде.

ЛАН / *Зашто су ме довели овамо? Зато што је Карнегијева мајка хтела да дођем, рекли су. Али, питам се, шта је прави разлог? Шта су хтели од мене?*

ВЕНДИ / Каже, она није ни као млади данас у Кини, само знају да *wanr* — да се глупирају. И како да *hui jin ru tu* — да расипају паре као да је то блато.

— Шта значи јести горко? — кажемо ми.

Али када то кажемо, она гледа у своја стопала.

— Видим да сте стопостотне Американке — каже.

ЛАН / *Који би прави Кинез икада питао тако нешто?*

ВЕНДИ / Каже да је јести горко по нечему лоше, али по нечему баш и није тако лоше. Каже, ако можеш да једеш горко, то ће те учинити јаким.

ЛАН / *Кинези имају пословицу, Chi de ku zhong ku, fang wei ren shang ren — Једи најгорче од горког, издигни се изнад других. Мој отац је то стално говорио.*

ВЕНДИ / Каже, Американци су богати, али су мекани.

— Знаш ли зашто Кинези живе толико дуго? — каже. — Зато што нисмо мекани.

Каже: — Кинези данас, нарочито на обали, воле удобан живот. Али прави Кинези мисле, живети лак живот исто што и пити отров.

ЛАН / *Мој отац, још што је био учен човек, имао је обичај да го том питању тога цитира Менг Цеа. Тескоба и недаће воде животу, имао је обичај да каже. Благостање и удобности завршавају се смрћу.*

Наивно, Американци те ствари никада неће схватити.

ВЕНДИ / Кад говори такве ствари, нема много везе да ли климаш главом или не. У сваком случају, она погледа у тебе, па погледа кроз прозор, као Лизи, понекад се питам колико година треба да имаш да би тако гледала кроз прозор. Лице јој је као месец, на њему нема ничега, завршила је са причом. Кад погледам кроз прозор, не видим ништа, не видим оно што оне виде, и Ланлан такође гледа у своја стопала, то је још једна ствар коју ради. Колико година треба да имаш да би то радио? Ланлан гледа у своја стопала да види како јој вене искачу и кроз чарапе, каже да раније уопште није могла да види своје вене. Али, на срећу, то не зна нико осим ње. Чак и ако су у папучама и нико не може да их види, каже, она увек зна, и када то каже, и ја умало могу да их видим. Умало могу да видим како стиска прсте на ногама, као што ради и са прстима на рукама, прсти на рукама јој се држе једни уз друге.

— По стопалима све може да се види — каже понекад. — Можеш да видиш какав живот та особа води.

Ето шта прича, али кад Лизи и ја погледамо своја стопала, не видимо ништа.

— А можеш све и да чујеш — каже — ако слушаш.

Али када ми слушамо, чујемо само Томија како доле цвили.

— Чујеш ли ти то? Чујеш ли? Наравно, мораш умети да слушаш — каже.

Такве ствари обично говори мени и Лизи. Мама чује само понешто, али мами се све то свиђа, нарочито онај део где ништа не треба. Ланлан је као најбољи новински чланак који је икада прочитала.

— Она је богата духом — каже мама. — Ми имамо превише ствари.

Откако је Ланлан дошла, мама је почела да баца ствари, да поклања ствари.

— Гушимо се у стварима — каже она једног дана. — Сваког дана ћу да се отарасим по три ствари.

А следећег дана каже: — Ове ствари имају сопствени живот. Више уживају у животу него ја.

Јуче је поклонила целу гомилу кућних апарата добротворном друштву. Као, чини ми се, рерну, и парни лонац за који се увек бојала да ће експлодирати, и апарат за капућино који није баш најбоље правио пену. Данас је поклонила пар чизама за скијање, и стари ручни сат, и шерпу, и гомилу туристичких водича. Тешко је држати се само три ствари, каже, кад има толико тога чега жели да се отараси.

— Знаш ли шта ми радимо? — каже. — Купујемо да не бисмо морали да живимо.

— То је, као, таква истина — каже Лизи.

Одједном она дође у кухињу, ко би знао да она уопште слуша, и уместо да једе сама зато што јој сметамо, као што понекад чини, узме нормалан тањир као нормална особа, зато што воли татине прженице. Није да би то икада признала. Он прави прженице од пројиног брашна, да после може да каже како хоћемо преко хлеба погаче, али нико и не помишља да би хтео погаче, сви су одушевљени прженицама. Иако се мрве на све стране.

Јутарња светлост је жута, баш као и кухиња коју је мама окречила у жуто да би била топла и личила на кухињу и кад пада киша. Зато је сад све жуто жуто жуто, чак и тањири, који су бели.

Мама каже: — То нам помаже да избегнемо питања као што су, Јесмо ли живи? Можемо ли ово да назовемо животом?

Мама то говори зато што је пробдела пола ноћи. Крај је тромесечја и знаш какав је Потер, каже. Али, тата каже да проблем није у томе.

— Твој је проблем — каже он — у томе што стварно верујеш да ће одговорно улагање променити свет.

— Наравно да хоће — каже она сецкајући нешто за Бејлија. — Помисли само на спољашње услове као што су животна средина, и колики притисак...

— А истовремено се питаш, да ли заиста и даље верујеш у то као некада?

Мама сркне кафу.

— Или је та жвака сада већ прежвакана? — каже тата.

Мама загњури нос у шољу. Онда га извуче напоље, од чега јој се ноздрве рашире, онако, сасвим мало. Њене ноздрве су некако јајасте, а не округле као Лизине и татине и Ланланине и моје, и обично су некако ружичасте, али не и данас. Данас је дно њене шоље жуто, и нокти су јој жути, као и, наравно, коса, која је и пре била жута. Све осим очију.

— Са друге стране, посао је посао — каже тата. — Бар ти никога не отпушташ, као моји драги Системи за обраду докумената.

— Јел' бити отпуштен исто што и бити најурен? — кажем ја.

— Не баш сасвим, није — каже тата. — Али наравно да се човек забрине.

— Бринеш зато што треба да издржаваш породицу — каже мама.

— Треба да издржаваш породицу. Али у томе и јесте ствар — каже тата. — Са једне стране, свакако, стопостотно желиш да задржиш свој посао.

Онда се окрене и сручи свежу испоруку на тањир на средини стола.

— Али, опет, питаш се да ли смо са свим толиким радом заиста много срећнији од Лан.

— Наравно да смо срећнији од Лан — каже мама.
— Удобније нам је него њој.
Ја и Лизи почињемо да сипамо сируп.
— Молим те! — каже мама. — Не можеш озбиљно да завидиш некоме ко је проживео Културну револуцију! Схваташ ли ти какав је тамо живот?
— Не кажем да бих се мењао са њом.
Мама сече своју прженицу.
— Па ипак — каже на крају.
— Па ипак, последњи пут када сам користио речи „бесконачне могућности", било је то у вези са милијардама начина да се употреби тигањ.
Превpће прженицу на другу страну.
— Звучите као да жалите због целог свог живота — кажем ја.
— Много тога је писано, и не може се поново исписати — каже мама.
— Као, на пример, шта? — каже Лизи. — Као, шта би ти то уопште поново написала?
— Наша породица би била иста, наравно — каже мама.

ЛИЗИ / То је рекла само зато што је морала.
— Не можеш баш да кажеш да би волела да ме ниси усвојила — рекла сам ја. — Мене или Венди. Не можеш то да нам кажеш у лице.
— Не бих тако нешто ни рекла, тачка. Зато што није истина.
— Али, волела би да сам ја мање драматична, и да је Венди мање стидљива, и да нисмо усвојене, можда не бисмо ни биле овакве. Можда бисмо биле више као Бејли, и као ти.

БЛОНДИ / — Петнаест година са вама живимо из дана у дан — рекла сам. — Не бисмо могли ни да замислимо живот без вас.
— Мислите о себи као о деловима тела — рекао је Карнеги.

— Аха, али шта ако би могао да одеш на пластичну операцију — рекла је Лизи. — Ми вам дођемо као омлитавели трбух који бисте затегли.

ВЕНДИ / — Говори у своје име — кажем ја. — Ја нисам као млитави трбух.

— Драго ми је што то схваташ — каже мама.

— Ја сам пре као плућно крило или тако нешто — кажем ја.

Бејли се клати напред-назад, што значи да хоће још нечега, али то сигурно није прженица, зато што, када му је мама да, он је прво стави на главу, заједно са сирупом, а онда је заврљачи некуда.

— Бејли! — урла Лизи.

То је зато што комад прженице слеће право међу њене сисе.

— Можда је та блуза мало превише отворена — каже мама.

— Можда би требало да се сажалиш на мене, а не да само пазиш да ми кажеш шта ти се све не свиђа у начину на који се облачим! — урла Лизи. — И у сваком случају, то није *блуза*. Блузу не бих обукла ни мртва.

Лизи лупа ногама по степеништу тако гласно да се чак у кухињи птице преплашено разбеже са наше нове хранилице углављене у прозор, са сисаљком, наводно заштићене од веверица.

Данас је и хранилица за птице жута, просто је такво неко јутро.

— У мојој породици се ово звало претеривање — каже мама. — Преосетљивост.

— Можемо то тако да назовемо и у овој породици, ако желиш — каже тата, коначно седајући за сто. — Заиста је преосетљива.

— Можда би требало да дам отказ — каже она. — Кажу да не треба остати код куће током прве две године, него сада, кад не знаш кад ће пожелети да разговарају.

— Ако неко треба да даје отказ, то ћу онда бити ја — каже он.

— Најдражи, неће те отпустити.
— Најдража, ово је Америка — каже тата. — Све је могуће.

Касније све ово препричавам Лизи.
— Претерујем! — каже она. — Преосетљива сам! Наравно да сам преосетљива. Преосетљива сам зато што тотално не спадам у ову породицу!

Соба јој је невероватна ових дана, потпуно празна и чиста, као монашка ћелија. Као да је превише бесна на цео свет да би уопште имала макар и једну ствар на зиду, све што видиш су це-деови и слушалице и слика њеног новог дечка Расела Музичара, тачно на истом месту где је држала и Дерека Нормалног. А ту јој је и мобилни, наравно. Нема прави кревет, него само душек постављен на постоље, а ни мени не би сметало да имам исти такав, видим сад кад сам легла на њега. Тако соба изгледа огромна, као да је таваница далеко, далеко. Као да имаш сав тај простор.

— Спадаш ти у ову породицу — кажем ја. — Спадаш.
— Једног дана ћу да се вратим тамо где год било и да нађем своју праву маму.
— А како ћеш то да изведеш?
— Просто ћу да изведем — каже она.

Седи на другом комаду намештаја који има, фотељи од пуњене вреће.

Онда каже: — Ти бар знаш одакле си. Ти бар можеш, као, да се вратиш у оно сиротиште у Кини.
— Није истина — кажем ја. — Тамо не знају ни име моје старатељке, а камоли име моје праве мајке. Или мог правог оца, њега тек нико не зна.
— А зашто? — каже Лизи. — Да ли си се икада упитала како то да су свим оним усвојеним девојчицама из Кине родитељи бар упознали њихове старатељке, а твоји не?
— Зато што не треба — кажем ја.
— Али неке знају — каже Лизи. Као, Лили зна, и Мими зна. Зар се никад не питаш, како то?

Каже то и загледа се кроз свој велики прозор, који је, одједном схваташ, још једна ствар у соби, као трећи комад намештаја. Има велики, велики прозор, тако велики да га је тешко отворити.

— Па, ваљда — кажем ја.

— Зато што су се њихови родитељи постарали да знају — каже Лизи.

— Али старатељке траже паре — кажем ја. — Лилини родитељи знају само зато што јој је старатељка ушила поруку у одећу. Као, негде преко срца, рекла је Лили, сасвим унутра у одећи, сва срећа да су њени родитељи то уопште нашли. А још су и једва могли да прочитају шта пише, пошто се испрало.

Лизи мало зури у мене. Понекад се питам да ли би тако зурила кад би поново имала своју стару косу, као да, откако је поплавела, нико више не сме да зури у њу. Зато што је, као, толико примећују да морају да се труде да је не примећују, и онда она може да зури у њих.

— Ни ти ништа не схваташ — каже она. Ја стварно, потпуно не спадам у ову породицу.

— Спадаш — кажем ја.

— Не спадам — каже она.

Али се мало боље завалила у фотељи, и као некако мање зури.

— Ја сам као гост, као Ланлан — каже она.

— А ја? — кажем ја.

— Ти можеш да будеш шта год хоћеш — каже она. — Ово је слободна земља.

— Ја волим госте — кажем.

— Благо теби — каже Лизи.

— Свиђа ми се Ланлан — кажем.

— Благо теби — каже Лизи.

— Има нешто због чега Ланлан тера маму и тату да говоре исто што је оно друго већ рекло — кажем ја.

— Хммм — каже она, и онда као заћути, што је практично најлепша ствар коју ми је икада рекла.

4

Породица је рођена

КАРНЕГИ / И опет назад: петнаест година раније, прича о томе како је Лизи дошла код нас.

БЛОНДИ / Јер, тако је створена наша породица, прво Лизи. И зар то није почетак приче?

КАРНЕГИ / Био сам постдипломац у то време, живео на Средњем Западу, који ми се није нарочито допадао; спремао сам магистратуру из електротехнике, што нисам нарочито волео. Десило се и то да сам се пријавио на часове опере у дворишту цркве у којем је била једна буква. Да ли ти се то нарочито допадало?

Моја мајка је мрзела оперу.

И зато, да, нарочито ми се допадало. Да.

Чак сам мислио да би на тим часовима могло бити занимљивих жена, жена које би се показале, гле изненађења, другачије од моје мајке. А ако би се нека од њих показала као посебно занимљива, знам шта бих учинио: позвао бих је на оперу. У локалном конзерваторијуму су увек нешто постављали, да тако кажем. Грејао сам његов блистави програм у свом џепу.

У међувремену, обилазио сам букву са њеном блиставом кором. Погледао бих увис у дрво и помишљао да се попнем на њега. Али сада сам био одрастао човек; пењање на дрво било је као питање на које нисам морао да одговарам. Живот ми је био пун нових питања, питања тако великих да нисам ни знао шта значе.

Забрињавала су ме својом неодређеношћу.

БЛОНДИ / Волим да замишљам Карнегија у тој фази његовог живота — како шета око тог дрвета, размишља о свом животу. Како размишља о дрвету — колико је велико, и колико је простора под њим. Тако богато и достојанствено, а опет, попут тамнице, рекао је. Његове најниже гране, велике колико и само дебло, додиривале су тло на којем се пресијавала маховина. Много година касније, Карнеги је и даље причао о тој маховини, и о томе како се корење дизало из ње попут дана посвећеног размишљању.

Нисам познавала ниједног мушкарца који би тако умео да устукне. Карнеги је имао велике шаке — као мој отац, снажне, али мекше и нежније. Држао их је у џеповима, као да их чува. Могао је да буде хирург, или пијаниста.

КАРНЕГИ / Моја мајка је за мене мислила да сам будала због ствари које нисам радио. *Заборави на то!* — био је то један од мајчинских рефрена када као дете нисам хтео да једем јаја, упорно тврдећи да су то бебе пилићи. Као одраслог, мучиле су ме замке за ракуне.

Па је онда дошло на ред питање избацивања из стана. Мама Вонг је имала среће што се њено једино дете, једини син, наследник, показао као тип кога прогања избацивање из стана. Неколико пута сам плаћао станарину, радије него да видим неки старији пар или младу мајку или суманутог лудака избаченог на улицу.

Испоставило се да је пару требало помоћи. Чак је и Мама Вонг на крају схватила каква је корист од тога што ће за двоје старијих људи у колицима наћи место на којем ће моћи да прикоче. Успео сам да се изборим и за мајку са близанцима. Анита је, у ствари, постала најбољи надзорник кога смо икада имали; близанци су постали срећни што могу да нам шишају траву и чисте снег. А шта је било са лудаком? Зар и он није имао два сина у спртским колима који је требало да одраде своје?

— Ово је Америка. Нико не може да рачуна на свог сина, твдио сам једном приликом. Осим, наравно, тебе.

На то се Мама Вонг најпре задовољно насмејала.

— Ти си последњи прави кинески син у Америци — сложила се, подигавши кажипрст. Нагнула се напред како би нагласила своје речи, поскочивши на крају како би указала на поенту, као диригент. Онда је исправила тело, подигла браду, руку. Поставила своје тело у нов положај, како је изгледало, као у неком *таи чи* маневру. — Знам да никада нећеш заборавити ко си, рекла је. Нико неће морати да те подсећа на то.

Али, понекад би само одмахнула руком.

— Колико могу да рачунам на тебе, реци ми? — умела је да каже. — Дајеш паре богаташима, ето шта радиш. Како је могуће да си ти мој син? Отворено ти кажем, не знам ко си ти.

Лице јој је имало израз мирења са судбином, било је незаинтересовано. Само су јој се руке кретале, спуштале се на радни сто како би изнова и изнова слагале изванредно наоштрене оловке. Посматрала је *лишће* које је ветар залепио за њен прозор; оно је одлетело. Одлетело је назад у двориште, превршући се, превршући. Кога је брига? У младости је зрачила предивном потиснутом живошћу. Људи су је посматрали не зато што је била нарочито лепа, него зато што је њено лице могло у сваком тренутку да се претвори у нешто друго. Нешто у вези са обећаним откровењем.

Сада, онако ослабела, постајала је отворена.

Истина, лудак је, кад је умро, оставио пола милиона долара свом омиљеном штићенику, Националном кошаркашком удружењу. Осим тога, оставио је и по новчић свакоме од синова. Зато да био могли да позову пријатеља и да се исплачу. Не би морали то да раде, написао је, да су научили да се боре макар као и најгора замена за играче из Националног кошаркашког удружења. Мени је оставио памучну мајицу, и написао:

Ти би скинуо и кошуљу с леђа за мене. Зато ја скидам кошуљу са својих леђа и дајем је теби. Дирнуо си ме, барабо једна. Али, на којем ћеш ти првенству икада да победиш? Скроз си погрешно схватио ову земљу, младићу. Требало је да слушаш мајку. Рента је рента. Обогати се, буди срећан. Зар се не каже тако у Кини? И овде је исто. Остани сиромашан, буди несрећан. Стари свет, нови свет, сваки свет је и даље свет.

БЛОНДИ / Карнеги никад није носио кошуље.

КАРНЕГИ / Тада сам био у својој поетској фази; била је то фаза у којој сам шетао по шумама и сматрао да нешто радим. Био сам занет бесмртним обликом виланеле. А тек како нисам могао да одолим терцини! Као човек који има проблема са везивањем. Имао сам мастионицу и упијаћу хартију и никада нисам ишао без речника.

Наравно да је све то било у вези са пријатељицом која је на крају, најзад, спавала са мном, да би пола сата касније објавила како хоће да буде пријатељ са мном.
— Хајде да се дописујемо у стиховима — рекла је.
Следеће недеље сам прешао на електротехнику.

БЛОНДИ / Мајка му је била одушевљена.

КАРНЕГИ / Већ ми је била изабрала девојку за утеху.
— Лили Ли — рекла је. Ћерка Филиберта и Флоре. Најбоља ученица у средњој школи, сад доктор медицине. Али не само доктор медицине. Да ти кажем каква је. Знаш да њена мајка има проблема са бубрегом? И шта је њена специјализација? Бубрези! Њена мајка више никада не мора да иде код незнанаца, увек ће добити најбољу негу. Ето каква је то девојка.
— Одбио сам да се упознам са мис Ли.

БЛОНДИ / Уместо тога, стајао је поред великог дрвећа с рукама у џеповима. Карнеги је напустио кућу; напустио је мајку. Чекао је нешто велико, поштено, моћно.

Тада смо обоје били на врхунцу. Живели животима који су, пре него што бисмо се вратили у колотечину, могли да кажу *да* безмало било чему.

КАРНЕГИ / Опери. Средњем Западу: том небу, том ветру, тим просторима. Тим љубазним и великодушним, простим људима.

И, наравно, најсмернијој кестењастој другарици из разреда за коју се, на несрећу, испоставило да је активисткиња покрета противника нуклеарног оружја и часна сестра. Сестра Мери Дивајн, тако је рекла да се зове. Помислио сам да мора бити да се шали. Међутим, то је заиста било њено име, и заиста је била часна сестра, мада је пре изгледала као античасна сестра. Наиме, није носила монашке хаљине, чак није носила ни грудњак. Смуцала се наоколо. Носила торбицу везану око појаса. Псовала. Није баш ишла тако далеко да узалуд спомиње име Господње, али су је у извесним приликама чули да каже, дођавола.

Није јој био потребан либрето, већ је знала сваку арију, а једнога дана се појавила са још невероватнијим знањем. Нека беба је остављена на степеништу саме цркве; источњачка беба. Нада се да није расиста, али, да ли ја којим случајем знам одакле се створила та беба? Извињава се што пита. Међутим, колико она зна, ја сам једини одрасли Источњак у граду. Да ли ми пада на памет како би било најбоље удомити ту бебу?

БЛОНДИ / Да ли се увредио? Питала сам се то, касније.

Јер, знате, у школу сам ишла у Калифорнији, и неко време сам студирала Источноазијске студије. Била сам освешћена.

КАРНЕГИ / Увредио? Не.

Да ли бих хтео да пођем са њом назад до цркве, упитала је.

Изишли смо пре него што је почео час, био нам је удељен посебан опроштај за непристојност. Била је то невероватна ноћ. Довољно тамна да би се видео Млечни пут, и у колико су боја у ствари обојене звезде: плаву, зелену, лимунжуту. Није било месеца, само је летњи поветарац крцкао као да се чује протезање ноћних животиња које се буде. Прошло смо поред старе букве. Мрачна улица светлуцала се од недавне кише, као река.

Да само нисам имао алергију. Али, имао сам је, добијао сам коприњачу. Било је време жетве соје. Кожа ми је била тачкаста као оп-арт.

Ипак сам пловио уличном реком за својим водичем, очију упртих у њену торбицу око појаса. Моје алергије, знао сам, нису баш биле изазване расним питањима. Колико Азијата, на крају крајева, добија коприњачу од жетве соје? Ипак, изгледа да је била у вези са извесном склоношћу ка осетљивости коже; на пример, нисам могао да носим вуну. А то је, опет, изгледа било везано за моју глатко и не превише маљаво тело. Док сам стајао у цркви, сав као на иглама, питао сам се не постоји ли заиста нешто у вези са тим смотуљком у пеленама које сам ја разумео боље од, рецимо, Сестре Мери Дивајн.

Никада раније нисам држао у рукама бебу, а камоли напуштену бебу.

Смотуљак је био налик издуженој лопти за рагби, само што је била топла и лагана. Тако ју је лако било бацити, а ипак се није смела бацати, каква помисао! Осећао сам да сам цивилизовано биће. Огромна снага, обложена беспомоћношћу. Сестра Мери Дибвајн је говорила, чини ми се, како по пупчаној врпци закључује да је беба стара дан-два. Није умотана у ћебе на које су је примили, рекла је. Полиција је узела отиске са ћебета. Ја сам идиотски климао главом. Изненађен колику блискост осећам према њој. Колико сам јој присан, када са њом делим ово искуство — које? Да зуримо у сићушно лице, као из бајке. Тако црвено! Тако пљоснато.

Кружно. Као патуљкова беба, тако ми је изгледала, са белом капицом на глави. Бела капица чак уопште није ни била права капица, него хируршка навлака, на врху везана у чвор. При дну оивичена бебином црном косом.

Спавала је.

— Откуд си се ти створила? Како можеш стално тако да спаваш?

Хтео сам да пребројим бебине трепавице. Унео сам се беби у лице; какво невино дисање, дисање. Слатко, бучно, неувежбано. Цело тело јој се диже и сплашњава. Какво препуштање у издаху! Као да је део њеног малецког духа принуђен да се враћа на Стари свет, иако је други говорио, *Остани*.

— Ти си први који ју је видео поред Сестре Анђеле и мене. И наравно, полиције.

Девојчица! Заборавио сам да питам, дечак или девојчица. Девојчица. Наравно! Напуштена азијатска беба, чак и овде, највероватније ће бити девојчица. Поново сам то осетио, трзај привлачења, као да ми се нешто закачило за џемпер. Здрава? Сестра Мери Дивајн је рекла да јесте, колико она зна. Лекар долази овамо.

— Мислим да не мораш толико да је стежеш. Чини ми се да можеш само да је положиш на своју подлактицу.

Збиља сам стезао бебу — девојчицу. Раме сам подигао високо у ваздух, као да сам на позорници, и као да се спремам да се свакога часа винем у небо. Сестра Мери Дивајн је померила бебу са мог ручног зглоба и шаке на подлактицу. Како је пријатан њен додир! Пожелео сам да је пољубим. Имала је предивне руке, са изненађујуће блиставим ноктима, и кварио их је само онај прстен. Прстен је био превелик, као што су сведочили црвени трагови на суседним прстима.

— Ево — рекла је.

— Ах — рекао сам ја, то или нешто слично. Онда сам рекао (или сам само мислио да то говорим, или сам пожелео да кажем): — Хајде да се венчамо и да узмемо ову бебу.

— Хвала Богу, стигао је доктор!

Сестра Мери Дивајн је побегла на врата, она средњовековна храстова врата, са кестењастом косом која се лепршала за њом као летећи ћилим. Груди су јој поскакивале, торбица око појаса остала је отворена. Касније је напустила манасир, како сам чуо. Кандидовала се за Конгрес на листи Зелене странке и удала се за тркача на псећим саоницама. У међувремену, доктор је стигао! Још једна жена која је чудесно чврсто стајала на својим ногама, у обући за осетљиве ноге, без грудњака. Преко руке је носила велику торбу која је поскакивала, и дошла је са неким ко је поцупкивао на сличан начин.

— Ја сам Др Пирс — мирно је објавила докторка. Глас јој је био као скела на којој се могло стајати. — Ово је моја пријатељица Цејн, која није одавде.

— Хвала Богу — рекла је Сестра Мери Дивајн.

БЛОНДИ / Тек сам била стигла на аеродром када ми је стара пријатељица Номи, сада педијатар, казала, Морамо да видимо ту бебу. И тако сам се нашла у тој цркви, са човеком који је држао нешто што је могао бити Господ Исус Христос, само што ни на једној слици Исус никада не плаче, а та беба је плакала. Како је само тог сиротог човека ухватила паника! Кинез — или Нешто-Американац. Објашњавао је како је Сестра Мери Нека Тамо отишла да нађе бочицу.

— С млеком за бебе, надам се — рекла је Номи.

Мушкарац није био сигуран; зато је и она ркенула, оставивши мушкарца и мене са бебом.

— Шетај с њом. Пружи јој палац — рекла је Номи на поласку. — Цупкај је горе-доле.

— *Е-е-е-е* — плакала је беба. — *Е-е-е-е.*

Никада тако слабашан глас није одјекивао тако гласно. Могло се осетити како те пробада — како пролази кроз тебе као дивовска игла с концем. Била је умотана као мали Индијанац, у чупаво фланелско ћебе са штампаним медведићима и кружићима.

КАРНЕГИ / — Палац ће бити превелики. Покушај са малим прстом — рекла је жена.

Зашто не њеним? Али, она је тек стигла са аеродрома; мали прст јој је био пун клица. Тако сам примакао свој прст мајушним устима, и био запањен брзином равном мини усисивачу са којом су га усисала. Електролукс, само терај! И како је тихо сада било у вестибилу. Примакао сам се жутој светлости из лампе, као да је огњиште. Ова дворана била је превелика; осећао сам се као потпорни стуб. Беба је сисала и сисала. Био сам задовољан што ми је врх мог малог прста тако добро причвршћен са зглоб. Могао сам да осетим како ми њен језик облизује прст, избалављено средиште њене пажње.

— Тако је, девојко — прошаптао сам беби. А затим жени:
— Успело је.

БЛОНДИ / Тада сам пришла ближе, учествујући у његовом ликовању — дирнуло ме је пресијавање зноја на његовој глаткој обрви. Како је само марљиво беба сисала! Радила је чак и капцима и обрвама. На тренутак је изгледало као да је заспала. Образи су јој се смирили. Дисање постало дубље. Затим је отворила очи и погледала право у мене — гледала је и гледала.

— Јака је — рекао је он. — Неко ју је оставио на степеницама.

Ја сам се представила.

— Карнеги — рекао је он. — Шта мислиш?
— О чему?
— Ја мислим да ћу морати да усвојим ову младу даму. Осим ако не може да се нађе бољи дом за њу.
— То је велика одлука.
— Ја сам будала.

Нагнуо се ближе бебином лицу. Она је сада спавала исто онако дубоко као што је тренутак раније била будна. Шаке су јој се тајанствено мицале, као да сања. Или, не — као да јој шаке сањају. Отварале се, затварале, стезале.

— Ниси ти будала — рекла сам ја.

Протрљала сам ивицу пелене, очекујући да наиђем на стопало, али сам ухватила само фланел.

— Не, нисам; ја сам мудар, мудар човек.

Придигао је зглоб руке, сасвим благо променивши угао под којим му је стајао малић.

— То је то.

— То?

Подигао је обрве као глумац у водвиљу, на начин за који сам готово могла да погодим да ће ми једнога дана постати близак.

— Немој сад да ме питаш шта под тиме мислим, Цејн, зато што сам превише мудар да бих знао — рекао је. — Цејн.

Намигнуо је.

КАРНЕГИ / Можда се не бих тако лако одлучио да није било ње онде. Све је могло бити другачије да нисам имао прилику да разговарам с њом. Људи су стално желели да причају с њом; сви осим Лан.

И тако сам изговорио те речи наглас, и — гле! — оне су остале.

Да ли је то можда био начин да саботирам постдипломске студије, сугерисао ми је терапеут с подстицајном терапеутском деликатношћу много година касније.

Али, колико ми се све то тада чинило значајније од тога. Начин да заиста живим. Да доживим веће ствари. Колико сам само волео те речи када сам их помислио; колико су ми само били дражи моји надобудни нагони од реченица с извесном врстом полета. *Начин да се наглавце бацим у живот. Начин да живим сопствени живот.*

Престало је да ме сврби.

Ова беба нас је све донела на свет.

И смем ли да кажем да сам на крају ипак завршио постдипломске студије.

БЛОНДИ / Помислила сам, *ево, сведок сам.*

Хтела сам да му кажем колико ме је дирнуо. Да бих желела да будем попут њега, али никада нећу бити. Колико је неумесно, међутим, било моје ситно очајање! Одгурнула сам га од себе — имала сам извесног искуства са неким тананим превојима, ето шта је значило бити обична Цејн. Међутим, ја сам се примакла његовом кругу. Напајала сам се бебом — њеним црвенилом, њеним усредсређеним сисањем и њеном смиреношћу. Какву смиреност може да донесе беба. Никада нисам упознала такав мир. Све у просторији, чак и слике и столице, као да је било ту зато да би сведочило о њој — како би пазило на њу. Изгледало је савршено прикладно што смо били у цркви. Цео свет је утихнуо, свуда завладала светост.

Све док нисам чула шкрипу врата, одјеке корака, поздрав моје старе пријатељице Номи — брини-освему Номи — нисам заиста погледала Карнегија.

Човек средње висине, Азијат-Американац, у фармерицама без опасача и мајици. Без ручног сата. Импресиван грудни кош — можда дизач тегова. Његова пегава кожа као да је била у некој вези са накострешеном косом. Носио је црне Кедсове сандале без чарапа. Преко столице је висила кожна пилотска јакна, која ми је деловала некако познато.

КАРНЕГИ / Њен бивши, како се испоставило, имао је баш исту такву, коју је поносно купио на распродаји, али је потом открио на распродаји у каталогу који је добио током путовања авионом.

БЛОНДИ / То је био прави хришћанин — вечито обесхрабрен. Док су његови џепови увек били празни, у једном од Карнегијевих зинулих горњих џепова видела сам три пара наочара за сунце. У другом, освеживач даха. Приметила сам отворено држање; топао поглед; изражајне покрете. Имао је дугачке, фине шаке са чистим ноктима.

Ништа вам на њему није говорило да би у тренутку могао да одлучи да усвоји бебу.

Било ми је жао када сам видела како предаје бебу Номи. Али, Номи се вратила, наравно, са бочицом коју је стерилизовала у микроталасној пећници у оближњој радњи са готовом храном, и с млеком за бебе. И било је време; беба је била гладна. Ипак, било ми је жао што Карнегијеви прсти нестају из тих малих уста. Тај покрет изгледао је тако једноставно и природно, као нешто што се дешава у тропима. Било ми је жао када сам видела како се његова шака затвара.

КАРНЕГИ / Почео сам да посећујем бебу, и после неког времена сам је заиста усвојио. Учинио је својом Лизи.

Мама Вонг није то одобравала.

— Ти си луд! — рекла је. — Не знаш чак ни из какве породице долази то дете. Том детету је мајка можда проститутка. Можда јој је мајка наркоманка. А тек отац!

Ипак сам то урадио. И поред свих тешкоћа: мада се нежење званично не сматрају неподобним за родитељство, често се сматрало да није на највећу корист деце да буду смештена код таквих никоговића. У овом случају, међутим, црква се бринула о смештању, а требало је узети у обзир и расну усклађеност. „Слагање", тако су то назвали.

— Напуштена деца проговоре с тобом — приметила је Блонди — много година касније.

Мислила је да бих усвојио Лизи и да је била бела. Али наравно, ниједно бело новорођенче, чак ни нахоче, не би завршило код мене. Овако, могао сам да видим израз сумње на лицу социјалне раднице која је дошла у кућну посету, све док јој нисам рекао да је дотична беба азијског порекла, и да је нахоче. Да Сестра Мери Дивајн подржава усвајање.

— Написаћу „неуобичајене нарочите околности" — рекла је онда, разговарајући са својом бележницом. — Пошто је у питању природна усклађеност.

Тако сам успешно пребродио кућну посету.

БЛОНДИ / — Лизи је била створена за тебе — рекла сам му. — Она је била твоја судбина.

КАРНЕГИ / Моја мајка је на то другачије гледала.

— Нешто с тобом није у реду, мораш неке лудости да правиш — рекла је. — Како ћеш да се концентришеш на каријеру? Не знаш ти шта је беба. Беба је много, много посла. И много пара. Кажем ти, усвајање може бити велика грешка. Превише си млад чак и да знаш шта је велика грешка. Не знаш ти шта је живот, мислиш, то ти је као колеџ, свако добије диплому, мање-више исто. Али, кажем ти, није ти то колеџ. Нико не воли човека који је нико и ништа.

Тако Мама Вонг.

И још: — Зашто мораш да радиш тако луде ствари. Као да ће људи због тога да те воле!

Али Блонди јесте. Блонди ме је волела *због тога*.

БЛОНДИ / Волела сам га зато што није мислио да је зато нарочито племенит.

— Нисам имао избора — рекао је. — Не као ти.

КАРНЕГИ / Венчали смо се у кући њених родитеља у северном Мејну.

БЛОНДИ / Лизи је тада имала једанаест месеци, љупко дете — осим кад одмахује главом да нешто неће, и само иде, мада није баш сигурна на трави. За венчање је носила плаву хаљиницу налик извршутом шафрановом цвету са рукавима од органдина. Ставили смо јој венчић од свежег цвећа у косу. Али, наравно, она га је стално скидала, и сваки пут би отпало по неколико латица. Хаљина је брзо постала зелена од мрља од траве, тамо где није била смеђа од блата — али је и даље била дивна, говорили су људи.

КАРНЕГИ / Носила је гаћице за пелену са чипчицом, која је љупко махала као реп кад би пузила.

БЛОНДИ / Породица мога оца, Бејлијеви, били су досељеници. То је била породица деде судије — шкотско-ирски градски свет који није превише занимала земља. Или бар не толико колико немачку страну породице — породицу моје мајке, Бенкеове. Они су били толико дубоко везани за Висконсин, где су живели на фарми и имали колибу на језеру, горе на северу, тако да је прва ствар коју је моја бака Доти урадила када се удала и преселила на исток било да купи добар комад земље са великим рибњаком. Како су је само велике биле рибе и шумско воће подсећали на детињство! Мада, њена породица никад није имала толико земље крај воде као што је ова коју су она и деда Вернер купили овде у Мејну. Цело полуострво — у ствари узани насип који се шири у неку врсту острва. На једној страни налазио се мол, савршен за чамце; а на другој пешчана плажа с постепеним падом, савршена за децу. Било је то толико далеко на северу да она и деда у почетку уопште нису имали суседе — толико далеко на северу да је то изгледало као истинско повлачење од свег оног стицања и трошења на Источној обали. Зашто се уопште селила?

Код куће, рођаци са фарме су се борили, једва да су успевали да преживе од млека које су продавали фабрици сира. Истина, онима који су се одселили — у град, подразумева се — ишло је боље. Њихови синови радили су у фабрици сира или су постајали свештеници; њихове ћерке су радиле у фабрици сира или су постајале учитељице. Али, на крају нико није остао; нико није могао да остане. На крају су се сви преселили у Васу, да раде у фабрици хартије, или у још веће градове. У Чикаго, у друга места. Када је фабрика затворена, нису имали избора. Ипак, како су године пролазиле, бака Доти се понекад питала, да ли се у Висконсину живи срећније? Сећала се живота на фарми — како нису имали струју, ни грејање, осим шпорета на дрва у кухињи. Ипак —

каква је то радост била када би воз донео остриге и поморанџе за Божић! Још је могла да осети укус маминих острига. И како је само волела да се мува по кухињи са старијом браћом и сестрама! И све шесторо су се венчали са шесторо деце са суседне фарме; да у Војтленду није понестало деце, ко зна да ли би се икада удала за деда Вернера, са његовим лабораторијским књигама и узорцима.

Како је постајала старија, почела је да прича о повратку. Почела је да прича и о изгубљеној прошлости — о томе како ствари нестају. На крају је само бринула да нешто не недостаје, макар и на кратко — људи, храна, намештај. Бринула би о претњама о којима би читала у новинама — нашим воденим путевима, нашим шумама. *Овај свет, на крају крајева, може да нестане као и сваки други*, говорила би. *Само се молим за здравље дрвећа.*

ВЕНДИ / Још бисмо чували оне празне кутије на тавану које је оставила моја прабаба Доти, зато што то, као, девојке добијају кад напуне двадесет и пет а још се не удају, пошто су се тако звале тамо у Немачкој. Стара кутија. Нема везе што се прабаба Доти на крају удала, и уопште није била скроз Немица. Била је и нешто друго, као, чини ми се, Францускиња.

Ипак, прабаба Доти је одрасла молећи се на немачком, како је говорила, зато што молитве на немачком стижу до Бога брже него било које друге. Одрасла је и једући на немачком — одвратне ствари, као што су крвавице и шваргле које су правили на фарми. И кисели купус који је прабаба Доти и даље сама правила у Мејну, у оним земљаним лонцима које мама хоће да научи Лизи и мене да користимо, а нема везе да ли смо ми расположене да учимо или нисмо. Наврзла се на то, каже Лизи, зато што је сама најчешће јела шпагете и кексе док је била мала. Кад већ причамо о гадостима, али ето то су људи јели, због рата, чак и после рата. Зато што су се просто навикли на те ствари.

И зато прича о фарми као што неки људи причају о филмовима, каже Лизи — као, стварно је тамо живела, или је бар ишла за време распуста. Прича ствари као, сви тамо у Висконсину знају шта треба да се ради са телићима, нико се не гади зато што су новорођенчад прекривена крвљу и слузи и што мама-крава све то полиже, нити се изненађују што мама-крава муче и гура сироту бебу све док не стане на ноге. Мој разред је то видео кад смо једном ишли на екскурзију, и нисмо могли да поверујемо, како мајка мучи своју бебу, само је гура наоколо по штали иако тек што се родила и некако је у шоку. Знате већ, оно сигурно и није очекивало нешто нарочито од спољашњег света, али да га онако гурају чим се роди и очекују од њега да стоји. Сви на екскурзији су били шокирани осим маме, која је причала о Висконсину. Наравно, као тихо, а не да се због ње сви други осећају глупо. Као да је само мени хтела да каже, зато што је њој причала њена мајка.

ЛИЗИ / И зато што није хтела да ми и даље будемо Кинескиње. Хтела је да знамо да имамо и друге рођаке осим Маме Вонг, хтела је да знамо да постоји и нешто што значи бити такође и Кинез. Наравно, она тако нешто никад не би рекла.

БЛОНДИ / Како је само бака Доти волела своје имање у Мејну! Нарочито ону густу шуму, са боровима као катедрале. Било је и неких зграда на узвишици — колибе летњег логора које су неко време коришћене као школа за дечаке. Волела је што су колибе тако мале, као она колиба на језеру коју је породица имала у почетку, тамо на северу. Волела је што нема никаквог другог грејања осим пећи на дрва у главној згради.

Док смо били мали, тај логор смо звали наша независност, као бака Доти и деда Вернер. Касније је то, међутим, постало Острво Независност.

КАРНЕГИ / Насип који је водио до копна био је довољно широк да би гости на свадби могли да се превезу опреко њега. Али, пошто би било проблема са паркирањем, већину људи смо преко рукавца превезли малом скелом за бицикле. То превозно средство, које се састојало од конопца и чекрка и седишта за бицикл са педалама, саградио је претходни власник, извесни г. Бак, који је својевремено, како изгледа, био прилично важан тип: мештани су још звали рибњак Баков рибњак, а острво Баково острво. И пут је био Баков пут. Само се плажа звала другачије: Сјуина плажа, тако су је звали, по Баковој унуци, или тако некоме.

БЛОНДИ / Разапели смо шатор на великом травњаку — није то био неки обичан шатор, него таласасто жуто-бело једро асиметричног облика које је осмислила уметничка душа моје сестре Ренате, а сашила га моја услужна сестра Аријела. Оно се ширило од павиљона на плажи у којем је одржана церемонија.

КАРНЕГИ / На срећу, током церемоније су нас само двапут потопили скијаши на води.

БЛОНДИ / Дочекивали смо госте под вењаком од ружа, величанственим после другог цветања и готово исто онако лепим као и са првим цветовима. Вода иза нас била је плава и бистра.

КАРНЕГИ / Блондина браћа и рођаци су наздрављали. Сонети, поскочице.

БЛОНДИ / Пријатељи су свирали мале камерне концерте.

КАРНЕГИ / Блонди је била најмлађа у породици, и то много млађа од свих; звали су је епилог. Њене две сестре биле су пролог; њена два брата, главни чин. Његово Височанство и Његово Височанство, звале су их Блондине сестре у младости. Сада су били пријатни, жустри људи који су се показали као прави Бејлијеви. Жене су код Бејлијевих биле разнолике; сличне по висини, али не и по типу. Мушкарци су, напротив, међу Бејлијевима били у младости равномерне грађе, али су се са годинама претварали у људе без задњице и са округлим трбусима. Изгледали су као да их кроз тунел времена гура чврста рука која им притиска доњи део леђа; што су се више опирали, то им је задњица постајала равнија, а трбух испупченији. Панталоне су им висиле ниско на боковима. Тканина је на туру висила.

Али, како су само пријатни били! И рођаци и браћа. Јер међу Бејлијевима мушкарци уопште нису марили да ли имају наслаге сала, и где. Није им сметало што су сви кратковиди, и носе наочаре са металним оквирима. Краваре су им биле развезане још много пре главног јела. Правили су шешире од украса на столу. Како су се само разни пашенози и шураци трудили да не посустану! Бејлијеви су критиковали музику и изваљивали неразумљиве шале. Чим би неко од њих повикао, на пример, *Лилиболаро!* и сви остали би поскакали и повикали *Лилиболаро!* — стрпљиво објашњавајући, ако бисте их питали, да је то био бојни поклич присталица Виљема од Оранжа у Улстеру. Свирали су у дуетима на својим винским чашама.

Наравно, оно што је Мама Вонг касније рекла било је истина. Ниједном од деце Бејлијевих није остало оно земљиште. Јер, они су били изнад поседовања некретнина, ти Бејлијеви. Њихов капитал било је знање. Укус. И карактер, у генерацији Дока Бејлија. Он и његова браћа били су отворени, и говорили су просто. Блондина генерација, напротив, више је полагала на свој речник, нарочито на придеве. *Велелепности. Нецелисходно. Усиљен.* Углавном су се препознавали по ономе што не могу да узму за озбиљно.

Блонди је била корак уназад, обична Цејн која као да није учествовала у неким породичним играма.

Све ово је у вези са другим званичним разлогом који је Мама Вонг навела ноћ пред венчање, сат пре пробне вечере, зашто жели да се венчање откаже. Први разлог био је то што је Блонди стара. Тридесет и једну годину, да будемо прецизни, шест година старија од мене. Уседелица, рекла је Мама Вонг, жена која се удаје док још може. Ко зна да ли уопште може да има децу? Очигледно, ја нисам био њен први избор, ко зна колико је првих избора имала пре мене.

Али други разлог због којег Мама Вонг није волела Блонди имао је везе са Бејлијевима.

— Само гледај — рекла је. — За десет година свима ће бити потребна твоја помоћ. Неће они да се пењу. Они ће да падају. Знаш зашто? Не зато што су глупи. Нису они глупи. Пашће зато што неће да се пењу. Они су као деца која не знају шта желе за Божић, ето тако су размажени.

— Желе да живе у садашњости — објашњавао сам ја. — Не верују у то да треба да живе за будућност. То је питање филозофије.

— Мислиш да ја не знам шта је питање филозофије — рекла је. — Али, ето, случајно знам. Они су као будистички монах. Али, ко постаје будистички монах, реци ти мени? Не људи који имају успеха. Кажем ти, у Америци људи ништа не желе, неће да се муче, само пропадају.

То је рекла у салону за коктеле у ресторану, док су јој од уличног светла боре постале рељефне. Добила ме је касно, и сад више није била млада — било јој је скоро седамдесет. Ипак, за мене је био шок да је видим тако осветљену са стране. Изгледала је као да је сваке ноћи спавала са пластичном мрежицом навученом преко лица. Накит јој се, напротив, сурово блистао — утолико сјајнији, утолико непроменљивији — под тим драматичним осветљењем. На једном прсту је носила два прстена, један са бисером и дијамантима, а други са жадом и дијамантима. Било је то нешто што никада раније нисам видео да је урадила. Такође, поигравала се њима на начин који се њој самој не би свидео да је то уопште приметила. *Зашто да свима показујеш да си нервозан?* Седећи поред прозора, лако је могла да види сопствени одраз у прозорском окну, или у издајничком црном леду лакираног стола са закуском. Али није. Само сам ја посматрао њен одраз, онако немиран и, попут свих одраза, чудан.

— Колико је сати? — упитала је.

То је била нова тактика. Понекад би ме питала колико је сати по четири-пет пута на сат, чак и ако би носила сат, као што га је носила данас. У ствари, два сата, на сваком ручном зглобу по један. И то је био новитет.

— Шест сати — рекао сам.

— Слушај — рекла је она. — Одмах раскини вердибу, и даћу ти милион долара у кешу, потроши их како год хоћеш. Само се ожени неком другом.

— Мама — рекао сам ја.

— Да ти кажем. Лили Ли се није удала. Ево, баш пре неки дан сам чула. Замало да се уда за некога, али њени родитељи кажу, не. Ако хоћеш, упознам вас. Много фина девојка.

— Мама.

— Шта фали Лили Ли? Никад је ниси ни упознао.

— Тачно.

— И знаш да ти се не свиђа?

— Мама. Нећу се оженити Лили Ли.

— У реду, у реду. Слушај. Дам ти милион долара у кешу, чак и ако се ожениш неком другом. Не мора Лили Ли. Не мкора докторка. Само не Блонди. Кад се ожениш, опет можеш са Блонди у биоскоп. Можеш и на вечеру. Али на папиру, друго име. Наћем ти згодну Кинескињу, свакоме ће да буде драго због ње. Волиш спорт, гледаће она спорт. Волиш кола, и она ће да воли кола. Куваће ти фина јела, и једног дана, само гледај, бринуће се она и за твоју стару маму. Ожени се Блонди, бићеш слуга Блондиној породици. Видеће тебе, па ће да кажу, Ух, али он не уме да прича као ми. А кад им помогнеш, мислиш да ће они то да цене? Кажем ти, неће да цене.

Покушавао сам да је прекинем, али ништа до тога. Моја мајка је одувек била неумољива, али у познијим годинама као да је постала још истрајнија. Нагнула се ка мени, лица сенком пресеченог на пола као карневалска маска.

— Ето шта су ти људи — рекла је. — Ако други изгледају као они, мање-више исто, њих занима, ко је та особа? Али, кад виде тебе, ти си за њих као огледало. Све што виде је како они сами изгледају. Због тебе њихов одраз изгледа мали, слаб, не нарочито паметан, не нарочито вредан, па им се онда не свиђаш. Проста ствар. Ожени се неком фином Кинескињом, она ти је као слушкиња. Ако хоћеш да је гледаш, у реду. Ако нећеш, она ће да ти држи огледало пред очима, да можеш да кажеш, Јао, што сам леп. Јао, што сам богат.

И поред још двадесетак минута свега овога, одбио сам милион долара.

— Види, мама — рекао сам. — Оженићу се Џејн. Не можеш да нас спречиш.

— Ако се ожениш Блонди, то ће да те убије.

— Неће она да ме убије.

— Добро, онда — рекла је. — Блонди ће мене да убије.

На то нисам одговорио.

— Слушај ме — рекла је. — Нудим ти милион долара. У кешу.

Ударила је дланом по столу испред себе да би нагласила своје речи.

— Оженићу се њоме, па макар нас то обоје убило — рекао сам на крају. И из предострожности додао: — Можеш да лишиш наследства кога год хоћеш.

Оно „кога год" је зазвучало чудно из мојих уста, као нека велика ментол-бомбона која ми се одједном створила на језику. Наравно, увек смо разговарали на енглеском. Подигла ме је као дете које говори енглески. Међутим, ја сам углавном изговарао кратке реченице када сам разговарао са њом и користио ограничен речник. Избегавао зависне реченице. Никада раније нисам овако говорио енглески са њом — прави енглески. Ментол-бомбона је још била ту. Можда није приметила да сам јој сасуо у лице све моје отмено образовање које је она плаћала?

У суседној соби су спајали столове.

На крају је рекла: — Колико је сати?

Рекао сам јој.

И гласом тако слабим да је изгледао као некаква горчина у грлу, рекла је: — Ти ниси мој син. Можеш да радиш шта хоћеш. Није ме брига.

— Мама.

— Немам наследника, па шта? У сваком случају, сад смо у Америци, зар не?

— Мама.

— Кад сам дошла у ову земљу — почела је; онда је застала, као да је заборавила шта је управо рекла, и шта треба следеће да каже. Онда је поново почела: — Кад сам дошла у ову земљу, нисам знала да ћу да завршим сама самцита.

Онда је још једном упитала колико је сати.

— Имаш сат на руци — рекао сам. — У ствари, имаш два сата.

— Колико је сати? — питала је, као покварена играчка. — Колико је сати?

Није остала на вечери. Кад су Бејлијеви стигли, објаснио сам им да мојој мајци није добро. Њен прибор је дискретно склоњен.

Слављe је протекло по плану. Столице у ресторану су биле превише раскошне, јела превише пажљиво припремљена. Ипак, људи су се смејали и скакали и замењивали места; Бејлијеви су волели да замењују места. Било је и поскочица, уз много фалширања и без икакве риме. У једном тренутку сам заиграо са главним куваром. У следећем је моја будућа млада села на велики послужавник насред стола.

Пио сам колико и сви остали, мада сам знао да постајем црвен. Причао сам вицеве. Онда сам рано отишао, да видим како ми је мајка. Сви су имали разумевања; у ствари, Џејни се — тада је још била Џејни — понудила да пође са мном. Инсистирао сам да остане.

— Јунак мора сам да се суочи са аждајом — рекао сам.

Последња чаша вина.

Маму Вонг сам затекао у њеној хотелској соби, мрачно наваливши на бар и корпицу са грицкалицама.

— Јеси ли пијан? — упитала ме је.

Наоколо су стајале отворене конзерве и боце и кесице.

— Не — рекао сам.

Смекшао сам је када сам наручио да нас послуже у соби. Почео сам са тартарским бифтеком, знајући да ће бити запањена и да ће упорно тражити да га вратим.

Тако је и урадила.

Наручио сам чинију супе; и то смо вратили.

Наручио сам похованог јастога, мислећи да ће се жалити шта се то десило са кинеским кухињом, али ће га ипак јести.

Јела га је.

Наручили смо још.

Дивили смо се вази са каранфилима остављеној на јеловнику.

Показао сам јој како да закључа сеф у својој соби. Заједно са њом сам опељешио корпицу са потрепштинама у купатилу. Сакрио сам ценовник собног бара и оставио је у уверењу да су све оно пиће и грицкалице које је пробала у ствари бесплатни (искористивши чињеницу да је ретко путовала, а и ако јесте, да је увек одседала у најјефтинијим рупама које је успевала да нађе). Када је дошла собарица да размести кревет, искамчио сам још чоколадица.

— За џабе! — рекао сам мајци.

Ипак, успео сам да је убедим да дође на венчање тек кад сам јој обећао да ћу ући у породични посао чим се оженим.

— Бићемо партнери — чуо сам себе како изговарам, гласом једнако пригушеним као и осветљење у соби.

Камо среће да сам био пијанији него што сам био.

— Стварно мислиш да можемо да верујемо тој Блонди?

Глас Маме Вонг је изненада поново живнуо, као нека биљка која као да се осушила, али су је коначно ипак залили. Лице јој је заблистало. Прелистала је јеловник и наручила мраморни колач од сира за десерт.

— Разуме се — рекао сам — Разуме се да можемо да верујемо Блонди.

Био је то први пут да је тако назовем: Блонди. Како сам чудан осећај у устима имао, као звук неког другог језика.

Обећао сам да ћу на меденом месецу разрадити детаље.

БЛОНДИ / Прабаба моје мајке била је пацифиста; у Америку је дошла, више него да се сретне са синовима, да се бори за Бизмарка. Мајчин деда-ујак је био аболициониста; кажу да је правио преградне зидове свакоме ко би пожелео. А моја баба-тетка била је сифражеткиња; одрасли смо слушајући како њена деца нису била позивана на рођендане због њених уверења.

Па онда моја мајка, рестауратер уметничких дела и борац за грађанска права која је, пре него што се разболела, ишла од врата до врата доле по Југу и пописивала бираче.

А наша генерација је сада отварала сиротињске кухиње. Прикупљали смо одећу, прикупљали храну, прикупљали књиге. Певали смо божићне песмице по болницама. Протестовали против кресања буџета, развојних планова, Заливског рата.

Ипак смо осећали да смо у најбољем случају само упаљене свеће, ако се упоредимо с првобитним ломачама.

КАРНЕГИ / Старији од два Блондина брата, Грегори, правио је скулпуре од дрвећа: огромне, изражајне кипове који су пркосили градским правилима и весело се супротстављали месним законима о парцелизацији. Њен други брат, Питер, практично је водио музички летњи логор, пошто је званични диригент био пијандура. То је довело до сукобљавања и криза, и до чврстих ставова заузиманих у име уметности.

Њене старије сестре, Рената и Аријела, испуњавале су свет лепотом. Нису биле онако незгодне као браћа. Кували су и бавиле се баштованством; бавиле се плетивом, таписеријом, графиком. Гледале ретроспективне изложбе у најавама. Правиле лоптице од гумица, учествовале на концертима кантри-музике, тркале се, играле труле кобиле; чак су смислиле и сопствени начин кувања сома — укључујући ту и, могло би се приметити, њихове мужеве, који су тако бедно глумили финоћу да се то граничило са дувањем. Један је био картограф. Други је гацао по води. Како су им само браде цветале! Њихови шортсеви су цветали од мастиљавих мрља. Ако бисте са њима причали о првенству, они би накривили главу и пажљиво вас погледали, ишчекујући даље информације. Ни један ни други нису знали разлику између Америчке лиге и Националне лиге.

Блондин отац, Док Бејли, згадио се над њима.

— Ти дечаци живе у балону — рекао је. — Једнога дана ће само да пукне! Питање је хоће ли они то чути?

Док Бејли, импресиван човек, застрашујуће здрав, волео ме је. Није му било важно што имам ћерку. Сматрао је да уносим префињеност у њихову породицу својом досељеничком снагом; да радије гледам напред него уназад, и да сам по томе, да не бирамо речи, више налик њему него његовој покојној жени, бог јој дао души покој. Док Бејли је сматрао да сам ја Блонди надахнуо да се ухвати укоштац са животом. (Имао је велике маљаве шаке, и када је изговорио реч „укоштац", ухватио је ваздух пред собом као да хоће да исцеди из њега вишак молекула.) Тако је мислио зато што сам помагао Блонди да се попне уз лествицу, да се као уметница с повременим пословима на крају запосли као дизајнер. Било је то у хај-тек фирми која је радила на препознавању рукописа.

— Најновије ствари — говорила је браћи и сестрама. — Радим на двадесет и првом веку.

Извештавала их је о будућности технологије.

— Чекајте, па ћете видети, имаћете компјутере у ципели. Постојаће компјутери које ћете моћи да једете.

БЛОНДИ / Нисам више била клинка, накнадна памет, најмање бистро од све деце. Дете са досадним именом — за које је моја мајка, још пре него што сам се родила, из неког разлога мислила да ми одговара. Нико више није причао о томе како сам била најмања на рођењу, савршено неспособна да се играм асоцијација, у ствари, мало стидљива.

Џејни Тринаесто Прасе.

Џејни Мамина Маза.

Џејни Опет Ме Дирају.

Слушачица, тако су ме звали. Слагали се да ми је јака страна известан осећај самозадовољности. Баш лепо од њих што су открили моју јаку страну!

Умем да слушам.

Сасвим случајно је мој брак крајње оригиналан. Браћи и сестрама се допао. И оцу, њему се од свег срца свиђало све у вези са тим браком — чак, како је изгледало, и Мама Вонг.

КАРНЕГИ / Како се само дивно сожио са Мамом Вонг чак и када је изјавила да породица Бејли има *проблем треће генерације.*

— У Кини се то стално дешава — рекла је. Једна генерација успе, друга генерација ништа не уради, трећа генерација све изгуби.

Скренуо сам јој пажњу да су Блонди и њена браћа и сестре четврта генерација са мајчине стране. Нити би се баш за Дока Бејлија могло рећи да *не ради ништа*. Био је то угледан и вољен педијатар који је многу децу родитеља са ниским приходима прегледао бесплатно и, штавише, сам организовао више клиника у областима у којима није било одговарајућих служби.

Али, Док Бејли се скромно насмејао и наставио да тврди да је Мама Вонг у праву. Било је пропадања. Како и не би? Не би свако могао да успе само са својих десет прстију, као што је то могао његов отац, који је дошао бродом из Улстера. Деда Бејли је био изванредан чак и у својим плановима и хобијима. Оставио је за собом сребрне брошеве које је сам направио. Предмете од коже које је направио. Млађи Бејлији су били поносни што су његови потомци. Ко не би био?

Мама Вонг је отишла са седељке ликујући.

— Видиш! — цвркутала је лупајући дланом по ташни. — Чак и Док Бејли признао. Видиш!

Ја сам, међутим, обожавао Бејлијеве. Истина је да су много држали до своје памети; нарочито је Грегори сматрао да му нису потребне никакве чињенице да би знао ствари. *Стручњак за Русију йостао стручњак за оружје?* Рекао би. *Да ти ја кажем зашто, зато што од Русије више нема йара.* Или: *Јайански йрнчар тужи америчког аутора? Елементарно, драги мој Вотсоне: на то га је наговорио неки адвокат.*

Ипак, више су личили него што нису личили на људе са којима сам ишао у школу. На људе чије мајке нису носиле мамце за рибу у својим ташнама. Људе који нису били терани да се баве издавањем зграда током лета. Људе које нису позивали усред семестра да дођу да поправе бојлер. Са Бејлијевима сам се осећао као да сам још на колеџу; као да је живот пун изборних курсева, као да ће се увек наћи нека кафетерија на коју човек може да се жали. Као да је категорички императив да човек пронађе себе то што ће изабрати одговарајући семинар.

Тај осећај нигде није био јачи него овде, у породичном летњиковцу. То је у ствари у неком тренутку било г. Баков бивак; а у неком другом, школа за дечаке. Осим г. Бакове колибе, ту је била и библиотека и капела. У свакој колиби налазила се по једна табла; Бејлијеви су још налазили компасе и бочиће са мастилом и пера међу боровим иглицама. Што због Ренатиног мужа картографа, који је вешто уцртавао места на којима је сваки од предмета нађен, ова активност је представљала једно од главних задовољстава на острву, које је надмашивала само рестаурација г. Баковог првобитног станишта. Јер, г. Бак је био Микеланђело у дограђивању куће. Многобројни прозори отварали су се уз помоћ механизама од коленасте завртке и ланаца за бицикл направљених у кућној радиности. У купатилу је био постављен сталак за пелене, као и тајмер на тушу, који се сам укључивао. (Вода би престала да цури кад би се тајмер искључио.) Зар није био геније? Бејлијеви су се слагали у томе.

Али сваки прави геније има своје границе, као што су Бејлијеви волели да истакну, па тако и г. Бак. Први доказ били су темељи његових колиба, јер није ни било темеља у правом смислу речи. Просто је саградио колибе на дрвеним дирецима пободеним праву у земљу; Бејлијеви би дали све на свету да сазнају зашто. Или, шта да ураде поводом тога сада кад се ниво воде подигао. Зараван је тонула по неколико центиметара сваке године.

— Замените их — рекао сам када су први пут поменули ту ствар у мом присуству. — Подигните зграде и наспите темеље.

— Проглашавамо те за Сера од Грађевина и Темеља — узвикнуо је Грегори истог часа. — За Нашег Личног Саветника за Поправке на Кући, кога волимо колико и себе.

БЛОНДИ / Наше имање је почело да нам задаје главобоље. Било је толико далеко на северу да нико тамо није могао често да одлази. И вредело је тако мало, да веће поправке просто нису имале смисла. Штавише, неки грађевинар је недавно купио десет хектара тачно наспрам нас с друге стране воде.

КАРНЕГИ / Његове парцеле требало је да буду свака од по ар и по; његов суманути план био је да направи, ни мање ни више него сто шездесет „квалитетних станова". Као да би тржиште издржало било шта приближно томе! Замишљали смо поцепане најлонске фолије, напуштена ђубришта. Рупе, шљаку, псе-луталице. Или, што је још горе, противно свим нашим предвиђањима, успех: низове и низове кућица за лутке са налицканим тремовима од алуминијума.

То је било довољно да натера Бејлијеве да размисле о продаји. Није им то било први пут; и кампинг за приколице растао је тачно у дну њиховог полуострва. Али где да купе нешто друго? У Мејн су стигли скијашки спустови, због којих су цене скочиле. Више уопште нису могли себи да дозволе да купе неко земљиште крај воде другачије од онога које су већ имали. И зар Острво Независности није одувек припадало њиховој породици?

БЛОНДИ / Носила сам хаљину баке Доти. Ниједна од мојих сестара је није носила, али је Габријела мислила да је она довољно чаробно шљампава па сам решила да је макар пробам. И како да је после не носим? Јер, стајала ми је као саливена — старомодна стварчица као за вилу из бајке, са високим оковратником и дугим низовима пресвучене дугмади.

КАРНЕГИ / Да и не помињем да ју је жустри Питер звао апотеозом завесе.

— Нема сумње да ти за њу треба чекрк да је помериш — рекао је.

Грегори је рекао да га она подсећа на разне појаве у свету инсеката, као на пример, на физиогастричну пчелињу матицу.

— Ма, ћутите ви, мушке уседелице — рекла је Габријела. — Иначе нећу да се удам ни за једног од вас!

Тада би се они упристојили и признали да је хаљина забавна, шашава-лепршава. Јер, обојица су били помало заљубљени у Габријелу, и чак је по два-три пута дневно питали хоће ли се удати за једног или другог, нека сама изабере.

На то би она одговарала: — Ма, иди па се жени својом мамом на небу.

Или: — Мислила сам да сам се већ удала за тебе.

У то време Габријела је била риђокоса секс-бомба, стално је некуд јурила, и потајно прижељкивала да буде озбиљна, што је свима било познато.

— Али нисам озбиљна, нисам! — јадиковала би, док би је сви мушкарци унаоколо уверавали: — Ма јеси! Јеси!

— У чему? Реците ми! — тражила је.
— У понечем.
— Понечем — фркнула би. — Понешто је ништа. Али, чекајте само, па ћете видети. Једног дана ћу ја пронаћи себе.

Осмехивала се сањарски.

— Мислим да ће ми то доћи кроз масажу.

БЛОНДИ / Људи су говорили да сам пљунута мајка.

КАРНЕГИ / Можда је зато почела бесконачно да прича о томе шта би њена мајка обукла на венчању (плаво). Шта је њена мајка читала (есеје). Како јој је мајка умрла (од рака). Причала је о томе како је њена мајка рестаурирала слике. Како је на крају радила за Музеј ликовних уметности у Бостону. Како је радила на Тарнеровим сликама. Како је то укључивало још много других супстанци осим боје. Како су људи за њу говорили да је геније.

— Ма није могуће — рекао сам ја.

Питао сам се колико добро познајем своју вереницу.

Трепавице су јој после церемоније изгледале дуже него што сам примећивао; док сам је држао у наручју, осећао сам се као да грлим ванземаљца. Када сам је пољубио у павиљону, због њеног стезника сам морао да је обгрлим око струка на нов начин. Како су се само дивно њена извијена леђа уклапала у мој длан; било је то чудесно, претпоставио сам, али, зар јој се она пресвучена дугмад не забадају у леђа? У сваком случају, био сам задовољан што је видим како узбуђено узима Лизи у крило, с оним присним покретом, и што видим како Лизи обавија своје голе ножице око Блондиног струка.

Мама Вонг и њени пријатељи били су једини који су дошли колима, тј., њеним новим мерцедесом са еркондишном, и још шофером приде, из којих су морали да их извлаче напоље.

— Све можемо да видимо и кроз шофершајбну — рекла је Мама Вонг. — Комарци већ имају од чега да се наједу.

Кад је на крају изашла, смекшала је. Браћа Бејли су је хладила лепезом и доносила јој пиће. Причали јој вицеве. Тражили од ње да их учи кинески. Чинили комплименте њеној фризури, тако налик лопти на надувавање.

Али, што је најважније, Док Бејли се слагао с њом.

— Да вам кажем једну ствар: онај кампинг ништа није добар за цену земљишта — рекла је.

Он је климнуо главом.

— А тамо доле вам пропадају темељи. Кад темељи пропадају, то је велика невоља.

Он је климнуо главом.

— Знате шта је ово место? Ово место је такозвани бели слон.

Он је климнуо главом.

Исход свега тога био је да је она изгледала готово дирнута када је, касно поподне, Блонди пресвукла мајчину хаљину и обукла свилени црвени *qипао*. Као и када је заједно са мном клекнула (што није баш било лако у оној хаљини) и затражила њен благослов. Није важно што је то била традиционална нота преузета право из *Комплетних етничких венчања*, које је Габријела поклонила Блонди као поклон за девојачко вече. Мама Вонг је била дирнута.

— У реду — рекла је. Седела је на огромној столици ископаној на неком буњаку; јастук иза њених леђа пресијавао се као злато, са дебелим исплетеним обрубима који су могли бити узети са адмиралске униформе комичара из оперете Гилберта и Саливена. — Сад си удата. Нико ту ништа не може.

— Хвала вам — рекла је Блонди, склопивши руке као да се моли.

— Не говори ништа — рекла је Мама Вонг. — Пусти Карнегија да говори. Млада не треба много да прича.

Почео је да ме сврби врат.

— Хвала ти — рекао сам ја.

— И следећи пут немој да стављаш бели цвет у косу — рекла је. — Кинези сматрају да је то велика несрећа, бело је боја коју људи носе кад им родитељи умру.

— Да ли ти се бар хаљина свиђа? — питао сам ја.

— Нашла је доброг кројача — рекла је Мама Вонг. — Није лако направити хаљину за њу, видим ја.

Блонди су наврле сузе на очи, запретивши да јој униште маскару; чини ми се да сам чуо како је поцепала хаљину док је устајала. Окренули смо се према осталима.

Како су само сви пљескали! На срећу, сузе нису биле превише јаке. Страх од провале облака остао је само то, страх. Суседи из кампинга дошли су на торту; чуло се како неко виче, *Оставите наше жене на миру!* Али су га други брзо ућуткали. У сваком случају, ја сам га и чуо, и нисам га чуо, пошто ми се загонетно појавила коприњача. Она се, на срећу, повукла кад сам узео антихистамин из кућне апотеке, мада је рок трајања исписан на кутији одавно прошао.

Наша домаћа плава чапља спустила се на крај мола и са пажњом наоштреном као врх оловке посматрала како се креће вода.

За то време је сваки гост који је имао сина или рођака или сестричину која се удала на неправоверан начин поносно вадио слике нових чланова породице, а понекад и производа дотичних заједница. Показивали су их мојој мајци. Ја сам занемео од ишчекивања, али Мама Вонг је великодушно викала ох и ах чак и на мале мулате, слажући се да су неизрециво дивни и лепи. Ново лице Америке.

— Видиш какву ти је срећу та беба донела — рекла је неком родитељу.

Родитељ је засијао.

Другом пару је рекла: — Не брините. Карнегијеве и Блондине бебе ће да изгледају још смешније.

Како су се људи само смејали!

БЛОНДИ / Како су људи само играли! Чак су и Мама Вонг и њени пријатељи играли, сви црвени у лицу — једни са другима, и са мојом породицом, и са другим људима. Игранка се излила из шатора на травњак.

Изван круга наших званица ширила се тишина. Ваздух је био све свежији. Планине као да су поново добијале своју снагу како су сенке постајале дубље; застори од врба оцртавали су се наспрам сунца. Ипак су сви и даље играли и вртели се, неким чудом неометани комарцима. Али Мама Вонг је питала колико је сати, и на крају смо испловили на старом дрвеном чамцу на весла — нашем увек оданом Дедалу — ставивши Лизи на клупу на крми. Била је у својој зека-пицами и спавала је умотана у гомилу ћебади.

Засула нас је киша пиринча који је зазвецкао. Затим смо, уз музику весала, свима пожелели лаку ноћ и кренули према кампингу са друге стране — првом месту на којем сам икада преноћила сама. Музика се наставила, али је постала тиша. Видели смо како гомила почела да се прорећује. Гласали су се гњурци. Чуо се одјек из даљине, и слепи мишеви су летели над водом — стотине слепих мишева. Сваки час би неки прошао тако близу да бисмо помислили да можемо да осетимо не баш његово крило, него струјање ваздуха. И моје мисли су летеле, кружиле. Пожелела сам да неку од њих изговорим наглас, али како да се довољно дуго задржим само на једној, а не на другој, да бих је изговорила? Наднела сам се над Лизи, пазећи да је ништа не уједе; једном сам прочитала да слепи миш може да уједе дете а да нико не примети. Укрстила сам јој зечије уши преко лица, да је заштитим.

КАРНЕГИ / — Мајка ти изгледа тако срећно — рекла је моја жена (моја жена!) после неког времена.

— Изгледа да је она црвена хаљина обавила посао — сложио сам се.

— Толико је тесна да једва могу да дишем. Није требало да једем торту. Било ми је добро док нисам појела торту.

Блонди је још на себи имала кинеску хаљину. Покушала је да се пресвуче у трећу хаљину, као по кинеском обичају, пре него што оде. Али она је имала танке бретелице, за које је у последњем тренутку помислила да би биле превише за моју мајку и њене пријатеље.

— Сад је тако луда за тобом, нада се да ћеш ући у посао са њом — рекао сам, испробавајући идеју кроз шалу.

Блонди се насмејала тако гласно да је изгледало као да су се од тога поплашиле и прве звезде које су се појавиле на тек потамнелом небу.

— И мислила сам да ће се појавити још неки захтеви уз оних милион долара — рекла је.

Милион долара?

Изгледа да је Мама Вонг, када сам отишао од ње оне ноћи после пробне вечере, позвала Блонди у своју собу. Блонди се одазвала, попила понуђени сок из мини-бара, а затим, како јој је било речено, села у фотељу. Мама Вонг јој је понудила милион долара да се не уда; Блонди је прихватила. Онда је Мама Вонг дозволила Блонди да се ипак уда за мене.

— Хоћеш да кажеш, пристала си?

Престао сам да веслам. Чамац се заљуљао.

— Нисам баш пристала. Само сам, знаш.

— Шта знам?

Није одговорила.

Спустио сам држаља у крило, тако да су се весла подигла из воде као крила и са них је цурило. Чамац се још мало љуљао; струја га је носила, окрећући га у смеру казаљке на сату. Лизи се пробудила и почела да плаче. Цејн ју је узела у наручје.

— А шта би било да те је држала за реч? — упитао сам. Шта би било да није попустила? Да ли би узела новац и удала се за некога другог?

— Наравно да не бих — рекла је.

— Па зашто си се онда сложила?

— Ја сам особа која воли слогу.

— Како си могла да ми не кажеш?

Зар је могуће да је то истина?

Не можеш да верујеш тој Блонди.

Гледао сам како љуља Лизи и копа по торби с пеленама, и одлучио да не кажем више ништа. Ово нам је ипак прва брачна ноћ. Вода; и све оне звезде; месец. Спустио сам весла у воду и кренуо даље. Врхови су пљуснули и заграбили воду, леву држаљу сам повлачио према појасу, десну одгуривао.

— Угрејаћу бочицу — понудио сам се.

Имали смо приручни грејач за бочице који се пунио у микроталасној, гомилу дивних стварчица које су однедавна испуњавале наше животе. Све што је требало урадити било је да се разбије, и тако се добије топлота.

Топлота ми је пријала. У ваздуху се осећао мирис логорске ватре. Из даљине, преко воде, изненађујуће јасно су допирали звуци сваође између неких људи.

Намеравали смо да оставимо Лизи са сталном дадиљом, Зорин. Али када је Зорин, ето какве смо били среће, добила напад слепог црева, одлучили смо да не остављамо Лизи са њеним теткама. Пошто смо знали да их не познаје довољно, и да је била необично узнемирена.

— Морамо да нађемо још некога осим Зорин у кога имамо поверења — рекао сам ја.

— Морамо. Али најпре погледај своју ћерку.

Њено уснуло лице обасјавала је месечина. Њено лице није било савршено кружно као оно кад сам је први пут држао у рукама; ипак, очи као да су јој тек биле уписане. Имала је обрве, али још не и аркаде. И брада је пре била место него стварни облик. Из дана у дан, образи су јој постајали све препознатљивији по ружичастој боји; ноћу је то била само још једна представа коју смо имали о њеном лицу. Коврџе су јој се накострешиле и стајале као штапићи, меки и куштрави. Усташца су јој још била малена — превише мала за кашику за одрасле. Како је само била чиста; изгледало ми је да нема више ничега на свету што би се могло описати као чисто осим тог детета. У то време, када бих је узео у руке, још је наслањала главу на моје раме и љубила ме — *цмок!* — и савијала ножице. Колико сам само то волео, начин на који је савијала ножице, тако високо да су јој колена готово додиривала пупак. Волео сам начин на који је савијала стопала, као мале шкампе, и окретала их једно према другом. Још је била права жива лопта; пре лопта него рачваста мотка. Толико много ствари у животу изневери очекивања — али дете, дете! Како су само невероватне њене трепавице! А од чега ли јој је кожа? На месечини је деловала као да није сасвим очврсла, као да је тек изливена. Поново је заспала.

— Јеси ли срећна?

Признао сам да је чудно носити бурму.

— Знаш, ово вече није онако романтично као што би требало да буде.

Стварно мислиш да можеш да верујеш тој Блонди?

Веслао сам. Моја жена, вративши Лизи назад у њено гнездо од поларног крзна, дошла је и угнездила се крај мојих ногу, међу наше вреће за спавање. Откопчала је жабице на хаљини и открила јасно препознатљив грудњак из јавне куће.

— Ах — рекла је. — Овако је већ боље. Немој престајати да веслаш.

И тако је била полугола када смо стигли до кампинга у близини дивљих медведа који су се показали једнако пријатељски расположени као Блондина браћа и сестре и Габријела.

Лизи је остатак ноћи провела будна.

БЛОНДИ / Касније смо добили две врсте поклона. Практичне ствари као што су тегле за кексе и тостери, већином од његових, и азијске збирке, већином од мојих. Добили смо троножац направљен од карактера који значи „дуг живот", јапански лампион, кувар са азијским јелима; приручник за фенг шуи, комплет чинијица за пиринач, два пара штапића за јело од дрвета индијског ораха, и чинију од бамбуса. Све сам то волела. Кинеским стварима са његове стране било је теже одушевити се — неколико барокних резбарија од жада употпуњених сталцима од ружиног дрвета, на пример. Стољњак са врло богатим везом, превелик за иједан од столова које смо имали. На срећу, било је и неколико јастучница са једноставнијим везом, и невероватно зрно пиринча на којем је била исписана цела једна поема из времена династије Танг. Оно је било на сталку са увеличавајућим стаклом.

КАРНЕГИ / Мама Вонг нам је заиста дала оних милион долара које је обећала Блонди, али уз нови услов да тај новац буде потрошен на инвестирање у имовину којом ћемо управљати и поседовати је заједно са њом. Али, то није било једино изненађење. Доку Бејлију, уз благослов остале деце Бејлијевих, пало је на памет да нам поклони летњиковац.

— Не, не, не — рекли смо. — То је породична кућа. Не можемо то да прихватимо.

Док Бејли је, међутим, имао стварну подршку.

— Не брините, долазићемо вам у посету — рекао је Питер весело. — Доводићемо наше псе и очекивати од вас да их храните, и никад нећемо отићи. Ви ћете само да се бринете о њој.

Како одговорити на такву великодушност?

5
Мени је довољно ништа

ВЕНДИ / Њој не треба много, али носи са собом кишобран ако је сунчано, да случајно не поцрни.
— У Америци је добро да поцрниш — кажемо јој ми.
Али, Ланлан ипак хоће да остане бледа. Михољско лето почиње скоро чим она стигне, тако да не испушта из руке кишобран практично све до октобра.
— Ја нисам Американка — каже.
То је само мали кишобран на склапање беж боје, и она га користи искључиво у време ручка. Ипак мислимо да је то шашаво.
— Да ли би волела да будеш? — каже Лизи. — Мислим, Американка.
— Не, не, не — каже Ланлан, осмехујући се. Овде много пишти. — Понекад, опет, каже: — Ово није моја кућа.
Подигне прст кад говори такве ствари, као да тај прст прича, а не она.

ЛАН / На кинеском кажемо *wu ai* — *без љубави. Боље је не везивати се. Баш као што је боље и радити ствари* — *wu wei* — *без напора.*
Тако је говорио мој отац. Као таоистички монах.

ВЕНДИ / Како можеш да урадиш нешто а да то не радиш? Тако говоримо у почетку, али после неког времена као схватимо, или бар Лизи схвати.

ЛИЗИ / Зато што је то као скроз истина! Као, могла сам да видим, ако покушам да освојим неког момка, то само поквари ствар. Боље је да се препустиш да те носи струја.

ВЕНДИ / — Боље ништа не желиш — каже поново Ланлан, подигавши прст. — Не тражиш ништа. Не чекаш ништа.

— Али, како можеш да не желиш ништа — кажем ја. — Мислим, како можеш тек тако да одлучиш?

— Разуме се можеш одлучиш — каже Ланлан.

Закачи косу иза уха. Седимо напољу, испод јабука, ја и Лизи на сунцу, а Ланлан у сенци. Мора да носи џемпер, зато што је земља хладна, а у сенци је и ваздух хладан. Није то као кад си на сунцу, где је ваздух топао.

Ланлан је у сенци, али је ипак испружила врат ка небу, и затворила очи. Врат јој је дуг и леп, Лизи каже да је лепо кад те љубе у врат, и ваљда бих, да сам мушкарац, пољубила Ланлан у врат. Али, да ли би она желела да је неко пољуби? Или би одлучила да не жели ништа?

— Да ли ти недостаје Шандонг? — кажем ја.

Очи су јој још затворене, али не као да спава, него пре као да прима неку поруку са неба. Као да покушава да допре до ње, и она покушава да допре до Ланлан кроз гране јабуковог дрвета.

Каже: — Сужоу је мој *lao jia* — мој родни град.

— Али, кад се вратиш у Кину, хоћеш ли да се вратиш у Сужоу? — каже Лизи.

— Није сигурно — каже она. — Све зависи.

— Да ли то значи да се нећеш враћати у Шандонг?

— Много тешко да се сели у Сужоу.

Онда отвори очи, и жао ми је што смо је натерале да то учини. Није да се понаша као да јој нешто смета, него као да смо прекинуле небо, и сад јој је врат нормалан. И ја истегнем врат да видим умем ли и ја то. Затварам очи, тако да ми капци постају црвени, онда исправим леђа.

— Али, зашто? — каже Лизи. — Мислим да треба просто да одеш.

— Не може просто да одем — каже Ланлан.
— Зашто не може?

Ланлан ме голица испод браде, и ја тако отворим очи и видим да је небо за њу нестало, и да се спушта туга.

— Прво, треба посао — каже она. — И да не кажем *hukou* — нешто као дозвола за стан.

— Па, набави је — каже Лизи.

— Мораш неког да знаш — каже Ланлан. — Не само неког. Него неког — како се каже? — ко има утицај.

— Да би добила посао?

Ланлан клима главом.

— Не можеш само да се пријавиш?

Ланлан одмахује главом.

— Познајеш ли некога ко има утицаја?

— Не познајем никог — каже она.

— Па где ћеш онда да се вратиш?

— Све зависи — каже она.

Глас јој је онда сав као тих, жели да не жели ништа.

БЛОНДИ / Волела сам Ланину једноставност, али су ме неке ствари излуђивале.

Кишобран је био једно.

Друго је било што једва ишта да је јела. Не би поставила себи за столом — сваке вечери смо ми то морали да радимо.

ВЕНДИ / — То је у реду — каже мама.

Али по начину на који то каже, знамо да ће и тата ускоро морати нешто да каже.

— Није ни чудо што је тако мршава — каже мама. — Надам се да једе у школи. Или можда једе ноћу?

И то је тачно, видела сам је. Једе тако што принесе храну устима, онда је склони, онда је поново примакне устима, и можда на крају почне да жваће. Понекад плаче. Од јела се расплаче, али сасвим тихо, тако да готово не можеш да је чујеш, само можеш да видиш како плаче, и кад на крају сажваће нешто, онда наслони главу на руке. Једног дана је питам зашто плаче. Али она каже да не плаче.

— Видела сам те како плачеш — кажем ја. — Плакала си кад сам ушла.

— Како да верујеш оно што видиш — каже она. — Имаш само два ока.

И ја кажем: — Зар два ока нису довољна?

Али, она каже да нису, нису довољна, ни приближно.

— Разумеш? — пита ме.

И док ме то пита, поглед јој одлута ка вратима, као да проверава да тамо нема никога, или као да је у ходнику неки други свет који може да нас чује како разговарамо.

— Видела сам те — кажем. — Знам да сам те видела. Јесам.

— Добро — каже тада она. — Плакала сам. Што је то важно?

— Важно је — кажем ја. — Зато што то значи да си понекад тужна.

Она ме погледа.

— Милисм да си ти Кинескиња — каже. — Много бринеш за друге људе.

Онда ми исприча причу за коју каже да ју је чула од своје *aui* пре много времена, о беби коју су слуге случајно убиле.

— Једног дана, знаш, хране је, и шта се деси? *Aui* стави штапић сувише далеко унутра у бебина уста, и пробуши рупу.

Показује ми стављајући прст у своја уста и забивши га дубоко унутра.

— Разуме се, кад је тако унутра, нико не може да види. И тако беба плаче, плаче, а нико не зна зашто беба плаче и једног дана беба умре.

— Беба је умрла? — кажем ја.

— Беба умрла, онда доктор гледа унутра и нађе рупу.

— Ти штапићи мора да су били много шиљати — кажем ја.

— Шиљати — слаже се она.

— Не могу да верујем да нису нашли рупу све док беба није умрла.

— Рупа се тешко види — каже Лан.
— Хоћеш ли ти умрети? — питам. Одједном ми то падне на памет, не знам зашто.
— Не, не — каже Ланлан, и као мало одмахне главом.
— Али, имаш ли ти неку рупу коју нико не може да види?
Ланлан се осмехне оним својим осмехом.
— Права мала Кинескиња — каже. — Не гледаш само на очи, него и на срце.

Понекад кад се напољу смркне, хватамо зрикавце. Ставимо свећу испред рупе са зрикавцима, и кад зрикавац изиђе на светло, брзо га ухватимо. Лан певуши. На њој ништа не виси, изгледа као барбика. Никад није изгужвана и никад не иде босих ногу. Мама је сасвим супротна, воли да иде боса и да носи одећу у којој може и да спава. Ни за милион година не би носила наглавке какве носи Лан, онако беж што изгледају као чарапе само за стопала. Али Ланлан то носи, није она иста као ми. Као што зрикавци нама сви изгледају исто, али не и њој, Ланлан види ствари које ми не видимо.
— Погледај ноге — каже. — Како су јаке. Види линије на глави, како су равне.
Или: — Види како је ова глава лепа, има мало злато у средини.
Каже да су некада људи сваке јесени долазили са свих страна у Шандонг, где је живела њена баба-тетка да купе зрикавце за борбу, али да има и зрикаваца лепотана, и зрикаваца певача. Брине о зрикавцима из нашег дворишта.
— Ова врста зрикавца прикрада се као тигар, бори се као змија — каже. — Ова врста наваљује као ветар.
Њена омиљена врста је она која *ослушкује звук, гледа где је непријатељ*.
— То је мудар зрикавац — каже. — Чека непријатеља у заседи, а не да користи просту силу. Тај зрикавац прави Кинез.

Стављамо зрикавце у кавезе и голицамо их танким четкицама за бојење које се користе за грнчарију и такве ствари. Али не можемо да их натерамо да се боре.

— Биип! — каже им Ланлан. — Биип!

И ја кажем: — Биип!

Али, ништа се не дешава.

— Прави амерички зрикавци — каже. — Од превише аутоматике полудели.

И Бејлија учи неке ствари. Као, покушава да научи Бејлија да хода тако што га стави да стоји и онда тапше и шири руке да га натера да јој приђе. Он углавном маше рукама и можда некад направи неки корак, али онда падне као крушка. Она ипак и даље покушава.

— Гледај само — каже. — Научиће он.

Понекад правимо змајеве, прелепе змајеве, са оквирима од бамбуса који могу да се склопе, или могу да се наставе један на други, па онда, кад их пустиш, као да пушташ гомилу тањира, само што се пењу чак и кад готово уопште нема ветра. Или се играмо сврачије ноге, за шта Ланлан каже да је њена *aui* говорила да доносе кишу. Ланлан свашта уме да уради са вуницом, као кад је обмота око свих пет прстију на нарочит начин и каже, то је змија, па је онда скине и каже да је то змија пресвукла кошуљицу. И још правимо позориште од папира, и то је забавно. Ланлан прави лампионе и разне друге ствари, као лабуде и златне рибице и фоке и цветове, уме чак и лопте да прави од папира, Бејли их обожава. Она их надува, а он их спљеска. Ако јој даш маказе, може да ти направи силуете, или цветове, или лампион, или чамац са рибаром, или кућу са животињама и људима који свирају на инструментима.

— Биип! — каже кад заврши. — Аутоматик! Аууу.

Мама хоће да набави нарочити папир за њу, али Ланлан каже да не може да користи нарочити папир. Воли поцепане комаде хартије, омоте које хоћемо да бацимо, слике из часописа.

— То је део њене уметности — каже тата.

— Уметности преживљавања — каже мама. — Мора да је то део онога што чини човека борбеним.

— Не узима она да бира — каже тата. — Него прави.

— Натера те да схватиш да је сналажење такође врста стваралаштва — каже мама.

— Ништа јој није потребно — каже тата.

Тата каже да ће снимити филм о њеним рукама које праве све те ствари.

— Њене руке су чудесне — каже. — Начин на који се крећу је прелеп.

И то је истина. Њени прсти лете, сви осим малића, које увек држи мало одмакнуте — некако као у ваздуху, да никако не заборавиш колико су јој лепи нокти.

Мама хоће да је Ланлан научи нешто. Као на пример, да везе, каже. Вез из Сужоуа је тако чувен.

Али, Ланлан каже да је вез једино што не зна.

И ми учимо Ланлан неке ствари, како да бере јабуке, и како да прави колаче од јабука. Ланлан не једе много колаче од јабука, али ипак нешто поједе, и каже да јој се свиђа, нема везе што испљује све љуске.

Мама каже да је у томе ствар са културном разменом, Кад будемо старији и кад не будемо имали бебу у кући, примићемо неке студенте са размене, као што је радила њена породица.

БЛОНДИ / — Срећна сам на сваком месту — рекла је Лан. — Нисам пробирљива.

— *Имам ја и превише ни-чега*, певала је.

Изгледа да је то са певањем научила од Карнегија, мада није измишљала речи онако како он то уме да ради. Она их је, напротив, учила са трака које је пуштала на касетофону; набавили смо јој конвертор за волтажу. Понекад је певала и кинеске песме — тако тихо да се једва чула. А девојчице их ипак сад певуше. На пример, ону песму о *moli hua* — јасмину.

КАРНЕГИ / Речи су ишле нешто као, Како је леп, како мирисан, убрала бих те, али бих се убола.

Певала је и ону песмицу о прављењу пута, и још једну, која се зове „Ослони се на кормилара када пловиш морем".

БЛОНДИ / Највише је слушала траке за школу. Узела је Енглески као други језик и марљиво је учила.

КАРНЕГИ / Ах, али учила је и сама: Бродвеј 101.
Није да би икада отишла тако далеко да тражи да позајми касету. Али све што бисмо јој оставили на прагу одмах би нестало и поново се појавило неколико дана касније. Тако смо јој показали шта је *Звуци музике, Јужни Пацифик, Момци и луткe, Порги и Бес, Виолиниста на крову*. Преклињали смо је да нам каже можемо ли да јој нађемо нешто што је нарочито занима, и једнога дана је коначно попустила.

— Чајковског — рекла је. — *Лабудово језеро*.
Слушала је. Онда смо је поново питали.
— *Травијату* — рекла је. *Аиду*.
Због ње сам ископао своје старе траке са часова опере.

БЛОНДИ / Осам недеља пошто се уселила, још није била урадила ништа на сређивању своје собе. Јесте користила фрижидер, али само за две-три ствари; оне као да су се скупиле на гомилу на највећој полици, као да им је потребно друштво осталих ствари. А као да се устезала и да узме било шта из породичног фрижидера.

— Хвала — рекла је када смо јој још једаред поновили да се слободно послужи. — Веома сте љубазни.

Али, када смо је питали зашто никада ништа не узима, она је тихо отпевушила, *Ни-шта је мени довољно*.

Њен курс енглеског као другог језика у градском колеџу био је пуни, интензивни програм, пет вечери недељно. Надали смо се да ће се тамо са неким спријатељити.

Али још ништа од тога.

ЛАН / *Сви вицеви су били на шпанском*.

БЛОНДИ / Центар кинеске заједнице требало је да се поново отвори после реновирања. Надали смо се да ће и то бити извор пријатеља за њу.

КАРНЕГИ / Центар је правио пикнике, зидне новине, једриличарске трке. Радионице калиграфије. Прикупљање новца на караоке-такмичењима. Мајице, шоље, подлоге за миша. Јасно се видела разлика између *оригинал* Кинеза и не-баш--*оригинал* Кинеза, по томе колико је ко говорио о самопоштовању. Као и по степену побожности.

— Знаш ли шта ми је мајка говорила о царинским инспекторима на Хавајима? — рекао сам једнога дана некој рођаки која се управо вратила из Хонг Конга. — Говорила је, *Кинески инспектори су најгори. Само идиот може да иде на царину на Хавајима. Свако ко има мало мозга слетеће у Чикагу или Денверу.*

Рођака је стегла картице за учење језика као да јој живот зависи од њих.

БЛОНДИ / Ипак ми се свиђало што припадам том центру, нарочито откако су се она два пара која су путовала са нама у Кину оделила — Кларкови у Мејн, пошто су наследили кућу на обали, а Фонарови у Охајо, да побегну од сталне јурњаве на Источној обали.

КАРНЕГИ / Сада власници овлашћеног представништва за јогу, Фонарови су нам јавили да су повратили унутрашњу равнотежу.

БЛОНДИ / У центру као да није било важно што имамо двоје усвојене деце и једног полутана — тамо су имали обичај да га зову *хапа*, захваљујући директору који је био са Хаваја. Као да није било важно што сам ја *хаоле*. Неке породице нису имале никакве везе с Кином. Неке су тамо долазиле само зато што је било тешко наћи почетне курсеве језика.

Како су само одушевљени били када су упознали Лан. Жена којој је то матерњи језик! Молили су је да одржи неки час. Она је то, међутим, љубазно одбила. Кад не ради, жели да учи, рекла је.

Касније се испоставило да се осећала непријатно што је једина са Копна.

— Зар ти се није допала Кели? — питали смо је. — Није ти се допала Мишел?

— Мислим да они нису прави Кинези — рекла је Лан.

Можда је у граду било још чланова кинеске заједнице, али она није умела да вози, а подземна железница није још била стигла до нашег места.

КАРНЕГИ / Лан је остала пре свега везана за свој касетофон.

БЛОНДИ / Није показивала никакво занимање за куповину, али је добро пазила на оно мало одеће што је имала, и коју је, изгледа, већином купила у Јинану, главном граду њене провинције. Звонасте панталоне од тексаса са избељеном траком по средини, на пример. Мајице, неке са исписаним порукама.

КАРНЕГИ / Наша најомиљенија свих времена: ROCKS NEVER DIE.

БЛОНДИ / Међутим, без обзира на то колико је одећа била необавезна, она се према њој није понашала необавезно. Устезала се да се прихвати било чега чиме би могла да упрља одећу, и савијала ју је исто онако дивно као што је савијала папир.

И наше опрано рубље. Кошуље је слагала тачно према величини полице за кошуље.

То сам обожавала.

КАРНЕГИ / Разврставање нашег смећа за рециклажу постало је облик уметности. Шетња недељом увече до ивичњака, да и други примете.

— Шта пише? — питао би Мичел, гладећи новоизникле маље на лицу. — Шта то значи?

БЛОНДИ / Енглески јој је сада био све бољи и бољи.

КАРНЕГИ / Нисмо се изненадили када смо на крају сазнали да је она ћерка професора језика.

ЛАН / *Мој отац је пре Ослобођења био професор енглеског, француског и руског, и директор мале школе коју су му родитељи купили. Мајка ми је била комуниста и оставила га је због официра Народне армије. На крају крајева, била је лепа и млада. Зашто би остала да се мучи? Тада је и мене оставила — као Лизина мајка, и Вендина. Зато ја разумем те девојке. Отишла је са тугом, говорио је мој отац, мада му није оставила чак ни своју слику. Никад нисам питала за њено име. Било је толико таквих прича у то време. Уопште није било необично да се људи разиђу због различитог порекла и изгледа. Касније је умрла, рекао ми је отац, од тумора на мозгу.*

Кад је отишла, отац и ја били смо принуђени да се преселимо из наше дивне куће у Сужоу у много мањи стан који смо имали у суседном граду. Тамо смо се уселили у само једну собу. Подигао ме је уз помоћ неке старије жене која није била слушкиња — слугу више није било — али чија је породица дуго година радила за нашу. Није му ни било потребно превише помоћи од au. Умео је он са децом, као што је чест случај са мушкарцима из Сужоуа. Био је благ човек, као жена, а не плаховит, као мушкарци са севера. Још могу да чујем његов глас. Како је волео да цитира старе филозофе на свом прелепом кинеском! Његов сузхоухуа је био као музика. Кад су људи говорили да више воле да слушају људе из Сужоуа како један другога псују него оне из Нингбона како певају, мислили су на људе попут мог оца.

Није то били сасвим несрећно време. Отац ме је возио по граду на бициклу. Учио ме да играм бадминтон. Гледали смо дуге низове чамаца у каналима; гледали рибаре на Језеру Таи. Куповали tang zhou — неку слатку кашу — од уличних продаваца; њихове пећи личиле су на камиле. Лети смо хладили лубенице у бунару. Било је на хиљаде бунара у Сужоу и око њега, више него било где другде. Спустили бисмо лубенице у мрежастој врећи и остављали их по цео дан, и увече их извлачили. Како су само слатке биле после вечере!

— Комунисти никада неће моћи да нам узму све — говорио је мој отац. — Увек ћеш имати ништа.

Волео је да прича такве ствари и да се онда насмеје. Волео је многе кинеске ствари — зрикавце, на пример. Сваке јесени путовао је у Шандонг, где је живела његова тетка, да набави првокласне борце. Увек се враћао смејући се начину на који људи тамо говоре, мада су му се опет некако свиђали. Тако скромни, говорио је. Тако природни. Волео је и кинеске вртове, нарочито свој породични врт, који је био запуштен, али не и уништен током Културне револуције; чак је и Црвена гарда поштедела Сужоу. Седам породица се уселило у нашу породичну кућу, међутим, и поремстило њен мир. Како су могли бити обојени зидови крај рибњака у којем су сељаци прали веш? Каква калиграфија? Наш породични врт био је право чудо, са целом природом — брдима и водом и дрвећем — скупљеном унутар његових зидова. Било је много видиковаца и места за сакривање. Моје најдавније сећање везано је за пењање на стене око пећина са њиховим бесконачним кривудавим ходницима и влажним тајним просторијама. Сећам се и древног дрвећа, засађеног давно, давно, тако пуног лепоте и духа — тако далеко од света безначајног и обичног. И, наравно, стаклена башта. Ту су расле орхидеје. -

Сад су се у стакленој башти сушиле кошуље.

Одлазили смо да је посетимо, не нарочито често, али с времена на време.

Мој отац је волео кинеску музику. Ако би наишао на уличног музичара који свира ерху, често је умео да застане и да запева с њим. Те песме су већином биле pingtan — народне песме на дијалекту сужоу — или песме из опере Кунђу, које су чувене у целој Кини — веома љупке и споре и дирљиве. Веома нежне, веома благе. Наравно, све то је било пре Културне револуције, када су људи још свирали такве ствари.

Истина, волео је и западну музику, нарочито Чајковског и западну оперу. Одрасла сам певушећи арије којих се мој отац сећао, свирала их на виолини. Толико је уживао у томе да ме слуша како их свирам на виолини. Одрасла сам и слушајући приче, велике тужне приче. Ипак, не би било право рећи да је мој отац обожавао западне идеје. Кад сам једном критиковала оца из Травијате, рекавши да је стао на пут правој љубави и огрешио се о јунакињу, мој отац се накострешио.

— Ионако би умрла — рекао је. Млади свет би требало да има више поштовања према оцу.

Штавише, био је анти-империјалиста. Био је потпуно убеђен у то да Запад жели да уништи Кину. Тако лепо причају, говорио је, али зар и свака лисица која стоји на вратима кокошињца не прича лепо? Изјутра би одлазио у млечни ресторан у нашој улици по воду, али и да поразговара са суседима о томе како ојачати Кину.

Ипак, против њега су се борили током Културне револуције. Због његовог смеха, одувек ми се тако чинило. И зато што је слабо аплаудирао поучној пекиншкој опери као што је „Заузимање Тигар уз помоћ стратегије". Тврдио је да гласно пате. Други чланови његове јединице, међутим, тврдили су да шаке није држао испружене док је пљескао, него благо савијене. Руке су му се кретале као летње патке, рекли су. Понекад му се дланови чак не би ни додирнули. А није ни гледао у извођаче док је пљескао, него, изгледа, у небо.

— То је било зато што сам размишљао о уметничкој поруци — рекао је. — Тако је дубока.

— У њој нема ничега дубоког! — повикали су Црвеногардејци у одговор и пререзали му гркљан да виде да ли је поцрнео од свих тих страних речи које су прошле кроз њега.

Такве ствари су се догађале многим људима. Али када се то десило мом оцу, само сам пожелела да убију и мене. Био је то бол дуг као Жута Река. Само си могао да се надаш да ће једнога дана исцурети у океан. Оставили су га да лежи на земљи, покривен само асуром, цела два дана. На сунцу. Нису ми дозвољавали да га склоним; ником није било дозвољено да га помери. Тело му је поцрнело од мува. Глава му се надула. Деца су притрчавала његовом телу и враћала се, чикајући једно друго да га дотакну штапом.

Недуго потом, послали су ме на село на реедукацију. Да ми је отац био жив, можда би могао да ме задржи код куће. Породицама је обично дозвољавано да задрже једно дете код куће. Понекад би оставили дечака, а послали девојчицу. Често су девојчице желеле да њих пошаљу, како би помогле породици. Али би породице са само једним дететом обично могле да задрже то дете, ја сам зато мислила, ја сам девојчица, можда ће ме поштедети. Накратко је изгледало и да ћу можда моћи да искористим виолину како бих избегла своју судбину. Како бих само захвално свирала све оне револуционарне опере које је мој отац мрзео. Како бих одушевљено ишла на турнеје са ансамблом. Знам да то мом оцу уопште не би сметало, напротив. Учинио би било шта, само да ме не пошаљу. Звук тих опера био је, наравно, кинески, али су били потребни западни инструменти да би се добило на јачини; а научила сам да свирам захваљујући пријатељу мог оца који је некада студирао са неким Белим Русом. Чак сам почела и са пробама у Шангају.

Али на крају је ћерка војника Народне армије, која једва да је умела да намаже гудало колофонијумом свирала гласније од мене. Штавише, то што сам превише користила вибрато, како су ми рекли, показивало је да нагињем десници. И тако, попут многих младих људи који нису имали везе преко којих би били йримлејни у музички ансамбл или војску, или добили лекарску йойврду да су слабог здравља, била сам йослайа йамо доле да живим са йросйим народом.

Или йачније, йамо горе, а не на село у Субеј, са омладином из Сужоуа, да живим међу сељацима. Умесйо йога, йослайа сам са шангајском омладином у војну јединицу искључену из ойерайивног сасйава у ледени Хеилонђианг, близу границе са Русијом. Тамо смо живели у баракама и обучавали се да браним Кину од агресора. Између две вежбе, йонекад смо койали залеђену земљу йијуцима, и наравно, денунцирали овога или онога на масовним йрозивкама. То ми је йешко йадало. Викала сам и гледала искоса као и сви осйали, али ми је срце још йлакало за оцем. Колико је нас осйало йамо йо шесй, осам, десей година? Плакали смо када бисмо видели облаке како нам се йримичу и несйају са видика, слободни. Плакали смо када бисмо видели како йчеле долазе и одлазе.

Да нисам добила йуберкулозу, никада ми не би дозволили да одем. Али, онако болесна, йако бледа и мршава да су људи говорили да могу да виде кроз мене, йребачена сам у радну јединицу йешке мога оца, на село у Шандонг. То је била срећа. Тада је већ сйега била довољно йойусйила, йа сам могла да добијем bing tui — боловање. Да сам се раније разболела, вероваййно би ме осйавили у Хеилонђиангу да умрем.

Моја баба-йейка је била уседелица, и врло сйара. Уойшйе није умела да ме негује. Понекад је насумице исйробавала йраве. Ако би и заборавила чему нешйо служи, ийак би йокушала и са йиме, да види шйа ће бийи.

Ийак, била је неусйрашива. Није ни йокушавала да избегне да се и она разболи. Найройив, седела би йоред мене, сайима и сайима и сайима. Рекла је да се не боји смрйи. Како би сйарица као шйо је она могла да се боји смрйи? У сваком случају и време јој је да умре, рекла је. А колико је йрошло времена ойкако је имала йоред кога да седи? Превише. Зайо је седела йик уз мене, доносила йраве, надгледала како ми раде акуйункйуру, све док се нисам йолако ойоравила — можда, йомишљала сам касније, из сйраха. Моја баба-йейка можда се није плашила да умре. Ја сам, међутим, била ужаснута могућношћу да се она разболи због мене.

Чим сам се опоравила, почела сам да добијам батине једном недељно. То је значило бити „класни непријатељ" — најгора категорија друштвене пошасти, чак горе и од тога да је неко „смрдљиви интелектуалац". Људи су са завишћу гледали мој бицикл. Нема везе што је био очев и, да је био жив, још би био његов. У то време није било уобичајено да нека млада особа има свој бицикл. Одскакала сам. Прорицали су да ће ми пући гума, а онда доказивали да су у праву. Поправљала сам је кришом, ноћу. И мом кишобрану су се подсмевали. Склонила сам га. Подсмевали су се мојим уснама — тако меким и спремним за пољубац, рекао је неки старији кадар. Пуштала сам да ми усне испуцају, да не буду за пољубац. Наравно, и даље су биле.

С времена на време би се понеко показао љубазан. На крају Културне револуције, неки мушкарац ми је чак понудио да се удам за њега. Старац са видеом. Касније је набавио ДВД. Одлазила сам код њега да гледам филмове, и вероватно је требало да пристанем. Барем су се комшије слагале да немам избора. Ко сам ја да будем пробирљива? Ко сам ја да будем горда? Рекли су да сам истрошена, изанђала — стрела на завршетку свог лета. Изношена ципела. Само је моја баба-тетка рекла да треба да слушам своје срце. А у ја сам у срцу осећала да је он превише стар и превише низак. Наравно, многи сматрају да то ништа не смета, ако је мушкарац богат. Али ипак, на крају се оженио неком другом.

Шандонг је био mantou крај — Северњаци су јели своје пиринчане кнедлице куване на пари са својим поврћем. Пиринач који смо моја баба-тетка и ја добијале био је сив и пун каменчића. Морала сам да га износим напоље, на дневно светло, да га истребим од каменчића. Јела сам у ситним залогајима, при сваком залогају страхујући да не поломим зуб, а оно што је остало од баба-теткиних зуба да и не помињем. Ваздух је заударао на блато. Свуда унаоколо су биле муве. Чак и зими би неке зујале наоколо, као пијане.

Ипак, била сам жива.

Осим посла у фабрици цигела, ту је био и комшилук, пилићи, време, и комплет касета за учење енглеског који је црвеногардејцима некако промакао. И очев касетофон. Међутим, није било батерија. Често сам се рано ујутро искрадала у фабрику да прикључим касетофон на струју.

Учила сам, вежбала, учила, вежбала. Знала сам да ме никад неће примити у школу. Класне непријатеље су звали „црне породице". Никада ми нећемо бити црвени револуционари. Ипак, познавала сам неку жену у другој фабрици, радницу на покретној траци, која је имала довољно добар резултат на испиту у провинцији да је сада водила посетиоце у разгледање фабрике. Причало се да је и она из црне породице. И тако сам учила, вежбала, учила, вежбала. Нисам се баш надала, али сам ипак слушала радио-програм на енглеском. Људи су говорили да нико никад неће пожелети да види нашу фабрику, али ко зна где би ме једног дана могли пребацити. Када је на телевизији почео програм „Следи ме", трудила сам се да уграбим прилику да гледам.

Нисам била пребачена. Међутим, фабрика је затворена и ја сам постала незапослена радница. Тада сам престала да вежбам енглески. Све што сам могла да урадим било је да нађем довољно посла да бих могла да преживим, а морала сам да се старам и о баба-тетки, не заборавите. Радила сам по свакојаким фабрикама. Правила играчке, ђубриво, гумице. Све и свашта. Радила сам као караоке hiaojie — караоке мис — када сам једног дана чула да је нека далека рођака некако чула за мене.

Рођака из Америке! Нисам ни знала да имам такву рођаку. И шта је ту особу могло да наведе да се занима за мене? Баба-тетка ме је одмерила од главе до пете. Онда је истим гласом којим се обраћала кокошкама за које се надала да ће положити јаја рекла: — Срећа ти је дошла као мајка која је тражила своје дете.

Иза нашег јединог прозора цветале су тикве. Напољу је светлости била заслепљујућа, али је унутра било мрачно и свеже.

Била сам окачила неколико слика из часописа на зид — највише филмских звезда, са крупним очима и у прелепој одећи — и распоредила их у мале групе. Биле су постављене тако да их обасјава јутарње сунце. Наравно, сунце је сијало само по двадесет минута, због суседне зграде. Али, како су само лепе биле те слике за време доручка! Још једна група налазила се на другој страни собе, за вечеру. Светло тад није трајало толико дуго, али скоро да јесте, у зависности од годишњег доба. Нарочито ми се допадао тренутак када су слике губиле боју и само је једна и даље сијала, слика девојке са руменим образима и насмејаним очима. Била је то нека стара слика — слика какве се сада ретко виђају. Али, волела сам је зато што ме је подсећала на једноставнија времена, када је рекордна жетва била разлог за славље и када су људи били простодушнији. Пре него што су сазнали да ће следећа генерација имати прилике какве ми нисмо имали, и да је моја генерација изостављена из нове Кине.

Те старе слике обично су изгледале потпуно лажно. Али, под овим светлом, на оних неколико секунди, изгледало је као да је то слика заиста срећне девојке. Као ја! Одлазим! Наравно да ћу морати да се вратим, осим ако тамо не нађем некога за кога ћу се удати, говорили су људи. Говорили су, Пази, овога пута, чак и ако је тај мушкарац без ногу, дозволиће му да га набоде. Ускочиће му право у инвалидска колица.

У сваком случају, помислила сам да у Америци можда има мање мува, и мање прашине у пролеће. Овде су ми целог пролећа руке и лице и коса били пуни песка. Шандонг је по томе грозан.

— Купи неку одећу — рекла је моја баба-тетка. Иди у град. Даћу ти ја паре. Али, све ново. Нећеш ваљда да гледају на тебе с висине.

Наравно. Гледали би на мене с висине.

— Бићеш њихова *ayi* — рекла је моја баба-тетка. Али ћеш моћи и да учиш. И, ко зна? Можда ћеш наћи некога ко ће се оженити тобом. Али, прво мораш покушати да откријеш шта хоће од тебе. Шта то смишљају?

— Ко ће се бринути о теби ако ја одем? — питала сам.

Слика девојке пала је, попут осталих, у сенку. Моја баба-тетка је пустила муву да јој се прошета преко наборног образа. Све хаљине су јој биле на закопчавање и шнирање — никада није имала ништа са патент-затварачем. Кожа јој је била груба и пуна ожиљака и смеђа. И нокти на ногама су јој били отврдли, и жути од шљивица.

— Ја ћу да умрем — одговорила је просто баба-тетка када је мува одлетела.

И недељу дана касније, опружена наузнак, руку опуштених крај тела, у сну, то је и урадила.

6
Венди

КАРНЕГИ / — Беба вам луда — рекла је Мама Вонг ако бисмо се хвалили са нашом Лизи.

Наравно, у томе смо претеривали, могло нам се, пошто биолошки није била наша. Постројава своје животиње! Одврће ручице на ормару! Зна све животињске гласове! И тако даље.

Мама Вонг је рекла: — Нисам ја дадиља.

И: — Ко ми је па тако посебан? Има милион таквих беба. Идите у Кину, тамо можете на улици такву да купите.

Кад је Мама Вонг видела Лизи, разнежила се и почела да јој тепа и дала јој фине ствари за јело. Међутим, чим је Лизи отишла да одрема, Мама Вонг је постала грубља.

— Лизи мисли да се цео свет врти око ње.

— Лизи ништа не слуша.

— Лизина нарав не ваља, чекајте само, па да видите.

Мама Вонг је постала џнагризавија него икада откако сам порекао обећање да ћу ући у посао са њом.

— Извини — рекао сам. — Обећао сам више него што могу да испуним.

— Не знам о чему причаш — упорно је поносно понављала. — Дала сам Блонди милион долара? За шта?

Рекла је: — Зашто бих ја унајмила Блонди да ради за мене? Она већ има посао.

И: — Као да па ја имам милион долара! Милион главобоља, ето шта имам.

Заокупљени Лизи, нисмо могли да посећујемо Маму Вонг онолико често као некада. И, када бисмо отишли, како су само отрежњујући умели да буду разговори које сам насамо водио са мајком у њеној кући са шољама за чај на све стране; као да их је наливала и остављала брзином од једне на час. Понекад бих цело време посете провео ловећи шоље.

Наравно, поштујући традицију, сваки пут бих се заклињао да ћу долазити чешће, као прави син. Али, како сам могао? Са бебом у кући?

При свакој посети шоља је било све више и више. Лежале су наоколо и чекале; неке са барицама чаја, неке са слојевима талога из којег је течност давно испарила. Понекад су се у талогу могли видети неравномерно распоређени бледи кругови. Као доказ нечега, учинило би вам се. Запис из којег би неко други несумњиво могао да прочита температуру собе, брзину испаравања, ишчекивања онога ко је из шоље пио. Релативну дужину дугог, дугог дана. Што се, међутим, мене тиче, како бих могао и да наслутим шта се дешавало у тој кући? И одакле јој уопште све оне шоље? И зар не би било мајчински од ње да она дође да посети нас?

БЛОНДИ / Моја мајка би дошла. Моја мајка би схватила да је жени поново потребна мајка када се у кући појави беба.

Куд год да сам се осврнула, виђала сам мајке са бакама, које им помажу.

КАНРЕГИ / — Откад мајка одлази у посету сину, реци ти мени — говорила је Мама Вонг. — Син треба да одаје поштовање мајци. Да ми платиш милион долара, не бих дошла.

Рекла је: — Кад бих имала милион долара да некоме дам, дала бих Националном кошаркашком удружењу.

Ја сам уздахнуо.

— Лизи зна целу абецеду, мама — рекао сам ја. — Треба да дођеш да је видиш. Невероватна је.

— Ох, стварно. Колико је сати?

Блонди је мислила да вероватно нешто није у реду са Мамом Вонг, али моја мајка је напросто била моја мајка. Јесте сада почела да носи по два ручна часовника, понекад и по три-четири прстена на сваком прсту, али шта није у реду са Ренатом и Аријелом, кад су Лизи направиле седам шешира и четири џемпера?

— Само нам је дошло да се занимамо вуницом — објашњавале су, смејући се.

— Гризе их црв рукотворења — коменатрисао је Док Бејли. — Сматрају да младе девојке треба да се држе тубица за лепак.

Како смо само желели да њене сестре живе ближе! Или да нас бар чешће посећују. Али, предграђа су их исцрпљивала. Неговање травњака их је исцрпљивало. Кесе за куповину, нарочито оне од вишеслојне хартије са тракастим дршкама, исцрпљивале су их. Претерано паковање их је исцрпљивало. Кућни љубимци су их исцрпљивали.

Стално су морале да иду кући. Да поново виде како се ради у амбарима, да купе непромочиво платно у кооперативи. Да купе пређу. Целог живота биле су, да тако кажем, везане за пређу. И за бебе, наравно. Рената је имала петоро деце, Аријела четворо.

— Треба да имаш још дечурлије — рекла је Аријела, са хризантемама у својим оседелим плетеницама.

БЛОНДИ / Покушавали смо и покушавали.

ВЕНДИ / Мене у ствари нико није хтео. Они су у ствари хтели своју бебу, ја сам им дошла тек на другом месту.

БЛОНДИ / То није истина.

КАНРЕГИ / На другом месту, али то не значи да је зато мање добра.

Били смо глупи. Били смо уморни. Стратегија нам је била да испробавамо ствари. Лекове, захвате, акупунктуру. Покушавали смо да се опустимо, као да је могуће да се двоје људи који треба да брину свако о свом послу, и о детету, и о плодности уопште опусти. Бавили смо се медитацијом. Мирили се са судбином. Суочавали се са својим бесом. Прихватали своју беспомоћност. Превазилазили разочарања.

Венди још није било.

Колико је то година трајало?

У време када смо је усвојили, Мама Вонг је већ неко време била у дому за старе. Покушавали смо да јој објаснимо какав нам је план. Био је то страшан скок у непознато. Чин вере.

— Можда нисмо при себи — рекао сам ја.

То је у најмању руку изазвало извесно шкрипање зубима.

А изазвало га је и оно: — Неколико недеља нећу моћи да те посећујем.

Све у свему, са Лизи смо били боље среће, а њој је, на наше запрепашћење, већ било шест и по година. Наше новорођенче има шест и по година!

БЛОНДИ / Довољно стара да је поведемо у Вуји да упозна своју нову сестру. Све то је обећавало узбуђење и прилику да поново успоставимо везу, како смо мислили, са нечим важним. Нема везе што њено порекло можда и није кинеско.

КАРНЕГИ / Да ли је делом Јапанка? Делом Кореанка? Делом Вијетнамка? Да ли је уопште неким делом Кинескиња? Ко зна?

— Та беба је недотупавна — објавила је генијално Мама Вонг убрзо пошто је Лизи усвојена. — Хоћете да знате ко јој је отац? Ко јој је деда?

— Не, хвала — рекли смо ми.

Није изгледала баш као Хан Кинескиња, истина, због дугачког трупа и кратких ногу.

— Знаш зашто је се мајка одрекла? — рекла је Мама Вонг. — Ја да ти кажем. Кад је погледаш, видиш рат.

У сваком случају, неће шкодити, мислили смо, да Лизи упозна Азију.

БЛОНДИ / Или да сазна шта значи усвајање. Трудили смо се да је заштитимо од мојих побачаја. Ипак, видела је превише тога. Сада смо желели да упозна нешто друго — каква је радост усвајање!

КАРНЕГИ / Ето, то је било родитељство, одлучна кампања.

БЛОНДИ / — Зашто сте онда наставили да одлазите у болницу због бебе?- питала је Лизи.
— Мислили смо да би било згодније да тамо добијемо бебу — рекла сам ја.

КАРНЕГИ / Веште преље, преду ли преду.
— Како то није успело? — питала је Лизи.
Блонди је објаснила, озбиљно и креативно:
— Али, ја сам видела много беба у болници — рекла је Лизи.
И још: — Зашто су твоје стално умирале?
И још: — Нећу да идем у Кину.

БЛОНДИ / Лизи је учествовала у усвајању од тренутка када смо сазнали да смо нашли дете. Уругвај је био затворен, Румунија је била затворена, али Кина је била отворена! Ионако је то био наш први избор — наслушали смо се свакојаких прича о оним Источноевропским сиротиштима. И како је лепо кад имаш децу која се слажу.

КАРНЕГИ / Годину дана касније морали бисмо да узмемо дете са хендикепом, пошто нам је то друго дете. Али у оним пионирским данима, пре него што је усвајање деце из Кине постало индустријска грана, услови су били лабавији. Ишло се од случаја до случаја, практично, системом уради сам.

БЛОНДИ / Показали смо Лизи све папире. Карте. Видео снимак усвајања. Разговарали смо о њеној биолошкој мајци, и шта је могао бити разлог који ју је принудио да се одрекне свог детета. Да ли је то био разлог зашто се Лизина биолошка мајка одрекла Лизи? Рекли смо јој оно што нам је водич о усвајању говорио да јој кажемо, да је се њена биолошка мајка одрекла из љубави, зато да би она могла да има најбољи могући живот.

Није баш да смо могли знати такву ствар. И наравно, касније ће нас питати зашто смо јој то говорили, ако већ не знамо истину. Али, како сам могла да јој кажем да сам њену биолошку мајку замишљала на хиљаде пута; и да су неке од хиљада жена пуне љубави, очајне, сломљеног срца, али су неке и безосећајне и она их не занима. Неке су биле жене од каријере; неке су биле злочинке. Неке су биле силоване; неке затечене изгледима да створе породицу. И како сам могла да јој кажем да су неке, само неке, могле једнога дана да се врате — да траже своју децу назад, или само да их виде? Да ли сам могла, да ли је требало тако нешто да јој кажем? Зар сам могла да јој кажем — што је, можда, још и горе — да неке то нису радиле?

КАРНЕГИ / Нико није много размишљао о оном пропалици, биолошком оцу, осим Маме Вонг.

БЛОНДИ / Барем кад су у питању бебе из Кине, знало се да су мајке желеле да роде дете. То је било јасно. Јер, колико је само лакше Кинескињама да абортирају него да изнесу трудноћу. Жена је морала да се бори да изнесе трудноћу.

Лизи и ја разговарале смо о разлици између тога шта значи родити некога и шта значи бити некоме родитељ — између рађања детета и одгајања детета. Разговарале смо о томе како ће изгледати када буде имала млађу сестру.

— Шта је толико сјајно у томе да се има двоје деце, а не само једно? — рекла је. — Зашто је тако сјајно имати друштво?

Да ли смо усвојили још једно дете зато да би Лизи имала брата или сестру? И шта ако нову бебу не будемо волели онолико колико смо волели Лизи? Није да је нећемо волети — претпостављали смо да ће то бити девојчица. Волећемо је ми. Али, да ли онолико колико волимо Лизи? Зидови су нам били прекривени сликама Лизи како пљуска по води, како се љуља, како трчи. Како залива биљке, виси наглавце, мумифицира пуњене животиње. Где је ту место за нове слике?

Сви смо били забринути да не направимо грешку. То је рекао саветник. То је нормално.

КАРНЕГИ / Када су нас позвали, ускочили смо у авион муњевитом брзином. Тих дана нисте добијали ни слику, ни име, ни медицинску историју.

БЛОНДИ / Чак и за родитеље који усвајају дете била је новина да се задрже у Пекингу на путу за ко зна где — у нашем случају, за Вуји. Забрањени град, Небески храм, Велики зид! Фантастична места, тешко их је било упијати у себе — са тако огромном историјом, тако непојмљиво стара.

КАРНЕГИ / Никад нисмо осетили такав умор од промене временске зоне.

БЛОНДИ / На неком булевару купили смо кавез пун голубова и пустили их, у будистичком стилу, пожелевши нешто.

КАРНЕГИ / То је била шифра. У ствари, хтела је здраву бебу, али није желела да Лизи буде искључена из тога.

— За здравље — разумно сам се сложио. И да не буде изненађења.

Блонди је, приметио сам, имала спремну антисептичну марамицу. Откако смо сишли из авиона, брисала је Лизи руке по неколико пута на сат.

— Желим да брзо стигнемо у Вуји — рекла је Лизи.

Види, види!

БЛОНДИ / Оне птице су нагрнуле на вратанца свог бамбусовог кавеза — лупајући крилима, помахнитале, а затим, за трен ока, постајале неизрециво грациозне — како је изгледало, сместа су заборављале да су уопште и биле затворене у кавез. Одмах су се раздвојиле; одједном су радосно почеле да цвркућу — свака снажно машући крилима у правцу неба.

КАРНЕГИ / Или бар до најближе гране. Само је једна мало лепршала, направивши круг или два као да ужива у томе што може да користи крила. Друге су се задовољиле не превише великим скоковима. *Слобода!* Желели смо да им довикнемо. *Добиле сте слободу!* Али, оне су, како је изгледало, само желеле да слете негде.

Голуби.

Знали смо ми шта је голуб. А опет, пошто смо, попут њега, били непоправљиво онакви какви јесмо, стајали смо и гледали. Надали се. Кавез пун голубијег перја у једној руци; марамице за брисање руку у другој.

Како Пекинг има огромну специфичну тежину! Центар света, заиста, средиште Средњег царства. Како смо се само безначајно осећали, са нашим пластичним фото-апаратима. Три пролазна створа омађијана аутоматским зумом.

Свакога тренутка је требало да кренемо за Вуји.

Било је врело.

Било је бучно.

Сви, сви су пушили.

Коса нам се осећала на дим. Одећа нам се осећала на дим. Бринули смо због бебе у Вујиу. Да ли удише дим?

БЛОНДИ / Посетили смо све Карнегијеве рођаке које смо могли да посетимо. Карнеги је, пре него што смо пошли, успео да ступи у додир са рођаком свога оца који је сада живео у Торонту; преко њега смо успели да нађемо још троје рођака, све мушкарце, који су живели у Пекингу.

КАРНЕГИ / Један је био члан Партије и занимали су га хладњаци.

БЛОНДИ / Један је био студент кога је занимао Ганди, и разговори о Културној револуцији. На изванредном енглеском нам је испричао како је одрастао у згради пуној деце и стараца — а његови родитељи, као и други родитељи, напросто су били нестали. Као што је, у то време, изгледало прилично нормално. Једино је чудно било то, рекао је — нешто чега се још сећао — што је за време олује, при одсеву муња могао да види како трпају људе у џакове. Сећао се и тога да су — пошто им је зграда била релативно висока — људи стално скакали са крова.

Да није изгледало као да људи за суседним столом отворено прислушкују, можда би рекао и више. Овако, међутим, никада нисмо стигли до разговора о Гандију. Уместо тога смо похвалили пекиншку патку, која је била послужена са мини-*mantouom* уместо палачинки на које смо били навикли у Америци. Да ли је то типично?

Тај рођак није никада упознао Карнегијевог оца, ни његову бабу и деду, мада је један од њих познавао брата Карнегијевог деде, а други посинка Карнегијевог деде.

КАРНЕГИ / Обојица су извела обред покушаја да објасне која су они генерација, и шта имена њихове генерације значе. И ко су им очеви, и тако даље, и све те информације су се тако гомилале, да ми је неко после вечере скенирао мозак, нема сумње да би му изгледао као гомила загонетки умућена као јаја за торту.

Трећи рођак кога смо упознали био је буржоаски интелектуалац који је провео дванаест година у радном логору, било зато што је преводио Вилијема Бароуза, било зато што је био католик; нисмо успели да утврдимо зашто. Ситан човек са дугом ретком брадом, асиметрично је окретао врат, тако да је стално гледао удесно. Стара повреда, рекао је, нешто у вези са ударцем који му је црвеногардејац задао лопатом. Радије је причао о томе како је једном срео моје бабу и деду. Мој деда, рекао је на брижљивом енглеском, био је научник, а моја баба велика лепотица.

— У Америци бисте је можда звали Мис Сечуана — рекао је. — Али је била и паметна. Твој деда ју је научио да чита и пише разне ствари.

— Да ли је била много млађа од њега? — питао сам ја.

— А? Твоја баба је умела и да пева и да свира.

— На којем инструменту?

— А? Имала је само једно дете, твог оца. На несрећу, онда је умрла. Али, људи су говорили, бар је родила дечака, добра је то жена. Само је твој отац рекао да би желео да му је родила девојчицу, можда би девојчица личила на њу. Подсећала га на твоју бабу, коју је он много волео. То је истинита прича. После тога је твој отац имао још неколико жена, али ниједну није толико волео. Свакој је нешто фалило.

БЛОНДИ / Карнеги се расплакао.

Заклели смо се да ћемо поново доћи другом приликом.

Сви рођаци били су запањени што Карнеги не говори кинески, а ја говорим, помало, мада је то изгледа објашњавало зашто се оженио *da bizi* — носатом. Сви су нам говорили да ће нам деца бити паметна, зато што су мешана деца паметна. Кад смо објаснили да је Лизи усвојена, и да смо решили да усвојимо још једно дете, насмејали су се са нелагодношћу и питали да ли је Лизи Јапанка.

— Шта то значи Јапанка? — питала је она. — Зашто људи то стално понављају?

— То је комплимент — рекли смо јој. Зато што виде како си лепо обучена. Мисле да си сигурно богата.

Али, мада је то можда и могло бити истина кад је у питању нека старија особа, нисмо баш били сигурни како да то схватимо у овом случају.

Двојици рођака су се допали наши поклони, али члан Партије као да је био разочаран што му нисмо донели нешто веће. Сва тројица су наговестила да не би имали ништа против да им неко помогне да дођу у Америку да студирају. Или можда њихови синови?

КАРНЕГИ / Снимили смо ролне и ролне фотографија, као да је сврха наших састајања била то да се сликамо како смо се састали. Што је можда и било тачно. Фотографисање је свакако било најприроднији део нашег односа, ритуал са најмање компликованом кореографијом. Свако је знао своју улогу. Било је то као свирање у камерном оркестру.

Наводно сам имао и једну рођаку, са мајчине стране, жену која је живела у Шандонгу. Унуку свастике оца моје мајке. Нисмо јој се јављали, пошто нисмо тачно знали како бисмо то учинили. Осим тога, наш пекиншки предах био је сасвим кратак; напросто није било времена.

У међувремену, како је само наша Блонди свашатрила! Увек је тврдила за себе да је бојажљива особа, пуна стрепњи у поређењу са оном неустрашивом пријатељицом са којом је лутала по Хонг Конгу у студентским данима. Али, сада је била жива ватра.

БЛОНДИ / Људи су говорили да постоје две врсте посетилаца, виљушке и штапићи. На колеџу сам се показала као виљушка — заиста. Нисам била онако грозна као Кларкови, који би за време сваког оброка извадили свој путер од кикирикија и желе. Али, несумњиво сам била виљушка.

Сада сам се, међутим, надала да ћу се показати много боља. Надала сам се да ћу се коначно истински показати као штапићи.

КАРНЕГИ / Затварала је очи и храбро јела и тек касније би открила да је јела змију, или јегуљу, или зечије уши. Биле су то ствари, искрен да будем, за којима ни ја нисам баш био луд. Да ли је грешила у својим напорима?

У сваком случају, ја сам им се дивио.

Колико смо само сви били одушевљени својом авантуром! Чак и по врућини. Како смо само сви обожавали Кину, доёавола.

БЛОНДИ / Још смо били у Вујиу, и даље у Вујиу, провели смо тамо три недеље. Сви смо добили пролив. Сви смо пили ломотил, чак и Лизи, с времена на време; плакала је због грчева. Више није хтела ни чај да пије. Дехидрираћеш, објаснили смо јој. Мораш да пијеш. Камо среће да нам није нестао педијалит! Али, нестао нам је; и престали смо да узимамо драгоцене коцкице леда које су нам повремено давали, јер ко зна да ли је лед био направљен од прокуване воде. Тако нам је преостала само проверено прокувана вода, која је могла да се расхлади, али никад није била хладна. И, наравно, чај; и сода, такође врућа.

Да ли је требало да узмемо профилактички пепто-бизмол, чак и ако ти од њега поцрни језик? У сваком случају, било је прекасно. Остајали смо у близини хотела; од јавних чучаваца нам је само било још више мука.

У покушају да извучем најбоље што се може из наше ситуације, нашла сам два наставника кинеског — једног за себе, другог за Карнегија и Лизи. Сваки од њих долазио би на по неколико сати сваког поподнева, па смо тако имали чиме да се бавимо.

Изненађујуће смо напредовали.

КАРНЕГИ / А тек њихове цене; права јефтиноћа.

БЛОНДИ / Шта је било са бебом? Ништа није било јасно, осим зашто су стари богати Кинези зидали куће иза високих зидова.

КАРНЕГИ / Људи, људи, људи. Прашина, врућина, прашина, врућина. Мештани су с разлогом излазили у шетњу само ноћу. Чучали су по улицама у доњем рубљу, хладили се лепезама.

БЛОНДИ / Све је тамо требало очистити.

КАРНЕГИ / Видели смо све што се могло видети.

БЛОНДИ / Сањала сам о Острву независности — о оној хладној језерској води. Имала сам обичај да отпливам до средине, и да тамо плутам, забацивши главу тако да планине видим наглавце. И сада сам се током поподнева одмарала забачене главе, са хладном облогом на челу, гледајући наглавце кроз прозоре без завеса.

Карнеги и Лизи нису осећали врућину толико колико ја. Међутим, њих су боцкали комарци.

Мене су комарци оставили на миру — ваљда сам им била превише жилава.

Када бисмо изишли, све више сам преводила. Моје превођење било је две трећине нагађања и једна трећина знања. Ипак, добро сам се осећала.

— Никада пре — рекао је Карнеги — нисам овако потпуно разумео реч „одлагање".

— Хоћеш да кажеш да ти се овде ништа не свиђа? — питала је Лизи.

КАРНЕГИ / Како нам је само чаробно било у шетњама, у то време. Стаза је била од изломљеног бетона; ваздух, спаран и смрдљив. Језеро иза нас пресијавало се некако мутно, као да је обојено заштитном бојом.

БЛОНДИ / Али је тамо бар било сенке. Тамо је бар било дрвеће, и звецкање бицикала који су полако пролазили, нешто сасвим различито од мора.

КАРНЕГИ / — Ништа ти се не свиђа — рекла је Лизи.
— Молим те, немој да ми стављаш речи у уста — рекао сам ја. — Није им добар укус.

БЛОНДИ / Отварао је уста као риба.
— Али, баш ти се много не свиђа овде — рекла је Лизи.
— Уопште није тачно да ми се не свиђа — рекао је он. — Баш је добро да мало предахнемо. Човек треба да предахне од свега, после неког времена. Од посла. Од пријатеља. Од породице.

Упутила сам му упозоравајући поглед.
— У породици баш и не волимо кад се неко жали — приметила сам. Знаш како неки људи не раде ништа, него се само жале?

КАРНЕГИ / — Врућина је — жалила се Лизи.

— Имамо собу са еркондишном, и кола са еркондишном, млада дамо — рекла је Блонди корачајући. — То је овде велики луксуз.

— Аха, али од тога није ништа хладније.

— Јесте — рекао сам ја; држао сам страну Блонди, она би рекла, ето, бар једанпут.

— Мени је, као, вруће вруће — рекла је Лизи. — Кувам се. Мрзим Кину.

Укопала се. Бицикл је прозврндао поред нас тако близу да је ручка на волану закачила Лизину косу, која се разлетела. Лизи ју је ноншалантно наместила.

— Зар ти се није допао Велики зид? — упитала је Блонди.

— Велики зид је био у реду. Али све остало је досадно.

— Досадно! — рекао сам ја.

— Досадно! — дрекнула је она. — Досадно!

Веслачи на језеру су погледали према нама.

— Ово чекање није лако — рекла је онда Блонди и застала.

Обузела ме је добро позната мала збуњеност док сам покушавао да схватим зашто је променила плочу.

— Није ми врућина — рекла је Лизи, исплазивши веслачима језик. — Ја сам као вулкан који би могао да растопи све на свету.

Блонди је рекла: — И мени је врућина.

— Зар ти се није допало баш ништа осим Великог зида? — упитао сам глупаво. — Мора да ти се допало још нешто.

— Усамљена сам овде — рекла је Лизи.

— Чак и са нама си усамљена? — рекла је Блонди.

— И врућина је.

— Наравно да је врућина, ово је Кина — рекао сам ја. — А мораш да научиш и како да се избориш са досадом, ако ти је досадно, мада не би требало. У сваком случају, кад је некоме досадно, то значи да нема ничега у себи; запамти то. Имаш среће што си овде.

— Зашто, зато што сте ме усвојили?

— Није само то, али свакако имаш среће. — Као и ми.

— Кад имате толико среће, зашто сте морали чак овамо да долазите да добијете још једно дете? Ако имате толико среће, зашто се ја само жалим?

— Радиш ти и друге ствари, осим што се жалиш — рекла је Блонди.

— Не, не радим! — раздрала се Лизи и почела да лупа ногама. — Врућина ми је и само се жалим! — Почела је да плаче. — Озбиљно мислим!

БЛОНДИ / Беба је била болесна; тако смо претпостављали. Зашто би иначе дошло до необјашњивог одлагања? На пријему приликом дочека, директорка Ву је погледала друга два пара из групе и рекла, *Ваша беба личи на вас.* Само је нама рекла, *Ваша беба вас чека.*

Шта је то значило?

— Не брините, већ мисли на вас — рекла је директорка Ву.

КАРНЕГИ / Директорка Ву је била жена посвећена свом послу, права као мотка. Имала је кратку косу и наочаре, и своје штићенике звала регрути.

БЛОНДИ / Кларкови, ниски и дебељушкасти људи, добили су најдебљу бебу која се може замислити. Фонарови, високи и мршави, добили су румено и жилаво створење.

Сви су плакали. Како је невероватан био тај тренутак! Животи спојени случајношћу и судбином. Какву је веру требало имати да би се направио тај корак, да би се дозволило — пожелело — да се животи промене, тек тако. Било је то онако невероватно као што смо Карнеги и Лизи и ја изгледали нашим запрепашћеним пријатељима који су замишљали како ли је то изгледало када смо Лизи примили у наше животе.

Како је фрустрирајуће било то чекање!

КАРНЕГИ / За разлику од Кларкових и Фонарових, који су били смештени на месном универзитету, нас су из необјашњивих разлога сместили, најпре у неки Кинески прекоморски хотел (какво је то било искуство!), а затим, на сву срећу, у хотел за странце са засебним купатилима и са клозетским шољама и чистачицама. Све време смо са завишћу слушали приче наших пријатеља о професорима из Белгије, пошто је тај универзитет из неког разлога био популаран међу белгијским професорима. И како су Кинези у кампусу пријатељски расположени! Куцају Американцима на врата у свако доба, одлазе да вежбају енглески и доносе поклоне. Кларкови и Фонарови су стекли читава стада пријатеља. Никада нису упознали толико добре вође.

Али, када смо се распитали можемо ли сада када су наши пријатељи отишли да се ми преселимо у кампус, одговор је било одлучно *Видећемо*. А разлог: *Није згодно*.

БЛОНДИ / Људи су свуда бленули у мене. Чак и у Пекингу сам будила занимање. У Вујиу сам морала стално да се крећем ако нисам хтела да се нађем опкољенма гомилама људи. Карнеги и Лизи су морали да иду напред и да се праве да ме не познају.

Зар је могуће да људи по цео дан у тебе зуре, а да ти себе увече не видиш другачијим очима? У кревету, под флуоресцентним светлом са таванице, и ја сам понекад зурила. У себе, у огледалу. У Карнегија. У своју руку док додирује његову руку, у моје стопало док додирује његово стопало.

Са штапића против комараца спадао је прах. Вентилатор на столу окретао се према нама и од нас, према нама и од нас. Био је довољно удаљен од штапића против комараца, тако да није растеривао прах, али довољно близу да би се врх штапића разгорео и затамнио, разгорео и затамнио.

Карнегију, обично веома осетљивом, као да је било савршено удобно међу грубим чаршавима. Носио је боксерице које је овде купио — удобније су по врућини, рекао је. Насуо је талк испод пазуха и иза колена, као и Лизи и ја. Како је само талк велики изум, сложили смо се.

Устала сам да видим како је Лизи, пажљиво завлачећи лепљива стопала у хотелске пластичне папуче. Нису ми се допадале, али сам их обувала како не бих морала да газим по буђавом тепиху.

Карнеги је, када сам се вратила, био потпуно исти. Онако глатке коже, опуштен и неознојен.

— Изгледаћемо тако различито када будемо остарили — рекла сам. — Ти ћеш старити тако лепо, а ја ћу изгледати тако наборано. Горња усна ће ми изгледати као управно постављена ролетна.

— Није истина — рекао је он.

— Гледам жене на улици, и ниједна од њих није отромбољена. Изгледају као гимнастичарке. Чак и старице изгледају као гимнастичарке.

— Ја сам виђао и дебеле.

— Али ниједна од њих није предебела.

Како ми је чудно звучала та вишесложна реч, после недеља и недеља кинеског. Како аморфна. Чак и када смо говорили енглески, приметила сам, почели смо да говоримо сажетије него код куће.

— А директорка Ву?

— Изгледаћемо још мање природно у пару него сада — рекла сам. — Изгледаћу као да сам десет година старја од тебе и бићу сва бледуњава. Као твоја наставница у трећем разреду, трчкаћу свуда за тобом.

— И све то зато што људи блену у тебе?

— Не — рекла сам.

— Држаћу те за руку, нека људи и у мене блену — понудио се Карнеги, пруживши руку и стегнувши моју, да ми покаже.

— У реду — рекла сам.

Од држања за руке, наравно, све се ускомешало, али вредело је.

— Као да смо пар састављен од човека и камиле — рекла сам.

— Одувек сам желео да се оженим камилом — рекао је Карнеги.

КАРНЕГИ / Са директорком Ву смо отворили споредно питање везано за наш посао. Политика годишњих одмора, објашњавали смо. Рокови. Нема сигурног ухлебљења, рекли смо. Могли бисмо да добијемо отказ. Сви Американци су богати, објашњавали смо, осим Американаца који су без посла.

Махали смо свакојаким факсовима које смо успели да средимо да нам стигну. Танка хартија нам се лепила за прсте.

— Па онда моја мајка — рекао сам ја. — Све ово време сама. И болесна. Јако болесна. Мозак јој није у реду. Глава — разумете.

— Имате врашки посао да обавите — рекла је директорка Ву, љубазно скинувши наочаре. — А ваша врашка мајка вас чека.

Климнула је главом са разумевањем, а онда поново ставила наочаре.

БЛОНДИ / Ишли смо на акробатску представу у којој је било веома смелих нумера. Било је ту и људских лествица, и људи од гуме, еквилибриста. Али најневероватнији тренутак дошао је када је један од извођача почео да баца слаткише и конфете у гледалиште.

КАРНЕГИ / Један дечко се истеглио толико далеко преко ограде балкона да су морали да га ухвате за ноге; умало нисмо помислили да је и то део тачке, то што је тамо висио, са мајицом која се завpнула до пазуха, само што се не стрмоглави на под.

— Шта је са овим светом? — жалила се Лизи хладећи се лепезом.

— Кажу да се овде дешава невероватно висока стопа незгода — рекао сам ја.

— У овој породици не служимо се речима као што су „овај свет" — рекла је Блонди.

БЛОНДИ / Лизи се све више жалила. И Карнеги се жалио. Али од тога нису постали виљушке.

Само ја сам могла да будем виљушка.

•

Док сам била на колеџу, цело лето сам интензивно учила кинески у Хонг Конгу — оног истог лета када је Габријела студирала у Фиренци. У какве смо се велике авантуре обе упустиле! Моја је можда била егзотичнија. Али, како су се писма гомилала, почињала сам да осећам како је у Хонг Конгу драматично, али да је у Фиренци величанствено. Како је то нелојално! У својим писмима ја сам, наравно, писала о храни и продавницама и доскотекама које смо моја пријатељица Линда и ја обожавале. То је било лако. Јер, неки делови свега тога заиста су ми се свиђали. Храмови, пијаце. Погледи, чамци, енергија. Воће — никада нисам јела толико свежег воћа. И толико различитих врста! То ми се заиста допадало. Али, у осталоме нисам могла да уживам онако као Линда — са сјајном, блиставом љубављу непомућеном врућином, загађеним ваздухом, саобраћајем. Влагом. Никада нисам видела толико људи. Било је то као подземна железница у време највеће гужве, само што никако да изиђеш напоље. Ноћу се могло гледати право у станове других људи; могло се видети како се целе породице тискају у по једној соби. Кад само помислим да то за Азију чак и не значи пренатрпано! Колико су гори услови у местима као што је Бангладеш. Линда и ја смо саосећале са хордама које су тако живеле.

Ипак, само сам се ја склањала од њих. Линда се свуда шеткала у својој везеној кинеској кошуљи са раскопчаном високом крагном. Носила је старе сељачке сребрне наушнице у етно-стилу, са тако дебелим алкама да су јој уши крвариле. Кад би дувао тајфун, упорно је хтела да га осети уживо, на улицама; умало је није ударио улични знак који је носио ветар. Склапала је пријатељства са људима и одлазила у њихове собе у посету. И колико је само волела ноћну пијацу! Онако опчињена што види како на њене очи гуле кожу са змије, обожавала је њену аутентичност.

— Зар не схваташ, тако је стварно — рекла је. — То се данас ретко виђа. Зар не схваташ?

Линда је одрасла у предграђу, где је тепих од зида до зида пригушивао сваки звук и где је сваки оброк вађен из замрзивача. Ружичасто-зелена земља, тако је она то звала.

— Зар не схваташ? Зар не схваташ?

Како је лето одмицало, Линда је све смелије јела. Тражила је да седи што ближе еркондишну, а онда би, са малим речником у руци, наручивала голубове, морске краставце, патку у лепљивом сосу. Јела са сосом од плодова мора. Једне вечери је наручила супу од корњаче која је служена са корњачом у оклопу. Наравно, корњача је још имала главу — Кинези воле да све буде цело.

— Божанствено! — узвикнула је.

Корњачи нису скинули канце. Криви нокти изгледали су као да ће се свакога тренутка испружити, и корњачине ноге су на крају дотакле дно и она је почела да пузи.

— Пробај да затвориш очи — рекла је Линда. — Замисли да мењаш облик, као нешто таоистичко. Мораш да заобићеш свој ум.

Затворила сам очи.

— Можеш да искористиш еркондишн. Мени бука еркондишна помаже.

Покушавала сам да искористим еркондишн, и прогутала сам један залогај. Али, када сам отворила очи и погледала поред корњаче — морала сам да гледам поред корњаче — у плавој флуоресцентној светлости виделе су се мрље на стољњаку, три мрље. У средини тамносмеђе, са светлосмеђим ивицама.

Како сам само желела да нисам одрасла потапајући стољњак у детерџент одмах после вечере за Дан захвалности! Али, то је било моје наслеђе, ако ћемо поштено. Кинези су имали нарочите потезе четкицом којима сликају борова дрвета и стене; ја сам веровала у одржавање куће.

Страх од аутобуса. Нисам писала Габријели колики сам страх трпела због гужве у аутобусу. Пре него што сам пошла у Азију нисам схватала зашто сви уздижу у небо спокојство — у сликарству, поезији, архитектури.

Сада сам знала шта значи мир.

Волела сам трајекте.

Волела сам хотелска предворја.

Волела сам планински венац око града; одлазила сам да планинарим кад год сам могла. Волела сам да одлазим у обилазак острвља. Све оне рибље пијаце тамо! Како су величанствене љуске цветне крабе, тако екстравагантног облика; код куће није било ничега сличног. И како су их само уметнички низали на црвени конац. Волела сам чворове. Писала сам Габријели о чворовима.

Оно што чак ни у дневник нисам записала било је то да сам мислила да је моја кожа погрешна за ону климу — сувише светла. Сувише осетљива.

Кад сам стигла кући, пребацила сам се на студије графичког дизајна. Професорка кинеског је покушавала да ме одврати од тога; са таквом лакоћом хватам тонове, говорила ми је. Имам слуха. Природно сам обдарена. Ипак сам се пребацила. Габријела ми је постала најбоља пријатељица; са Линдом сам, мање-више, престала да се дружим, мада сам много година касније чула да је и она, попут мене, усвојила две девојчице, обе из Азије. Наравно, била је одушевљена. Одлазила је да предаје у иностранству кад год је могла. Виђала сам њене слике неколико пута у школским годишњацима — на свакој јој је лице све више блистало. Стално је носила неку урођеничку одећу; њене девојчице су течно говориле мандарински.

КАРНЕГИ / Коначно, коначно смо је добили! Венди је имала десет месеци — или су нам бар тако рекли — када су је дали нама у руке. Или тачније, бацили је, пошто је такво било емоционално стање онога ко ју је донео. Сама Венди била је слика и прилика смирености. Зурила је у нас са оним савршено зачуђеним изразом! Цео један тренутак.

Онда је и она почела да плаче.

Ипак, и ми исто тако расплакани, обожавали смо сваку ситницу на њој.

То како је могла да додирне табане скупљених ногу и без савијања колена, на пример, и како су јој стопала била пуна интелигенције, попут шака. Имала је црну косицу ошишану као четка и увезану црвеном машном; дебељушкасто лице; блиставе очи попут прореза на глави; четири зуба и мноштво подбрадака, испод којих смо претпоставили да се налази врат.

БЛОНДИ / Покушавали смо да је утешимо. То је било тешко јер је, упркос врућини, била одевена у неколико слојева клизавог најлона. Била је и изненађујуће тешка; бутине су јој биле као шункице. И како је само извијала леђа! Са таквом снагом. Морала сам да учиним све што сам могла како је не бих испустила.

Помајка ју је додирнула неколико пута, и она би сваки пут престала да плаче. Али, када би помајка одмакла руку, Венди би се поново расплакала. Нисмо могли а да се не упитамо да ли радимо исправну ствар — да није можда природније да је оставимо са помајком. Да јој шаљемо новац за издржавање, ако смо баш толико забринути за њено благостање. Да ли смо то дете хтели да усвојимо за његово добро, или за наше?

Пуна сумње, дала сам Венди свој мали прст да га сиса, као што је то Карнеги некада давно учинио са Лизи. Она је направила гримасу — укус марамица за руке? — али га је затим прихватила.

Сви смо се мало опустили.

— Хоћеш ли да је држиш? — питали смо Лизи.

Лизи је стегла плишаног панду којег је требало да поклони својој новој сестри.

— Не — рекла је, али се онда предомислила.

Размениле смо замотуљке. Пажљиво — Карнеги и ја стојећи у приправности да спасемо Венди ако је Лизи испусти. Али је Лизи није испустила. А када сам пажљиво извукла мали прст из Вендиних уста — гле! Насмејала се!

— Воли ме! — повикала је Лизи.

Били смо захвални и захвалили смо се помајци.

— *Целог живота сам бринула о деци, али ме је ово заиста освојило* — рекла је, покривајући уста док је говорила. — *Мој мандарински није добар.*

Образи су јој били црвени, кожа затегнута и сува. На једном оку имала је чмичак. Поново се расплакала.

— *Ваш мандарински је савршено јасан* — рекла сам ја. — *Добро вас разумемо.*

Не знам да ли ме је разумела или није. Нити смо ту жену могли натерати да нам још нешто каже, осим на дијалекту, преко директорке Ву.

— Беба воли тофу и треба јој тишина да би одспавала — рекла је директорка Ву.

— Како се зове? — питали смо, загрливши панду.

— Можете јој дати име које год желите — рекла је директорка Ву.

— Али, како је ви зовете?

— Ми је зовемо Мало Седам — рекла је директорка Ву.

— Седам или Осам?

Окренула се да упита помајку, али се жена тако била расплакала да је морала да изиђе из собе.

— Чекајте, а слика! — рекли смо, или покушали да кажемо. Међутим, како смо могли да сликамо кад неко тако плаче?

Помајка је изишла напоље вукући ноге; без ње, просторија је изгледала светла и празна. Зидови су били пола зелени, пола боје печене земље, и љуштили су се.

— Можемо ли да добијемо њено име и адресу? Можда ће једнога дана наша девојчица пожелети да се врати и да је нађе.

— Није нужно — рекла је директорка Ву.

Касније смо се гризли што нисмо јаче наваљивали да нам нешто да. Али у то време нам је то просто изгледало немогуће.

— Видите? — рекла је директорка Ву. — Ова беба личи на вас.

Шта је под тиме мислила? Карнеги и ја касније смо се сложили да је беба, ако је уопште на некога личила, личила на своју помајку.

То је требало да буде кључни тренутак на нашем путовању. Одвезли смо се у изнајмљеним колима, скинули је — замишљајући да јој је врућина, мислећи да ће можда мање плакати ако јој буде удобније. Гаћице су јој имале прорез, као што је то обичај код кинеске деце, али је носила превелику папирну пелену. Прави луксуз, како смо чули. Обукли су је за велико путовање. Управо смо је пресвлачили из најлонске хаљине у памучно оделце, када је нешто ударило у кола. Био је сумрак — у пространијим улицама још је било светла, али у мањим улицама је већ падала ноћ. Можда не бих ни приметила ударац да нисам била у тако заштитничком расположењу. Без сигурносних појасева којима бисмо могли привезати седиште за бебу, приметио је Карнеги кад смо улазили. Морали смо да ставимо дечије седиште у пртљажник.

КАРНЕГИ / Како смо само сви уживали у осећају да нисмо везани. Нарочито Лизи, која то није осетила никада пре него што смо дошли у Кину. У овим колима постојала је још једна мала слобода: није било ознаке на сирени. Био је то, бар са унутрашње стране, безимени мали ауто који је поскакивао док смо се возили и имао поцепана мрка седишта. Цела унутрашњост се осећала на дим. Ипак смо замолили возача да угаси своју цигарету.

— Због бебе — објаснили смо.

То је била очигледна истина, али је он наставио да пуши све док му наш водич, крути г. Киан, није рекао да баци цигарету напоље. Уз смех, возач ју је тада бацио кроз прозор, још упаљену.

Нешто је ударило кола са стране.

БЛОНДИ / — Да ли је то био камен?

— Можда нешто на путу — рекао је Карнеги.

Кола су успорила; улица је постала закрчена. Људи су завиривали кроз прозоре — у све нас, али нарочито, како сам осећала, у мене. Или можда у Венди? Јер, она је још плакала, ако није сисала. Копала сам по торби тражећи цуцлу.

Како сам се огромна осећала — огромнија него икад.

Нашла сам цуцлу. Она ју је узела.

Углавила сам Венди у знојаву долину између мојих бутина; рукама сам је миловала по главици, која је била увезана црвеном машном. Као четка, без меких делова — лобања јој је већ била цела окоштала. Уста као пупољак, са уснама тако црвеним да сам их протрљала прстом да видим да нису намазана. Блиставе, блиставе очи — све оне сузе. Блистале су црним сјајем. Дуге трепавице, слепљене, такође су блистале. Ударац смо приметили пре свега зато што ме је натерао да чвршће стегнем Вендино телашце. Да је зауставим да се не откотрља.

— Дум! — рекла сам тихо, весело, примакавши свој нос њеном када су се кола зауставила. Покушавала сам да успоставим контакт а да при том не искључим Лизи. — Погледај, рекла сам. Ово је Лизи. То је твоја велика сестра.

Венди је трепнула и испљунула цуцлу, која је пре него што смо успели да је ухватимо пала на под у колима.

— Исплазиће језик! — рекла је Лизи.

И Лизи је била у праву! На наше одушевљење, Венди је неколико пута отворила и затворила уста док су последњи зраци сунца допирали кроз прозор. Могла сам да јој видим крајнике. Гладна? Пожелела сам да могу да је подојим; Габријела је познавала неку жену која је успела да доји усвојено дете пошто је пумпицом стимулисала груди неколико месеци. (Невероватна справа, та пумпица, известила ме је Габријела, иста као она коју користе на кравама.) та пријатељица никад није имала много млека — али, какво је то повезивање било!

Венди је поново почела да плаче. Гурнула сам руку у торбу са пеленама да узмем млеко за бебе и бочицу, док се Карнеги нагнуо према нама. Провирио је између предњих седишта, кроз отвор између возача и г. Киана.

КАРНЕГИ / Возач је некога ударио — неког од оних мршавих, жилавих људи у једној од оних свеприсутних истегљених белих поткошуља, у плавим панталонама увезаним око појаса сувише дугачким црним опасачем. Његове кошаре и мотка на којој их је носио преко рамена пали су на земљу. Овај је сад био чучнуо поред њих, да ли од бола, или од бриге због своје имовине, то је било тешко рећи. Кренуо сам да изиђем из кола како бих му помогао.

— Молим вас, немојте — рекао је г. Киан. — Не желимо инцидент. Доноси много проблема.

— До ђавола с тим — рекао сам ја излазећи из кола.

И возач је изишао — да види шта је са колима, како се показало. Чучећи, превукао је руком преко браника. Пљунуо је на то место и протрљао га, онда га поново прегледао.

Са себи својственом спремношћу, г. Киан је изишао последњи.

БЛОНДИ / Кола су се затресла од лупања вратима.

— Ова кола направљена су од лима — рекла сам Венди, мада сам покушавала да видим колико је тешко повређен онај човек. — Јесу, него шта су! Ова кола би могла да буду конзерва са мачијом храном.

Венди је плакала.

— Гладна си, зар не — рекла сам. — Видим ја. Маме све знају, знаш.

— Е, не знају — рекла је Лизи шапатом, већ стајући на сестрину страну. — Не знају оне све. Она само тако прича.

Људи су застајали да гледају, и незгоду и нас. Ухватила бих понеку реченицу на мандаринском кроз отворен прозор.

Sile ren ma? — Да ли је неко погинуо?

Почела је свађа.

Голицала сам Венди, тражећи нову цуцлу. Како је само била дебела! Какве је наборе имала на надлактицама и подлактицама, изгледала је као да има по три лакта на свакој руци. И каква текстура масноће — тако свиленкаста.

Затворила сам прозор, и казала Лизи да уради исто.

— Затвори и предње прозоре — рекла сам. И закључај врата, молим те.

Плашила сам се да не почне да се буни како је превише врућина да бисмо затварали прозоре, али на сву срећу, она је само клизнула на предње седиште и затим се вратила.

Људи су почели да приљубљују лица уз прозорска стакла. Венди је плакала. У полумраку једва да сам могла да видим ишта друго осим пресијавања очију и зуба, али је зато Лизи изгледа све лепо видела.

— Шта буљиш? — питала је, кревељећи се људима. Ударала је рукама по стаклу и тако отерала неколико њих. — Како сте радознали!

Нашла сам нову цуцлу. Другачијег типа него што је била она прва, али ју је Венди ипак узела.

У свађи су највише учествовали г. Киан и возач. Нисам баш могла да разумем шта су говорили, нарочито када су прозори били затворени, али крути г. Киан изгледа је кривио љутитог возача, који је, опет, између повика, дивље упирао прстом у правцу Карнегија. Свађа се водила на дијалекту. Пожелела сам да нисам тако узнемирена; моје разумевање дијалекта било је чисто нагађање, али сам нагађала боље када ми ништа није одвлачило пажњу.

Отворила сам термос да размутим млеко у праху, срећна што су на бочици исцртане ознаке, тако да знам колико воде наливам. Да ли сам била у праву што сам прво узела да испробам прах на бази соје? Тако много кинеске деце не подноси лактозу, али је прах на бази млека био нешто ближи ономе на шта су она навикла, говорили су ми, и мање изазивао затвор. За сваки случај, понела сам оба, као и разне врсте цуцли — традиционалне и природне, са крстастим и са обичним отвором, од којих је свака могла да се намести на нарочиту бочицу против прављења мехурића од ваздуха. Тренутак истине. Венди је почела да сиса, а онда испљунула цуцлу. Да ли јој је укус био чудан? Није јој се допала та цуцла? Размишљала сам шта да променим када је, чудног укуса или не, она поново повукла и почела да пије. Срећно сам је гледала како гута. Миловала сам је по дебељушкастим ножицама.

— Браво! — тепала сам јој. А затим сам почела да слажем слику, почевши од опушка цигарете. Изгледа да је некога погодио, а тај неко је, опет, лубеницом гађао кола. Кола су успорила; гомила се скупила. У покушају да се провуче кроз њу, возач је ударио оног човека. Овај је изгледа нешто рекао. Можда је човека назвао корњачиним јајетом или неким другим чудним именом које Кинези сматрају веома увредљивим.

Наравно, нису нам били упаљени фарови. Чак и по мрклој ноћи, у то време су возачи возили без упаљених фарова, да штеде сијалице.

Да ли је човек био повређен? Било ми је тешко да видим кроз сва она лица приљубљена уз наш прозор. И Карнеги је нестао са видика. Ваљда је клекнуо. Затим је, наравно, устао — видео се на тренутак. Како је крупан изгледао поред оног другог човека, чак и по мраку. Колико висок, добро ухрањен, добро одевен. Уме да се избори за своје место — људи су мало узмицали од њега. Наравно, био је исте расе као и они, али је изгледао као да је друге расе; да сам ја прошла туда, можда бих помислила да је белац. У хотелу је његова уштиркана кошуља деловала не баш свеже. На улици је, међутим, изгледао дотеран, богат, срећан. Американац. Стајао је ауторитативно, са рукама на боковима. Махао рукама, затим скинуо своју прелепу кошуљу.

Без превелике драматичности, не потрудивши се око дугмади, Карнеги је само ухватио кошуљу за оковратник и свукао је преко главе покретом који ми је био једнако добро познат као и кожа његових леђа. Сад је био го до појаса — унаоколо се полако ширио шок. Многи су зурили; неки су и даље викали. Шта су хтели? Сада их је било више — можда стотину. Или можда више — руља. Нигде жена. Незгода је постала мушка ствар — можда због Карнегијевих нагих груди? Пошто је већина мушкараца носила оне танке поткошуље са дубоким изрезима око руку, могла сам да назрем како им се оштра ребра дижу и спуштају док вичу, упиру прстом, севају погледом. Назирала сам њихове танушне вратове и жилаве руке.

КАРНЕГИ / — Можемо ли бар да повеземо човека до болнице? — питао сам. Ипак смо га ударили.

Али, то није долазило у обзир. Г. Киан и возач, изненада се удруживши, чврсто су се супротстављали чак и најосновнијем људском поступку, без обзира на то што је човеку јако крварила нога. Нисам могао ништа друго него да скинем кошуљу и употребим је као завој.

БЛОНДИ / — Треба ли да изиђем да видим шта се дешава? — упитала сам у празно. — Да покушам да помогнем у превођењу?

Самоувереног израза лица, поново сам немарно гурнула руку у торбу са пеленама, овога пута тражећи платнену пелену да бих могла да подигнем Венди да подригне. Венди је држала главу усправно. Ипак, придржавала сам јој врат левом руком.

Мотор је и даље радио — нездраво је штуцао, шаљући поруку о себи коју би возач или Карнеги могли да приме, али ја не. Каиш на вентилатору? Мотор?

— Лизи — рекла сам — буди тако добра и пређи опет на предње седиште, хоћеш ли?

— Зашто овај свет блене у нас? Зашто вичу?

— Хоћу да угасим мотор, молим те. Одмах.

— Зар нећеш да кажеш како не треба да говорим „овај свет"?

— Сместа.

Лизи је нешто прогунђала, али се и други пут пребацила на предње седиште, са мршавим ножицама у ваздуху, са сандалом која јој је спала. Шутнула је торбу у коју смо натрпали Вендине ствари из сиротишта.

Венди је подригнула — гласно, снажно, целим телом.

— Добра девојчица! — рекла сам јој, осећајући топлу влагу кроз пелену на рамену.

Одавно нисам подизала бебу да подригне; заборавила сам какво је то задовољство. Заборавила сам како бебе тада увек изгледају изненађено, а опет, како су сместа спремне за све што би следећи тренутак могао донети.

Поново је почела да плаче. Да ли је требало да је оставимо са помајком? Шта ми то радимо?

Како су само кола заударала на дим цигарета! Пресвлаке на седиштима су га упиле.

— На коју страну треба ово да окренем? — питала је Лизи.

Спустила сам Венди да јој дам још мало млека, нагуравши ствари из сиротишта назад у торбу. Ипак, драгоцена је то одећа. Знала сам колико ће јој једнога дана значити.

За невољу, док се Лизи наслањала на волан, нагнувши се преко наслона предњег седишта, ударила је сирену. Дуг писак, невероватно гласан. Венди се тргла управо у тренутку када је могла да заспи и поново почела да плаче. Људи су се још више примакли стаклу — лица, делови тела. Кола су почела да се љуљају. Не зато што их је неко заиста гурао — пре је то био талас кретања гомиле. Или ми се тако чинило. Где ли је Карнеги? Неко је лупио по крову.

— Ова кола су од лима — рекла сам Венди, поново јој понудивши бочицу.

Међутим, она је била превише узнемирена да би је узела. Одавно превазишавши ступањ кењкања мале бебе, сада је снажно плакала.

— Шта се уопште дешава? — питала је Лизи, ударивши опет у прозор.

Кола су престала да се љуљају, па су се онда поново заљуљала. *Luan.* Сетила сам се како нам је професорка држала предавање стојећи пред целом групом. Хаос. *Luan.*

Онај дим је смрдео.

Ех, да нисмо искључили мотор! Док је мотор радио, људи су се држали мало по страни, то сам сада схватила. Бочица се мућкала. Венди је и даље плакала.

— Тата! — викнула је Лизи, такође почевши да плаче. — Тата!

Јер, Карнеги је стајао голих груди, махао рукама, опкољен гомилом људи. Ја сам загрлила расплакану Венди, трудећи се да ме не обузме паника. Кола су се љуљала тако јако да су се накривила као једрењак, са седиштима искошеним под углом од тридесет степени; држала сам се једном руком за седиште да не бих пала на Лизи.

— Ово је као једрење на мору — рекла сам мирно. — Требало би да отпловимо.

— Хоћемо ли се преврнути? — Лизи је звучала престрављено. Ја не умем да једрим.

Кола су треснула назад на земљу, одскочивши. Где ли је Карнеги?

— Нигде не видим тату — раздрала се Лизи. — И хоће ли та беба већ једном да умукне?

— У овој породици не говоримо „та беба" — рекла сам ја.

— Та беба! Та беба!

Још једном сам покушала да јој дам бочицу. Венди ју је, на срећу, прихватила. Ућутала.

— Удариће Тату! — раздрала се Лизи. — Сигурно знам. Морамо да изиђемо да помогнемо тати!

— Лизи. Не смеш да излазиш из кола. Чујеш ли ме?

Кола су поново почела да се љуљају. Треснули смо на земљу и поново се накривили. Нагиб је сада био тако кос да нисмо могле да се задржимо да не клизимо.

Венди је, зачудо, и даље пила.

— Преврнућемо се! — вриснула је Лизи. — Преврнућемо се!

Да ли је била у праву?

Сва она дивља опасност у циркусу, онај дечко који замало није пао преко балкона.

— Смири се — рекла сам. И онда: — Лизи!

Зграбила сам је за надлактицу у тренутку када су цела кола заиста почела да се преврћу.

Беба!

Кола су се зауставила на боку, тако да смо Венди и ја пале преко Лизи, која је вриштала. Ствари су се сручиле на нас. Венди је главом ударила у стакло. Ја сам испустила бочицу. Тела су се нагомилала преко прозорског стакла изнад нас — много вике. Изгледало је као да се налазимо испод гомиле људи.

— Моја рука! — плакала је Лизи.

Венди је цичала, цело тело јој се згрчило.

— Да ли си добро? У реду је, у реду је, тепала сам Венди, покушавајући да се исправим.

— Газиш ми по коси! — вриштала је Лизи.

Успела сам некако да чучнем, газећи по прозору, који је почео да крцка, али је, на моје изненађење, издржао. Венди ми је за дивно чудо још била у наручју. Једна нога ми је била на торби са пеленама; друга је газила по панди. Да ли је Лизи повређена? Мокро — Венди је била потребна нова пелена.

— Лизи, Лизи. Можеш ли да се исправиш? Хајде, покушај да седнеш.

КАРНЕГИ / Лизи се усправила, али је смирена Блонди поново пала. Прокрчио сам себи пут кроз гомилу и затекао Лизи како се извлачи кроз прозор као кроз отвор на подморници, држећи бебу здравом руком.

— Од ње ми је врућина по руци! — викала је.

Венди је, међутим, на моје запрепашћење, заспала. Машна јој се накривила, али јој је још била на тршавој глави.

Полиција је растерала гомилу замахујући палицама деликатно као помахнитали мајмуни.

За то време је г. Киан, сада уз подршку кинеског Франкенштајна, и даље упорно настојао да странци буду сместа склоњени одатле. Чак и пре него што прегледају рањеног човека; пре него што рањеног човека — који је изгубио много крви, али је био довољно присебан да псује — одведу било куда.

И тако су нас, када се и Блонди извукла напоље, у новом-новцатом тојотином комбију са еркондишном свечано спровели у хотел, где је Блонди напокон могла да прилегне; да видимо шта је са Лизином натеченом руком (уганује); и да ослободимо бебу њене лепљиве пелене.

БЛОНДИ / Кака је била размазана по свему.
    Венди је плакала целе ноћи.
    Одећа из сиротишта била је изгубљена.

КАРНЕГИ / Што се мене тиче, неколико пута су ме мунули лактом, али, гле чуда, побегао сам заједно са својом женом, изјавио сам. Мада сам могао да заборавим на кошуљу.

Касније смо сазнали да је — какве смо ми среће — локална текстилна фабрика затворена тог поподнева. Једно од оних величанствено неефикасних предузећа којима је управљала држава, тако да је човек на то могао само да каже, хвала богу да смо се тога отарасили. Али у том тренутку, како да преживе ти људи? И шта је са њиховим пензијама? И тако даље. Током затварања, фабричка управа је оптуживала америчке квоте за оно што се дешава. Без обзира на катастрофално управљање, ширили су гласине уз помоћ којих су обуздавали бес: Американци су увели квоте зато што не могу да се надмећу са Кином. Американци су решени да не дозволе Кини да ојача.

Или смо бар тако чули током случајне вечере, по повратку кући, са Кикирики-Путер Кларком, како смо их звали. А он се, како се испоставило, бавио текстилом, и много тога чуо од белгијских професора. Уз коблер од бресака тврдио је да се руља створила због националистичког осећаја увређености.

Међутим, да ли је она гомила уопште схватила да смо ми Американци? — питали смо се док смо прали судове. Можда би било која кола, било какав знак повлашћености, изазвао срџбу.

У сваком случају, како смо били срећни што смо преживели да можемо да анализирамо ту причу.

БЛОНДИ / Хтела сам да пријавим онај инцидент, али је Карнеги само хтео да иде кући. Већ смо сувише дуго у Кини, рекао је, а и каква корист од тога? Оном човеку је добро, или нам је бар водич тако рекао. Никада нећемо са сигурношћу знати.

— Схваташ ли да смо на путу већ пет недеља? — рекао је.

И: — Молим те, сети се да још нису потписали уговор о усвајању.

КАРНЕГИ / Нерви су нам се истањили — сирота Венди. Папири, папири, папири.

БЛОНДИ / Какво смо уметничко дело донели кући!

— Погледај само каква је израда — рекао сам ја. Погледај те детаље. Боје.

Моје сестре су урамиле све исечке папира, до последњег. Моја браћа су носила своје јакне постављене крзном целе зиме.

КАРНЕГИ / Вешто се користећи силом земљине теже, Док Бејли је поставио кинеске кутије на сваку слободну водоравну површину. На пример, на сто у дневној соби, на радни сто, на сточић за коктеле, на сточић у предсобљу. Где се није налазила кутија, налазила се чинија. Брисао је прашину са својих резбарија од плуте крпицом за чишћење објектива на фото-апарату.

Лизи је упорно тврдила да више никад у животу неће ићи у Кину. Нико није могао да исприча ниједан трауматичан догађај, а да Лизи не убаци *Мислите да је то страшно, али не бисте поверовали шта се десило у Кини*. Али су те успомене бар понекад биле и утешне: оног дана када је пала са дрвета и сломила руку, на пример, рекла је лекару, *Није било тако страшно као оно што ми се десило у Кини*.

БЛОНДИ / Наравно, нисмо реаговали на те коментаре. Наравно.

То ју је доводило до беса.

— Зашто никад ништа не кажеш кад причам о ономе што се десило у Кини? — питала је.

— Незгода је била узнемирујућа — рекла бих понекад када би Лизи потегла то питање.

Други пут бих, опет, рекла: — Знаш, оно што нам се десило било је врло неуобичајено. Већина људи оде у Кину и дивно се проведе. Помисли само како би се ти осећала да смо отишли после посете Великом зиду.

Али је Лизи почела да објашњава шта све није било у реду са путовањем, осим саме несреће.

— Стварно је било превише људи — говорила је. — Сав онај свет што се гура. И таква врућина! Као у рерни! Само још врелије. Па онда комарци — једном су ме педесет пута ујели за само један дан. Никад више нећу тамо да идем.

Касније је конвенционална мудрост почела да препоручује да децу треба водити у Кину пре девете године, пошто после девете понекад то код њих ствара одбојан став. Лизи је имала шест година. Требало је да упали.

да ли заиста желиш да затвориш Лизино унутрашње биће, то је питање — писала ми је Габријела у мејлу. — да ли заиста желиш да одрасте тако што ће говорити љубазне речи а ни сама неће знати шта у ствари мисли?

Наравно да не желим — отписивала сам јој. — Али, шта да радим?

да ли си покушала са ароматерапијом? знам да звучи чудно. али могла би да пробаш да је прскаш лавандом. Лаванда умирује.

КАРНЕГИ / Чија је ово кућа? Заудара као сеоска продавница. Док сам улазио, донекле сам страховао да ћу се суочити с лажном наивном уметношћу изложеном у сандуцима, неким фолклорним ђубретом којим корпорацијска Америка покушава да задржи наше номадско друштво на једном месту. Крпе за судове са срцима и гускама, држачи за салвете у облику дрвеног плота. Предмети намењени томе да прекину нашу вечиту журбу, да нас натерају да поштујемо шаблон.

Какво је за мене било олакшање када сам, напротив, затекао Блонди како заједно са Лизи прави албум наших фотографских успомена. Ослобађање птица! Велики зид! Први дани са Венди! (То јест, после несреће.) Испружене на тепиху у великој соби, прекривши бар шест ружа великих као главице купуса на њему, Блонди и Лизи биле су окружене лепковима без киселина. (Захваљујући томе што јој је мајка била рестауратор уметничких дела, Блонди се ужасавала свега што није архивирано.) Лизи јој је помагала око оквира, и Блонди јој је давала да бира фломастере. Маракуја-ружичасто? Фламинго-ружичасто? Умало да не препознам тај тренутак између мајке и ћерке, са сунчевом светлошћу у позадини која је благо обасјавала призор бресквастоцрвенкастом бојом. Управо бојом коју бисте замислили као Залазак сунца.

Али, Лизи је већ у школи научила да може постојати много различитих верзија бајке. Послуживши се легендом о човеку са лицитарским колачима, на пример, писала је вежбе у којима је попуњавала она места којима недостају одређени делови у некој верзији. Сада је беспрекорно примењивала то што је научила на фото-албум са сликама из Кине. Рекла је Блонди шта треба да напише:

Оно што не видите у овој причи јесте колико је тамо била велика гужва, и како су се људи гурали, и колико је било вруће, као у рерни.

Блонди је намрштено погледала избор писаљки пред собом.

БЛОНДИ / Свака мајка би се запрепастила, али ја, нарочито. Како сам успела да постанем странац у сопственој породици?

Особа која никако не може да призна колико је и њој тешко пала Кина — која мора да буде обазривија од свих осталих. Која се осећа, претпостављам, помало као гост.

Када бих се сада шетала градом са Венди, присећала сам се дана када је имати дете друге расе било само питање борбе против незнања. Како је то било једноставно — како је лако било знати шта је исправно. Када би људи питали, *Да ли је твоје?* Или *Где си га набавила?* Могла сам да се смејем и да се осећам поносна — на себе, на своју породицу. Била је то нека врста таштине. Борила сам се против тога када је Лизи била беба. Али сада сам понекад изводила Венди у свет да осети тај изазов, и мој истанчани отпор. Увек сам извлачила снагу из чињенице да моја коса крај Лизине треба да буде слика која упућује изазов срцу. Сада сам на то намерно скретала пажњу, онако како друге жене скрећу пажњу на то да су интелигентне или витке. Имала сам ја срце кадро да прими ту децу, на крају крајева. Зар их нисам волела из дна душе, као да су од самог почетка биле моје рођене?

7
Нешто као гост

КАРНЕГИ / Ипак, зачудо, Лан је одбијала да нађе себи место за трпезаријским столом. Ипак смо јој, стрпљиво, нашли место. Показала је да уме да се служи ножем и виљушком; ипак, као прави домаћини, свакога дана смо јој постављали и штапиће, и шољу врућег чаја, како не би била принуђена да пије нашу хладну воду.

То са водом сам и могао да разумем, пошто је моја мајка увек пила воду собне температуре.

Опрезно, са пуно такта, распитивали смо се да ли јој се допада храна? Само се послужи, говорили смо јој, само извели. Али, мада би нам она на то узвратила полуосмехом и јела, све је то било само овлаш. Залогај-два.

Неколико вечери Блонди је остављала храну за Лан у дну њеног степеништа. Да нешто прегризе кад се врати из школе, за случај да је гладна кад се врати кући.

Никад је није ни дирнула.

БЛОНДИ / Габријела ми је писала:

знаш ли шта је она? она је штапићи.

Ја сам јој одговарала:

Зар то ипак није разумљивије? То што је она штапићи, пре него да смо ми виљушке? Чини ми се да је то разумљивије.

Одговорила ми је:

разумљивије је зато што ти то разумеш.

ВЕНДИ / Није њој место у Америци, ето шта говори касно ноћу у свом станчићу. Или тако мисли. „Није ми место нигде", ето, то у ствари говори.

— Америка је хладна — каже. — У Кини ти многи људи помогну.

— Помогну? — каже Лизи. — Мени се учинило да више воле да те дотуку.

— И да ти помогну — упорна је Ланлан.

Понекад Лизи и ја одемо у њен стан кад се врати из школе, када би требало да већ спавамо. Једемо грицкалице. У Америци ништа нема добар укус, она нема апетит, али ипак воли да једе с нама, откривамо. И зато долазимо, да би она јела и да не би цркавала од глади, најчешће скувамо оне смрзнуте ваљушке за које је на почетку рекла да су исти као они које имају у Кини. Једемо оне са пилетином, и са свињетином, и са поврћем.

ЛАН / *Зашто да се претварам да ми је место у трпезарији? Каква је корист од тога? Сви су видели да је то bu heshi — неумесно.*

ВЕНДИ / Каже да је у ствари слушкиња, и да је зато тако нешто неумесно, откад послуга седи за столом? Ја јој говорим да није слушкиња, да ми се чини да у Америци уопште и немамо послугу.

ЛИЗИ / У Америци имамо спремачице, а то је нешто друго.

ЛАН / *А коме дају да једе остатке од вечере? Зар се то не даје послузи?*

ВЕНДИ / Ланлан каже, да је заиста члан породице, живела би у кући. Зашто покушавамо да је убедимо да ћемо јој помоћи ако жели и да свакако може да живи у кући ако је то оно што жели и да је мама само мислила да Ланлан жели да чисти и такве ствари и да нико не може да је одврати од тога.

Она и даље упорно понавља да је слушкиња код богатих Американаца, то јест, код нас.

ЛАН / *Зар није Блонди одлучила да треба да живим у амбару са козом, а не у гостинској соби? Може ли ико то да порекне?*

БЛОНДИ / Служили смо је као да је на гозби. Пунили смо јој тањире храном а она се бунила. Поступали смо према њој као да је уважени гост, са оном претераном љубазношћу какву Кинези воле.

Она је за све то мислила да је неискрено.

ЛАН / *Зар није било потпуно лажно? Никад нисам видела да се према било коме другом тако опходе.*

Наравно, Блонди је много лепо причала. Али ја сам осећала hiao li cang dao — да се у њеном осмеху крије нож.

Понекад бих седела у својој соби и размишљала о кући моје баба-тетке. Ко сада тамо живи? И шта ћу да радим кад се вратим? Карнеги има родбину у Пекингу. Питам се да ли би можда они могли да ми помогну.

Америка ме није хтела. Али могу ли да кажем да ме нова Кина жели?

Једини који ме заиста желе су мала Венди и Лизи — девојчице без мајке, као ја. Понекад и Бејли. Почела сам да се навикавам на Бејлија, ма како чудан био.

БЛОНДИ / Напољу су дани постајали краћи. Хладнији. То сам знала пре свега зато што сам се и даље возила на посао са спуштеним прозорима, дуго пошто су остали то престали да раде. То сам радила зато да бих могла да осетим како летње сунце, које ми је обасјавало лакат на повратку кући, више не сија. Како ми је потребан џемпер, и почела сам да се утопљавам. Како сам постајала свесна својих ногу — да су ми хладне, иако ми је труп топао. Дошао је и дан када сам са захвалношћу осетила благо дување топлоте по ножним прстима, када је шуштање грејача напросто постало део моје свакодневне рутине.

До тада је са дрвећа већ одавно почело да опада лишће. Обраћала сам пажњу на поједино дрвеће уз пут — на пример, групу бреза као што су оне које смо имали код куће, само много масивније, много крупније, и нисам могла да их угледам а да не направим то поређење — а да не помислим на наше брезе. И обрнуто. Разлика у величини тако је умало постајала разлика у врсти, што ме је опчињавало. Наравно, брезе на паркиралишту би брзо промакле поред мене; то је делимично био разлог зашто сам их видела онако како сам их видела. Али, углавном сам била мање заузета док сам посматрала брезе код куће; ипак, нисам могла да видим ту групу бреза у односу на друге брезе, само у односу на брезе на паркингу. Нисам могла то да видим ни на који други начин осим онога који ми је већ прешао у навику.

То ми је понекад одговарало.

Али, било је других тренутака када сам осећала да бих волела да знам да ли сам кадра да разлучим оне две групе бреза једну од друге.

Једном сам покушала да Карнегију испричам све то. Он ме је љубазно саслушао, погнуте главе — што је био знак да покушава да се усредсреди. Крцкао је прстима.

Истрљала сам му леђа како бих га наградила.

Ипак, на крају није схватио.

Посматрала сам и неки стари јавор на узвишици крај моје канцеларије. На дрвету је била огромна рупа коју је у његовим гранама направила телефонска компанија — зато што су сметале жицама, рекли су. Ипак, и оно што је преостало било је изванредан призор. Јер, зар то није нешто што је у природи природе, да иде даље? Увек бих успорила када бих пролазила поред тог дрвета. Једном сам се понадала да ће, када опадне лишће, сакаћење постати мање упадљиво.

Али није било тако, није.

Или ми је таква успомена остала од прошле године. Сада је поново било ту — упадљивије, колико се сећам.

Моји сунцокрети, наравно, сада су већ одавно били посечени.

Јавор остао без лишћа. Затим још много дрвећа. Затим сво дрвеће. Огромни улични чистачи са својим дивовским округлим метлама и возачима на другом спрату, за промену, као да су нешто заиста и радили. Људи су грабуљали и грабуљали своја дворишта. Само неколицина је унајмила оне машине за раздувавање, хвала богу — већина је била обзирнија према суседима. Вреће препуне лишћа понедељком су стајале поређане дуж улица.

Било ми је жао што видим да лишће нестаје. Ипак, волела сам да посматрам и како се појављује структура дрвета. Све оне гране — онако смеле и одлучне. Неувијене. Разумљиве. Волела сам што могу да видим где су тачно птичија гнезда.

Били смо се припремили на то да ће Лан узети шта год јој је потребно. Да ће се осећати као код куће.

Она је, изгледа, слабила.

Габријела ми је писала: јесте ли пробали са кинеском храном?

Него шта смо. Можда то, међутим, није била одговарајућа врста кинеске хране; у граду смо имали само два кинеска ресторана, један кантонски, други у стилу нове кухиње. И, ако ћемо право, нисмо ни испробали ресторане у околним местима. Када смо се враћали кући, искрено смо се бринули како ћемо успоставити везу са нашом децом. Пошто смо имали само два сата пре него што они пођу на спавање, нисмо губили ни тренутак.

Помислила сам да треба да одведемо Лан код психотерапеута. Помисила сам да има проблема са храном. Али, Карнеги није хтео да она помисли како сматрамо да је луда.

КАРНЕГИ / Уопште није волела да ради напољу; нема сумње, зато што је рад у башти повезивала са радом сељака. Али унутра, каква је то жива ватра била! Не само што се бринула о деци и прала веш, него је и чистила највећи део куће. Не оно тешко чишћење; то је остао посао наше спремачице Дамијане. Али, Лан се бринула о кухињи, о дечијој соби за играње, и дечијим спаваћим собама. Организовала сређивање полице са играчкама, умотавање поклона, средила плакар у предсобљу, плакар с постељином — и све то иако јој нико ништа није тражио. Као да је предвиђала ствари које бисмо могли тражити од ње и радила их пре него што бисмо успели да је замолимо — била је то стратегија предупређивања — и тиме избегавала да се нађе у недостојном положају да јој неко нешто заповеда. Није она, рекла је то неколико пута, као Дамијана. Њој не треба прстом да се показује. Покушавали смо да је одвратимо, али је било исто као и са јелом, теже него што изгледа. И тако смо се задовољили обилним изливима захвалности и дивљења.

Једина ствар око које смо са Лан морали да потежемо питање било је старање о кози. Блонди је то поменула. Опипавала је Ланин пулс, како је касније казала. Ништа није тражила.

Да ли је Блонди требало да схвати да ће Лан осећати да је принуђена да пристане?

ВЕНДИ / Ланлан каже да Томи никога не слуша. Каже, и коза у овој кући има значајније место од ње, мисли да је коза као феудални газда, а ми смо њени потлачени кметови. — Шта су то потлачени кметови? — питала сам, а она ми је рекла да је то оно што бих ја била када бих се запослила и када би ми Елејн била газда.

— Мислиш, нешто као роб — рекла сам.

А она ће: — Тако је! Као роб. Сви смо ми козин роб. Како коза може да буде тако важна?

— Ако бринеш о кози, то не значи да си роб — кажем јој. — То не значи ништа. То је само нешто што мораш да радиш, као математика.

Ипак мрзи што мора да се брине о Томију. Каже да ју је у Шандонгу коза њиховог суседа стално бола, нарочито кад би изишла да пишки у пољу, једном ју је и оборила.

БЛОНДИ / Све је требало да јој цртамо. Није било довољно рећи Лан да кози сваки дан треба вода. Морало је да јој се каже и да воду треба донети у кофи. Морало је да јој се каже како велика бара после олује није довољна. Морало је да јој се каже да напуни кофу из које је Томи све попио. Морало је да јој се каже да треба да нас обавести ако кофа цури.

Исто је било и са кофом за храну. Морало је да јој се каже да сваког дана треба да се стави свежа храна. Морало је да јој се каже да нас обавести кад хране почне да понестаје.

ЛАН / *Шта год сам урадила, Блонди није ваљало.*

БЛОНДИ / Па онда чишћење штале.

Стварно, ми бисмо поново преузели тај посао, само да смо знали како. Рекли смо девојкама да иду да јој помажу. Али, што су се оне више трудиле да помогну, то је упорније Лан тражила да она то сама уради.

ВЕНДИ / Не може да схвати чему служи та коза.

— За забаву? Каква ми је па коза забава? — каже.

КАРНЕГИ / Коза је умела да левитира, да забије папке у зид стане тако да га обори у безмало водораван положај, и онда се одгурне. Да тренутак касније слети право на прилаз, слободна! Само би јој се брадица тресла.

Када је први пут то видела, Лан је рекла: — Ваша коза уме да лети.

Следећи пут: — Можда ће да побегне.

Али козе обично остају у близини куће.

— Не, не, коза је наша док се наша пријатељица не врати из сунчане Италије — објашњавао сам. — Или док нас неко од суседа не пријави санитарној инспекцији. Шта год прво да се деси.

— Шта је санитарна инспекција? — питала је.

— Немој да јој дајеш идеје — рекла је Блонди.

БЛОНДИ / Понекад сам пожелела да кажем, *Видиш, ја имам своју козу, а Карнеги, га, он има своју.*

— Можете да га исечете — рекла је Лан показујући на тетиву на глежњу — Онда више неће да лети.

— Ми овде то не радимо — рекла сам ја.

КАРНЕГИ / Објаснили смо да Американци уопште обожавају ствари које их подсећају на фарму. Да није у питању само Блонди. Да то има везе са нашом земљорадничком прошлошћу.

Наравно да сам зажалио због речи „земљорадничка" чим сам је надмено превалио преко усана. Али, наравно, она је савршено добро знала шта то значи.

— Схватам — рекла је. — Пре него што сте постали капиталисти, били сте феудални земљопоседници.

ВЕНДИ / Једнога дана ју је Томи убо, а она га је гађала чабрицом у главу.

— У овој земљи не гађамо животиње чабрицама — рекла је мама. И кад је ова штала последњи пут очишћена?

БЛОНДИ / Кад ли ће почети да једе? Габријела ми је писала:

Зацељење, Лан је потребно зацељење. Шта мислиш о колиби за презнојавање?

То је, како изгледа, била нека врста скровишта у којем би се учесници натрпали у сауну на неколико дана, а онда голи излетали напоље на хладноћу, препорођени. Одвратила сам јој:

Не верујем. За почетак, Лан се ужасава знојења.

Габријела:

зар се на селу није знојила? Или је и тада са собом носала наоколо свој кишобран?

Покушала сам да објасним, завршавајући са:

Искрено да кажем, превише смо заузети да бисмо се бавили том бесмислицом. Превише је већ то што проводим по цео дан трчећи са састанка на састанак и на састанак и на састанак — на које великим делом стижем недовољно припремљена — да бих још и психоанализирала нашу дадиљу кад се вратим кући. Зар није право да на крају дана посветимо пажњу својој деци?

На шта је Габријела одговорила:

наравно. докопај се поново свог живота.

Одређивање места за столом сам те вечери препустила Карнегију, рекавши да морам да мислим на друге ствари — на пример, на иницијативу о диверзификацији радних места.

— Ако то хоћемо да укључимо у наше критеријуме за улагање, мораћемо да образложимо свој став — рекла сам.

КАРНЕГИ / Било је то исте вечери када је скинула поклопац са наше највеће шерпе и објавила: — Мој живот је превише кратак за ове будалаштине. Ја држим до свог времена и решила сам да га потрошим на нешто друго.

То је Габријела говорила из ње.

БЛОНДИ / Ипак сам тако и мислила.

КАРНЕГИ / Преузео сам на себе натезања са Лан. Почевши од следећег дана, у суботу ујутро, када сам Лан затекао на поду у кухињи како марљиво и самоиницијативно *ајаксом* риба нашу аутентичну мексичку циглу.

Гледао сам је са врата. Кретала ј се грациозно. Као да је играла слушкињу у балету — Пепељугу, која ће сваког тренутка подићи поглед и спазити своју добру вилу. Делом је то било због њеног држања, али делом и због начина на који је користила руке; није гурала подлактицом напред-назад као брисач на шофершајбни, него је замахивала целом руком, понекад чак целим горњим делом тела, у неком бришућем покрету који је почињао и завршавао се тако што би свом тежином села на пете. Како је само љупко склањала расуту косу иза бледих ушију. Чак је и сунђер цедила са неодољивом елеганцијом — држећи мале прсте у гуменим рукавицама високо подигнуте, као да у рукама држи старинску чинијицу за шећер. Влажни под око ње блистао се тако јако на јутарњем сунцу да јој је обасјавао лице када би се нагнула напред, окупана прозрачним сјајем. Никада не бих помислио да је тако нешто могуће у нашем свету дангуба из тржних центара. Како је била лепа! Нисам то до тада приметио; можда је само било у питању осветљење. Мада сам однедавно почео да примећујем да је други људи примећују. Да је постала привлачна чуварима прелаза, мајсторима, разносачима, чим је почела мало боље да се облачи. Да користи мало шминке. Изгледа да је урадила нешто да јој коса засија. Али мене је привукло нешто друго — неко обећање једноставности. Јасноћа. Чистота њене коже, природност њених покрета. Пожелео сам да је додирнем. Да јој узмем сунђер из руке; да је подигнем на оне њене ноге у гуменим чизмама. Није то био нагон који бих обично осетио са одраслим особама. Лан, међутим, као да је слала нарочите сигнале мојим ганглијама. Да ли је то било зато што је живела у мојој кући? Да ли ме је то што сам осећао колико је свакодневно блиска са децом — са мојом децом — навело да осетим неку врсту блискости преко посредника?

Прво ми је било да је зауставим. Јер, шта би Блонди рекла на то? И Лан, и мени. И нисам ли баш ја купио *ајакс*? Нисам ли ја онај пећински човек који је листом одбацио сва она дивна органска средства за чишћење сладуњавог мириса? Ко је и превише убедљиво тврдио да су домаћинства широм Америке успела да склоне тешка абразивна средства ван домашаја безобзирних рибача крхких порцеланских површина?

Али сада, два сата пре Вендине фудбалске утакмице (потурали смо јој фудбал као стратегију против стидљивости): *Voilà!* Са нашег пода је марљиво обрисана глазура.

Лан је подигла поглед у ишчекивању, лица озареног скромним поносом.

— Како само чисто изгледа под — рекао сам ја.

— Није још готово — рекла је она крећући у нови напад.

— Стани — рекао сам тихо. — Молим те. Мислим да си завршила.

— Наравно — рекла је тада она.

Поново је села на пете док је свуда унаоколо блистало. Раменом забацила расплетену косу на леђима. Није ни трепнула. Носила је плаву мајицу и жуте рукавице. А на ногама жуте каљаче, изгледа Лизине. Оне нису биле обичне жуте боје, попут рукавица, него фосфоресцентно жуте, какву су носили спасиоци на мору. У нашој кухињи боје земље оне су представљале технологију; ипак, њено природно достојанство није било ништа мање због тог естетичког судара. Са аристократском једноставношћу положила је шаке, дланова окренутих навише, на колена.

Нисам сматрао да сам несрећно ожењен. Али, док је она тамо клечала, ишчекујући даља упутства, знао сам да и Блонди нешто ишчекује. Да муж каквом се Блонди надала *ради такве луде ствари*. Да из мужа каквом се надала извире животна снага која ће засенити њене шашаве сестре. Како је само занимљив муж којем се она надала. Последњи пут када сам видео Дока Бејлија, питао ме је да ли планирам да довека останем у истом послу. Како да му кажем да ћу га заиста можда ускоро променити?

Шта они хоће од тебе?

По мерилима Бејлијевих, превише напорно сам радио.

Шта они хоће од тебе?

Био сам им досадан.

У ствари смо једни другима били досадни из ноћи у ноћ вадећи своје календаре и поредећи своје распореде. *Шта ми хоћемо?* питала је понекад Блонди. *Да ли уопште знамо шта хоћемо?*

Сада сам посматрао Ланину оборену главу. Глатку површину њеног голог врата.

Венди је утрчала вичући да ће се за Ноћ вештица прерушити у Велики зид. То је била промена плана; прво је намеравала да се преруши у тинејџера.

— Мислим, само један део — рекла је. Једна кула.

— Изванредна идеја! — рекла је Лан.

Њене руке покривене гумом су полетеле увис. Из тихе занесености сада као да се расцветала у слику и прилику подршке костиму за Ноћ вештица.

— Врло оригинално — сложио сам се ја. — Немој заборавити на најезду варвара.

Венди је преврнула очима, а у складу са њима и својим стопалима у сокницама, тако да су јој табани били окренути један према другом, а глежњеви додиривали под.

— У школи је неко такмичење? — питала је Лан.

Венди је климнула главом.

— Победићеш! — предсказала је Лан.

И ја сам засијао. Мада знам да би Блонди, да је била присутна, рекла *Живот се не врти око йобеђивања и ґубљења* — а наравно, ја сам се с тим слагао — ипак ми је било драго што видим да је Венди тако живахна. Што видим како је Лан наводи да се отвори.

— Наравно, људи ће можда помислити да сам стена — рекла је Венди.

— Нико неће мислити да си стена — рекао сам ја.

— Али, како ће знати? Како ће знати да сам ја Кинески зид, а не било који зид?

— Мораћеш да им кажеш.

— Елејн ће рећи да не сме да се каже.

— Ма ко је уопште та Елејн да те толико мучи? — рекао сам ја. — Реци јој нека иде дођавола.

Венди је оборила главу.

— Не могу — рекла је плачљиво и сво њено одушевљење је нестало. — Ти не разумеш.

Нос јој је подрхтавао као да ће почети да јеца.

— Извини — рекао сам тада ја. — Ваш отац просто не зна шта да каже, зар не? Не зна како да поступи. Није он као Лан. Он ништа не разуме.

— Тако је! Не разумеш!

— Наравно да зна како да поступи — рекла је Лан тешећи је.

— Не зна! — рекла је Венди. — Понаша се како он хоће!

И с тим речима је отишла, остављајући трагове на влажном поду. Лан ју је посматрала. Још на коленима — прелепа — гледала је трагове, што је био први знак који сам икада приметио да она свој рад сматра радом и да јој смета ако треба поново да га ради. До сада је изгледала као неисцрпан извор енергије који би могао да ради ствари и по два-три пута ако је потребно, само ако то није старање о кози.

— Ти знаш како да поступаш — рекао сам тихо.

— Не, не, не — рекла је Лан стискајући руке.

Пожелео сам да клекнем поред ње, па бих можда то и учинио да сам знао како да то изведем а да не изгубим равнотежу. Да сам могао да изгледам као светац заштитник циглара који је у последњем часу дошао да благослови малтер.

Међутим, сео сам.

— Лан — рекао сам.

Спустио сам лактове на колена и склопио руке. Оборио сам главу тако да сам био на истој висини као и она. Страховао сам да чак и на столици изгледам као пародија искрености.

— Лан.

Изговорио сам то готово шапатом. Пригушено, ужурбано.

Како је само јасно свака њена црна влас ницала из њене бледе коже на глави. Како је дивно свака стајала за себе, чак и када би се спајале у пуко мноштво јаких власи. И како су само блистале на јутарњем светлу; нисам могао да поверујем како су нескривено блистале.

— Не мораш да — како се каже — шапућеш — узвратила ми је она шапатом.

— Наравно да не морам — уздахнуо сам.

Онда се она насмејала љупким, звонким, тихим смехом у којем је било некакве присности. Није се насмејала на сав глас, да свако може да је чује. Била је то нека врста глуме посебно намењене једној особи. *Теби*, као да је говорила. *Теби*. *Теби*.

И ја сам глумио, наравно, и то на много начина. Ипак, то није било намењено никоме посебно; Венди је била у праву. Где је моје друштво, ко је моја публика? Што се тиче Блонди, зар и она није и даље, после свих ових година, глумила за своју породицу?

Теби, као да је говорила Лан. *Теби*.

— Лан.

— Молим?

— Молим те, устани.

Она је скочила, са све сунђером у руци.

Тада сам устао и ја, како ми њене груди не би стајале у висини очију. На њеној плавој мајици писало је ЛАНДЕРОВ

УМЕТНИЧКИ МАТЕРИЈАЛ, јарко црвеним словима. Лизи ју јој је дала, како ми је изгледало.

— Хтео сам са тобом да поразговарам око вечере — рекао сам. Глас ми је био готово нормалан, али не баш сасвим нормалан.

Посматрао сам оно место на њеној коси, са стране, и поново, мноштво црних власи које се одлучно дижу право из корена. Било је неколико длака које су прешле на другу страну, длака које су припадале левој страни главе, али су некако пале на десну. Како ми је било тешко да не ухватим те власи и пребацим их на другу страну. Како су само тражиле да буду намештене. И она би помислила исто, знао сам, само да је могла да их види. Племенито сам успео да задржим руку. Али, када је окренула главу, благо сам дунуо у немирну косу и неколико краћих длака пребацио на своје место.

Она ме је погледала, нимало изненађена. Као да је све време веровала да иза позорнице наших живота постоји оно што је иза позорнице; као да је чекала да сазна којим се путем тамо стиже.

ЛАН / *Коначно сам била у кући. Сви знају да у Америци девојке уопште немају морала. Како очекивати од мушкараца да буду бољи?*

КАРНЕГИ / — Хоћу да разговарам са тобом — рекао сам. — О томе што не постављаш за себе за столом када треба да вечерамо.

Она је устукнула један корак. Али само један; као да је желела да побегне, али је ипак била кадра да размисли како да се постави. Цедила је свој природни сунђер у кофицу од рециклиране пластике, предомишљајући се.

Кап. Кап.

Да побегне или да остане?

Обузео ме је необјашњиви мир.

— Опрости ми — рекао сам.

— Молим?

— Извини што то тражим од тебе — рекао сам. — Али, да ли би, молим те, била љубазна да убудуће постављаш и за себе. За столом. За вечеру.

Она није рекла ништа.

Онда сам је питао, изненадивши и самог себе: — Да ли ћеш полагати ТОЕФЕЛ тест?

Ако ју је збунила промена теме, није то уопште показала. Тест енглеског као страног језика? Одмахнула је главом. Као да је знала да ћемо повести овај разговор; као да смо обоје то знали.

— Зашто?

— Зато што ми ништа не користи.

— Никада нећеш ићи на колеџ.

Она је климнула главом.

— Али можда би могла да идеш на колеџ. Да ли би га тада полагала?

— Знаш ли ти колико ја имам година?

— Ниси толико стара.

Тишина.

— Овде у Америци има људи који поново иду у школу у шездесетој години — рекао сам. Ништа не могу да обећам. Али, ко зна.

— Да ли бих добила диплому?

Пребацила је тежину; кишне чизме су јој зашкрипале на влажном поду. Изненађујуће ведар звук, као да је некако у складу са бојом.

— Морао бих да разговарам са Блонди — рекао сам.

ЛАН / *Како сам само срећна била, а ипак и врло несрећна. Јер, чак и када бих могла да добијем диплому — диплому! — било је прекасно. Жене у Кини одлазиле су у пензију у педесетој, најкасније у педесет и петој. Ко би запослио некога као што сам ја?*

Толико је много shi qu hui — изгубљених прилика — у човековом животу.

КАРНЕГИ / Погледала је у кофу. Читала своју судбину, како је изгледало, из сапунице. Цедила је груби сунђер.

— Зашто сам ја овде? — питала је на крају, очију пуних суза. — Зашто ми помажете?

Објаснио сам јој мајчин тестамент.

Гурнула је свој палац у рукавици у један од кратера на сунђеру, а затим упитала: — Али, зашто је твоја мајка хтела да ја овде дођем?

Размишљао сам.

— Претпостављам да је желела да породица постане више кинеска. Налик њој. Желела је да будемо Вонгови.

Гледали смо једно друго у води која се мрешкала. Мада смо стајали на извесној удаљености, наши одрази као да су се додиривали.

Испустила је сунђер у воду. Онда је полако и намерно, још зурећи у воду, почела је да скида рукавице, прст по прст. Ја сам посматрао. Прва рукавица коју је испустила у наше одразе уз благ узнемирујући пљусак. Тако је нашу слику заменила плутајућа одсечена рука која је весело поскакивала поред сунђера.

Другу рукавицу пружила је мени.

Те ноћи, чудо над чудима, Лан је поставила за себе. Видео сам да то ради и намигнуо јој — колико зато да сам осетим да знам шта сам почео, толико и због свега другог. Ако сам уопште нешто почео.

— Поставила је за себе — чудила се Блонди после вечере док је пунила машину за судове.

— Како ти се то чини — рекао сам ја.

Помогао сам јој да расклони сто.

— Јеси ли разговарао са њом?

— Зашто питаш?

— Па, поставила је за себе, и кад сам је питала зашто данас, рекла ми је да си јој ти тако рекао.

— И јесам.

Уз тресак сам оставио последњу гомилу тањира на радну површину.

— Али ниси хтео да ми кажеш да си јој рекао — рекла је Блонди. — Хтео си да ме пустиш да мислим да је сама тако одлучила. Осим тога, разговарао си са њом, а знао си да сам ја већ то учинила.

Блонди је говорила више уморним него свађалачким тоном. Нећу ни да чујем за бесмислице, а опет, некако благо и добродушно.

— А ти си мене питала да ли сам разговарао или нисам, а већ си знала да јесам — рекао сам ја. — Искушавала си ме.

— Хтео си да видиш имаш ли утицаја на њу. Имаш ли над њом моћ коју ја немам.

Сипала је детерџент у одељак за детерџент, затим притиснула дугме за штедњу енергије. Машина се, поуздана, укључила.

Тада сам се загледао у њу, моју жену. Данас је носила хаљину на преклоп и, што је било неуобичајено, тиркизну огрлицу. Био је то некакав експеримент, претпоставио сам. Желела је да види како ће се осећати са тиме, дозволио сам могућност. Колико је отворена за изненађења. Мама Вонг би се насмејала.

Заборави на унутрашњу истину. Знаш ли у чему је живот? Живот је у останку. То је то.

— Не знам да ли је то неистина — рекао сам. — Али не знам ни да сам хтео да имам утицаја на њу. Ако сазнам, рећи ћу ти.

— Хвала ти — рекла је само.

— Желео сам да Лан престане да риба под — рекао сам. — То сам знао. Жао ми је због пода. Користила је ајакс.

— Да пере под?

— Бацио сам га.

Блонди је стиснула углове усана. Машина за судове је звецкала.

— Приметила сам да плочице изгледају мутне — рекла је.

— Можда можемо да их угланцамо?

Нисам баш знао да ли ико више викса подове; моје последње искуство са виксањем пода укључивало је справу са две обртне главе и снажним мирисом, у кући неког мог друга, у првом или другом разреду. Ипак сам то поменуо, зато што је делотворно испаштање у нашем домаћинству морало да има практичну страну.

— Можда — уздахнула је. — Имамо козу која нам уништава травњак. Имамо Лан да нам уништава под. Ето шта значи имати такве ствари. Одакле онај видео?

— Ископао сам га са тавана — одговорио сам искрено. — Да би Лан могла да гледа филмове. А оно је мој стари телевизор, са факултета. Прикључио сам га због ње.

— Врло си услужан — рекла је Блонди.

Моје покајање као да је није дирнуло.

— Такође сам наговестио да бисмо могли да размислимо о томе да она пође на колец. Да би стекла диплому.

— Баш занимљиво — рекла је Блонди — што си покренуо то питање а да мене ниси питао.

— Извини. Пусти ме бар да кажем да је све то било без икаквог размишљања. Ако то представља олакшавајућу околност.

— Као што је говорила моја мајка, како је то занимљиво!

Говорила је ствари које је говорила њена мајка на начин на који их је изговарала њена мајка, реско. Са наглашеном уздржаношћу. Али тренутак касније опет је била стара Блонди: озбиљна и, мада то не би признала, потресена. Прекрстила је руке, играла се огрлицом.

— Часна извиђачка — рекао сам ја. — Било је то тренутно надахнуће.

И уз те речи, обгрлио сам је око струка, нашао крај појаса на њеној хаљини на преклоп и повукао.

— Карнеги! — рекла је. — Стварно!

Али, пошла је за мном у спаваћу собу, и сама скинула огрлицу и пажљиво је ставила на ноћни сточић, док су јој се леђа извијала и хаљина падала, дисање јој постајало јецаво, попут мојег, од забринутости и жеље. Тада нам се учинило да је светлост превише јака — тако нешто. И да ли је то

Бејли? Проверили смо; када смо се вратили, кревет је био хладан.

Али, тренутак касније били смо стари брачни пар који мори досада због удобности, па их онда више не мори досада, ми, па ми, па ми.

8
Карнеги узима слободан дан

БЛОНДИ / Сви су се чудили када сам затруднела у четрдесет и трећој години. Без ичије помоћи, казали су лекари.

КАРНЕГИ / Мада, извините, али се ја уопште нисам слагао са њима.

БЛОНДИ / Нико се није усуђивао да се нада да ће пиштање на ултразвуку једнога дана постати очи и уши и нос; нисам хтела да купујем трудничку одећу. Јер, какве су биле шансе да изнесем трудноћу? У мојим годинама. Са мојом здравственом историјом. Ипак, била сам све већа и већа — запањила сам саму себе. Да ли је то друго биће одувек било скривено у мом бићу? И да ли је било још таквих бића осим овога, скривених наочиглед? Како је случајно почело да се осећа моје старо биће, како делимично. Како пуно незнања.

На часу уметности, Венди је направила скулптуру од пластелина која је представљала мене подбочену, као да имам пилећа крилца; смејала сам се. Јер, то сам заиста била ја, при крају нисам скидала руке са крста, због равнотеже. Лизи ме је прозвала Мама Брдо. Под Карнегијевом диригентском палицом, певали су ми успаванке пред спавање. *Лепо сањај, мамице — око струка сармице / Само лези и спавај — и даље си за нас нај...* Сваке вечери певали су ми нове стихове. *Људи моји!* рекла бих обично. Срећна што могу да се смејем, ако не и да спавам — јер није било ниједног положаја за спавање, ниједног облика јастука који ми је одговарао. А преко дана: — *Да ли неко требa да иде у купатило пре него што кренемо?* — питала би Венди пре него што бисмо ушли у кола. Онда би се придружила Лизи: — *Могло би много да прође док се поново не зауставимо.*

По врућини нисам имала обичај да размишљам ни о чему другом осим како да се нацртам испред еркондишна. И како сам само седела! Са раширеним ногама, као кошаркаш послат на клупу.

КАРНЕГИ / Само, у који би дрес могла да уђе? И какав би то играч била? Са лоптом заглављеном у крилу.

По туђим саветима (пошто је светлокоса жена склона компликацијама) покушавала је да очврсне брадавице ради дојења тако што их је углавном обликовала оштрим рукавицама за купање од конопље и овсеним купкама. Понудио сам се да јој помогнем, наравно; али како сам се само збунио када су од мог трљања почеле да цуре. А било је чудно и кад би ме само послала напоље шљепивши ме. Забранила ми је употребу млечног бара.

БЛОНДИ / Девети месец дошао је и прошао.

КАРНЕГИ / На срећу, пошто сам и ја на послу био у деветом месецу трудноће. Та моја беба била је промоција сервера за обраду докумената која је, као и Блондина беба, каснила. Из маркетинга су свакодневно вриштали и вриштали, наводно људи из развоја не схватају колико је важна синхронизација. Као да и нама није било стало да производ коначно буде промовисан.

Заиста, то су били близанци.

БЛОНДИ / Десети месец донео је прегледе ултразвуком, тестове стреса, приче о изазивању порођаја. И онда се одједном све десило — дисање, приче о царском резу — моје године, моје године — али на крају, ипак епизиотомија — осетила сам је под руком, како излази глава — коса!

КАРНЕГИ / Дечак!
— Право испод чекића — рекла је акушерка држећи га усправно ради посетилаца.
Како сам само лудо срећан био што у породици имам још једног куроњу.

БЛОНДИ / Дечак. Били смо пресрећни што то чујемо. Али та чињеница је избледела пред чињеницом да најпре није био ту, а затим се појавио! То чудно, плачљиво створење, лепљиво-крваво-златасто, да га накратко узмем у наручје — гледај, већ гура носићем! Већ хоће да сиса!

КАРНЕГИ / Али, најпре: прање. Како је само умео да буде у додиру са својим бесом, наш мали мушкарац! И оно плакање целим телом. И како су му дирљиви прсти на ногама — раширени као паоци на точку, рекао бих, само што нису личили на паоке. Танушни у корену и лоптасти на врху, попут прстију жабе гаталинке. Да је су њих извириле некакве сисаљке, не бих био сасвим изненађен.
И наравно, ти прсти су били само део пакета који је имао и дубље привлачности у себи. Уопште није било потребно бити жена опијена хормонима да би се истога часа осетила везаност за њега, као да нам се однекуд вратио. За његове прсте, глежњеве, колена тога бића. Његове ноздрве, трепавице, нокте на рукама. Његов мали уд.

БЛОНДИ / А сада, постпорођајни тренутак.
— Право испод чекића — поновила је акушерка.

Затим није рекла више ништа. Ако се осмехивала, није се видело, зато што је носила хируршку маску. Наравно, и коса јој је била покривена оном плавом капицом за туширање какву носе лекари.

Није нам честитала, ни рекла да је диван.

Право испод чекића.

Срце ми је ипак нарасло када сам у колевку положила ово сада наше дете — како је само зверао на све стране! Гледао и гледао, у све. После онако велике трудноће, овако изненађујуће мало људско биће.

— Где си? Налазиш се на свету — рекла сам му. — Добродошао. Добродошао.

Спустила сам му руку преко очију, штитећи га од прејаког светла. И наравно, то му се свиђало — широм је отварао очи.

Карнеги је направио већи штитник својим рукама.

— Здраво, малиша — шапутао је. — Ја сам твој капетан. Ово је планета Земља.

Ипак, усред свег тог срећног исказивања добродошлице, приметила сам. Ћутање. Лекара, болничарки. Не би ми пало на памет да дигнем поглед да није било тог ћутања.

Али погледала сам. И тако сам видела да су они, зачудо, сву пажњу усмерили на Карнегија.

КАРНЕГИ / Између маски и шушкавих капица очи су им биле буљаве, личили су на неку егзотичну врсту крабе. Читали су ме као што сам и ја читао њихова нагађања, а то је да ја нисам нужно морао бити Бејлијев отац. Да ли сам могао, на лицу места, у њиховој сали за порођаје, пред њиховим очима, осетити дубоку сумњу? Заиста, као да су се надали, јадне душе које су се досађивале, да ће доживети неки тренутак сапунске опере. Колико би им само драго било да сам на лицу места оптужио своју жену. Дрољо! Да сам је ошамарио и она се расплакала и бранила се, грлећи своју невину бебу.

Било ми је жао што сам морао да разочарам љубопитљиве професионалце. Да их оставим само са пуким чудом живота.

Истовремено: како су само маштовита дела биологије!
— Нећу ни да питам — шапнуо сам Блонди.
— Шта да питаш?

И све то зато што мој син — а био сам уверен да сам га зачео ја лично — није био само светле пути. Није био од оне смеђокосе, нешто-између деце каква се свуда виђају у наше време. Ово дете — моје дете — било је плаво-плаво. Био је то светли, калајисани, ни-цар-Мида-га-не-би-плављег-направио плавушан.

А тек његове очи: плаве као у Богородице.
— Шта да питаш? — рекла је Блонди; мада је касније и она признала да се изненадила.

Добро је што сам присуствовао порођају. Да су ово биле педесете, могао сам да полетим код адвоката и да повичем *нешто су ми подметнули у Породилишту!*

Међутим, Блонди и ја смо постали брачно нетрпељиви према акушерки. Она чак није ни била наш лекар, него члан групе акушера у којој су лекари једни друге покривали. На вечерама са пријатељима доводили смо у питање такву праксу. Кад тамо, гле, на задњици, на врху његове слатке гузе — зар оно није монголска пега? Бледа плавкасто-модрикаста неправилна сенка, доказ азијатских гена.

Или се бар тако причало на Интернету, у чет-руму који сам нашао на ту тему.

БЛОНДИ / У књигама пише да је мушкарцима теже него женама када је реч о успостављању веза са децом која не личе на њих. Али, Карнегију је добро ишло. Није осетио олакшање што је Бејли ипак имао смеђе очи попут њега. Нити му је сметало што је остао светлокос током године, а лети чак постајао плавокос. Карнеги није био ожалошћен што Бејли има бледу кожу попут моје, мада савршено глатку, попут Карнегијеве.

На први поглед, људи су помишљали да је Бејли бео. Питали су Карнегија да ли је Бејли његов.

КАРНЕГИ / Не, рекао бих им ја, само смо га унајмили.

БЛОНДИ / Наравно, таква питања постављају се само до неке године. Знала сам то зато што су и мени постављали исто питање док сам се шетала са девојчицама — да ли су моје, и тако даље.

КАРНЕГИ / То је ишло заједно са оним, *Ох, види како су слатке! Зар нису као лутке?* И: *Ох, каква дивна глатка црна коса!*
Није ни чудо што се Лизи офарбала.

БЛОНДИ / Ипак, Карнеги је мислио да Бејли личи на њега. Скретао је пажњу на Бејлијеве очи. Зар нису биле мало косе?

КАРНЕГИ / И његов нос. Није био раван као неки, али ипак: зар није изгледао као да је налетео на врата?

БЛОНДИ / У ствари, наша беба је добила име Елисон. Елисон Бејли Вонг. Али, звали смо га Бејли, по мојој породици, и то је било савршено у реду. Више него у реду, у ствари. Овде у овим прозрачнијим пределима могу да признам да ми је то било драже него да кажем да су Карнегијеви гени прогутали моје. Претпостављала сам да ће се на крају тако некако и десити — да ће тамно преовладати над светлим. Разумна претпоставка, када се има у виду оно што сам научила из кутија са бојама и маркера.

Али то није било тачно — била сам изненађена колико ми је значило што моја крв, моја страна, ја лично нисам преплављена.

Неко би рекао да је поента узгајања деце наравно стварање реплике самог себе. Како је само безнадежно идеалистички замишљати да љубав и вредности могу бити важнији од гена! Али ја искрено јесам тако мислила. Искрено сам жалила што у овом детету наилазим на нову врсту искуства.

А ипак, ипак. То што сам држала у руци његови меку лобању док је излазила из мог тела; то што сам осећала како сиса моју дојку; то што сам осећала бол када је њега болело, што сам спавала када је и он спавао. Како смо сједињени били! Никада нисам доживела ништа слично.

На њега сам гледала другачије него на девојчице. Можда бих у сваком случају њега јасније видела, пошто сам већ гледала другу децу како расту — пошто сам имала више искуства. Пошто сам боље разумела његове потребе, на пример, увиђала сам како, већ са четири-пет месеци, одгурује друге од мојих груди — било је то нешто што можда не бих приметила код Лизи и Венди чак и да сам их дојила.

Али, посматрала сам Бејлија и тражећи комадиће Карнегија и мене и наших породица — то је било нешто ново. Изгледао је као ја. Имао је искошене очи попут Карнегија, и пљоснат нос, и савршене уши. Од рођења је, међутим, имао моју светлу косу и, неко време, моје плаве очи — ствари које су ми некако биле важније. Био је леворук попут мог оца и, попут мог оца, од рођења плови пуним једрима. Што сам га више гледала, то сам више делића мојих баке и деке и мојих родитеља и све моје браће и сестара видела у њему.

Наравно, био је он и Карнегијев син, нико на то није заборављао. И девојчице смо и даље бескрајно волели.

КАРНЕГИ / Већином људи нису примећивали да је мешанац. Они који би приметили, међутим, тргли би се, бар неки од њих. Помислили да то нешто значи. Али шта?

Будућности, већином би рекли, претпостављам, и то би био најљубазнији начин да изразе своје мисли.

Нико осим мене не би рекао, *Прошлости која нестаје*.

Радовао сам се што ћу са Бејлијем моћи да радим ствари које раде дечаци. Да зидам тврђаве. Да играм баскет. Да навијам за Ред Соксе. Бринуо сам због уобичајених ствари. Да не постане дилер дроге. Мамлаз. Пијаница.

Али, бринуо сам се и да се не ожени белом женом, као његов отац. Бринуо сам се да нико у сали за порођаје не би чак ни био запрепашћен ако би његово дете било плавокосо.

БЛОНДИ / Била сам најприснија с њим зато што ми је он то допуштао, и зато што је он деловао најрањивије од све наше деце. Девојчице су већ добиле свој део нежељене пажње. Али у Бејлија су људи зурили, испод ока — као да је једно ако си неки Азијат, као Лизи, а нешто сасвим друго ако си бео.

— Ето шта се дешава — рекла је госпођа на шеталишту својој пријатељици. — Кажем ти.

А наш драги комшија Мичел је једнога дана рекао: — Кад погледам тог дечака, могу само да помислим, да ли је то ново лице Америке?

КАРНЕГИ / Тако је говорио Мич са Блонди. Мени је рекао: — Мој брат Ник је решио да добије дете као ово твоје, чекај само, па ћеш видети. Хоћеш да се кладиш да нека од његових кинеских луткица неће да затрудни првом приликом?

БЛОНДИ / Кога је брига шта људи причају? За мене је он био Бејли — на толико начина Бејли — мој Бејли. Наш једини Бејли. Зар сам погрешила што сам хтела да остане такав?

КАРНЕГИ / Како би сад у летњиковцу могло да буде проблема? Са новом бебом у кући, којој још није отпала пупчана врпца. И немојмо заборавити и оно новорођенче на послу, међутим, са ништа мање компликација. Јер, коначно смо послали сервер, а наши највећи и најгори клијенти су пронашли баг.

Зар не би остатак света могао бити тако љубазан па да мало застане?

Али у летњиковцу су заиста искрсли проблеми, аларм се укључивао тако често да је локална полиција почела да се жали.

— Морамо о целој области да се бринемо — рекао је наредник Рајли. — Нисмо ми ваше лично обезбеђење.

И још: — Ми људи са села не волимо баш много аларме.

Све ово сам испричао Блонди док је дојила. Она се љуљала у љуљашци, полуодевена, срећна, Бејлија држи са здраве стране, насупрот страни на којој јој је брадавица напукла. На крилу је држала нарочити јастук у облику кости на којем је он лежао, са капицом, у стању усхићења.

— Чини ми се да треба да учинимо нешто у вези са тим твојим алармом — рекла је.

Са тим мојим алармом. Аларм је неоспорно био моја идеја, мој одговор на још једног кућепазитеља који је љубазно дао отказ прошле године.

БЛОНДИ / Годинама пре тога, имали смо Ларија, љубазног момка са кварним зубима који се никада није ни на шта жалио. Али када је он умро, посао је преузео његов син Били. Плаћали смо му више него што смо плаћали његовом тати. Ипак, он је био мање задовољан, можда зато што је неколико година ишао на колеџ — живео је у граду, стекао неке представе. Излуђивали смо га. Ако бисмо од њега тражили да отвори колибе током сезоне, а онда уопште не бисмо дошли, на пример — то га је излуђивало. Чак и ако бисмо му платили додатно тога што их је отварао, и додатно због тога што је морао да их затвори, он се љутио.

КАРНЕГИ / Говорио је да му траћимо време. Говорио је да, чак и да уопште није имао паметнија посла, није волео да се његово време траћи. Рекао је да радити за нас представља само дефиницију срања од посла.

БЛОНДИ / Није волео што треба да се брине о плажи. Пошто је то био већи посао, понудили смо му више пара; али и то га је љутило.

КАРНЕГИ / Рекао је да је он кућепазитељ, а не чувар. Рекао је да се осећа као курва, пошто је плаћен више него други кућепазитељи. Није их било превише на нашем језеру, али их је било на другим језерима. Рекао је да се и људи према њему понашају као према курви. Питају га, на пример, зашто ради за породицу која мора толико да плаћа, ако га нису купили.

БЛОНДИ / Мислили смо да су људи можда љубоморни. А можда су и били. Када је ипак дао отказ, рекао је да нико у месту неће хтети да ради код нас, и нико није ни хтео. Зар је радити за нас некако изгледало као да се ради за ђавола? Или је Билијев посао некако ипак остао Билијев посао — посао који су се други људи прибојавали да прихвате док он не каже? Никада то нисмо сазнали.

И како је тада наша плажа постала градска плажа? Ни то никада нисмо сазнали. Да ли би се то свакако десило? Или је Били дозволио да се деси? Били је био застрашујући момак — крупан, тетовиран. Нисмо хтели њега да узмемо, али када је Лари био на самрти, преклињао нас је да узмемо Билија.

— Псећи је ово живот — рекао је — али је ипак живот.

И нас је та опаска толико узнемирила да смо му обећали не само да ћемо узети Билија, него и да ћемо га послати у школу ако жели. И послали смо га. Били је био паметан момак, активан у студентским удружењима. Охрабривали смо га да заврши студије и да се пресели некуда где има више посла. Али он се вратио — рекао је да не може нико да му плати да остави земљу свога оца, и ако ми мислимо да је све наша имовина, варамо се.

КАРНЕГИ / Поставили смо знакове ПРИВАТАН ПОСЕД. Подигли капију на крају прилазног пута, смејурија.

БЛОНДИ / Карнегијев аларм нам је барем омогућио да неколико месеци будемо мирни када је у питању главна колиба.

Сада је, међутим, неко почео да се поиграва с њим. Како је изгледало, није било провале, како је рекла полиција, мада, ко зна. Можда су се то просто мештани забављали.

КАРНЕГИ / — Аларм је одраз поседничког схватања територије — рекла је Блонди. — Схватања које људе дели на ми и они.

— Да сам ја на њиховом месту — рекла је — и ја бих се увредила.

— Не кажем да је то била погрешна одлука — рекла је. — Само кажем да схватам како они гледају на то.

Ако им помогнеш, мислиш да ће ти рећи хвала?

Дошао сам у искушење да јој скренем пажњу како њена браћа и сестре и даље полажу право на то место, с времена на време, кад им одговара. Да су тамо оставили своје ствари, да свако од њих има кључ, мада о одржавању треба да се бринем само ја. Али, она је тако дивно дојила; гледао сам како Бејли полако прелази из најпрождрљивијег сисања у најдубљи сан. Капица му се подигла, али је задржала облик његове лобање.

— Неко треба да оде горе — рекла је Блонди.

— Не знам да ли си свесна — рекао сам ја — али сервер има баг. Морам стално да будем у контакту са Рут, са Хсиаом, са клијентом, са менаџером. Да одржавам везу с неким људима, знаш већ. Не би било добро за мене да одем некуда где чак мобилни није у домету. Да кућни телефон ради, то би била друга прича. Али, пошто не ради, не могу да идем.

То су били моји разлози.

Блонди се само љуљала. На поду је био нов дебео тепих, морски зелене боје; Блонди није хтела да од првог дана почне са поделом на полове. Такође, при дну зидова налазила се слика призора са плаже, са столицама и раковима и шкољкама; на горњим деловима зидова и на таваници, било је плаво небо. Облаци. Бејлијева колевка је била као брод који је плутао у свему томе. Сточић за пресвлачење био је као чамац за спасавање.

— Молим те, рекла је.

Љуљала се и љуљала, као да је на таласима. Тамо, на њиховом личном мору. Како је он био мали, комадић бродске крхотине. Пробијао сам се кроз воду да га пољубим, вративши његову малу капу на његову малу главу.

И када сам кренуо, дизање и спуштање се наставило, дизање и спуштање. Светлуцање као на светионику: светло, светло, светло.

Слободан дан! Слободан дан!

Док сам напуштао град, заиста сам тако и мислио. Први сам био спреман да признам да имам комплекс, да сам човек који је побркао дан за обављање личних послова са злочином. Али, највише сам мислио, Бејли, Блонди. Девојчице. Имам ли мапу? Да ли ми треба? Мислио сам и на наш покварени радио-касетофон, и како очигледно нисмо сматрали да је његова поправка довољно важан приоритет.

Саобраћај је био посебан круг пакла. Да је Данте могао да ажурира свој текст са онога света, то би му свакако био материјал: ваздух који се ваља у таласима, издувни гасови, прашина са грађевина, врућина. Стани-крени, стани-крени, стани-крени. Рад кочницом долази до изражаја, помислио сам. А тек бука! На крају сам укључио еркондишн. Зашто сам уопште чекао? Из заблуделе мазохистичке бриге за озон.

Али, у сваком случају, укључио сам га, колико зато да бих смањио буку, толико и зато да бих расхладио кола. И зато да бих тражио да се извуче ваздух из оних бетонских преграда постављених дуж сваке траке; и иза њих, гола шеталишта. Да ли су Оснивачи града могли да предвиде овако нешто? Да ће тежња ка богатству добити облик јефтиних ресторана, са великим биковима који као Тројански коњи стоје испред њих и кезе се?

Колико сам већ био далеко од куће — од света пумпица за груди и грудњака за дојење и крема за скидање стрија. Јер и поред свег трљања грубом рукавицом и овсеном кашом, Блондина лева брадавица је још пуцала; нека се Габријела побрине за ту невољу уз помоћ креме коју су ветеринари користили на крављим вименима. Која се куповала у зеленим конзервама на којима је са стране блистала пресрећна крава окружена црвеним ружама. Ко зна да ли људи то уопште смеју да користе. У међувремену, млеко је било крваво; Бејлију као да то није сметало, али Блонди је морала да ради вежбе дисања као да се још порађа. Удахни, издахни. Да савија прсте на ногама, да гледа на сат. Наравно да ће се појавити психичке последице, цепање на добру дојку и лошу дојку. Али повезивање, колико је само оно добијало. Лига за природно дојење је рекла да никада нису видели бебу тако савршено кадру да се припије уз мајку од првог дана. Чак и пре него што је Блонди уопште имала млека, чак и када су јој дојке биле зачепљене, као две лопте за куглање, он се припијао уз њу, припијао. Мој син, најбоље дојенче у породилишту! Колико сам већ тада био поносан, како сам само био убеђен да то доказује црте стабилне личности које ће му касније бити од користи. Нисам то прочитао ни у једној од књига о бебама, али чак и док сам седео заглављен у саобраћајној гужви, знао сам да је то истина. Било је то предсказање великих ствари. Назовимо то мојом личном теоријом о великим људима.

Поправљање кочница у ово време може да кошта и по шесто долара; збиља, то натера човека на размишљање.

Наравно да су девојке љубоморне. Како да не буду? Блонди је покушавала да им помогне да преброде своје, шта год то било, а ја сам само успевао да кажем, *Па, живот није фер.* То је Блонди доводило до лудила. *Заборављаш, заборављаш, говорила ми је, да је тераш право у наручје оног успаљеног Дерека.* Кога смо једне вечери затекли како се љубака са Лизи у грозно разодевеном стању. Иначе је био фини дечко, али ипак: да ли је дошло време да се купује сачмара?

А опет, зар и ја некада нисам био напаљена звер, шта је све било са оном Естер Како-се-зваше? Била је то прва девојка која је трљала вулву о моју мушкост на плесном подијуму. Шта год да је Лизи радила, надам се да није трљала вулву о њега. *У овој породици остављамо кладе да спавају као кладе.*

Сачмара, сачмара.

А када се Блонди враћа на посао?

Ах, коначно, целе две траке између којих могу да бирам. Могу да возим једном, да размишљам хоћу ли прећи у другу, и да се осећам слободан.

Баш ми је жао што Мама Вонг нема појма да Бејли постоји. Покушао сам да јој кажем:

— *Твој унук, мама. Твој унук.*

— *Зовемо га Бејли, али он је Вонг, знаш. До краја живота ће остати Вонг.*

— *Наследник Вонгових, макар и овако плавокос.*

Али, она је само шкргутала зубима.

Наравно, шта би она рекла да ме је разумела: *Шта му је то са косом? Шта му је са очима? То дете вам је блентаво.*

Посао. Док сам још у домету, позвао сам канцеларију. Шта? Већ су пронашли баг и већ га отклањају?

— Добро. Сјајно! Да, да, реците то Маркетингу.

Значи, ипак ништа не мари што ћу отићи из града; Блонди је била у праву.

Тако ми је драго, душо. Да ли то значи да ћеш преживети свој слободан дан?

Дрвеће.

Одмориште.

Да ли је требало да се оженим Блонди?

Дрвеће.

А шта тек да кажем за Мичеловог брата Ника? Хоће да кренемо у заједнички посао, хоће да прави неки — шта? Софтвер за обраду докумената; свеобухватну базу података за веб-сервере, тако нешто. Само треба да имамо лак приступ огромним могућностима које су, у ствари, створили судови и Конгрес; као на тањиру, нека мало и нама гране сунце, јел' тако? Он ће да ради маркетинг, ја ћу да радим развој, Ник зна неког улагача. Кључна ствар је у томе да се представиш као да си ван сваке приче, мораш понешто да научиш од оне дечурлије која нема појма шта је прави посао. Јер, гледај колико се то исплати! Убеђују људе да су незналице, нова лица, управни одбори падају на гаће које им вире испод панталона на којима им виси тур, као скејтерима. Мислиш да би им неко дао пребијене паре да носе праве панталоне?

То цитирам Ника, и док сам возио ка држави Мејн, готово да сам могао да замислим себе у канцеларији на последњем спрату. Да поседујем сав онај хаос. Да поседујем оне фабричке прозоре. Да поседујем привремене поделе и полуобрисане беле табле; да поседујем оне гомиле залиха брзе хране, и слушалице за једнократну употребу, и душеке у заједничким просторијама за вежбање. Био сам млад, носио сам смешне панталоне, доње рубље ми је извиривало напоље. Никад се ни за шта нисам бринуо. Јер, ја сам био будућност! Будућност је била моја! Креативност! Револуција! Неуобичајени начин размишљања! Све је моје!

Дрвеће.

Улазио сам у државу Мејн.

Дрвеће.

Образовање на даљину, тиме се Ник сада бавио, енглески као други језик. Што је значило да је свако наше састајање почињало фотографијама. Урадио сам ово, урадио сам оно. Наравно да је путовао у друге земље, али заиста се ништа не може упоредити с Кином. Мислио је да ће ме то посебно занимати. Ово је Шангај, ово је Ксијамен.

Такве девојке никада ниси видео. Ти у ствари уопште и ниси живео. Зар нису прелепе?

Дрвеће.
Мртав сам озбиљан.
Дрвеће.
Осећао би се као код куће.
Дрвеће.
Све хоће да раде.
Могу ли заиста да поднесем да уђем у посао са Ником?
Стварно ништа ниси доживео.
Нога ми се уморила на папучици. Руке су ми се умориле на волану. Леђа су ми се уморила у седишту.

Сунце извлачи своју дугачку ногу из сувозачевог прозора, полако.

Колико је путовање дуже кад сам сам. Дуже од било којег авионског лета, где су око тебе ипак и други сапутници, и постоје одређене ствари које су извесне. Одакле полазиш, куда си кренуо, колико километара на сат, па можеш да процениш у колико сати ћеш слетети, ако искључиш временске прилике. Колико дуго може да ради акумулатор у компјутеру. Нема расејаности током које би непродуктивни закључци могли да ти се увуку у главу.

На пример: *Моја мајка је целог живота диринчила да би могла сама себи да плати боравак у Панорами.*

Целог живота диринчила.

Дрвеће.

Када сам први пут био у Мејну са Блонди, њена браћа су ме чикала да препливам рибњак — технички, то је био велики рибњак, то јест, практично језеро. И наравно, ја сам пристао, нисам могао ништа друго осим да пристанем. Јер, у сваком случају, шта је то, два километра. И раније сам ја препливавао по два километра, свакако. И тако сам се бацио у воду. Али, на пола пута се дигао ветар — изненадни канадски угођај — површина се све чудовишније узбуркавала, тако да сам на крају једва могао да видим преко таласа. Која је супротна страна? На копну је то савршено јасно; али сада је рибњак изгледао као савршен круг. Наочаре за пливање су ми се замаглиле, али нисам могао да их скинем — због контактних сочива — таласићи су постајали прави таласи; у ствари, огромни таласи. Када сам схватио да не пливам право — да пливајући краул вучем улево? Шта бих само тада дао за обележену стазу! За неки фини најлонски конопац за који би у размацима биле прикачене бове. Да ли сам заиста пливао, као што ми се чинило, у полукруг? Покушао сам то да надокнадим, скрећући удесно, затим прешао на прсно пливање, мада сам једва и знао да пливам прсно. Зато да бих могао да видим. Не, нисам знао да пливам прсно, у ствари једва да сам и био некакав пливач, пао сам на тесту из пливања на колеџу, умало се нисам удавио; превише сам се стидео да кажем да нисам научио да пливам као дете. Часови пливања! Каква идеја. *Коме треба нешто да учи, све што ти треба је кошаркашка лопта. Добра нова кошаркашка лопта.* И наравно, нисам ни проводио много времена на базену. Све до колеџа, где сам коначно научио. Погледао неке књиге. Испробавао ствари.

Али, каква је корист од прсног пливања? Зашто краул не би био довољан? Пази се људи који су добри у лептир-стилу, увек сам тако осећао. Разметљиваца. Сада, међутим — ево мене, дижем се и спуштам на таласима. Покушавам да пливам прсно. Трудим се да останем миран. Оштар ритам таласа нимало налики мом ритму; који узор је заиста узор? Језеро има предност, над ким, нада мном? Како да дишем? Мало ваздух, мало вода. Борио сам се. Понекад се одмарао на леђима. Покушавао да замислим колико је вода дубока.

Некада давно моја мајка је пркосила океану и ајкулама, решена да стигне у Хонг Конг. Сада се њен син борио у — чему? — рибњаку. И да ли сам уопште могао да кажем куда сам кренуо, да ли сам заиста кренуо на ту страну? Дахтао сам, пиштао, жалио што нисам узимао часове пливања. Гутао воду.

Где је обала?

Како су се само Бејлијеви смејали када сам се коначно искобељао на нечији мол, ко зна чији. Са којег су морали да ме извлаче.

— Којим си курсом кренуо! Мислили смо да си пошао у Канаду! — рекли су. — Или си нешто писао. Можда слово Ј, као јао. Или си можда цртао срце, само што си га негде у висини аорте мало надувао.

И како сам се само смешно дизао и спуштао, изгледа зато да бих ухватио ваздух. Искакао сам из воде као орка у великом акваријуму. Дали су ми додатне поене на забавност. Каквог је момка нашла Цејни! Невероватног!

Дрвеће.

БЛОНДИ / Много година касније, расплакала сам се када сам сазнала истину.

КАРНЕГИ / Блонди је говорила да у Мејну има поља вучике. Да ћемо једном отићи тамо када вучика процвета.

Вучика!

Још дрвећа.

Мој отац је био хришћанин; и он је имао своју вучику. Али за мене: дрвеће, дрвеће, дрвеће. Под јаким косим поподневним сунцем, мноштво стабала. Тако збијена да збијенија не могу бити. Па ипак — каква је сенка међу њима.

Рибњак!

Коначно, коначно и рибњак; фантастични рибњак. Тако је блиставо светлуцао да је унутрашњост кола била пуна одбљесака и шара које је правило светло које се преламало. Духови из рибњака, тако су то поигравање светлости звала Блондина браћа и сестре. Они су обасјавали кола; они су обасјавали шуму. Успорио сам да бих видео колико дубоко у шуми играју, и тако ударио неколико каменова на макадамском путу. Кола су поскочила довољно снажно да бих помислио, пукла је гума. Бејлијеви су некада давно насули шљунак по путу уз обалу, о сопственом трошку. Али, шљунак је одавно испран; сада је пут био излокан толико да је само могао да застраши власника возила које би тако ишло на два точка, нарочито зато што се земљиште стрмо спуштало ка води. На срећу, пут је бар био сув. Ипак су ми се кола забрињавајуће нагињала и поскакивала.

Пола обале са које се одвајало наше полуострво било је неизграђено, пошто је земљиште стрмо; друга половина сада је био камппинг за приколице. Над сваком приколицом била је постављена тенда, и прилаз са цвећем на огради; неке су биле двоструке. Већином су биле окренуте рибњаку, са грађевинским блоковима постављеним као подупирачи који су се ослањали на стене, тачно над ивицом воде. Полако сам пролазио кроз насеље, затим се зауставио да отворим капију на прилазном путу. Капија је била украшена омотима брзе хране и празним конзервама од пива, вицкасто прикаченим умотаном жицом и везаним за шипке на капији. Народна уметност. А чему је та капија пречила пролаз осим мојим колима? Наравно, ничему. Родужио сам даље и видео целе логоре људи и пешкира за плажу пoређаних на плажи Бејлијевих. Данас није било дечурлије; већином, тинејцери Лизиних година и старији. Грегори је одувек тврдио да чак и десетогодишњаци у том крају дувају лепак; очигледни докази преда мном указивали су на трајно занимање за хемијски тип забаве. Многа деца су имала велике транзисторе и са свих се чула иста громогласна станица. То је говорило у прилог извесном духу сарадње, као и општа склоност ка тетоважама. Неки су се наслонили на знакове ПРИВАТНИ ПОСЕД. Други су се нехајно љубакали.

Свирнуо сам док сам пролазио, више зато да бих их упозорио на свој упад него зато да бих их узнемиравао. Они су безвољно почели да се разилазе, као публика после концерта која је престала да аплаудира али још чује музику. Неки су махали. Ја сам им одмахивао. Неки су ми показали средњи прст. Други су правили косе очи. Неки скинхед осетио је потребу да отпозади ухвати своју девојку за готово наге дојке и да их протресе у мом правцу; она га је ошамарила, али је он ипак довикнуо: — Наједи се, жути.

Жути.

Био је то један од оних тренутака када сам се штитио поседништвом. Бранио се углавном онако како ме је мајка учила: знањем да је моја нето вредност неколико пута већа од мучитељеве. *Најtеди се tии. Да видимо tивоју tиореску tиријаву*, пожелео сам да му кажем. Исто тако сам, у себи, користио још нешто што сам ја знао, а он не: то што је моја жена бела и има груди много лепше од оног пара дојки којима је махао према мени.

Било би ми драже да то нисам помислио.

Да ли се међу том децом налазио мамлаз који је укључивао аларм? Учинило ми се да ме један момак одмерава са посебним занимањем — набијен тип са целим грудима и леђима прекривеним црно-плавим тетоважама. Имао је невероватне уши и обрве као гусар; очи су му биле исколачене.

БЛОНДИ / Били.

КАРНЕГИ / Само да се зна, нисам баш кривио мештане што уживају на плажи када ми нисмо тамо. Међутим, могли су да скупљају своје ђубре за собом; и било би лепо да се мрдну на неко друго место кад ми дођемо. Али како да договоримо тако нешто?

Главна колиба била је у мраку, аларм ресетован.

Зидови у предсобљу били су прекривени фотографијама Бејлијевих како возе једрилицу, играју тенис, граде нешто. Колико је само грађевинских планова тамо направљено током година! Мол, дрвени кану, павиљон на плажи, кућица за чамце. И тамо сам се појавио са Лизи и Блонди на дан нашег венчања. Какава величанствена сцена; било ми је јасно зашто Бејлијеви никако нису могли да продају имање. И мени су неке ствари постале јасније. Наравно да су се Бејлијеви неуморно шалили на рачун првог апарата за капућино у граду. Али како је тужно било када је обнављање града застало! Отмени кафе деловао је све празније и празније; боце италијанског сирупа постајале су све мање италијанске. Вредност некретнина падала је из године у годину.

У сваком случају, то је било добро када је у питању порез.

Како је само мрачна дневна соба. Празна, хладна. Тргао сам се — да ли ме то неко вреба из угла? Стегло ми се у грудима.

Ипак сам, као оличење куражи, упалио светло.

БЛОНДИ / Наравно да се то десило када је Карнеги отишао.

Неко време нисам одлазила у Панораму. Али, рекла сам Карнегију да ћу ићи, и отишла сам. Бејли и ја.

Мама Вонг је била у кревету, напола покривена. Спавала је. Још је имала на нози једну ортопедску ципелу, са увезаним пертлама.

Тешко сам села. Моја прва самостална посета откако се родио Бејли — већ сам се осећала исцрпљено. Како ћу стићи кући? Бацила сам поглед на Бејлија. Имао је своју столицу за кола, али сам га ја носила у носиљци — некој врсти ранца окаченог преко груди — не желећи да се, попут Венди, превише веже за своју столицу. Још се није осмехивао, али је направио израз лица који је наговештавао осмех. Бесмислено, знам. Ипак сам му тепала, и дивила се његовим трепавицама, и била опчињена његовим очима. Поглед бебе — та безмерна отвореност. Био је отворен за све што би га снашло; од свег срца сам му узвраћала на његово дивљење, а затим на послужавник Маме Вонг ставила чинију пуну вонтона. Полако — још сам имала шавове. Вонтон сам узела у ресторану и загрејала га у супи у микроталасној пећници у кухињи. Наравно да више није био у супи — зар бих унела врућу супу у собу? Не. Али, надала сам се да ће јој се вонтон допасти. Карнеги је мислио да Мама Вонг можда заборавља како се једе; дешавало се то људима који се разболе од алцхајмера, пред крај. Ако је тако, ово би јој могло помоћи да се сети — мирис би могао бити од помоћи.

И заиста — због мириса? — она као да се тргла. Затрептала је. Иза црних трепавица полумесеци беоњача као да су се пробијали, избечени, а ипак суви. Уста су јој се отворила; и она су била сува. Жути зуби, суве усне. Чак су јој и десни изгледале суво. Шкрипала је при дисању. Где ли је онај овлаживач ваздуха који смо јој донели? Знам да смо га купили. Онај са хладном паром, мислили смо да је тај најбезбеднији.

Пионово је заспала, хрчући. Комадић светлости на рамену јој је растао и смањивао се, растао и смањивао се.

Навукла сам завесе.

Када је моја мајка умирала, старе пријатељице су је свакодневно посећивале. Оне су и пазиле на нас децу. Кувале ручак. Доносиле књиге, па онда и књиге на касетама. Међутим, Мами Вонг нико није долазио у посету. Сви они који су јој толико завидели на успону, сада су игнорисали њен пад. Није било посебних служби у цркви за њено здравље, ни фризера који би путовали нарочито због ње. Ниједног сина неке пријатељице, сада већег од своје маме, у белом мантилу, да понуди још једно мишљење. Да ли би било другачије да је Мама Вонг припадала заједници? Да није била толико успешна? Прве године коју је провела у дому понеко је још и долазио. Неки од оних људи који су дошли на наше венчање.

Сада је долазио само Карнеги.

Било ми је драго што сам ту. Било ми је драго што имам прилику да се бринем за Карнегијеву мајку на начин на који нисам могла да се бринем о својој. Када ми је мајка умрла, имала сам десет година; често сам жалила што нисам била старија. Све што сам могла да урадим било је да јој с времена на време помогнем да очешља косу и да покупим испале власи са прекиривача и чаршава. Коса јој је опадала у праменовима, тако да је скупљање био прави посао. И она је знала да цени што то радим за њу, пошто је одувек била ситничава — а то је и био један од разлога зашто је била тако добра у свом послу. *Хвала, госпојце Џејн*, рекла би кроз маску са кисеоником, ухвативши ме обема рукама за моју руку. Мада је моја била много мања, деловала је некако једнака њеним двема, пошто је била много пунија. *Патуљче моје*, говорила је.

А сада, глас из ходника: — Упомоћ! Упомоћ — викао је. — Заглавила сам се! Упомоћ! Упомоћ!

Нагнувши се преко Бејлија, завирила сам у дневну собу. Ниједан од болничара није ни дигао поглед. Она жена је дозивала већ месецима — у време доручка, ручка, вечере.

— Упомоћ! Упомоћ! Извуците ме! Извуците ме!

На крају би престала. На крају би видела како стиже помоћ. Захваљујући дуговечности Маме Вонг, Карнеги и ја смо то стално виђали — како викачи престају да вичу, певачи престају да певају. Пропуштали би време за причање приче. Пропуштали би оброке. Обично би их тада пребацили у дом. У њему се могло остати само док је један болничар довољан да се брине о тој особи. Кад би јој било потребно двоје, та особа је морала да оде.

Само повремено би неки станар остао и код њега би долазила додатна помоћ. Пре Корине, која је становала у истом апартману са Мамом Вонг, Рони је умрла у својој соби. Колико је само породица била захвална што на крају није било интравенских цевчица ни ванредних мера — што су могли да гледају Рони како одлази. И Карнеги и ја смо то гледали, док је Рони била све мршавија и мршавија — смањила се на величину предмодерног човека, како је Карнеги касније казао. Све време је спавала; дисање јој је постајало све теже. Отварала је очи али ништа није видела, па их потом више није ни отварала. Јабучице су јој се преврнуле према унутрашњости лобање. Вилица јој је висила. Дан је пролазио тако што би она дисала брже или спорије. Породица јој је стављала морфијум под језик; он јој је у црвеној боји цурио из углова усана. Неговатељица ју је вешто окретала са једне на другу страну, често; лежала је на мадрацу од вибрирајућег ваздуха, али је ипак било потребно окретати је. Прсти су јој поплавели. Иапк је истрајавала и истрајавала, у коми. Породица је спавала по фотељама, јела кексе и чипс, влажила јој усне водом. Причали су како изгледа ноћу.

— Ноћу има само двоје људи — рекао је син Анђело. — Да избије пожар, никако не би успели све да извуку напоље. Никако.

Одмахивали смо главом. Било је то нешто што нам није пало на памет.

— И она Мери Лу, на њу се мора припазити — рекао је Анђело. Ноћу тумара наоколо. Затекли су је како копа по досијеима у канцеларији. Завлачи људима руку у џепове. Нашли су јој гомилу пара у гаћицама.

Поново смо одмахнули главом.

Затим је дошло до замене плочица са именима. Плочице са именима биле су калајисане и висиле су испред собе сваког од станара — био је то знак да Панорама на своје станаре гледа као на појединце, да су ваши вољени у добрим рукама. Нема везе што су плочице биле теже од пацијената, и што ће их извесно надживети.

Неко време није било плочице са именом испред Ронине собе. Онда је то постала Коринина соба. Корина је остала свега неколико месеци. Сада је и њена плочица нестала, и соба је поново била празна — са кревета скинута постељина, Коринина ходалица ишчезла. Коринин картон нестао. Коринина љуљашка.

— Била је то љуљашка на којој је она дојила све седморо своје деце — говорила је њена ћерка Криси. Ако се било чега сећа, то је та љуљашка.

Криси ју је донела после радионице за стимулисање памћења. Било је то после радионице о безбедности и пре радионице о оплакивању.

Сада је почела нова серија радионица. Тепала сам Бејлију док сам прегледала распоред. Подлога је била боје вишње, као распоред аеробика у вежбаоници.

Мама Вонг је изненада отворила очи, усправила се, и рекла нешто на сечуанском. Чак и док је изговарала једну реченицу могла је наизменично да гледа безизражајно и крајње узнемирено. Шкрипала је зубима.

— Донела сам вам вонтон — рекла сам.

Рекла сам ту реч на мандаринском — *huntun*. Колико се само пута у прошлости Мама Вонг бескрајно смејала мом кинеском. Али, сада као да је слушала, трудила се да схвати.

— *Huntun* — поновила сам.

— *Huntun* — рекла је она.

Ето га — добро позната црта, исправљање кроз понављање. Затим, шкргутање зубима. Није било јасно да ли ме је разумела или није.

— Хоћете ли мало?

Нема одговора.

— Хоћете ли мало? — упитала сам још једном.

Овога пута прекрстила сам руке док сам питала — најбоље што сам умела, држећи Бејлија пред собом. Нисам знала сечуански, али ми је Карнеги једном рекао да реч „вонтон" звучи као прекрштене руке на том дијалекту, да је као дечак прекрштао руке када је хтео вонтон. Назвао је то неком врстом кинеског језика знакова.

И наравно, и Мама Вонг је прекрстила руке, чак се и осмехнула у знак одговора.

— Хоћете ли мало?

Она је климнула главом.

Осмех! Климање главом! Била сам изненађена како сам се орасположила.

Устала сам, помогла јој да седне, затим јој примакла послужавник и поставила чинију и штапиће пред њу. Салвету. И све то док је Бејли висио са моје предње стране као кенгурче у торби. Затим сам поново села, дивећи му се — проучавајући кожу која се љуштила на његовим шакама, хобитовске длаке у његовим ушима. И једно и друго било је савршено нормално, рекао је лекар. Како је само озбиљно Бејли проучавао моје лице. Код куће је већ погледом пратио црно-белу играчку коју бисмо полако помицали кроз његову оградицу; сада као да је успевао да прати и кретање мог лица. Осмехнула сам се.

— Топао је — рекла сам. — Загрејала сам га у микроталасној.

— Хладно није добро — рекла је Мама Вонг.

Тако је бистра! Не обраћајући пажњу на штапиће, прстима је принела ваљушку до уста.

— *Hao chi ma?* Добро?

— *Hao chi* — одговорила је Мама Вонг.

Узела је још једну, а онда се расплакала.

— Карнеги би требало чешће да вам доноси кинеску храну — рекла сам, такође пустивши неку сузу. — Требало би да вам доводи људе да разговарате са њима. Рећи ћу му кад се врати.

— Карнеги — рекла је Мама Вонг.

Спустила је руку на ивицу кревета. Одсутно је, врло полако, љуљала своју обувену ногу; пластични крајеви пертли су благо звецкали ударајући у рам кревета.

Испустила је ваљушку. Нисам хтела да је оставим на тепиху, али никако нисам могла да се сагнем да је подигнем. Зашто сам прокувала вонтон у супи? На ваљушкама се нахватала маст, па су постале много клизавије.

— Где је Карнеги?
— Морао је нешто да обави. *To uou shiqing.*
— Не долази данас?
— Данас, не.

Ставила сам јој нову ваљушку у чинијицу.

— Једите — рекла сам. Дивно је.

Она није обраћала пажњу.

— Не долази! Његова стара мајка не може из хотела, а он не долази да плати рачун?

— Не, не брините. Платиће он рачун.
— Колико? Скупо. Колико?

Престала је да љуља ципелу.

— Пет хиљада долара — рекла сам.
— Пет хиљада долара! Друмско разбојништво! За једну ноћ!

— Не, не. Не за једну ноћ. За месец дана. Или не — четири и по хиљаде, чини ми се.

— Пет хиљада долара! Ко може да плати толике паре? Нико! Друмско разбојништво! Ко може да плати толике паре?

— Узмите још један *huntun* — рекла сам ја.

Бејли је почео да приљубљује усне и да трља образ уз мене.

— Хоћеш ли и ти да једеш? — питала сам га.

Села сам на столицу и спремила се да га подојим.

— Живели смо у високој кући — рекла је Мама Вонг изненада. — Високо под небом.

Размислила сам на тренутак. — У кући на штулама? — нагађала сам.

— Бацали смо ствари доле. Свакакве ствари. Доле, доле, у реку.

— Мора да је било забавно. Какве ствари? Сећате ли се?

Она је зашкргутала зубима и намрштила се. — Ко може да плати толике паре?

— Нико — уздахнула сам.

— Нико!

Појавила се нека болничарка.

— Како сте данас, Мадам Вонг?

Рангина је имала прав раздељак и строго зализану косу, али је била весела и полетна док је склањала завесе.

— Сувише вам је сунчано?

Поново их је навукла, савршено мирно.

— Погледајте, Мама Вонг, јесте ли видели? Имате ново унуче.

Подигла сам накратко Бејлија из носиљке — само на тренутак, знајући да је гладан. Придржавајући му главу. У угловима усана му се пенило млеко, портикла му се подвукла под руке. Али Мами Вонг то није привукло пажњу.

— Луде паре! Луде! Ко може толико да плати?

— Нико.

— Нико! Нарочито зато што се оженио оном Блонди, она само уме да троши паре.

— Још један *huntun*?

Почела сам да дојим Бејлија док смо разговарале. Због напукле брадавице, у левој дојци није било толико млека колико у десној; зато сам почела са те стране, да је стимулишем Бејлијевим првим, најгладнијим сисањем. Али, какав бол — једва сам успела да се уздржим да не вриснем.

— Отишао у купатило — рекла је Мама Вонг.

Глас јој се нагло утишао — сада је био тако тих да сам једва могла да је чујем.

— Колица — рекла је.

— Уста — рекла је.

— Не долази — рекла је.

— Не долази — поновила сам ја, гледајући на сат.

Бејли је сисао, Мама Вонг је поново постала узнемирена.

— Пет хиљада долара! Карнеги не долази! Знам ја тебе! Знам ја тебе!

Нагнула се преко ивице кревета и узела ваљушку као да је то грудва коју хоће да баци.

— Знам ја тебе! — повикала је. — Ниси ти Карнеги!

— Не, нисам Карнеги.

— Карнеги не долази! Ко може да плати толике паре? Нико! Нико! Знам ја тебе! Не можеш да ме превариш. То је лутка.

Почела је да устаје ослањајући се на постоље за послужавник.

— Седите — рекла сам ја. — Смирите се. И пазите, то постоље ће се преврнути. Хоћете ли чашу воде?

— Ти си Блонди! — повикала је Мама Вонг бацивши на мене ваљушку.

Прелетела ми је преко рамена и пала на ормарић.

— Где је Карнеги? — настављала је. — Ти си Блонди! Блонди! Ти ниси Карнеги. Ти си Блонди!

Још три минута. Бејли је сисао.

— Моје име је Цејни — рекла сам — у случају да сте заборавили.

— Заборавила сам.

Мама Вонг није села.

— Блонди — рекла је — скраћено од Цејн.

Умало се нисам расплакала.

— Хвала вам — рекла сам. — Ово је ваше ново унуче. Бејли.

Мало сам отворила носиљку да би могла да га види. Још је стајала наслоњена на постоље за послужавник.

— Моје име није Мама Вонг — наставила је мирно. — Моје енглеско име је Лусил. Ја сам Лусил, Карнегијева мајка. Следећи пут ћу пазити да на време заврши домаћи задатак.

— Хвала, Лусил — рекла сам.

— Је ли то беба?

— Ово је ваше унуче, Бејли.

— Бејли. *Hen ke ai* — рекла је — баш је сладак.

— Ово је ваше унуче, Мама Вонг — рекла сам. — Карнегијев син. Он ће наставити име Вонгових.

Како би само реаговала пре него што се разболела! Али све што је сада рекла било је: — Добра девојчица. Предивно.

Бејли је сисао; ја сам гледала на сат.

— Ово је ваш унук. Стар је десет дана. Пуно име му је Елисон Бејли Вонг. Али, зовемо га Бејли.

— Бејли — поновила је Мама Вонг. — Гладан.

— Јесте — рекла сам ја. — Беба је гладна.

— Шта јој је са косом?

— Тако је рођен.

— Ах — рекла је Мама Вонг. — Још једна Блонди.

— Још једна Блонди.

Мама Вонг је извила врат да боље види. Пришла је један корак, користећи сталак за послужавник као ходалицу; чинијица и штапићи су се пресијавали на сунцу.

— Дивно — рекла је. — Снажно.

— Хвала — рекла сам ја. — Снажан је.

— Усвојен?

Ту ме је затекла.

— Не — рекла сам. — Он је прави. Ваш прави унук.

Нисам волела то тако да кажем, али ето. Рекла сам. Још један минут.

— Пази, немој да је изгубиш — рекла је.

— Не брините, нећу.

— Ја сам бебама давала бочицу — рекла је. — Загрејем је у лончету вруће воде.

— Мајчино млеко је увек савршене температуре — рекла сам. — Баш згодна ствар.

— Где је Карнеги? Је ли мртав? Има слабо срце, знаш. Велика мука. Рекао ми је.

Какве реченице! Да је само Карнеги ту да је чује!

— Не, не, добро је он — рекла сам. — Само је узео слободан дан да...

— Слободан дан?
— Годинама није узео слободан дан, и...
— Због тебе!
— Није баш тако. Узео је слободан дан...
— Ко може да плати толике паре?
— Нико.
— Слободан дан!
— Годинама није узео слободан дан и...
— Ти ћеш ме убити!
— Нико никога неће убити — рекла сам. — Седите. Смирите се. Узмите *huntun*. Много је укусан.

Пребацила сам Бејлија на другу дојку — ура! — закопчавши преклоп на грудњаку и наместила подметач баш када је, уместо да га поједе, или да ме њиме гађа, Мама Вонг просто испустила *хунтун*. Његови бели парчићи распрснули су се као опатичина капа по белом тепиху када је Мама Вонг ставила руку на груди и полако се постранце стропоштала свом тежином, оборивши сталак за послужавник, на ивицу кревета у полуседећем положају. Шака јој није била раширена, као у филмовима, него стиснута, као да притиска нешто уза себе.

— Мама Вонг!

Ухватила сам је за колено слободном руком.

Она се заљуљала. Спустила је руку са груди; у њој није било ничега. Ослањајући се на ивицу кревета, управила се у седећи положај, изненадивши ме.

— Нисам ја твоја мама — рекла је разговетно. — Зашто моје дете није овде? Целог живота све радим сама. И сад сам опет сама.

— Вратиће се он — рекла сам. — Ускоро. Најдуже за неколико дана.

— Ја сам сама жена — рекла је. — Реци то доктору. Тешко је за лечење, чак и ако је доктор најбољи у генерацији.

Покушала је да поново устане.

— Слободан дан? — викнула је. — Слободан дан!

— Мама Вонг — рекла сам. — Немојте да стојите. Седите.

Покушала сам да је потапшем по колену, али са Бејлијем на сиси нисам баш успела да је дохватим. Она је устала, тетурајући се, босом ногом стајући на развезану пертлу.

— Слободан дан!

Бејли је успоравао, тело му је постајало опуштеније. Ускоро ће заспати — као што бих и ја, да смо код куће. Пошто сам се увежбала да спавам када он спава; пошто данима нисам спавала по више од четири сата на мах. Како ми је само тешко тело. Затворила сам очи.

— Мене је много тешко излечити иако је доктор био најбољи у генерацији, на Медицинском факултету на Харварду — рекла је.

Онда је пала. Отворила сам очи у тренутку када се она срушила не покушавајући да се заустави — оборивши сталак за послужавник док је падала на тепих. Чинијица се откотрљала. Устала сам да јој помогнем — Бејли је још сисао, са већим занимањем, у носиљци између нас — али нешто није било у реду. Очи и уста су јој били отворени; није дисала; било јој се није осећало. Повукла сам узицу за узбуну, али када сам поново клекнула, кожа је већ почела да јој се хлади.

Бејли је престао да сиса.

Придржавајући га једном руком, другу руку сам јој спустила на срце — ништа. Пољубила сам је у образ, напола очекујући да ће је рефлексна љутња натерати да оживи.

Она је примила мој пољубац.

Устала сам да поново повучем узицу.

Нико није дошао.

Бејли је заспао у носиљци, нисам га подигла да подригне, а његове мајушне груди су се надимале, сплашњавале, надимале, сплашњавале — некако неприродно, учинило ми се. Као да је на респиратору.

Карнеги је био у праву, помислила сам узалудно. Особље је преоптерећено. Претрпано послом. Недовољно плаћено.

Скинула сам са себе носиљку и положила Бејлија у гнездо од јастука у дну кревета. Затим сам подигла Маму Вонг — како је само била тешка, мада је била потпуно ослабила. Положила сам је на кревет, изнад Бејлија, као што сам се надала да је неко положио моју мајку. Скинула сам јој ортопедску ципелу и затворила јој очи, посматрајући како јој образи тону, још једном повлачећи узицу за узбуну. Карнеги, Карнеги, Карнеги. Где су нам мобилни телефони кад су нам најпотребнији? Зар је заиста могуће умрети не опростивши се од своје деце? Знала сам да треба да изиђем у ходник и да позовем помоћ. Али сам уместо тога и ја легла поред Маме Вонг. Како је само кошчата била — сама кост и кожа.

Усамљена жена.

Био ми је потребан одмор.

Изван њене живе тишине бука у ходнику постајала је све јача.

9
Време

КАРНЕГИ /
Колико је сати?
Колико је сати?
Колико је сати?

Окупао сам њено тело заједно са неговатељицом. Окретао га, трљао сунђером, окретао, трљао сунђером. Неговатељица, Клеопатра, била је омања, снажна жена која је по носу наликовала својој имењакињи, али по освајачком расположењу била од сасвим друге феле. Знала је како треба чврсто да стане и како да савије колена да би подигла терет, сијајући од стручности толико равној смрти да је моја мајка, напротив, изгледала још мртвија. Кожа јој је била безбојна. Вилица јој је била разјапљена и није хтела да се затвори, тако да се лепо могло видети које је зубе поправила. Блонди је бар успела да јој затвори очи; захвалан сам јој на томе. Био сам изненађен колико јој је кожа лабава, као мртвачка врећа чија јој величина не одговара. Био сам изненађен колико је мршава била, а ипак тако тешка, као мртви терет. И колико је мало косе имала, и колико је мало та коса покривала. Каква огромна реч, „мајка"; како је слабашно било њено отеловљење. Попут речи „њена породица", што је значило ја. Управо у оваквим тренуцима недостајао ми је отац, али не само због мене самог. Недостајао ми је супруг за моју мајку — неко коме би њено тело било одавно вољено и блиско, а не само збир телесних функција којима треба управљати док се не прекину.

Кад сам дошла у ову земљу, нисам знала да ћу завршити сама.

Заударала је.

Изгледа да је сломила ребро кад је пала, и пробила плућно крило. Сви су се слагали да Блонди никако није одговорна.

— Нисам успела да је ухватим — рекла је ипак Блонди. — Зашто јој нисам везала ону пертлу? Требало је да оставим Бејлија негде да не смета. Да бих могла да се сагнем.

Блонди је рекла: — Ја сам била њена смрт.

Али та част, веровао сам, припадала је мени.

Мама Вонг је стално тврдила да је мог оца сахранила са стилом. Ја сам за њу изабрао врхунски пакет услуга погребног завода под именом Коначни.

Како је ћерка цимерке Маме Вонг чула за бдење? Једва да сам проговорио са Криси у време док је посећивала Корину; ипак, како ми је било драго што је видим, жену која је била сведок бар једног дела пропадања моје мајке. Не обраћајући превише пажње, наравно; имала је она својих брига у то време. Ипак, дочекао сам је превише срдачно, што она или није приметила, или је љубазно занемарила. Погледао сам је са свих страна, као да ми је драгана. Меркао је, примећивао и најмање промене. Учинило ми се да изгледа ситнија него у Панорами, као да је ослабила. Елегантнија. Ставила је неки суви руж за усне који је испуцао и носила распеће са Исусом на мукама, каква се више не виђају често; али најупадљивије је било то што је, упркос свим напорима, сијала од неке мрачне радости. Јер, Корина је још била жива, испоставило се.

Жива!

Било ми је драго што то чујем, али ипак нисам могао да опростим Криси.

— Моја мама је почела да добија нападе у болници — рекла је Криси. — Тада су открили да уопште нема алцхајмер. Имала је тумор. Сад су је оперисали, и боље јој је.

Дакле, неко је надживео Маму Вонг.

— Наравно, волели бисмо да уопште није било погрешне дијагнозе. Али, алцхајмер је гадна ствар, као што знате. Стално се праве грешке. Ускоро се враћа кући.

Да ли је и Мама Вонг имала тумор? Да ли је зато тако дуго живела? Да ли је дошло до грешке?

— Тако ми је жао због ваше мајке — рекла је Криси. — Колико је имала година?

— Осамдесет и четири.

— Осамдесет и четири. Тако ми је жао. Дуго је била у Панорами.

— Девет година.

— Значи, смештена је кад је имала седамдесет и пет. Толико моја мама има сада. Тако ми је жао.

— Хвала вам што сте дошли — рекао сам ја, а тако сам и мислио.

Ипак сам мрзео њен француски костимић када ми је окренула леђа. Мрзео сам њен танак струк и уске кукове, и њену веру у златни крстић — све што је она била. *Коринина ћерка Приси*, како ју је моја мајка назвала једном приликом.

Према колегама са посла имао сам разумнији став.

— Да, имам рођаке у Кини, али искрено, чак и када бисмо знали како да ступимо у везу са њима, она не би желела да они долазе овамо — рекао сам. — То јест, ако би то значило да треба да узму слободне дане.

Моји сарадници су се смејали.

— Не брини, газда, имамо ми ноутбукове у колима — рекли су.

И наравно, ја сам се такође насмејао. Било ми је драго што су дошли, мада сам чуо глас своје мајке: *Колико људи брине хоће ли посао бити обављен, докле год примају плату?*

— Само ми обећај једно — рекла је Блонди претходне вечери. — Обећај ми да сада нећеш прихватити све оно што си некада одбацивао, пошто је она умрла.

— Да погодим. Габријела је то негде прочитала — рекао сам. — Или не. Послала ти је мејлом неки чланак из часописа *Умрети паметно*.

— Надам се да нећеш остати овакав — рекла је Блонди.

— Какав?

Али, наравно да сам знао, и трудио се да се искупим тако што сам јој стезао руку кад би она стегла моју. Углавном сам се трудио да поделим свој бол, чак и када сам чуо: *Гледај само, оноīа дана кад ја умрем, она ће да каже, Зашто не одеш у радионицу?*

Блонди није предложила радионицу. Ипак, јесте разбацала бројеве каталога *Живети йаметно* свуда по кући, са заокруженим семинарима на тему „Живети са смрћу".

— Тако ми је жао због твоје мајке — рекао је неко.

— Алцхајмер је гадна ствар.

— Тако ми је жао.

— Знаш, твоја мајка је била много паметна у послу, никад није изгубила паре.

— Ти си онај син што никад није научио ни реч кинеског?

— Баш ми је жао.

— Помислиш да си се одавно опростио. Да си одавно дигао руке. А онда она оде.

— Много ми је жао.

— Ах, али, да ли ће те смрт твоје мајке убити? То је питање.

— Хвала — рекао сам. — Хвала вам што сте дошли. То је био благослов, заиста. Алцхајмер је заиста најгора ствар. Да ли сте видели таблу са сликама? Савршено сте у праву. Никад нисам научио кинески, истина. Јесте, требало је да постанем лекар. Није са њом било лако, у то нема сумње. Хвала што сте дошли. Хвала. Јесте ли видели бебу? Бејлија, јесте, има скоро две недеље. Јесте, дивно је што је на крају могла да га види. Јесте, плав као мајка. Хвала. Хвала што сте дошли. Јесте, и ми смо били изненађени. Хвала.

— Тата, тој особи си се већ захвалио — рекла је Лизи, обучена, овога пута, у хаљину. — Уврнуто је ако им захваљујеш двапут.

— Драго ми је што је ковчег затворен — рекла је Венди. Ни ујутро не желим да је видим. Баш ме брига што нам је то последња прилика у животу.

— Биће ти жао једнога дана — рекла је Лизи. — Хоће. Јер, иако смо усвојене, ипак нам је она бака.

— Много вам хвала што сте дошли — рекао сам ја. — Хвала вам. Хвала вам.

— Не, није — рекла је Венди. — Она није ништа, она је леш.

Последњи који су дошли били су наши вољени суседи Мич и Соња.

— Тешко је то — рекао је Мич.

Није му било доста што је Соњу обгрлио око струка, него је и прсте завукао дубоко у увијени шифонски шал који је носила као појас.

— Моји родитељи су отишли једно за другим, оставили ми наследство тачно на време да ми га развод поједе — рекао је. — Гриц, гриц. Најгори период.

— Хвала што сте дошли — рекао сам.

Мич је носио наушницу — мајушну златну алку која је изгледала као да би требало да виси, али је била некако чудно преврнута.

Крис са оним крстом; Мич са наушницом. Шта ли је то имало да значи? Зашто су сви носили накит? И шта да радимо са накитом Маме Вонг? Да га сахранимо са њом, или да га задржимо?

Шта да сахранимо? Шта да задржимо?
Шта да сахранимо?
Шта да задржимо?

Колико је сати?

Дошао је час да устанем и одржим говор, дошао је час да погнем главу, своју тешку главу, дођшао је час да бацим грумен земље. Како сам само прижељкивао да је земља топлија, нисам могао да верујем да ће тело моје мајке бити стављено у хладну земљу. У ствари, то је било само привремено. Њен ковчег је требало да буде извађен после обреда, и убачен у бетонски „опшив". Како би се обезбедило да се земља поврх гроба не улеже док ковчег трули.

На ту информацију, коју ми је пренео сасвим кратко ошишан човек, климнуо сам главом. Његова фризура ми је говорила колико ће савршена бити чак и трава над гробом. Наравно. Наравно. Сложио сам се, повинујући се његовој естетици, мада сам у ствари од те помисли осетио клаустрофобију због Маме Вонг. Као да њен дух неће моћи да изиђе. Шта се десило са оним, Земља јеси, у земљу ћеш отићи?

О, врли нови свете који у себи толико бетона носиш.

Лусил, свештеник ју је стално тако звао, Лусил. На крају службе његов помоћник је почео да извлачи руже из највећег цветног аранжмана и да их дели окупљенима да их баце на ковчег када буде спуштен. Блонди, Лизи и Венди су бациле свака по једну, као и Вејли, уз Блондину помоћ; као и ја, мада сам мрзео што су ме приморали да тако проведем последње тренутке крај гроба. Да ли смо то тражили? Хтео сам да се жалим управнику. *Нисам баш био одушевљен што сте из нас исцедили још неку кап олакшавања.* Грозио сам се и призора који је тако настао: руже по блиставом ковчегу, како је то холивудски. Како је само лажна цела та ствар. Колико сам се само грозио што знам да ће ковчег извадити из земље, заједно са ружама. Али, то је била сахрана моје мајке; нисам хтео да дижем галаму.

Зашто их пушташ да бацају цвеће? Следећи пут им кажи да иду дођавола.

Бетонски опшив много користан, косилица може да пређе одозго. Кад дођеш у посету, изгледаће лепо и уредно.

Збогом, Мама Вонг.

Збогом, Евергрин Панорамо. Иселили смо њен намештај одмах следећег дана, али смо одећу из фиока поклонили. Како оне ствари које су биле њене, тако и оне које нису биле њене, укључујући и голферски џемпер боје вештачке траве. Остатак њених ствари стао је у једну кутију.

Неко време смо и даље запажали погребне заводе.

— Ово је Врховни — рекли бисмо када бисмо прошли поред погребног завода.

Или: — Ово мора бити да је ковчег из стандардног пакета, стварно не изгледа лоше. Вредност је вероватно био најбољи избор.

— Ова надгробна плоча изгледа новије него она коју смо ми добили.

— Свиђа ми се сиво. Изражава жаљење, али је некако свеже.

Изненадио сам се што је свет остао оно што је био, ужурбан, иако уопште више није био као некада. Како ми је испразно сада изгледао дневни живот, као да земљина кора плута поврх неког непојмљивог океана магме. Како је само крхко све то; плакао сам над његовом крхкошћу. Плакао сам над повластицом да могу да кажем, Леп дан данас!

— Леп дан данас!
— Угодан дан вам желим!
— Како је породица?
— Колико је сати?

Моја мајка није имала много пријатеља, али неки су ми писали:

Опасна ти је била мајка, друга ученица своје генерације.

Како је само била поносна када се преселила у ону велику кућу.

Колико си срећан што ти је мајка била она, а не нека друга.

Наравно, била је богата, али је и даље волела обичну храну.

Писали су на хартији коју ја лично никада не бих ни помислио да употребим. На пуној, скупоценој хартији на којој би се могли писати прогласи. На поштанским картама са мотивима птица и борова. На хартији из бележница.

И познаници су писали, људи које никада нисам нарочито примећивао. Сусед који је живео, како ми се чини, иза ћошка, у кући са соларним плочама. Власник локалне хемијске чистионице. Њен гинеколог. Покушавао сам да замислим себе како пишем некоме од њих о смрти некога кога су они волели, али нисам могао. Већ ми је било довољно тешко и то да им напишем одговоре у вези са мојом мајком.

Ваша мајка је била тако дивна и блага жена. Њен смех био је тако звонак да сам се увек питала да ли је музикална. Да ли је била музикална? Да ли је у младости певала?

Нагомилане ствари Маме Вонг спаковали смо у кутију када смо је преселили у Панораму, али их нисмо заиста прегледали. Пошто је још била жива, само смо наслагали њене ствари у једном углу на тавану, као да смо их оставили за време када јој поново буду потребне. Сада смо се осећали слободније да их слажемо и претурамо по њима и да почнемо да смањујемо гомилу. На тавану је била врућина; невољно смо разгледали. Покушавајући, ако ништа друго, а оно да се навикнемо на помисао да можемо. Неки моји пријатељи дошли су до правих открића када су им, родитељи помрли — да им родитељи нису били венчани, да им брат није брат, да им је отац конкурисао на правима десет година заредом пре него што су га примили. Мама Вонг, међутим, није била склона писању. Ни други људи, како је изгледало, нису њој много писали; а бележнице и писма које је имала не само што су били на кинеском, наравно, него и писани сложеним карактерима, исписаним рукописом. Блонди, која је учила поједностављене карактере, није успела да дешифрује ни један једини ред.

— Могли бисмо да нађемо некога да нам их преведе — рекла је. — Ако желиш.

Тада сам објавио: — Научићу кинески и једнога дана ћу их сам прочитати.

— Па, ко сам ја да кажем да се то неће десити — рекла је Блонди намештајући косу.

— Хоћу — рекао сам. — Хоћу.

Нашао сам списак колеца на које сам се пријавио на којем су били обележени они на које су ме примили. Нашао сам и бележницу у којој је свакодневно бележила своју температуру. Ради контроле рађања, можда? То је трајало годинама, и није био пропуштен ниједан дан. А ту су биле и слике мога оца које никада нисам видео. Ништа што би открило било шта што нисам већ знао; ипак, пажљиво сам их испитивао. Фотографије су биле црно-беле са рецкавим белим ивицама, и на њима је углавном био он на славним местима — крај Кипа Слободе, на Мосту Голден Гејт — и изгледао је као да је у Америку дошао на туристичко путовање на којем су му сви трошкови плаћени. Није изгледао као да му недостаје отаџбина и да ради од јутра до мрака и да ће умрети у бесмисленој несрећи. Изгледао је као срећан човек. Паметан човек, светски човек. На неколико фотографија чак уопште није ни гледао у апарат, него у славни споменик, са занимањем. Моја мајка је говорила да је његов енглески био најбољи међу свим кинеским студентима; штета што је студирао физику, где се та ствар једва примећивала. Имао је нешто дужу косу, брижљиво зализану бријантином, тако да је личила на хаубу аутомобила, или на огроман морски талас; високо и широко чело које је изгледало као продужетак оног морског таласа; и обрве готово исто онако густе као моје. На једној фотографији стајао је испред табле и бамбусовим штапом за чешање леђа показивао неку једначину. На другој је држао мене, испруживши ме, као да су ме иза завесе тек били утрапили њему у руке. *Баш оно што сте очекивали — нов-новцати дечачић!* На једној је, опет, стајао руку под руку са мојом мајком; како је само природно изгледало као да увојци њене косе, на коју је ставила трајну, ничу из његове велике лобање.

Сада сам више него икада жалио што га нисам упознао. Није био безнадежни избеглица, попут моје мајке; и он је био из Сечуана, али је у Америку дошао четрдесетих година, пред рат, на постдипломске студије. Са стипендијом. У ствари, могао је да бира коју ће стипендију узети, говорила је моја мајка, понуде са најбољих факултета. Да је поживео, можда бих постао професорско дете; понекад сам покушавао то да замислим. Понекад сам покушавао да замислим сасвим другачији живот — постдипломке као беби-ситерке, скандали на катедри, сви знају твоје име и колики ти је IQ.

Међутим, одрастао сам као син своје мајке. *Наравно да сам се бринула због оних ајкула* — признавала је. *Али, дубоко у срцу, знала сам да ће ме оставити на миру.* Напросто је имала среће што су обе кошаркашке лопте остале напумпане до краја и што је случајно имала оног рођака који јој је помогао када је стигла у Хонг Конг. Што се тиче разлога због којег је морала да оде: *Јела сам превише љуте паприке кад сам била мала. Постала сам превише љута за оне комунисте. Љута девојка.*

Да ли је била превише љута и за мог оца? Да ли је он био превише слаб за њу?

— Твој отац је стекао докторат — рекла ми је једном приликом. — Био је научник. И био је држављанин.

— Да ли си се зато удала за њега? — питао сам.

— Знала сам да ће успети у животу — рекла је она. — Многи људи су држављани, али нису сви тип успешног човека.

— А шта је он мислио о томе?

— Није му било важно зашто га волим — насмејала се. — Само ако се удам за њега, а не за некога другог.

— Да ли је било некога другог?

— Хтео је да се удам за њега — рекла је она. — То је све.

— Волео те је.

— Волео ме је, јесте. Као да је отворио књигу, и нашао моје име. Тачка. Волео је како кувам. То га је подсећало на дом.

— А ти? Да ли си и ти имала такву књигу?

Она се поново насмејала.

— Ја! Мене никад не занима нарочито шта је у књизи. Ако мене питаш, књига је само нечија шала. Све је написано само на један начин. А живот је, у ствари, много разних начина. Није само један начин. Ако ме питаш, да ли сам се удала за њега, наравно. Али, да ли сам могла да се удам за некога другог? Ако ме то питаш, мој одговор је опет, наравно.

Сада сам пажљиво разгледао слику и учинило ми се да на њој видим, на тој слици њих двоје, како је вуче за руку и привлачи себи. Можда то што он не само да је приљубио десни лакат уз бок, везујући њену надлактицу уза себе, него и слободном руком стезао њен зглавак као да жели да буде савршено сигуран да му неће умаћи, није значило ништа. Њена рука, онако ухваћена испод лакта, била је савијена под оштрим углом; и тело је одвраћала од њега, као и масу своје наковрчане косе, и поглед. Гледала је као да покушава да погледом ухвати нешто иза угла. Можда то није значило ништа. Ипак, нисам могао а да не приметим да је то била једина слика на којој мој отац није изгледао као да је однео још једну победу.

— Не бих превише на то обраћала пажњу — рекла је Блонди. — То је само једна слика.

Али је рекла и: — Заиста је штета што немаш брата или сестру или тетку или ујака кога би питао.

И још: — Никада јој ниси веровао, зар не?

— Не, не, веровао сам јој — рекао сам ја. — Наравно да јесам.

Али једног од следећих дана имао сам нешто ново да јој покажем — колико је нове одеће моја мајка купила, али је никада није носила. Панталоне, кошуље, џемпере од кашмира. Као да их је чувала за нешто, или као да је хтела да их врати. Закачила би рачун у сваки део одеће изнутра.

— И ја сам се понекад тако осећао — рекао сам. — Као нешто што би напросто могло бити враћено.

— А овде се и ја осећам тако — рекла је Блонди. — Каква случајност.

БЛОНДИ / У почетку је примао много израза саучешћа. Да ли постоји реч за задовољење бола коју би људи разумели? Његова мука га је у почетку повезивала са другима.

КАРНЕГИ / Свет је јурио; уговарани су послови; други људи су умирали. Ја сам постао смртно досадан. Г. Мементо Мори. *И ти*, хтео сам да кажем. *Ти, и ја, и сви. Сви.* Свет, који је не тако давно изгледао као да је подељен на оне који имају децу и оне који их немају, сада је очигледно био подељен на оне који су изгубили неког родитеља и оне који нису. А шта сам ја, стварно, имао да кажем онима који нису? Нисам могао да разговарам са њима.

Не знаш ти. Не знаш ти.

Не можеш да знаш.

Ти, и ја, и сви.

Сада сам више времена проводио са породицом. Помагао сам Венди да сагради игло, или вигвам. Научио сам да правим разлику између лептира и мољаца, алигатора и крокодила, моржева и фока. Ишао сам на екскурзију са њеним разредом и извукао дете из брзака.

Помагао сам Лизи да учи Шекспира напамет, *Кад зовем спомен драгих прошлих дана*. Ишли смо на куглање. Научио сам да возим ролере. По атласу тражио земље са вести. Колико је далека изгледала Кина! Много даље него што сам замишљао. Жалио сам што нисам поново ишао у Кину са мајком док је још могла да оде; заклео сам се да ћу бар децу једном тамо повести.

Проводио сам време са Бејлијем. Устајао с њим ноћу, да би Блонди могла да спава. Играо се земљотреса с њим. Водио га у шетњу у његовој носиљци. Масирао га. Подсетио се свих успаванки које знам. Кодаку правио посао. Свакога дана као да би урадио нешто ново. Научио да усправно држи главу. Пузао четвороношке, попут лава. Превртао се са леђа на стомак. Брбљао, брбљао, брбљао.

Колико смо имали један другоме да кажемо!

Покушао сам да живим тако да више ни за чим не бих зажалио. Свакодневно сам се питао, *Да ли је ово живот? Јесам ли ја жив?*

Када бих изишао из дечије собе, престао бих да певам. На олакшање свих око мене.

Пристао сам да идем на брачну терапију. Да не поверује човек да то кошта сто долара на сат, зато да бих се ослободио идеје да сам убио мајку тиме што сам узео слободан дан. Ипак, коштало је. Друга теорија коју сам имао била је да сам је убио тиме што сам јој послао Блонди. И то је било скупо, као и Блондина идеја да је она убила моју мајку тако што јој је затворила очи.

— Ствари ми измичу — рекла је. — То ми је породично.

Почео сам да учим кинески. Нисам одлазио на часове, него сам нашао изванредан програм за учење. Заклео сам се да ћу памтити по пет карактера на ноћ, почевши од свог имена: *Гуанг фу* — Огромна Богатства. Блонди ми је помагала да преписујем карактере када бих имао питања у вези са неким редоследом потеза и, мада ми то није било најважније, упорно сам хтео да научим да изговарам речи које сам учио. *Тиан* — небо. *Да* — велико.

— Хајде да узмемо наставника. Можемо да учимо заједно — рекла је. — Ти можеш да учиш, а ја да понављам.

Дали смо се у потрагу. У међувремену сам почео да прегледам мноштво страница на Интернету, и запањио се колико сам се због тога осећао као Кинез.

— Постоје Хан Кинези — рекао сам. — Па онда хонконшки Кинези. Копнени Кинези. Прекоморски Кинези. А сада, даме и господо, и Интернет Кинези.

— Тата — рекла је Лизи пунећи штампач листовима хартије. — Не постоје!

— Ах, али погледај мене — рекао сам. — Доказ А. Потомак племените породице Хипертекст, која постоји још од — часна извиђачка — краја двадесетог века.

— Мучиш тај компјутер — жалила се Венди.

— Баш си смешан — жалила се Лизи.

— Враћам се својим коренима — рекао сам им. — Питање је како човек да нађе себе без компјутера?

— Надам се да је то питање реторичко — рекла је Лизи.

Скидао сам кинеску поезију са неког сајта:

И када ти одеш, не остаје ми ништа бих друго
Него да се вратим да пометем рибарско моло.

Био сам изненађен чистотом и лепотом стихова и помислио да неке до њих ставим на надгробну плочу Маме Вонг:

Пролеће сад је зелено, ти лежиш у празној шуми,
Још дубоко спаваш на подневном сунцу.

Моја мајка, међутим, није била Интернет Кинескиња. Она је била пословна жена из Сечуана којој би се уложени долар увек вратио са каматом. Одлучио сам да не исписујем песме по њеном споменику, пошто би она вероватно више волела копију пореске пријаве из године највећег нето прихода.

Поезија ничему не служи, ја да ти кажем.

Ипак, осећао сам везу са кинеским речима коју ми је било тешко да изразим. Сви они наговештаји. Сва она уздржаност, штедљивост, меланхолија.

Која нормална особа може одједном да полуди за Кином? Кинез, вала, неће. Не прави Кинез.

Ипак сам извукао неке песме. И западану поезију, такође, песме којих сам се сећао из романтичне младости:

Мајко, твоја велика спаваћа соба
Није гледала на океан.

И још:

Деси се да будем уморан од својих ногу и својих ноктију
И своје косе и своје сенке.

И још:

Толико ствари као да је испуњено намером
Да буду изгубљене, да њихов губитак није штета.

Али, некако је кинеска поезија била та која ми је говорила.

Као да ћеш од читања кинеске поезије да постанеш Кинез!

БЛОНДИ / Колико сам била срећна што видим да се поново занима за поезију! Ма колико то деловало као да одскаче од његовог ироничног, одраслог ја.

Замена за певање, можда?

Понекад би ми понешто прочитао.

— Предивно — рекла бих ја. — Читај ми још.

Затим, једнога дана сам рекла: — И ја осећам сродност са тим песмама.

— Стварно — рекао је он.

— Волим што те тера да успориш. Што те тера да осетиш тренутак.

— Што те тера да осетиш тренутак.

— Знам да то звучи сувише Њу Ејџ.

— Можда тебе тера да осетиш тренутак — рекао је он. — Али ја савршено знам тај начин размишљања. Препознајем га.

КАРНЕГИ / Могао сам да чујем себе како дижем глас и постајем нестрпљив и тако упоран, да ме је то изненадило.

Онда је Блонди полако рекла: — То ти је у крви.

— Да.

— У реду — рекла је. А онда је одједном зазвучала као њен отац: — Па, шта онда то значи? По твом мишљењу?

Једнога дана нашао сам нову туру фотографија. Људи су на тим сликама углавном носили кинеску одећу, али је неколико млађих мушкараца носило западну. Имали су блиставу косу и блистава лица, и донекле надмено држање. Ко је ко? Покушавао сам да се сетим ствари које ми је мајка говорила током година, али је све чега сам успео да се присетим било то да највећи део породице није више жив. Да је изгубила сву тројицу браће — или су јој то била полубраћа? — у рату са Јапаном. Да ли су то били они надмени људи? Сетио сам се и тога да јој је отац умро рано — да није он један од оних старијих људи у кимону? — и да, мада су жене у породици њене мајке обично живеле и по стотину година, њена мајка — једна од оних жена? — такође је умрла млада, од туге и сиромаштва. Она у ствари и није била супруга мога деде, него његова жена за љубав — конкубина — његова миљеница. Сетио сам се и тога да ми је деда био научник који је постао трговац паприком, и када је умро, његова породица је истерала моју баку из куће. Али ништа више од тога нисам могао да се сетим.

Блонди је рекла, да сам женско, знао бих све, и ко зна није ли била у праву. Колико год ми било неподношљиво све што је Њу Ејџ, ипак сам, на њен предлог, почео да медитирам, да видим хоће ли ми то помоћи да се сетим. Ноћу сам поред кревета држао мало бележницу, а другу по дану носио са собом, за случај да се присетим нечега.

Омм. Оммм.

То као да је мало помогло. Само, оно чега сам се сетио нису биле приче о мојој породици у Кини, колико слике из мог детињства овде: моје мајке, младе и забринуте. Млека у праху које смо пили, пошто нисмо имали пара за свеже. Сећам се бресака које је мајка једнога дана донела — две прелепе, огромне брескве, не једну за себе а другу за мене, него обе да их поделимо, једну тога дана, а једну следећег. Једна је била нагњечена; захтевала је да она поједе тај део. Сетио сам се гипке чврстине њихове паперјасте коже; сетио сам се њиховог тешког мириса и сочног меса и, унутра, оних чудних чашица оивичених црвеним у којима су стајале наборане коштице. Били су тако чврсто срасли, месо и коштице, тако су се савршено уклапали једно у друго; а ипак, гле како су се раздвајали, као од шале, на нашим пластичним тањирићима. Били су то тањирићи за шоље које је моја мајка јефтино купила да би их користила као мале тањире и који су још били у добром стању. Нису били попут већих тањира, који су, пошто су коришћени као даске за сечење, имали дугачке тамносмеђе огреботине у средини. На другој страни стола, метални вентилатор се окретао и окретао, попут радара на бојном броду. Како је топло било у стану у којем смо живели! Лети, наравно, али и зими. Било је то зато што смо живели на последњем спрату, стално је понављала моја мајка. У сваком случају, боље је што нам је превише врућина, него да нам је превише хладно, и како смо само срећни што имамо прозор. Остављали смо га отвореног док не би искључили грејање, у пролеће, и не помишљајући како ће хладна бити кућа у којој ћемо једнога дана живети, када коначно будемо довољно богати да купимо кућу, али не и довољно богати да не обраћамо пажњу на мерач гаса.

Сваки дан је био велика борба, али је та борба вођена са циљем. Мајка ме је тукла, истина — лењиром или каишем, по том питању није била строга — али је и то давало неки смисао стварима. Учинило од мене део плана.

Или сам барем тако покушао да објасним Блонди. Покушао сам да јој представим дуге дане све до вечери када је моја мајка радила водећи књиге — имала је два посла. Покушао сам да јој пренесем с каквим сам је нестрпљењем чекао, сам у стану, после школе. Како бих скочио на ноге када бих је чуо како се пење степеницама. Чак и у једанаест увече умарширала би као да је дан тек почео; а онда би дошло време за још једно свођење рачуна. Истукла би ме ако бих свратио код неког друга кући, а онда је слагао у вези с тим. Истукла би ме ако бих био ухваћен како крадем бомбоне. Истукла би ме ако бих закаснио са домаћим задатком, или добио Б из математике.

— О, мили — рекла је Блонди.

Моја мајка никада није причала о томе како јој је прошао дан, или о својој прошлости, или о мом оцу, објаснио сам јој. Никад се нисмо питали шта је живот, или да ли смо срећни..Стан је био превише топао; ето, то смо знали. Досадило нам је да слушамо како нам се суседи свађају. Желели смо да свако поједе по целу брескву.

— Разуме се да сте желели — рекла је Блонди.

— На неки начин, ипак смо имали среће. *Ово је велики живот*, рекла је једном приликом моја мајка, пошто смо се преселили. Прошетала је кроз кућу пребројавајући прозоре и рекла, *Толико је људи који немају своју причу; ми имамо своју причу. Велики живот, велику причу. Сваког дана се пењемо све више и више! У неком смислу смо врло срећни.*

Блонди је на тренутак поћутала, а онда је рекла: — То су били величанствени дани.

— Не треба романтизовати ствари — рекао сам ја.
— Ипак су били величанствени.
— Зарађивали смо паре.
— Не може бити забавно када је човек тако сиромашан.
— Не.
— Али живот је једноставнији. Тежи, али једноставнији. Као живот на фарми.
— Тачно. То је био наш Висконсин — насмејао сам се. Није нам било потребно да намерно тражимо једноставност кад смо имали онолику нежељену једноставност. Кад смо већ код тога, баш сам хтео нешто да ти кажем. Нека жена живи у једној од колиба у Мејну. Јесам ли ти то рекао?

— Стварно — рекла је Блонди, устукнувши.
— Зове се Сју.
— Да није г. Бакова праунука?
— Знала си — рекао сам ја.
— Фамозна Сју — рекла је Блонди. — Је ли то Бејли?

Обавестио сам је о новостима док смо се пењали у дечију собу.

— Разгледање! — рекла је, подижући ролетне; светлост је наврла у собу. — И ћерка. Живи у нашој кући, ни мање, ни више. Лепо, богами. Шта је ово?

Бејли се клатио стојећи четвороношке, ударајући главом у тапацирану оградицу колевке.

— Јел' ти то пузиш? — почела је да му тепа. — Зар си се успузао кроз целу колевку?

БЛОНДИ / Како смо били поносни! Али и забринути, наравно, што удара главом.

КАРНЕГИ / Из једног од писама у којима ми је изражавано саучешће сазнао сам да је наш легендарни рођак који је некада давно дочекао моју мокру мајку у Хонг Конгу још жив. Узвратио сам на ту поруку да бих добио обавештење како да ступим у везу са њим, и после неког времена добио све начине на које могу да га контактирам, укључујући и електронску адресу. То ми је омогућило да га обавестим о смрти моје мајке.

БЛОНДИ / Ето како је, неколико месеци после сахране, Карнеги одједном открио да је његова мајка оставила тестамент.
— Мислила сам да јој је сав новац отишао на плаћање рачуна у Панорами — рекла сам ја.
— Није оставила новац — рекао је Карнеги.
Породична књига, како је изгледало, била је породична историја, цела на кинеском, коју је Мама Вонг некако послала свом рођаку у Хонг Конг.

КАРНЕГИ / Кинеске породице су водиле такве белешке, то ми је било познато. Некада је прва ствар коју би човек учинио ако би се обогатио била да наручи ажурирање породичне књиге. Неке од њих пописивале су читаве династије; неке су биле дугачке и по више од хиљаду страница. Знао сам то, а ипак: зар моја породица да има такву књигу! Нисам могао да верујем. Размишљао сам о бележницама које сам се годинама трудио да попуњавам. Размишљао о сликама које сам прегледао. Све је то у реду. Али, сада још и ово; било је то нешто сасвим друго.
— Биће на кинеском — упозорила ме је Блонди.
— Баш ме брига, нека је и на литванском — рекао сам ја.
— Схваташ ли шта је то?
Тестамент, како смо сазнали, био је написан пре неких пет година.
— Али, пре пет година је твоја мајка већ имала алцхајмер — рекла је Блонди. — Да ли је тестамент ваљан?

Добро питање. Тестамент није био правоваљани правни инструмент. Мама Вонг је, на крају крајева, званично била дементна када га је написала. Мама Вонг, штавише, за њега није имала сведока. Мама Вонг је напросто записала своје жеље, пола на кинеском, пола на енглеском, и послала их прекоморском поштом свом рођаку у Хонг Конг.

Али законитост, како се испоставило, овде није била важно питање. Законит или незаконит, чињеница је да је Мама Вонг породичну књигу оставила Венди — јединој правој Кинескињи у породици, како ју је звала...

БЛОНДИ / Значи, Мама Вонг је схватила да је Венди доведена из Кине!

КАРНЕГИ / ... под једним условом: да децу одгаји нека моја рођака.

БЛОНДИ / Она коју нисмо упознали, она из Шандонга — унуку-сестричину свастике свекра Маме Вонг. Како је Мама Вонг уопште сазнала да она постоји? Није важно. Њено презиме било је Лин. Отац јој је био из Сужоуа.

КАРНЕГИ / Било нам је поручено да помогнемо тој рођаки, која је изгледа била сироче, да дође да живи са нама као дадиља на неодређени број година. Моја драга мајка је писала:

Тако ће деца бар говорити кинески, а не као Карнеги.

— Знамо ли ми уопште да ли то сироче жели да дође? — питала је Блонди. И: — Има ли начина да то заобиђемо?
Распитивали смо се и истраживали, али наш врли рођак из Хонг Конга је у својој електронској поруци био врло одлучан:

Ја сам привлачан удовац, али се ипак никада нисам поново оженио, пошто сам тако обећао својој супрузи када је била на самрти. Када је умрла, обећао сам јој да никада нећу ни погледати другу жену, и нисам. Ни погледао, ни било шта друго урадио, да додам и то. Штавише, престао сам да пијем пиво и да једем сладолед, јер сам се на то заклео мојој мајци када је она била на самрти. Можда мислите да је то чудно, али мени то уопште не смета. Она је тако остала спокојна јер је добила јемство да ћу се бринути о свом здрављу када ње више не буде. Људи увек воле да добију јемство, зар вам се не чини тако? То је у људској природи. Кад год видим да људи пију, ја помислим на то јемство и осетим некакав мир у срцу.

Одговорили смо му. У новој дугачкој електронској поруци, г. Мир-У-Срцу нам је објаснио да му није важно да ли је Мама Вонг била дементна или није.

Њен бриљантни ум очигледно је био бистар као поток када је написала тај тестамент. Када бисте видели рукопис, запањили бисте се; савршено је читак. Радо ћу вам факсирати копију. А имајте у виду и чињеницу да се, по свему судећи, сећала моје адресе, и направила је само малу грешку, забунила се око броја стана. Уместо 726 написала је 762. Па, зар вас то не запрепашћује? Мене јесте запрепастило.

— Добро би нам дошао неко нови — рекао сам ја.

БЛОНДИ / Истина, наша тадашња дадиља, Лиса, која није живела са нама, била је савршено непоуздана. Бејлију се допадала, али нам се јавила и рекла да је болесна када јој је нестала мачка. Јавила се и рекла да је болесна када јој је дошао дечко. Јављала се да је болесна када би имала главобољу.

Са друге стране, какве су се све приче могле чути о дадиљама које живе у кући! Имали смо пријатељицу која није скувала ништа откако је дошла њена драга Луси. И сами смо годину дана имали потпуно савршену ситерку Кинескињу, када су девојчице биле мале — Јинг, тако се звала. Сви наши пријатељи причали су о томе колико је савршена.

Али, била је и једна дадиља која је крала бебину одећу. Била је и дадиља коју је прогањао бивши дечко. Била је и дадиља која је свуда сакривала пиће.

Наравно, Лан — име јој је било Лан — не би била обична дадиља. Што се тиче начина на који бисмо је довели, Карнеги је рекао да би могла да дође као студент.

— То би могло да се среди — рекао је.

Волела бих да сам могла да кажем не. Али, чак и сада, кад затворим очи, понекад бих видела Маму Вонг како пада, пада.

— Друга жена — рекла сам. — Само је твоја мајка...

— Каква друга жена?

— Само је твоја мајка — рекла сам — могла да нам пошаље, са оне стране гроба, жену којим је требало да се ожениш.

II ДЕО

10
Како бити срећан

БЛОНДИ / Како је гомила исписане хартије могла да буде толико значајна? Није то била чак ни права књига, него само обећање књиге — обећање послато електронском поштом. Ко зна да ли је та књига уопште постојала? А тек онај г. Мир-у-Срцу! Понекад бих замишљала Маму Вонг како управо израња после пливања кроз луку. Замишљала сам како с ње цури вода, са кошаркашким лоптама још под мишкама, како стоји на улици испред стана свог рођака и звони. Каква би морала бити особа која би напросто рекла, *Пойни се*? И зар таква особа не би била кадра да помогне и у другим стварима? Можда чак и да пристане да се јави њеном сину после њене смрти и да му обећа породичну књигу, мада у ствари књиге није ни било? Мада је, у ствари, постојала само њена решеност, жестока као и решеност која ју је довела са Копна, да своју снаху замени неком женом која јој се више допадала?

— Мислим да се то зове паранoja — рекао је Карнеги.

Да и не помињемо инцидент са милион долара. Да и не помињемо обећање које се претворило у *Којих милион долара? Као ga ja имам милион долара.* Веровао је у оно у шта је желео да верује.

Наравно, књига је могла и постојати. И ja сам у то веровала. Али, Карнеги није хтео ни да помисли ништа друго. Веровао је не само да та књига постоји, него и да он има обавезу да je се домогне — да би било неприродно да се таква књига не преноси са колена на колено.

На неки начин, разумела сам то.

А ипак сам питала: — Шта ако је то само списак имена који не можеш да прочиташ?

Признао је да је у неким од тих књига било само забележено понешто о сваком члану породице, али у неким и није, неке су биле само породична стабла.

А ако је његова само породично стабло које неће моћи да прочита — зар се због тога, више него због било чега другог, неће осећати као обичан Американац?

Покушала сам обазриво да му поставим то питање, али се Карнеги ипак наљутио.

— Зар тако треба да се осећаш због породичних успомена? — питао ме је. — Као обичан Американац? А шта је са празним кутијама твоје баке Доти?

— Сигурна сам да бих се у вези с њима осећала другачије ако би због тога неки рођак из Немачке требало да се досели код нас на неколико година.

— То ми је све што имам — рекао је. — Немам сестара, немам браће, ни стричева, ни тетака. Као да сам на пољани у помрчини. Наравно да ми је књига важна. Немам никога од породице.

— А шта су ти твоја деца? Шта сам ти ја? Зар ми нисмо твоја породица?

Он је поћутао, а онда је рекао: — Претпостављам да знаш на шта сам мислио.

Наравно да сам знала.

Пољубио ме је у врат.

— Не брини — промрмљао је. — Убеђен сам да ће ме та жена подсећати на моју мајку. И помисли шта ће то једнога дана значити *бамбинима*. Нарочито Бејлију, али и девојчицама. Да знају одакле су можда потекли. Веруј ми. Та књига, та дадиља неће имати никаквог утицаја на наш брак.

Али они су већ имали утицаја на наш брак — већ сам осећала да он није расположен да нас брани од смицалица своје мајке. А тек јачина његове жеље — изгледало је као да нас је већ напола напустио. Као да је имао љубавницу.

Габријела ми је писала у електронској поруци:

и ја бих се осећала напуштено, али би можда требало да му даш времена, можда још тугује, и то је све. чини ми се да сам прочитала нешто о томе како је бити заљубљен и бити ожалошћен много сличније међу собом него што би се рекло.

На шта сам ја одговорила:

А шта са другом женом? Треба ли да је пустим да дође?

Габријела:

имаш ли избора? нисам сигурна да имаш избора.

Тестамент као да је убрзао неку нову фазу туговања. Карнеги је био затворенији него одмах после мајчине смрти.

— Све што сам желео, знаш, док ми је мајка била жива, било је да побегнем од ње — рекао је једнога дана. — Све што сам желео било је да будем слободан.

— А сада када си слободан...

— Слободно сам ланцима везао себе за њу.

Насмејао се и та иронија била је знак наде. Ипак је сада проводио сате у четовању на Интернету са људима који имају породичне књиге.

КАРНЕГИ / Колико ће томова имати? Које ће боје бити? И какве ће бити странице? Да ли ће бити од пиринчане хартије? Да ли ће то бити конвенционални листови увезани у конвенционалну књигу? Или они водоравни листови налик свицима за које сам чуо, пресавијени на пола и увезани свиленим концем? Да ли ће бити потребна рестаурација? Хоћу ли схватити како је датирана? Изгледа да су Кинези користили византијски систем који је укључивао пресек циклуса од десет и дванаест година, који су почињали изнова са сваким новим царем. Или је бар тако рекао неки момак у чету. На срећу, неки други нас је обавестио да постоје таблице за претварање кинеског система у наш који се без тешкоћа могао наћи у Кинеској четврти.

БЛОНДИ / Колико се дуго та опсесија надвијала над нашим главама!

На крају је ипак постао мање опседнут тиме. На крају је постао смиренији и уверенији да ће се домоћи књиге, тако да је на крају осетио усредсређено олакшање какво даје вера. То је на известан начин било дивно. Али, на известан начин је било и збуњујуће. Његово убеђење било је тако тврдо да је готово могао да га стави на полицу уместо књиге која је требало да стигне. Само је требало, веровао је, да има стрпљења.

КАРНЕГИ / И наравно, да обезбедим колебљиву подршку моје жене.

БЛОНДИ / — Наша породица ће увек бити наша породица — уверавао ме је.
— Хоће ли?
— А ти ћеш увек бити моја Блонди.
Водили смо љубав те ноћи, па онда поново у зору — пошто смо заспали наги, не оправши зубе, склупчани заједно као младенци. Нисмо, што је било право чудо за наше године, били уморни. Још смо се мало љубили док није зазвонио будилник — и то како гласно! И у огледалу у купатилу, стајали смо још румени. Ја сам сва била у печатима. Његова кожа била је равномерне боје. Обоје срећни.
Зар то није била љубав?
Наша породица ће увек бити наша породица.

Размишљала сам о овим речима неколико месеци касније, док сам писала Габријели:

Девојке нису више сасвим моје.

А зашто то кажеш — одговорила ми је она.

Венди је синоћ казала, „Ланлан је као ми. Напросто јесте, не могу то да објасним. Ланлан све разуме, чак и ако јој не кажеш. Уме да нам чита мисли."

а Лизи?

Лизи каже да стварно не би била изненађена када би открила да јој је Лан права мајка. „Ланлан копира", каже. „Као, увек пита шта друга деца мисле, и не говори ствари као шта те брига. Плус, уме да препозна фолиранта чим га види."

разумем зашто си забринута.

ВЕНДИ / Ланлан нас учи кинески, почиње од *Ni uou mei uou Zhonguo penguou?* — Имаш ли неког кинеског пријатеља? То је уврнуто.

Али убрзо схвата шта ће да упали. Свима нам даје кинеска имена, за почетак, која смо у ствари некако већ имали, каже тата, претпостављам да нам је његова мама дала нека имена. Само што нико не може да се сети која су, зато Ланлан мора да нам да нова, и зато мора да нас научи да их пишемо. Зато да не заборавимо. Ја сам Вен Ли, што значи снага културе. Лизи је Зи Ли, што значи самоснага — независност. Бејли је Баи Ли, онај који има снагу. А смислила је и све у вези са нама. Као кад пита да ли ја волим пинг-понг. А да ли волим да цртам? И да ли волим да певам песме? Волим кад учим да стружем кинеско мастило каменом за мастило и да сликам бамбусе кинеском четкицом, и сад умем сама да направим гомилу папирних животиња, као панду, и жабу, и феникса. Понекад ја учим Ланлан да игра шах док Ланлан мене учи кинески, сатима можемо да причамо о сицилијанској одбрани.

Волим да слушам кинеске верзије прича које знамо. Као што је Црвенкапа, само је јунак војник који извади баку из вуковог стомака, и не убија вука, него га припитоми, тако да су на крају сви постали пријатељи. Постоје и кинеске верзије песама које знамо. Као „Frère Jacques" које је постало

> *Два су ти-гра, два су ти-гра*
> *Тр-ча-ла, тр-ча-ла,*
> *Један нема у-ши,*
> *Други нема ре-па,*
> *Чуд-на ствар, чуд-на ствар.*

Мама не воли ту песму зато што за тигрове каже да су чудни, каже, уопште не воли кад се прича да је неко чудан.

БЛОНДИ / Кинези имају толико много духовитих израза са речју „чудан". На пример, *guai wu*, „чудне звери", што значи странци.

ВЕНДИ / Али тати не смета, задовољан је кад нас Ланлан било шта учи, само ако је на кинеском. Мисли да је то добро за нас, нарочито за Бејлија, мада ни мени ни Лизи није неважно. Али, он као да хоће да сви буду макар мало Кинези, а ја и Лизи већ имамо црну косу. Не мора толико да брине због нас, нисмо у опасности да постанемо тоталне Бејлијеве.

— Желим да Бејли буде Бејли Вонг — каже. — А не Бејли Бејли.

Ипак, мама каже да јој та песмица се не свиђа, не воли да се за нешто каже да је чудно. Није да мама не сматра да су ствари чудне исто колико то мисли и Ланлан, каже Лизи, него само мисли да није лепо да се тако нешто каже.

— А шта је горе? — каже Лизи.

Лизи је одушевљена својим дечком Раселом, који се такође бави музиком, мада не баш кинеском, наравно. Он је више за ствари као што су Корн, Крид, РАТМ, и Лени Кравиц.

Он је у вишем разреду и свира гитару, онако озбиљно, каже Лизи. Исто тако, сам избељује своје фармерице, уместо да плаћа по двеста долара да му их избледи неко други, и може да позајми кола од родитеља кад год хоће, пошто имају троја. Лизи каже да Расел хоће да живи у колиби и да сам себи лови храну, и да не виђа никога кога не жели да види. Што као значи да хоће само да виђа Лизи и момке из његовог бенда, и можда Лизину најбољу пријатељицу, Ксанаду, која излази са бубњаром.

— Не верујем да би ти се свидело да сама себи ловиш храну — кажем ја.

Наравно, Лизи на то само подврне рукаве и гледа своју тетоважу од кане, као да се од тога што ја говорим такве ствари њена тетоважа размаже или тако нешто.

Али, онда каже: — Ја никад не бих могла да чистим рибу. Мало је хвата језа. Напољу постаје хладније.

— Вероватно би морала да једеш веверице — кажем ја.

И неко време седимо тамо и гледамо козу како трчкара по дворишту. Доле око шуме се хвата магла, ту су они хладни цепови, па онда само можеш да видиш копита како поскакују у магли. Наравно да не би требало да је напољу, али ипак јесте, па добро. Пуштамо је да трчи. И због тога се некако осећамо као сестре — зато што обе седимо и гледамо и само и даље седимо. Зато што знамо да ће се вратити, Томи се увек враћа.

— Веверице, бљак — каже Лизи.

Смејемо се.

Волим кинеске песме, зато што су оне као да радим све што сам радила док сам била мала, само другачије. Као да поново растем, само на неком месту као што је оно о којем прича Расел, где нема Елејн.

— Ти си Кинескиња! — каже Елејн када дођем у школу. — Ти си Кинескиња!

— Ја сам америчка Кинескиња, а шта си ти? — кажем ја.

Мама каже да то треба да говорим, пре свега зато што кад кажеш само Кинескиња, то значи да и не живиш стварно овде, као Ланлан, а ја, наравно, живим овде. Такође, то би, чини ми се, требало да мало збуни ону другу особу, па да не зна тачно шта треба да одговори.

Али Елејн се не збуњује.

— Ја сам права Американка — каже она.

У школи би требало да говоримо о својим коренима, и тако прво што она каже кад подигне руку јесте: — Венди је из Кине.

— Хвала, Елејн, молим те, дозволи Венди да нам сама каже одакле је — каже госпођица Тоби. И још каже: — Венди, одакле си ти?

Али, ја не кажем ништа, баш као што ми пише у сведочанству, понекад не кажем ништа.

— Неће она ништа да каже! — каже Елејн. — Зна да говори, али не говори! Стидљива је!

— Хвала, Елејн, доста је било — каже госпођица Тоби.

— Ја нисам стидљива! — каже Елејн. — Ја сам отворена!

— Хвала, Елејн — понавља госпођица Тоби, и овог пута може се видети како уме да накриви главу устрану кад је љута.

— Ја сам отворена, а то је у Америци добро, зато што, ако сам не узмеш шта је твоје, нико ти други неће дати — каже Елејн.

— Ако будем морала да ти захвалим још једанпут — каже госпођица Тоби — добићеш Нобелову награду.

Госпођица Тоби је рекла мами да ћемо морати цео час да посветимо Кини, зато што су сви одушевљени, осим мене.

БЛОНДИ / — Ниси поносна? — упитала сам је.

Одмахнула је главом.

— То је због оне Елејн, зар не — рекла сам.

Она је погледала у своја колена.

— Разговараћу са госпођицом Тоби.

— Немој — почела је тада да ме моли. — Стварно ти кажем.

Седеле смо у њеној спаваћој соби окружене кинеским папучама, кинеским фигурицама од папира, кинеским луткама, сликама рађеним четкицом. Имала је кинески кавез за птице и кинески кавез за зрикавце. Имала је кинеску свилену сукњу оивичену везом.

КАРНЕГИ / Концентрисање кинеских стварчица у спаваћој соби усвојеног детета, класична грешка.

БЛОНДИ / Али, Лизи је све своје кинеске ствари у једном тренутку поклонила Венди, па је тако све било у њеној соби.

КАРНЕГИ / Права продавница ситница из Кинеске четврти.

БЛОНДИ / Наравно, било је и неазијских предмета. Осим пуњеног панде, било је још много других пуњених животиња. Књига. Вендина собна шаховска табла, на којој је играла против себе. Било је то нешто што је Венди умела да уради — да стане на обе стране и да одигра игру.
Нимало налик својој сестри Лизи!
— Жао ми је што ниси одушевљена — рекла сам.
Она је слегнула раменима.
Дошло ми је да плачем. Како то да није одушевљена?

КАРНЕГИ / На крају крајева, зар нисмо правили кинеске лампионе, и кинеске трке змајева, и кинеске кнедле, од њене друге године? Камп кинеске културе? Центар кинеске заједнице? Претплатили смо се на билтен *Породице са децом из Кине*. И како смо се само лавовски борили да јој изградимо самопоштовање, да јој дамо „инструменте" за њен „инструментаријум". Зар нисмо обрачунавали стање на рачуну на њеној рачунаљци? Нисмо ли јој налазили азијске лутке? Набављали јој мултирасне бојице?

БЛОНДИ / Нисмо отишли тако далеко да се преселимо у Кинеску четврт, као што су радили неки људи. Али ја нисам била та која се противила тој идеји. Карнеги је био тај који се насмејао и рако да као да чује своју мајку.
Ти људи су йолудели за Кином.

КАРНЕГИ / Шта би им значило само недељу дана са Мамом Вонг.

БЛОНДИ / А ипак, у то време смо озбиљно разговарали о селидби — хтели смо да урадимо нешто, било шта за то дете које је по целу боговетну ноћ плакало у сну. Пре Венди, никако нисмо могли да замислимо тако нешто — да би дете могло да јеца у сну. То је трајало месецима. Да смо мислили да би њој Кинеска четврт изгледала као Кина, преселили бисмо се.

Још бих се понекад пробудила усред ноћи, и учинило би ми се да чујем плач. Још бих понекад ушла у спваћу собу и спустила руку на њена топла, кошчата леђа, захвална на равномерном спокојству с којим су се дизала и спуштала. Била сам захвална што више нису подрхтавала и стресала се као некада, из ноћи у ноћ. Вендин прозор гледао је на двориште — под благом косином, земљиште се пресијавало и под најслабијом месечином попут нечега што расте. И на томе сам била веома захвална. Какав је благослов имати нешто што се може посматрати током оних дугих часова.

— Нећеш морати да говориш кинески пред својим друговима — рекла сам сада. — Ако си због тога забринута.

Била је поређала неке тамне углачане каменчиће на свој сто, поставивши их у блистав низ.

— Мада, могу да се кладим да никад нису упознали никога њихових година ко говори кинески — рекла сам.

— Знала сам да ћеш то да кажеш.

Растурила је низ каменчића.

— Извини. Не мораш. Заиста.

Венди је зурила у камење. На њиховим блиставим заобљеним површинама могла сам да видим како се одражава њено мршаво лице, каменчић за каменчићем.

Није ми била намера да је приморавам. Ипак, нисам хтела ни да охрабрујем њену стидљивост. Са Венди ми је било тешко да следим своје инстинкте. На пример, сада ми је инстинкт говорио да треба да је загрлим. Ипак, нисам то учинила, пошто она никада није много волела да се грли, као што, одмах по доласку код нас, није волела ни да је држимо у наручју и да зуримо у њу. Предвиђала сам да ће бити проблема са везивањем — прочитала сам да би требало по цео дан да је носим у носиљци на грудима. Али сам прочитала и то да би требало да пратим бебине потребе; а она је много више волела да лежи у колевци. Или још боље, да седи везана у аутомобилској столичици, чије се седиште извлачило и могло је да се љуља. Та врста столица била је у ствари направљена за бебе — нисам хтела да она у њој проводи сате. Али, како је изгледало, њој је та столица била позната ствар. А пошто се онако споро поправљала у тежини откако је дошла у Америку, могла је да стане у њу дуже него већина друге деце.

У кинеском сиротишту, у тренутку када нас нико није надгледао, завирили смо у смеђу собу пуну пластичних зелених столица са кајшевима. Да ли су нашу Венди заиста везивали за неку такву столицу? Помислили смо да су децу везивали за столице вероватно зато да би их спречили да пузе по подовима, који су били од начетих цигала и бетона. Зашто би то радили нашој Венди? Она, пошто је наводно имала десет месеци када смо је усвојили, још није пузила. Помислили смо и то да, иако је помајка радила у сиротишту, Венди, теоретски, није тамо живела. Наша Венди је, теоретски, живела у кући своје помајке.

Ипак, Венди је волела столицу за љуљање, и пластичне столице уопште.

То се променило када се усправила на ноге. *Моја трећа нога*, тако сам је тада звала. Како се само привијала уз мене! И колико смо ми срећни били због тога — какво нам је то олакшање донело! Зато сам се понекад питала да је нисмо на неки начин охрабривали да се хвата за некога, у жељи да је испунимо топлином која јој је, како смо веровали, недостајала.

Да ли је због тога постала стидљивија него што би иначе била?

Сада сам јој нежно додирнула колено.

— Заиста тако мислим — поновила сам.

Измакла је колено, и даље зурећи у камење. Коса јој је пала преко лица. Леђа су јој се повила као да и она хоће да се претвори у камен.

— Мрзим да радим нешто на часу — рекла је. — Мрзим чак и да подигнем руку.

— Знам — рекла сам ја, опирући се пориву да склоним ону завесу. Међутим, говорила сам кроз њу, као свештенику у исповедаоници. — Ако хоћеш, било би ми драго да дођем на час и ја урадим нешто.

— Шта да урадиш? — рекла је. — Да причаш о оној саобраћајној незгоди?

— А шта мислиш, да причам о Кинеској Новој години? — рекла сам ја. — И откуд ти уопште знаш за незгоду?

ВЕНДИ / — Лизи ми је испричала — рекла сам. — Зар је то нека тајна? Лизи каже да су многе ствари у овој кући тајна.

— Није тајна — каже мама. — Само се трудимо да не размишљамо о непријатним стварима.

— Откуд то?

— Трудимо се да будемо срећни — каже мама.

— Лизи каже да причате о свакаквим стварима иза наших леђа — кажем ја. — Каже да причате о нама.

— Наравно да причамо о вама — каже мама. — Причамо о томе како вам иде. Шта је наставник рекао, и такве свари.

— Али, шта кажете?

— Следећи пут ћу да запишем — каже мама. — У реду?

— Заборавићеш.

— Знаш, могло би ми се десити — уздише она. — У последње време сам много заборавна, ето шта је у питању. Узимам ону траву, знаш, гинко? Због памћења. И прилично сам заузета. Али, трудићу се.

— Нећеш зато заборавити — кажем ја.

БЛОНДИ / У том тренутку као да сам чула Лизи како говори из Венди. Друго дете често има такав двпструки начин говора.

— Некада сам — рекла сам — могла просто да кажем да нећу заборавити. Не бих морала да те оптерећујем тиме колико ће ми бити тешко да се сетим. Има толико ствари које радим истовремено. Питање је да ли ћу се довољно наспавати. Ето, такве ствари кријемо од вас. Разумеш ли?

Звецкала је својим каменчићима док сам ја покушавала да заборавим понешто од оних истовремених ствари. На пример, запаљење уха њеног млађег брата — колико је само често имао запаљење уха! И онај интервју са неким — шта оно беше? — пословним часописом у којем су ме три пута питали зар нашу фирму у ствари не занима пре свега профит. Могу ли да порекнем да је перспектива друштвене одговорности само начин да се разликујемо од других фондова? Могу ли да порекнем да је све то само маркетинг?

Могу ли?

— То баш и не значи да смо неискрени — рекла сам.

— Али, има и других ствари, зар не? Које не говорите?

То је и због шаха, у шаху је научила како да поставља замке.

— Да — рекла сам. — Претпостављам да има.

— Хммм — рекла је она. — Ево.

Затим је спустила неколико каменчића, још топлих од њене руке, у моју. Прихватила сам их са изненађењем. Из веће близине, под другачијим светлом, могла сам видети да су на каменчићима били отисци прстију — Вендиних или мојих, или нас обеју. Како су само деловали благо, изненадила сам се колико благо. Можда зато што су били топли?

ВЕНДИ / Мама ми трља колено на начин који се њој из неког разлога допада, као да углачава кваку на вратима.

— Хвала — каже. Склања ми косу иза ушију да ми не би падала на лице, па онда каже: — Да ли би желела да Лан дође на час? Може Лан да дође уместо мене.

— Не — кажем ја.

На лицу јој се онда види такво олакшање да ми је дође жао.

— Ланлан каже да нико у Кини не прави новогодишњи ручак као ми — кажем ја. Каже да не праве ни месо са варивом, или бар не овако као код нас, где све нешто значи.

— Па, тако се радило у татиној породици.

— Ланлан каже да нико у Кини не једе колачиће среће.

— Можемо све да заборавимо, ако тако желиш.

— У реду — кажем ја.

— Добро — каже она играјући се каменчићима које сам јој дала.

— У реду — понављам ја.

Али, ако мама и може да заборави на то, Елејн никако не може.

— Имаћемо час о Кини! — каже. Кад год ме види, каже: — Имаћемо час о Кини! Хоћеш ли пред свима да говориш кинески? Сви једва чекају да те чују како причаш кинески!

Кинески ми одлично иде, баш као што мама каже, већ могу да говорим боље од Лизи и од маме, а наравно, и од Бејлија, који не уме да прича. Мама каже да не може да разуме ни пола од онога чему се Ланлан и ја смејемо, каже да је то зато што сам стално слушала кинески док сам била беба.

Сад је Лизи љубоморна.

— Нема причања на кинеском! — дрекне понекад, ухвати Ланлан за руку и привуче је себи. — И шта је толико смешно, што и мени не кажете? Доста приче на кинеском!

Али, ако не причамо кинески, онда се наљути мама. Пошто некад будемо једна поред друге и уопште и не морамо да причамо. Као да Ланлан ионако зна о чему ја мислим, и као да и ја могу да осетим како је њој, нарочито ако је тужна.

— Шта ми радите, бубице? — пита нас мама ако само тако ћутимо. Као, кад ја загрлим Ланлан, или ако се играм њеном косом. Или ако само седимо и не радимо ништа, чекамо да сване, или да се смркне.
— Бубице, доста је било! — каже. — И заиста мислим да је доста било!

БЛОНДИ / Одувек сам мислила да су Кинези веома марљиви. А ипак, како само лењи могу да буду, како само вешто могу да ухвате кривину. На пример, да ли је заиста било неопходно прикачити Бејлију за кошуљу марамицу којом му се брише нос? Зар је заиста превише посла узети папирну марамицу? Да ли смо заиста морали да гледамо ону слинаву крпицу како му виси преко рамена?

ВЕНДИ / — Што не направите нешто од хартије — каже мама. — Одавно то нисте радиле.
Онда ми направимо нешто, док Бејли још спава. Правимо ствари за нови миленијум, конфете и шешире и украсе за прозоре, и смешне наочаре на којима гледаш кроз две нуле на 2000. Ланлан покушава да изговори „миленијум", а ја се трудим да јој објасним зашто сви праве залихе хране и таквих ствари.
— То ти је због компјутера — објашњавам. — Тата каже да много компјутера иде до 1999 и готово. Мисле да после тога нема ничега.
Ланлан одмахује главом, и кад ја кажем „Y2K", она понавља „Y2K". Нисам сигурна ни шта значи „Y", ни шта значи „К", али тако причају компјутераши, кажем јој ја, тако зову целу ту фрку.
— Људи се брину да ће нам нестати струје и да ништа неће радити, и то ће бити као катастрофа — кажем ја.
Ланлан ме слуша. Затим мора да оде по Бејлија, кога чујемо преко апарата, свакако се пробудио, у ствари, скаче горе-доле у колевци, као да је на трамбулини.

— Није фер — каже Лизи. — Није фер што је Венди усвојена из Кине и говори кинески, а нико уопште и не зна шта сам ја и одакле сам. Мрзим што се не зна шта сам ја.

И једнога дана, док скупља мрвице колача са тепиха у дневној соби, одједном погледа маму и каже: — Вероватно ме је зато моја права мама напустила, зар не мислиш да је то зато?

— Не мислим — каже мама. — Ја мислим да те је оставила пред црквом зато што те је волела, а знала је да не може да се стара о теби.

ЛИЗИ / Вадила је објашњења као да су то поклони које би само извукла из џепа, лепо упаковани, али се видело да их није сама паковала. Као да их је купила већ спаковане, као бочицу парфема коју ће поклонити директорки школе за Божић.

— То си рекла тек да нешто кажеш — рекла сам ја. — Откуд знаш? Само причаш оно што у књигама о усвајању пише да треба да кажеш.

— Питала си ме шта мислим, а не шта знам.

— Јасно ми је, чим онако кажеш „да се стара". Нормални људи не говоре тако. То ти је као право из књиге.

— А шта је требало да кажем?

— „Да се брине". Тако говоре нормални људи. Моја права мајка је знала да „не може да се брине о мени".

— Трудимо се да кажемо „природна мајка". Јер, и ја сам ти права мајка. Обе твоје мајке су ти праве мајке.

— И то ти је као из књиге!

— Није из књиге — рекао је тата пролазећи поред нас. — То је са видеа о усвајању.

Онда је изишао.

— Карнеги Вонг! — рекла је мама. — Молим те, врати се овамо.

Али, он је имао неког посла у подруму. Као да му је тај подрум био скровиште, да се он тамо скривао, што би и признао да га је неко питао. Знам зато што сам га једном питала, а он ми је рекао да је по природи и услед дуготрајног вежбања, као и већина мушкараца, бестидан у том погледу.

ВЕНДИ / У сваком случају, тако је мало смирио Лизи. Мама само жели да и она понекад може да прича као тата. Али, не може, као да уста просто не могу да јој се мрдају на тај начин, знам зато што сам по томе иста као мама. Иако ми није природна мајка, ипак личим на њу.

ЛИЗИ / — И зашто да учим кинески кад можда уопште и нисам Кинескиња? — рекла сам.
— У праву си, није фер — рекла је мама сецкајући шаргарепу за Бејлија; стално је правила оне кутијице са сецканим поврћем и воћем и сиром. — У праву си, и не мораш да учиш кинески ако не желиш. Мада многи људи тешко могу да кажу одакле су, зато што су са много разних места. Као ја, и ја сам из многих различитих земаља. Нема за мене неке једноставне налепнице на којој пише Немица-Американка, или Шкотланђанка-Иркиња-Американка. И ја сам помало са свих страна.
— Јесте, али то није толико важно, зато што си бела и ниси усвојена. Нико се не пита одакле си ти, нико ни тебе не пита.
— Па, ја се питам.
— То је друго — рекла сам. — Јер, ако не желиш да се питаш, не мораш.
— Да ли тебе људи питају одакле си?

ВЕНДИ / Мама мисли све најбоље када то каже, то ми је јасно. Стварно је тако. Као, престане да сецка и погледа у Лизи и цело лице јој је жалосно, кад бих имала каменчиће у џепу, дала бих јој неки.

Али, Лизи не примећује кад јој неко мисли најбоље, само чује речи које јој говори.

ЛИЗИ / — А шта мислиш? — рекла сам. — Ја сам као једино дете у разреду за које се не зна одакле је, схваташ ли ти то? Једина сам.

— Не дозволи да те то погађа, Лиз — рекла је мама. — Зар не видиш да дозвољаваш да те то погађа? Треба просто да их игноришеш. И шта је са оном Моник Вотсон? Зар и она није однекуд?

— Да их игноришем! — рекла сам ја. — Немаш појма о чему причаш. И зашто мораш да говориш као да сам за све само ја крива? И још одозго Моник нема никакве везе са тим. Ја нисам, као, однекуд. Ја сам из Америке, сећаш ли се? А она је Францускиња или тако нешто. Има онај нагласак.

— Значи, има нагласак. Ти си лепа, и умеш лепо да говориш, и храбра си. Зар то ништа не значи?

Тако сам мрзела кад ми поставља таква питања, од којих ниједно није било право питање. Као, свако такво питање водило је баш тамо где је она хтела.

— Ти стварно ништа не схваташ! — рекла сам.

— Изгледа да не схватам — рекла је мама прелазећи на сецкање сира. — Али, жао ми је што не схватам. Заиста ми је жао.

— Није ти жао! Смучила сам ти се!

— Не желим да те љутим — рекла је, преставши да сецка, али тек када је дошла до краја оног комада сира. То је тако типично за њу — прави се да је толико забринута да не може да настави, а сир сав исецкан на савршене коцкице. Као да се то не примећује.

— Да си ми права мајка, схватила би! Да си ми права мајка, не би била као овај зид! Да си ми права мајка, била би као Ланлан!

ВЕНДИ / Тада сам почела да је чујем на кинеском. *Ni bu shi wode mama, ni bu shi zhende, ni shi juade.*

— Ја јесам твоја права мајка — рекла је мама уздишући.
— А ти си моја права правцата петнаестогодишњакиња.

Могу ја много тога да чујем на кинеском ако хоћу, оно што говори Лизи, и други осим ње, понекад то радим са Елејн, па ми се више не чини тако страшна. Понекад то радим и са госпођицом Тоби, мада се она труди да буде љубазна.

— Она је осетљива млада дама, и то је дивно — каже госпођица Тоби. — Драго нам је кад тако нешто видимо. И поштујемо свачија осећања, и подржавамо различитост, али не можемо да мењамо програм кад год се неко осећа лоше. Сви морају да буду на истом нивоу. Па онда су на реду и државни тестови, не можете ни да замислите шта се све од нас очекује да урадимо.

БЛОНДИ / Дешавало се Лизи да добија такве нападе. До почетка новог миленијума, међутим, ипак се трудила да учи кинески. И више није била плавокоса. Сад је косу офарбала у црно да би изгледала као Лан. Наравно, због боје коју је користила, коса јој је испала црна као зифт. Није блистала као Ланина.

ВЕНДИ / Ланлан има сјајну косу. Као ја, каже Ланлан. Ланлан каже да је и моја коса природно сјајна, само ја то не могу да видим.

— Волим Кину — говори сада Лизи. — Кина има својих проблема, али и Америка има својих проблема, и кинеска економија расте из дана у дан. Стварно је штета што у Кини не можеш да кажеш шта год хоћеш, али у ствари и можеш много тога да кажеш, и бар се људи не убијају по улицама овако као овде.

БЛОНДИ / — Ох, стварно — рекла сам ја. — А шта је са Тргом Тјенанмен?

— Или бар, кад се убијају, убијају их војници, а не било ко. И бар се не убијају у школи — рекла је Лизи. — Немају оне као детекторе за метал. Ретко се догађа.

Наставила је: — Једнога дана ће Кинези поново да се усправе на ноге, и цео свет ће да се затресе. Кинези имају пет хиљада година историје, на крају крајева, у поређењу са Америком, која је стара само двеста година, а мисли да може да купи све и свакога.

— Ма, стварно.

— Зато се Америка плаши. Зато што зна да је — чекај, рекла ми је Ланлан. Заборавила сам како се каже. Нешто што значи јака споља, а слаба изнутра.

— Ма, стварно.

— С друге стране, нигде није као у Америци, она је друга по реду највећа земља у историји. Кина је најстарија, али Америка је данас најуспешнија. ЦИА све контролише. Сви морају да раде онако како Америка хоће, јер, ако не раде, ЦИА ће да им баци бомбе на амбасаду.

— Ма, стварно.

ВЕНДИ / Ланлан каже да је Америка у ствари врло кинеска. Кинези су све изумели, а сада Американци све изумевају. Кина је некада била Средишње Царство, а сад је Америка Средишње Царство, зато сви морају да уче енглески.

— Ма, стварно — каже мама.

ЛИЗИ / Расел је размишљао да постане комуниста. У ствари, ставио је ону комунистичку тетоважу да би изразио тоталну згађеност над капитализмом. Али, Ланлан је рекла, не, не, не, никако не сме да постане комуниста.

— Да ли си икада чуо за Културну револуцију? — рекла је. — Црвеногардејци су ми убили оца.

ВЕНДИ / Док прича, пресвлачи Бејлију пелену, што сада мора да ради тако што га држи усправно, зато што Бејли уопште неће да легне. И мора да му залепи траку око пелене да је не би скинуо. Зато што воли да је скида.

ЛИЗИ / — Послали су ме на север, на село, знаш ли ти колико је тамо хладно? — рекла је Ланлан. По цео дан би само да плачеш. Само што не можеш да плачеш, зато што ће неко да те пријави. Не знаш ко ће да те пријави, чак и коза може да одлучи да ли ћеш једнога дана ићи кући, или никада више нећеш ићи кући.

ЛАН / *Како описати безумље тог времена? Слепу оданост црвеногардејаца, и других људи. Како су веровали да је Мао сунце, да нам он доноси дан. Како су људи данима радили зато да би могли да купе значку са Маовим ликом, иако су их већ имали на стотине. Како су их качили свуда по својим војничким радним оделима. Једног дана су их моји другови из чете позакачињали на кожу на грудима. Суседа је у дворишту истукла рођена ћерка зато што је спустио шољу са чајем на новине. Зато што је на насловној страници била Маова слика, рекла је. Није Мау указао поштовање.*

Наравно да су значке биле прелепе, сви су тако мислили. И ја сам тако мислила док ми црвеногардејци нису убили оца.

То је било лудило, а ипак, на неки начин је живот тада био бољи. Људи су били равноправнији. Нико те није гледао с висока зато што немаш диплому. Имали смо мање, али нисмо осећали да смо сиромашни, зато што нико није био богат.

ЛИЗИ / — Сада чак и Кина има тржишну економију — рекла је Ланлан. Чак је и Кина комунистичка, са кинеским обележјима.

— Шта то значи? — питала сам ја.

— То значи да нико више не верује заиста у комунизам — рекла је Ланлан.

— Чак ни комунисти? Како то да онда још има комуниста?

— Мислиш, лажњаци су? — рекао је Расел.

Лажњаци су за Расела били велика ствар, зато што му је мајка умрла кда је био мали, па је после имао три маћехе, све лажњаке.

ВЕНДИ / То је, дакле, нешто око чега се он и Лизи највише слажу, да мајке дођу и прођу.

ЛИЗИ / Ако бисте Расела питали, он би вам рекао да је проблем у томе што нико није поштен, нико не може да каже нешто као, *Ово просто није моје дете*. Или, *Не могу да волим ово дете као да је моје рођено, зато што није*.

Што се тиче мог осећаја да не спадам у ову породицу, рекао би да вероватно никада и нећу спадати, али, ко би то признао?

И то је таква истина!

Мој бивши дечко Дерек је био много паметан, али никад није разумео такве ствари. С друге стране, било је ствари које је Дерек разумео, а Расел не разуме.

Мрзела сам што имам специјалан проблем који други људи не разумеју.

ВЕНДИ / — Али, познајемо толико људи који су усвојени — кажем ја.

— Ти познајеш све те људе — рекла је Лизи. — Ја их не познајем. Нисам ја као ти, усвојена из Кине. Ја сам само усвојена, ниоткуда, мени се не зна порекло, то је нешто сасвим друго. Сви хоће да причају о томе одакле си. Друго је када си можда унука јапанског војника о којем нико не жели да прича.

— Јапанског војника? — кажем ја. — Каквог јапанског војника?

— Неког јапанског војника.

— Јеси ли сигурна? Ко то каже?

— Ланлан каже — рекла је она.

БЛОНДИ / Како да им објасним за Маму Вонг? Зашто је онако причала? Зашто је онако гледала Лизи?

— Заиста смо се питали око таквих ствари — рекла сам.
— И заиста смо одлучили да их не помињемо. Јер, ко зна шта је истина? Како бисмо икада могли сазнати? И чему би служио такав разговор?

Карнеги је, ушетавши у кухињу, бацио патуљасти парадајз у ваздух и ухватио га устима.

— Мислили смо да би то само могло да нашкоди твом самопоштовању — наставила сам, гледајући Карнегија испод ока. — Молим те, понашај се у складу са својим годинама.

— То је још горе — јецала је Лизи. — То је много горе. Да људи све време мисле нешто, а не говоре ти.

— Разговарамо о томе да ли Лизи можда има јапанске крви у себи — рекла сам Карнегију. — Причамо о томе да ли би могла бити унука неког, рецимо, јапанског војника.

Он је прогутао свој парадајз.

— А ко то каже? — упитао је. — Молим вас, реците ми.
— Лан — рекла сам ја. — Али, знаш како је Мама Вонг увек...
— Пошто ви нисте рекли ништа, сад изгледа као да је то сигурно истина! — викала је Лизи.
— Можда је тако — рекао је Карнеги. — Али је чињеница да не знамо, и не можемо да знамо, осим ако сад не бисмо кренули у истраживачки подухват.
— Само покушавамо да те заштитимо — рекла сам ја.
— Па шта и ако је истина, у сваком случају? — рекао је Карнеги. Шта има везе? — Зар ти ниси и даље наша Лизи? Одрасташ овде, где, немојмо се заваравати, већина људи уопште и не прави разлику између Кинеза и Јапанаца.
— Лагали сте ме! — цикнула је.
— Знаш, мешовита деца биће већина пре него што стигнеш да се освестиш — рекао је Карнеги. То ће бити права ствар. Моћи ћеш да се крећеш у свакаквим срединама. И то ће бити скроз добра ствар; у ствари, баш сам пре неки дан о томе читао. Како све то већ постаје супер.
— Није супер — рекла је она. — Можда у граду јесте, али овде, у нашем месту, није супер.

— Па, из градова се шири на предграђа — рекао је Крнеги. — Веруј ми, двосмисленост је у тренду.
— Али, зашто сте ме лагали? — викала је. — Лагали сте. Јесте.

Габријела је писала:

ја бих Лан свакако нешто рекла да сам на твом месту. рекла бих јој да није у реду што прича Лизи такве ствари!

Али, како објаснити шта ту није у реду?

КАРНЕГИ / Како је Лан могла да зна да смо добро пазили да никада то не помињемо? Захваљујући безграничној љубави и изванредној тактичности са којом је Мама Вонг покренула то питање.

БЛОНДИ / На крају, нисмо ништа рекли. На крају сам ја одлучила да се усредсредим на поправљање односа са Лан. Јер, док је Лан са девојкама стално разговарала све више и више, мени једва да се и обраћала. И то увек на енглеском — увек ми се обраћала на енглеском, мада сам ја у више наврата покушавала да говорим кинески.

Зар нисам ја била она којој су се људи обраћали?

у питању је њено унутрашње дете, писала је Габријела. Нема то никакве везе са тобом. Ти си баш позтиван лик ако покушаваш да комуницираш са њом, с обзиром на ситуацију.

Међутим, није ни било важно ко је ту добар. Просто сам хтела да будем пријатељ са сваким ко живи у мојој кући. И сажаљевала сам је — и она је била само пион Маме Вонг.

каква сјајна замисао, да створиш заједнички циљ!

Лан, међутим, није била заинтересована за стварање заједничког циља. У ствари, чак нисам могла да је наведем ни да разговара са мном нормално. Ако бих је питала, Да ли треба нешто да обавиш? Лан би одговорила, Могу то да обавим сада, или касније. Ако бих је питала, Да ли би волела да идемо у куповину? Лан би одговорила, Ако ви идете у куповину, драге воље ћу поћи да вам правим друштво.

— Другим речима, опходи се према теби као према некоме ко јој је надређен — рекао је Карнеги. — А то, најдража моја, и јесте тако. И сети се само како Кинези пишу, одоздо навише. Сети се како говоре о времену, чак и време од дна ка врху, са догађајима који се ређају један преко другог или један испод другог. Лан има такав лествичаст поглед на свет.

— Браниш је — рекла сам ја.

ВЕНДИ / Ланлан зна да оде до видео-клуба. Запањена је што немамо DVD, мада га нису имале ни она и њена баба-тетка, оне ниосу имале ништа. Али је у Кини чак и њихов сусед имао DVD. Прво је имао видео, па је онда набавио DVD и пуштао је да га користи.

ЛИЗИ / Нема везе што је тај сусед био неки матори тип који јој се набацивао док је гледала филмове. Ја јој кажем, као, како си могла то да подносиш? Она ми, међутим, каже да га је просто игнорисала. Ркла је да је вероватно требало да се уда за њега. Није требало да јој смета што је низак. Наравно да сам је питала, као, колико низак? И тако смо открили да јој је био до рамена.

ВЕНДИ / Ланлан каже да у Кини људи имају нешто што се зове видео CD сваког филма који ми овде имамо. И то не после много месеци, него их добију одмах, и то стварно јефтино. Али, ипак је и видео у реду, и у реду је што није сонијев.

ЛАН / *У Кини људи куйују сонијеве айарайе. Наравно, и йанасоникови су у реду.*

ВЕНДИ / Зато што мрзи Америку, али воли америчке филмове, и на видеу може да гледа све оно што је гледала и у Кини. Ствари као што су *Мулан* и *Тийаник* и *Прохујало с вихором*, то гледа по милион пута, мада јој се не свиђа кад Клерк Гејбл каже, Заиста, драга, уопште ме се не тиче.
— То је стопостотно простачки — каже она.
И како је само грозна она Скарлет О'Хара! Шта да ти причам о духовном загађењу!
Али она онда премота траку и поново га гледа. Свиђа јој се даљински управљач, кад га је набавила, сатима се само играла са њим. Ваљда је вежбала. То је једина ствар коју Бејлију не дозвољава ни да пипне.

ЛАН / *У Кини сам виђала људе са калкулайорима, мобилним йелефонима, елекйронским речницима. Волела сам да īледам како им йрсйи лейе. Одувек сам хйела да и моји йрсйи йако лейе.*

ВЕНДИ / Понекад гледа оног Чарлија Чаплина, много јој се свиђа Чарли Чаплин. Кад би могла да набави филмове о којим је њен отац волео да јој прича, ствари као што су *Мосй Вайерло* и *Љубав за йамћење*, и то би гледала. Прича нам колико би волела да их гледа као да би свако волео да гледа ствари које је гледао његов отац, Лизи и ја смо се забезекнуле. Ко зна да ли је тата икада гледао филмове кад је био млад.
Неки од филмова чак уопште нису у боји.
Расел јој говори шта да гледа, али се њој не свиђа оно што се њему свиђа, као, уопште јој се не свиђа *Прљави Хари*.

ЛАН / *Учинило ми се да је йај Хари чудан. Какав ми је йа йо јунак? Такав йросйак. Али је секси, исйина. Помислила сам да је Клинй Исйвуд īойово једнако секси као и Греīори Пек.*

ВЕНДИ / Мало више се заинтересовала када је Расел набавио неке старе кунг-фу филмове из Хонг Конга, па после и неке нове филмове са Континента. Неке од њих гледала је у Кини, али неке није. Многи од њих, каже, немају никакве везе ни са једним Кинезом кога она зна. Зашто морају да праве филмове на тако чудним местима, на местима за која нико никад није чуо? Али, наравно да их ипак гледа, мада каже да би радије гледала Џемса Бонда. Свиђа јој се Џемс Бонд, иако су тамо Британци позитивци.

— Можеш мислити! — каже.

И по начину на који то каже знамо да је то као нека реченица из школске вежбе.

ЛИЗИ / Мрзела је Британце због Опијумског рата и топовњача, о којима је њен отац стално причао. Изгледа да је стално причао, те ово понижење, те оно понижење, па је за њу онда „понижење" постало, као, нека велика реч.

ВЕНДИ / Уопште нисам сигурна шта тачно значи кад она каже, *Понижавали су нас*, мада осећам да *ми* не значи она, ја и Лизи. *Ми* значи она и људи у Кини, што ме увек растужи. Каже, америчка влада није исто што и амерички народ, али када каже *они*, ја ипак чујем *ви*. Сасвим неприметно, као кад дуго гледаш у нешто црвено и онда дигнеш поглед и видиш зелено. *Понижавали сте нас*.

Али је ипак стопостотно одушевљена филмовима о Џемсу Бонду.

— Бонд — каже оним бондовским гласом. — Џемс Бонд. Она то ради тако да је чак и Бејлију смешно.

— Бон! — каже он и онако мало поцупкује како већ уме. Док то ради, не држи се ни за шта, као да игра. — Бон! Бон! — виче, а онда падне, *трас*, право на дупе. Пелена му онако зашушти кад то ради, и образи му се надувавају па онда спласну. Пошто је, као, стварно дебео, мама каже да има највеверичастије образе од све деце.

ЛИЗИ / Ланлан је ишла по кући и певушила мелодију из *Голдфингера*. И причала о томе ко је више секси, Шон Конери или Роџер Мур. Била је опчињена маљама на грудима.

ЛАН / *У Кини сматрамо да су странци веома секси. Прича се да могу да воде љубав и по десет пута на ноћ, али не знам да ли је то истина.*

ЛИЗИ / Причали смо и о томе да ли су новији филмови исто онако добри као стари. Ја сам рекла да нису, пошто су постали превише шематизовани. Али Ланлан се та шема свиђала.

ВЕНДИ / Зашто уопште гледа тужне филмове кад је сама и кад ми нисмо са њом? Напољу снег веје ли веје, тако је дивно, али она не излази, седи код куће и гледа те филмове.
  Воли да јој дођемо у госте. Мислим, никад нас као не ућуткује као да јој сметамо, чак ни када није обавезна да ради и кад не мора да се брине о нама. Учење јој је важно, али ако јој покуцамо на врата, она нам увек отвори бучно и изненађено, као да јој нико никада пре није долазио у посету.
  — Здраво! — каже. — Уђите, уђите! — И онда каже: — Шта је ово?
  И иза њених леђа се појављују свакојаки слаткиши.
  Неке од тих ствари смо јеле и раније, мама нам је увек давала колаче од пиринча, и диње, и од резанаца и не знам шта све од црвеног пасуља. Али, кад нам Ланлан да тако нешто, увек је укусније, ко зна зашто, можда нам се више свиђа зато што то сада стално једемо, можда смо *higuan le*, навикле на то. Или нам се можда свиђа зато што то значи да нам се Ланлан свиђа. Уосталом, она нам колаче даје у марамици, право из руке, понекад нам их чак преломи на пола да поделимо, и пушта нас да шетамо наоколо док једемо. Није као мама, која их вади из фрижидера и онда проверава да нису ухватили буђ или нешто, па их онда ставља на тањир. Комад

за мене и комад за Лизи и за њу ништа, зато што их праве са машћу. И онда чека да види шта ћемо да кажемо, и осмехује се као што се осмехује на родитељском састанку чак и ако смо скроз забрљале ствар. Као, охрабрује нас. Ланлан је сасвим другачија, озари се као да јој се упали цела мрежа лампица на кожи. И она сама прави слаткише, после неког времена, користи ствари које не умемо тачно да купимо у бакалници или на Јапанској пијаци. Специјалитете из Сужоуа, као *qing tuanzi*, што значи кнедлице од зеленог пиринча, или оне сићушне *zongzi tang*, а то су оне бомбоне које само ставиш у уста, а унутра имају пињоле или нану.

У почетку нам даје разне ствари, да бирамо, у почетку нас пита, *Хоћеш да пробаш ово или ово?* Али, после неког времена каже да зна шта ће нам се допасти. И стварно нам се допадне, у праву је, познаје нас.

— Постаћете као Кинези — каже нам, и лице јој је тако срећно да јој чак ни осмех више није искривљен.

А кад Лизи једног дана каже да мама никад није довољно марила за нас да би нам правила кексе, ово су нам први домаћи кекси, ето шта значи имати мајку која ради, Ланлан каже: — Ја сам као ви, немам праву мајку. Немам праву породицу.

Понекад пусти Бејлија да сам тумара около по својој оградици, а она нам прича приче. Или га пусти да се игра са усисивачем, као да је заљубљен у усисивач. Прича нам чувене приче о стварима за које никад нисмо чуле, али она мисли да би требало да чујемо ако нећемо да будемо стопостотне Американке. Као што је поштовање према родитељима. Шта сад па то значи? кажемо ми. У праву је, немамо појма, ми смо као *hiao ba wang*, царевићи какви се данас виђају свуда по Кини, скроз-наскорз размажени, и зато нам прича ту причу о неком шездесетогодишњем човеку који се играо на поду, правећи се да је мали, зато да његови родитељи не би осећали да су стари.

— Ето шта је дете које поштује родитеље, деца треба све да ураде за своје родитеље — каже она.

— За наше родитеље? — каже Лизи. — Наше родитеље?

— Зато да би мање бринули, да би се боље осећали, због било чега — каже Ланлан. — Деца треба да се жртвују.
— Али, шта ако то уопште и нису наши родитељи? — каже Лизи.
— Аха, и шта, као, значи жртвовати се? — кажем ја.

ЛАН / *Наравно да сам зајањена. Какво је то људско биће које не зна шта је жртвовање?*

ЛИЗИ / Покушавале смо да замислимо тог маторог, негде година као наш тата, али да пузи по поду као Бејли. Да ли би му цуриле бале из уста? Да ли би стављао нешто у уста и пљувао храну на све стране?

ВЕНДИ / Да ли би говорио, *Та!* Као Бејли, и то би му значило врата и тата и куца и још понешто?

ЛИЗИ / Баш је било уврнуто, али смо ипак слушале, макар и само зато што смо знале колико би мами ишле на живце такве приче. Чак и ако би пузање ишло у корист њој и тати, уопште јој се не би допало то са пузањем. А шта је са причама о бризи о свекрви? Као што је она о жени која је дојила своју болесну свекрву да би јој дала снагу. Можеш ли да замислиш маму како доји Маму Вонг? И мени је та била грозна.
— Могу да вам кажем једно — рекла сам ја. — Никад у животу нећу да дојим мајку свог мужа. Мислим, ако се икада удам. И никад више нећу да идем у Кину ако тамо треба да се раде такве ствари. И тако сам срећна што, ако у мени уопште има нечега кинеског, нисам стопостотна Кинескиња.
— Хммм — рекле смо ми.
— Чак ни у Кини то више нико не ради — рекла је тада Ланлан. — То је само стара прича.

— Бљак — рекле смо ми.
— Кина је много лепа — рекла је. — Али, у Кини сви знају такве приче. Ако не знаш такве приче, ниси прави Кинез.
— Хммм — рекле смо ми.
— Ни Јапанац — додала је. — Зато што је јапански начин размишљања веома сличан кинеском. Све што Јапанци имају, дошло им је из Кине.

ВЕНДИ / И како нас само гледа, имамо утисак да не мисли да смо ми било шта друго осим праве Американке.

Прича нам приче о својим рођацима, што ваљда значи да су и наши рођаци, у неку руку. Тако се ми заинтересујемо за њих, мада нас на неки начин и растужују, Лизи каже да би желела да познаје макар једну особу која је са њом у крвној вези, и чим она то каже, и ја пожелим исто.

Неке приче су нормалне, али су многе уврнуте. Као што је прича о малој девојчици коју нам је Ланлан испричала једнога дана док је Бејли спавао.

ЛАН / И тако се беба родила, девојчица, и кад је мајка открила, знала је да ће отац много да се љути што је родила још једну девојчицу. И зато каже служавки да однесе бебу. Да је баци. И тако слушкиња пусти бебу да плаче, плаче, плаче. Бебу нико не купа, нико је не увија у ћебе, нико јој не даје млеко. Али, беба и даље плаче. Чак и кад је сва крв по њој постала смеђа и осушила се, беба и даље плаче, и плаче, и плаче, док се на крају *aui* не сажали на њу и скине јој оно смеђе. Увије бебу у новине, чак нађе неку жену да је доји. И беба порасте велика и јака, и тако лепа да се отац и мајка изненаде, заволе бебу. И како се смеје и како пева, сви је много воле.

ЛИЗИ / — Ауу — рекле смо ми. — Али, и то је стара прича, зар не? Као, из неког давног времена?

— Та прича је — како да кажем? — Моја бака-тетка — рекла је. Сестра мајке мога оца.
— Познајеш је? Познајеш ту бебу?
— Не док је била беба. Него кад је одрасла.
— Аууу — рекле смо ми.

КАРНЕГИ / Гледање филмова на видеу прешло је у, шта би друго, него праћење берзе. То је она свеамеричка активност која, жао ми је што то морам да кажем, делује много непосредније кинески него учење кинеских карактера или читање кинеске поезије. Кад год бих на екрану добио неку страницу о деоницама, могао сам да чујем како Мама Вонг са одобравањем каже, *Ето како породица напредује*.

Ипак, допустите ми да на овом месту кажем једном за свагда: ја ни на који начин нисам подстицао то Ланино ново занимање. Истина је да сам размишљао о томе да је замолим да ме подучава кинески, пошто је мој програм за учење, као што се и могло предвидети, исцрпео своје могућности. Зашто не бих узимао часове конверзације? У ствари је и Блонди дошла на исту идеју. С извесном стрепњом; ипак је, уосталом, било тешко замислити да би Лан, која је једва разговарала с њом, пристала на тако нешто.

После инцидента у кухињи, ипак — не. После инцидента у кухињи и ја сам на ту замисао гледао с више стрепње него наде. Зар не би било боље да што више избегавам Лан? Пошто је Блондино оштро око чак и то запазило.

— Гајиш осећања према њој — рекла је.
— Зар?
— Да не гајиш никаква осећања према њој, не би имао разлога да је избегаваш.
— Ма, није могуће.

Тако сам рекао. Ипак, да ли сам заиста могао да порекнем да ми се Лан јављала у сновима? Да сам је у сновима пољубио, једном — само једном — али стално изнова, све време говорећи, *Ово је немогуће*. Што је она и разумела, и то је био најнежнији део сна, то што је разумела. *Наравно, немо-*

гуће је, рекла је; блуза јој је једва додиривала маље на пубису. *Наравно. А ово, да ли је и ово немогуће? А ово? А шта кажеш на ово? Ах, и то — какво огромно, огромно немогуће.* Пошто никада није рађала, била је тешња од Блонди, али и гипкија. То је било природно. Била је увек на располагању. Никад није имала никакве састанке ујутро; ја сам био њен јутарњи састанак. Ето нас, са скуваном кафом. Ах, пауер-поинт! Да, боље да затворимо врата сале за састанке.

Што, уистину, кад су у питању фантазије, и није тако много. Тако мисионарски, за почетак; и колико је тек то уживање било слично уживању у доброј храни нарученој из ресторана. Ипак, нисам то помињао Блонди.

Нека ми буде дозвољено да поновим да се Лан сама од себе заинтересовала за деонице. Ја не бих започео ништа слично.

Али, на њеним вратима стајао је прилепљен знак на учионици за енглески, који можда никада не би ни приметила да једнога дана неко пореклом из Азије није пред њим стао као укопан; а Лан је случајно имала навику — и Мама Вонг је имала исти обичај — да нарочито запажа друге људе азијског порекла. Уопште јој није сметало да се загледа у њих, као да јој мере вид код очног лекара. Тајванац? Јапанац? Малезијац? И наравно, толико је у Кини слушала о деоницама, а о њима није знала баш ништа.

ЛАН / *Отишла сам на састанак, и била сам изненађена. Толико много прекоморских Кинеза — из Канаде, Макаа, Вијетнама. И људи из других земаља. Русије. Бразила. Јужне Африке. Неки од њих били су са мог програма. Али, како су овде били љубазни! Сви су били љубазни. Чак и црнци. То ми је изгледало као најљубазније место у Америци.*

Здраво, и Добро дошла, и Треба да добијеш плави лист, *ето шта су сви понављали.* Имаш ли плави лист? Може ли неко да буде тако љубазан да јој да плави лист?

И тако сам отишла са плавим листом.

КАРНЕГИ / Оним истим листом — „Како почети" — који ми је једног зимског дана показала у мојој радној соби.

— Карнеги?

Лежерно сам подигао главу, као да сам је тек тада постао свестан. Као да нисам знао где је она, не само пре него што се појавила на мојим вратима, него и дуго пре тога. Као да је нисам чуо како излази из кухиње, затим застаје крај дечије собе, затим тражи нешто у ходнику код улазних врата. Подигао сам главу као да нисам знао чији је оно могао бити лаки корак, и као да због њега и ја нисам пожурио да размишљам о њему.

И ето ње. Лан! Носи плави лист.

Напољу, дрвеће је блистало. Данима је било прекривено дебелим ледом, али од недавног отопљења су почела да пуцају и да се љуљају као да стресају са себе крута одела. Крцкајући, праскајући, пуцкетајући, некако су звучала као пролећна киша.

— Уђи — рекао сам.

— Ја — почела је она; затим је поскочила.

Сручила се гомила снега — лед је попустио и сручио се преко ивице олука. Смејао сам се што је лед пробио отопљени лед. Баш слатко, што би рекла Лизи.

— Уђи — рекао сам. — Није то ништа. — Само снег. Уђи.

Моја радна соба, пошто је била недавно саграђена, била је једини део куће у којем је био постављен таписон, осим Бејлијеве собе. Ланина стопала спуштала су се тихо док је закорачила у собу. Нисам знао да ли Блонди надгледа кретања по кући као ја; највероватније моја боља половина то није чинила. Ипак сам схватио да сам *ван домета њеног радара*. Пружио сам руку и узео лист хартије. Лан га је свечано спустила у моје руке. Затим је, на мој знак, села на столицу.

Све то ћутке. Разумели смо се.

Прегледао сам лист хартије с озбиљним изразом на лицу.

Да ли је заборавила на наш сусрет у кухињи? *Немогуће, немогуће.* Ипак сам се питао, и било ми је драго што видим како прелази погледом преко свакојаких предмета. Нисам веровао да је они заиста толико занимају.

Рачун за увежбавање. Адресе на Интернету. Почетни обрачун. Трудио сам се да се усредсредим, срећан што могу да се сакријем иза писаћег стола. Осећајући како ми већ све више расте збуњеност. Мало због свег оног светла које се одбијало од снега напољу, таваница је блистала — тако је блистала да се та огромна светлост изливала и на нас. Било је превише светла; соба је изгледала као соларијум. Како сам се само незаштићено осећао, а ипак сам и даље седео. Причао. Втрео се.

Зар она никада није помислила да сам, испод све моје одеће и лепих манира, мушкарац? Јер, ја сам толико пуно размишљао о њој, њеном мирису, њеном смеху. Ето, то је она — дивна, озбиљна — Лан! — ни пет корака удаљена од мене, теме јој блиста толико да је готово бело. Није се завалила у столици, нити је баш села на ивицу. Пре је изгледала, са леђима неколико центиметара одмакнутим од наслона, постављеним савршено паралелно са наслоном, као да се спустила преко столице. Значи, још ме се боји. Или се бојала саме себе? И како да је наведем да се опусти? Објаснио сам јој шта је америчка берза, питајући се одакле би она волела да почне. Да ли воли игре; музику; јутро. Нагађао сам: страсна или стидљива, атлетски расположена или пуна нежности, бучна или тиха. Колико би прошло док ми се не би потпуно препустила? И колико би прошло док се ја не бих потпуно препустио њој? Нисам био превише спутан када је у питању моје тело, али сам се питао да ли она има у себи оно што је потребно да би ме учинила таквим — иако бих чуо да тешко дише; видео да јој је вилица опуштена, израз лица расејан, коса расута на све стране. Поново је дошла себи тек неколико тренутака касније, када би се онако отрежњено, срећно, напола збуњено прибрала — раззбуњивање, тако смо Блонди и ја то звали. Описао сам јој изглед њујоршке берзе. Како се обављају операције, питајући се да ли је уопште занимало како тамо изгледа. Који ритам треба да следи. Надао сам се да није превише хировита; хировитост ми се није допадала. Питао сам се да ли би се показало да се уклапамо. Као и то шта би ми све открила када би дошло време за разговоре на јастуку. За чиме жали, о чему сања, чему се нада.

О теби, замишљао сам је како каже. *Сањам о теби*.

Мада сам могао и да је замислим како каже *Сањала сам да је Доу Џонс йоскочио за четрдесет йоена*.

Објаснио сам шта је берза. Шта је обвезница. Шта су артикли.

Блонди је била пуна планова које нисам могао да узмем за озбиљно. Колико се само често моја љубав састојала, не баш од претварања, него од стварања јасног утиска да је подржавам. Да ли би то било истина са било којом женом? И да ли бих ја био кадар да заборавим на Блонди док сам са неким другим? Ех, брак. Чак и док сам сањао о греху, добровољно сам, љутећи се при том на себе, одговарао на свако питање тек у односу на неко друго: Лан сам одговарао Блондиним одговорима; у ствари, постављао сам питања полазећи од ње. Како сам се само некада чудио што Блонди свуда има једва приметне длачице — као паперје. Како сам се само дивио мноштву тонова њене белине. На неким местима је била тако плаво-бела, на другим тако ружичасто-бела. А тек она коврџава прозрачност маља на пубису — некада сам се чудио томе, као и њеним плавим очима и прозирним капцима. Некада давно могао сам да проводим дане посматрајући њено било како куца. Њену унутрашњу истину, како ми се чинило, која покушава да се пробије напоље.

Али сада, наравно, више нисам гледао. Сада сам напросто видео *супругу*. Супругу са бригама, супругу са плановима, супригу са проблемима. Супругу за коју је сада било потребно имати извесно искуство, с времена на време. Још је било ноћи пуних преврtaња и свршавања; али било је и других ноћи када је било позивања на разумност. Сада је то у многоме зависило од дана у месецу. Сада је било могуће да дође до погрешног прорачуна. Укратко, Блонди је тражила савесност какву сам замишљао да безбрижна Лан не тражи. Нисам имао никакве податке којима бих то поткрепио. А не треба заборавити ни да је Лан била годину дана старија од Блонди. Можда је ово расистички начин размишљања. Ипак, погледај само ту столицу од људског тела пуног облина.

Ипак, замишљао сам да је пожудна, хитра; са уснама врелим и пуним интуиције. Замишљао сам да ми више нисмо ми, него благо пролећно отапање снега.

Индекс Доу Џонс. SEC. Композитни индекс NASDAQ какав извор радости у последње време.

ЛАН / *Наравно, знала сам шта се њему мота по глави. Мушкарци су мушкарци.* Zui weng zhi ui zai jui — *није вино оно што занима старог пијанца.*

КАРНЕГИ / Наговорио сам је да седне за мој сто. Да ради на мом компјутеру. Успешно се улоговала. Отворила је рачун на пет хиљада долара. Требало је да једно полугодиште она купује и продаје; члан клуба који буде зарадио највише добиће стварну деоницу Amazon.com. Показао сам јој како да потражује. Показао сам јој како да чита странице са берзанским извештајима у новинама.

Лан је климала и климала главом, набраног чела. Покушавала је да моје речи прати, како ми се чинило, обрвама.

— Разумеш ли?

Никада није покушала да ме натера да нешто кажем тако да би ме она разумела. Клим, клим, клим, али свако следеће климање главом било је више знак да цени то што јој говорим, него да разуме. Било је то оно што би моја мајка волела да види, да је икада некоме нешто објашњавала. Свако следеће климање више није значило „Разумем, разумем", него „Тако си љубазан, тако си љубазан".

Лан није постављала питања.

Моја мајка: *Ето, тако се слуша! Затворених уста! Ако ученик стално има нешто да каже, требало би да буде учитељ.*

*Али, шта ако ученик просто не разуме? Шта ако учитељ не допире до ње*г*а?*

Ученик треба више да се труди.

Касе узајамне помоћи, извештаји о приходима. Евидентирање за Комисију за берзе и осигурања. *Са пуно осећања сам јој објаснио да „П / З однос"* значи „приход према заради", или колико деоница треба купити да би себи прибавио један долар стварног профита компаније. Страсно сам јој објашњавао шта је приход, а шта је зарада; с љубављу сам јој показивао како висок П / З однос углавном значи да је компанија прецењена, мада су улагачи занемаривали да предузму такве уобичајене мере када је у питању компанија као што је Амазон. Пажљиво сам је испитивао о Интернету. Да ли зна шта је то Интернет?

ЛАН / *Како сам могла да не знам такве ствари? То што нисам ишла на факултет не значи да сам жаба на дну бунара.*

— Наравно — *рекла сам му.* — У Кини су Интернет кафеи веома популарни. Расту као печурке после кише.

КАРНЕГИ / — У неким компанијама — рекао сам — људи почну да купују не оно што та компанија јесте, него оно што би могла да буде. Тржиште је тако занимљиво зато што је много ствари везано на запажања.

Лан је климнула главом.

Чекао сам.

— Ни мање ни више! — рекла је на крају.

Пребацио сам се са странице о њеном курсу на друге. Она је мало успорила климање главом, обрве су престале да јој се мрште. Изгледа да ју је обузело беспомоћно дивљење. Можда је на то делимично утицао шарени екран; боје су на мом екрану заиста била чудесне. Али, она као да је себе видела како улази у унутрашњост неког светилишта. На њој се видела таква варста поштовања.

ЛАН / *Коначно сам гледала представу коју гледају прави Американци.*

КАРНЕГИ / Као да је ушла из спољашњег дворишта око кинеске куће у њено унутрашње двориште, а одатле у најскривеније одаје; чак и у собу са завесама унутар собе, која представља кинески кревет.

Постигли смо нешто.

Показао сам јој како да уђе на страницу са саветима у вези са деоницама. Затим, на још једну. Показао сам јој како се савети могу разликовати, како један саветник може да буде песимистичан, а други оптимистичан. Тако се одувек дешавало, али нарочито данас, када је NASDAQ почео да успорава пад. Неки су сматрали да ће NASDAQ поново почети да расте, објаснио сам јој, а други да је боље одмах се извући и ограничити губитке. Објашњавао јој шта значи песимистичан и оптимистичан. И како неки људи држе берзу на оку све време док раде, како купују и продају деонице у време паузе за ручак. Између два састанка.

— Не раде то сви — рекао сам. — Само неки. Онолико колико их, на пример, у Кини гаји птице.

Климање главом је престало. Погледала ме је упитно.

— Зар људи не гаје птице у Кини?

— Наравно — рекла је.

Погледала ме је замишљено, као да покушава да схвати стварни смисао мог питања, док сам ја назирао како јој груди подрхтавају испод џемпера са крупним петљама. Слатка испупчења оних првих, услужно повијање овог другог. Једва приметно проширење петљи које су се повијале, свака петља рупица кроз коју се вири у грудњак. И наравно да сам вирио, мада је свака рупица била превише мала да би се кроз њу видело било шта друго осим сјајне тканине од које је, како ми се чинило, био направљен грудњак. Ех, асимилација — збогом, хладноратовски оклопе! Када би удахнула, рупице дуж горње облине њене дојке би се једва приметно рашириле. Када би издахнула, оне би се једва приметно скупиле.

Рупице у близини брадавица као да су се највише шириле и скупљале, а оне ближе рамену, најмање. Разлика је била занемарљива, и шта би се уопште могло видети кроз џемпер и грудњак? Ипак, њене брадавице каод а су набубреле мало сређније него што би то обећавао увод у трговину деоницама.

Склонила је косу иза уха; рука јој је оклевала док је додиривала ресицу, коју је на тренутак ухватила између прстију. Повукавши је благо пре него што јој је рука пала.

Поново је усмерила пажњу на екран. Ја сам у глави направио иконицу за своје непредвидљиве мисли и одвукао је у корпицу за смеће.

Било је потребно направити још неке измене.

— Ево, покушај сама — рекао сам. — Ово је иконица. Кликни на њу да је изабереш.

Прилично одважно је спустила руку на миша, али није кликнула.

— Кликни — рекао сам.

Пружио сам руку и благо опустио њене меке прсте.

— Кликни — рекао сам још једном, а затим подигао руку и склонио је. Другом руком сам се ухватио за пластичну полеђину наслона на столици. Како се лако та столица окретала! И на најмањи додир могао сам да је окренем — тек тако — према себи.

— Да кликнем?

Таман сам хтео да јој поново покажем, али је она сама кликнула.

Срце ми је снажно лупало.

Она је добар ученик. То је зато што је Кинескиња. Није она као Блонди, да мисли да сунце сија сваки дан. Лан разуме овај свет, зна да има свакојаких начина да човек падне. Док имаш новца, имаш и где да легнеш. Ако немаш новца, пиша ће ти тако помодрети да нећеш моћи ни да устанеш.

— Е, ово је важан графикон — рекао сам ја. — Кликни још једном. Овде.

Показао сам јој на екрану, пажљиво се нагнувши преко ње. Надао сам се да не дахћем.

— Користићеш ти пауер поинт пре него што кажеш кекс — рекао сам.

Дрвеће напољу је пуцкетало.

— Ова крајња тачка, наравно, представља данашњи дан — рекао сам.

— Ова тачка овде? — упитала је.

Скроловао сам екран водоравно уназад, преко хиљада података који су претходили тој тачки.

— Све ово ти нешто говори — рекао сам. — Говори ти много. А ипак не знамо шта ће се следеће догодити. Све би могло да се деси.

Она је климнула главом.

— Можеш да зарадиш пуно пара на берзи — наставио сам укочено. — Наравно, можеш много и да изгубиш.

Затекао сам себе како говорим све тише и тише.

— Да ли ти зарађујеш? — упитала ме је, спустивши глас да би се ускладила са мојим.

Нисмо баш стварно шапутали; ипак, могло би се рећи да смо се домуњавали, пошто је наш разговор постао тиха размена речи о томе како, баш као и у Кини, људи могу да оснивају компаније и постају милионери. Чак и људи који немају везе.

— Није свако у Кини ко направи своју компанију члан партије — рекла је она љутито.

— Да ли сам ја тако нешто рекао?

— То је америчка пропаганда — наставила је; али јој је тон постао равнодушан.

— Ти би могла да покренеш компанију. Неки тачка-ком — рекао сам ја. Чак и без дипломе. Свако може да покрене компанију.

— Не, не, не! — понављала је она одмахујући руком као штитом. — Таман посла!

— Не кажем да би морала да добијеш диплому.

Она је ипак остала непопустљива; људи попут ње не могу да покрену компанију. По том питању нисмо могли да се разумемо.

Ипак, доњи део њеног ручног зглоба био је испружен док је одмахивала, као да жустро подржава њене речи.

Показао сам јој како да постави руке на тастатури. Објаснио сам јој да ће морати да научи да куца.

Касније током те недеље нашао сам јој неки стари мекинтош. Био је то модел СЕ, кутија боје песка с малим екраном која је некада деловала савршено преносиво и тако лако се уклапала у своју постављену торбу кордура. Сада је деловао предлаптоповски старомодно, као из старинарнице. Имао је шездесет и четири мегабајта меморије, није био у боји, а на Интернет је могао да се прикачи само уз врло креативно довијање. Иапк, Лан је била одушевљена идејом да ће моћи да га користи. У ствари сам покушавао да јој га поклоним, али се она тако жустро противила да сам на крају пристао да га узмем као позајмицу.

Одвукао сам га у њену кухињу и натерао је да седне.

— Овај кабл иде овде — објашњавао сам. — Видиш овај знак? То је универзални порт.

— Универзални порт — поновила је она. — Хвала.

— Ово је флопи драјв — рекао сам. Ово је дискета.

— Флопи драјв. Хвала. Дискета. Хвала.

Климала је главом, климала. Одоздо се изненађујуће јасно чуло мекетање козе.

— Укључи — рекла је. — Искључи.

Испробавала је прекидач. Први пут обазриво, али други пут савршено стручно.

— Миша прикључујеш овде — рекао сам.

Радознало је разгледала рачунар. Груди јој нису биле изнад дрвене површине стола, него су лежале на њој, као пар голубова. Изнад њих је био дубок изрез на џемперу. Могао сам да видим бретелу грудњака, узану и белу, лабаву, и испод ње комад дивне глатке пути. Целу њену танку кључњачу, почетак испупчења дојке, а са друге стране, у тунелу рукава, почетак руке. По свему се ширила ружичаста боја џемпера, али не равномерно. Ружичасто је било једва приметно око врата, а даље је постајало све тамније.

Услужно сам показао Лан како да користи неке програме ван сајта њеног берзанског клуба. На пример, текстуални процесор.

— Кликни на ову иконицу.

Испод нас се чуло како на прилазни пут стиже џип; затим тресак врата на колима, једних за другим. Тако гласан! Много гласнији него када си доле, можда зато што је доле бука само снажна, али овде горе те још и омета. Исто тако и дечија вика по повратку из похода у куповину. Нарочито је Бејли био гласан, његова вриска је стан испунила до кровне греде.

Зашто се никад није жалила? Погледао сам је, донекле очекујући да ми одврати једним *Видиш ли шта све морам да подносим, ти, зли господару*. Али она није подигла главу. Усправних леђа, целим бићем је била окренута рачунару: очима, носем, устима, ушима, кључњачама, грудима. Прсти су јој јурили и куцкали, с малим прстима подигнутим као весла на чамцу када се извуку из воде. Стопала су чврсто стајала на поду, као да сваког тренутка по потреби може да ускочи у програм.

Дакле, тако је изгледала Лан када се усредсреди. Намрштена, шетала је погледом по екрану, па га поново спуштала на тастатуру. Горе-доле, горе-доле. Грицкала је усну. Надланицом чешала нос. Закачила косу иза уха.

И поново се ухватила за ресицу на уху.

Значи, само чудна навика.

Размишљајући тако, умало да не приметим како је, усправивши леђа, тај покрет наставила и својим дугим и глатким вратом — као успорени снимак папрати-гусларке — све док ми се одједном није учинило да, сасвим неочекивано, подиже главу и окреће се ка мени; и поново онај покрет навише; док није подигла и лице, и обрве, и поглед.

ЛАН / *Он је био богат. Американац. Секси. Изгледао је пристојно, можда и љубазно. Никада нисам имала мушкарца који је љубазан. Био је пријатан. Није био низак.*

КАРНЕГИ / — Хвала ти — рекла је.

Поглед јој је био блистав и поштен и мало разрок, зенице црне и огромне.

Нисам могао да проговорим.

— Толико чиниш за мене — рекла је. — Не треба.

ЛАН / *Осећала сам толику захвалност у срцу што ми помаже.*

КАРНЕГИ / Погледала је наниже; затим је са лирским замахом поново подигла главу, обореног погледа, као да жели да буде пољубљена. Грло јој је било извијено напред, дуго и рањиво. Нагнуо сам се; закачио јој косу иза уха; прешао врховима прстију преко ивице њене вилице. Она је задрхтала. Затим сам спустио прст на онај искривљени осмех, натерао опуштену страну уста да се подигне, и пољубио је.

Само једном.
Немогуће, немогуће.

Да само нисам ухавтио наш одраз у белини тек отвореног фајла.

Ех, те девојке, немаш појма.
Зар нису прелепе?
Не зезам се.

Устукнуо сам.

Ниси живео.

У грудима ме је тако стезало да сам једва могао да склоним леву руку са њене браде. Ни да дишем нисам могао.

Све ће да ураде.

ЛАН / *Изгледао је тако чудно.*

КАРНЕГИ / — Да ли се то тако ради у Кини? — упитао сам коначно. — Склонио сам руку, али су ми груди и даље биле стегнуте.

Мој нитроглицерин.

— И овде — успео сам да кажем. — Наравно. Понекад.

Десном руком претурао сам по цепу док је она брзо додирнула моје лице, на тренутак прешавши преко мојих очију. Једно, па друго, па назад. Екран рачунара осветљавао јој је углове очију у једном правцу, али не и у другом.

— Не треба да ми захваљујеш — рекао сам.

— Стопостотно ти захваљујем — упорно је настављала она, и то тако искрено, да сам од стида изгубио сваку жељу да је додирнем.

— Заслужујеш нешто друго — рекао сам. — Желим ти нешто сасвим другачије.

Она се несигурно осмехнула. Искоса. Стегла шаку.

— Разумеш ли?

— Не — рекла је она.

— Могу ли да добијем чашу воде?

ЛАН / *Какав чудан, добар човек.*

Помислила сам да му се можда не свиђам. Помислила сам да сам превише стара. Или се можда бојао Блонди.

КАРНЕГИ / — Хвала ти — рекао сам, презнојавајући се.

Уз известан напор, пружио сам руку и ухватио је за зглавак на руци на тренутак, окренувши га да видим колико је сати на њеном часовнику.

— Време је да кренем — рекао сам.

— Наравно — рекла је она. — Ти си веома заузет човек.

Следеће недеље се исповедила.

— Сањам о томе да сам милионер — рекла је, трепнувши.

Били смо у кухињи и чекали испоруку; Блонди је наручила сто за масажу за нашу спаваћу собу.

— Још ни прву деоницу ниси купила — рекао сам.

— То је било у сну.

— Милионер — рекао сам замишљено. — Покушавам да те замислим као милионерку. А шта се десило са оним, довољно ми је ништа?

— То је био кошмар — рекла је. — Пробудила сам се веома уплашена.

— Зашто?

— Била сам милионер у Америци — рекла је. — Не у Кини. Била сам милионер у Америци.

— И више ниси могла да се вратиш.

Климнула је главом.

— Зашто би уопште желела да се вратиш? У Шандонгу су те мрзели. Или ћеш се преселити у Сужоу?

Погледала је кроз прозор.

— Овде има могућности, знаш — рекао сам ја.

Очекивао сам да ће ме питати шта под тиме мислим. Да ли хоћу да кажем да може да остане.

Међутим, она је захвално климнула главом, а онда рекла: — У Шангају сада такође има великих могућности. Кажу да се многи Кинези, чак и ако су рођени овде, сада селе у Кину зато што су могућности тамо веће. И нема расизма.

— Расизам — рекао сам ја. — Где си чула за расизам?

— Лизи ми је причала. А и у школи причају о томе.

— Па, истина је. Мада, знаш, има расизма и у Кини. Само што он није усмерен на Хан Кинезе.

— Онда то није тако велики проблем.

Шта на то да кажем? Крцкао сам прстима, размишљајући.

— Американци мисле да је сваки расизам проблем — рекао сам на крају. Или бар многи Американци тако мисле. Неки, очигледно, не мисле тако. Пошто су расисти.

Њу те новости као да нису заинтересовале.

— У сваком случају, немам зелену карту, и нема о чему да се прича — рекла је.

— То ми звучи као да уопште и не би желела да имаш зелену карту.

Она се мало осмехнула. Чуо сам како се камион са испоруком зауставља на нашем прилазу.

— Или би зелена карта ипак добро дошла?
— За мене нема зелене карте.
— Али, када би било?
— Наравно — рекла је.

Није ми било јасно да ли уопште тачно зна шта је то милионер.

Неколико дана касније, међутим, у одговор на нови принтер, објаснила је шта за њу значи бити милионер.

— Куда год пођеш, људи се према теби понашају као да си главни — рекла је. — Уместо да се сви смеју мом лепом бициклу и да ме терају да га поправљам по мраку, дођу да ми помогну са својим нарочитим алаткама. Као кад бих отишла на универзитет и добила диплому.

Заћутала је. Тада сам помислио да ће се расплакати, али није.

— Нико се — рекла је — према теби не понаша као да си слушкиња.

11
Срећна породица

БЛОНДИ / Стварно је почела да једе тек у Мекдоналдсу. Ретко када смо јели брзу храну, али нам се једног дана покварило грејање — стара кућа, старо грејање — и тако смо се нашли тамо.

Лан је наручила Биг Мек.

— Уз њега ми недостаје моја кућа — рекла је.

— Ми волимо да једемо у Меку — рекла је Венди. — Мрзимо здраву храну.

ВЕНДИ / Ланлан једе помфрит, и поједе три моја мекнагета, и онда попије велику кокаколу. Још поједе и цео колач од јабуке за дезерт, и подригне.

БЛОНДИ / После тога смо једном недељно наручивали храну из Мекдоналдса.

ВЕНДИ / Воли хамбургер са сиром и сендвиче са рибљим филетима, али јој је Биг Мек омиљен због нарочитог соса.

БЛОНДИ / Почела је да једе друге ствари. Пире од поврћа. Кромпир-пире. Сладолед. Неко време је јела онако како је Бејли јео пре него што је добио зубе. Али је онда одједном почела да једе све, тако да нам се готово није ни учинило чудно кад је у априлу, негде у време кад цветају касни нарциси — имали смо велику терасу са белим далијама — Лан објавила да би волела да покуша да кува.

Да ли смо још могли да процветамо у велику срећну породицу? Да ли смо још могли да покажемо да само споро сазревамо? Надала сам се томе.

КАРНЕГИ / Блонди је правила белешке у посебној бележници коју је купила, док сам ја растеривао бауке са Бејлијем. Хартија у свесци била је ручно прављена, са крецавим ивицама и мрљама од сасушене вегетације. Изгледала је као нешто што су направили степски номади, али је у ствари потицало из неке радионице у Њу Церзију.

— Шта је то? Шта је то?

Блонди као да је била склона да нормализује односе са Лан преко хране. Њено одушевљење било је стварно — Блонди никад није била фолирант — али је ипак изгледало као да стално консултује саму себе, као на телевизијском програму о кувању. Само што не бисте очекивали да јој се појави титлован превод на доњој ивици цемпера. Никад јој није било довољно да напише назив неког састојка у своју бележницу. Прво је морала да га узме прстима и принесе носу, или да га боцне или преврне, или пресавије и поново помирише, или да га лизне. Прах од девет зачина, хммм. Сушени шкампи, хммм. Поврће тианђин. Зелена слачица. Распитивала се да ли је та ствар јин или јанг. Ако је то било нешто димљено или маринирано, питала је какво је кад је свеже. Питала је одакле је то, и како се разликује најбољи квалитет од слабијег.

ЛАН / *Трудила сам се да је научим да прави разна јела, али и неке специјалитете из Сужоуа. Разне врсте ракова, и срце купуса у пилећој масти. И hian cai rou si mian — резанце са маринираним поврћем и свињетином. Једном смо успеле да нађемо рибу-мандарина, у Кинеској четврти, за songshu guiui; и јегуљу за hianguou shanhu — неку врсту куване ситно сецка-*

не јегуље. Али, породица није волела јела са посебним састојцима. Волели су јела прављена од ствари које су им већ познате. На пример, higua ji — динстану пилетину са кором од лубенице.

Наравно, нису ми говорили шта им се свиђа и шта им се не свиђа. Могла сам само да нагађам. У почетку је било тешко, али сам, мало-помало, успела да схватим амерички укус.

БЛОНДИ / У све је стављала шећер. Лан је рекла да у Сужоуу људи воле шећер, да су по томе као Шангајци.

Вероватно би ставила шећер и у Бејлијево млеко да сам је пустила.

Трудила сам се да ништа не кажем. Трудила сам се да просто сама мање користим шећер — да јој пружим пример.

ЛАН / *У Кини имамо пословицу, Ye Gong hao long. То значи да особа као што је Је Гонг стално виче како много воли змајеве, али их у ствари уопште не воли.*

ЛИЗИ / То је стварно тачно за маму. Као, можеш да јој даш најружнију ствар за Дан мајки, а она ће ипак да каже да јој се много свиђа. Ипак ће стално да је облачи, и да прича пријатељицама како је то добила од тебе.

КАРНЕГИ / Блонди је ишла са Лан по силним бакалницама у Кинеској четврти и враћала се са кесама пуним хране. У креденцима није било довољно места за све што су куповале; конзерве су морале да слажу на полицу крај степеништа за подрум. Наравно, кад смо премештали вентилаторе и баштенске столице и шта све не, сви су се трудили да воде рачуна да не покрену лавину. Конзерве су ипак падале низ степенице, и умало нису довеле до повреда.

Гледао сам како се Блонди врти око шпорета као да је новорођенче. Гледао сам је како кува пиринач онако како то ради Лан, не мерећи воду, него одмеравајући од ока, и мешајући га руком пре него што га стави у лонац за пиринач. Гледао сам је како сецка храну касапским ножем, савијених прстију. Гледао сам је како скида масноћу са меса док је напола смрзнуто, да би се лакше секло. Није се жалила да јој је хладно на рукама док ради са залеђеним месом, мада би повремено дувала у прсте да их угреје. Попреко, попреко. Можда сам могао да јој помогнем у томе; мајка ме је у дечаштву научила како да сецкам.

Кинези увек могу да постану кувари. Нема везе да ли нешто знаш или не знаш, ако кажеш да волиш да куваш, они кажу, ОК! Али наравно, ако постанеш кувар, твоја мајка ће да се убије. И ако бих била мртва, устала бих из гроба да се убијем.

Блонди је љуштила стабљике брокола. Обично смо куповали само цветове брокола; Блонди је одувек сматрала да је чишћење поврћа губитак времена. Зашто не бисмо те драгоцене тренутке одвојили за породицу? Бејлију је пажња нарочито била потребна; било му је потребно да се вија са својом мамом и да она пази да се он нигде не удари, трчкарајући онако без кочница и без волана. Било му је потребно да се мама купа са њим, и да вади незгодне стране предмете из његовог носа.

Али, када је кувала са Лан, радила је исто што и Лан; а Лан је радила тако да не баца храну, ма колико труда то изискивало. Тако је Блонди одлучно љуштила не само стабљике брокола, него чак и кестен. Чишћење кестена је захтевало расецање мрке покорице и њено скидање са језгра налик мозгу боје слоноваче.

— *Хај-хо, јо-хо-хо* — певушио сам пролазећи поред њих. Била је то мелодија из филма *На двору Краља Планина*.

Блонди је поцрвенела.

— *Хај-хо, јо-хо-хо.*

— Пилетина са кестеном је вредна труда — упорно је доказивала.

После кестена, дошла је на ред пилетина. И поред свих њених фармерских корена, Блонди као да није нарочито волела да дође у пун, посвећен додир с месом. Није имала ни оно сирово касапско самопуздање потребно да се довољно високо замахне ножем да би он пао — звек! — довољно убилачком снагом.

— Помисли на гиљотину — рекао сам јој поново пролазећи поред ње. — Помисли на одрубљивање главе.

Ја сам немирног Бејлија носао у наручју.

— Здраво, Бејли — тепала је она, чешкајући га по голом трбуху. — Треба му џемпер.

— Мислиш?

— Пипни му потиљак — рекла је. — У ходнику.

Сец, сец.

Џемпер није био у ходнику, него у остави. Ипак се упорно распитивала, када смо се вратили: — Да ли је био у ходнику?

БЛОНДИ / Мислила сам да сам у паклу.

КАРНЕГИ / Њена пилетина је изгледала као нешто што су радници у зоолошком врту спремили за своје месождере средње величине.

БЛОНДИ / Лан је била немилосрдан господар. Како је време пролазило, она као да је очекивала да месо буде исечено све тање и тање. И брже. Није никад ништа слично рекла, не. Само би погледала како сечем месо ако има потребе и, онако елегантно како то она уме, довршила посао. Сецкала је савршено. Чак и маст коју је одбацивала била је понижавајуће савршено исецкана, било је штета да се баци.

КАРНЕГИ / С временом је Блонди почела кришом да окреће своју даску за сецкање тако да леђима буде окренута кухињи. Делимично зато да би могла да гледа у двориште, а делимично и зато да би избегла Ланин надзор.

БЛОНДИ / Још је било џепова снежних наноса у шуми, али дани су били ведри и топли, и дрвеће је почело да пупи. И травњак је био посут латицама наших раних лала. Неке од њих лежале су оборене, али је многе напунила јутарња киша, и светлуцале су као сићушна језера. У свакој се огледао комадић неба; свака је одражавала своју делимичну истину о небесима. Неке су биле обојене неумољиво плавом, неке одражавале немирне беле облаке.

И наравно, лале у леји биле су све отвориле своје чашице, блиставе и несташне, са бледим деловима издигнутим, без обруба, ка небу.

КАРНЕГИ / Лан је производила гомиле комадића бамбусових младица, шунке, влашца. Пажња јој никада није попуштала, и мада је носила кецељу, никада је није упрљала. Њен соја сос никад није прскао, њен кукурузни скроб никад се није расипао; при сваком кораку умела је да одмери тачну количину потребне енергије, ни трунку више. Тек када би дошла до тренутка када јој је потребно Блондино месо, она би застала да погледа свог шегрта, баш у тренутку када би лепшава Блонди почела да прича, са донекле претераним одушевљењем, о фенг шуију. Нож би успорио и застао док је описивала радионицу на коју су ишле она и Габријела. Како у ствари није имала времена за такве ствари. Како ју је, међутим, Габријела ипак наговорила, полудневна обавеза, и колико јој је на крају било драго што је отишла, макар и само зато да би схватила да је фенг шуи у Ланином стану грозан.

БЛОНДИ / — За почетак, то што живи изнад гараже — рекла сам. — Сав тај празан простор испод тебе који доноси лошу срећу. Баш ми је жао што раније нисмо помислили на то.

И како су само грозне оне спиралне степенице! *Ци се само расипа низ њих.

Лан је ставила патку да се маринира у кокаколи — то баш и није мој омиљени рецепт за пекиншку патку, али је успео.

— Твој стан смо користили као случај за проучавање — рекла сам. — Има превише прозора, зар не? Инструктор је предложио да у неке прозоре окачимо кристале.

— То је феудално празноверје — рекла је Лан љубазно.

КАРНЕГИ / Окренула се да уради нешто друго, онда застала да поново погледа Блонди, док јој се чело набирало.

Блонди је поцрвенела.

Лан се одмах осмехнула својим полуосмехом и рекла: — Врло добро! Ти си мој најбољи ученик.

Блонди је ипак следећим потезом свог касапског ножа успела да одсече парченце палца.

— Јаобоже, јаобоже! — викнула је. — Јаобоже!

Утрчао сам у просторију док је Лан примицала Блондину окрвављену руку судопери и прала прст под чесмом. Комадић меса висио је сасвим одсечен; могао је да се отвара и затвара као неки од оних нових поклопаца какви су однедавна постали обавезни на свему, од пасте за зубе до шампона.

— Ох, Блонди — рекао сам ја. — Да ли си добро? Јаобоже је у праву. А ја сам мислио да се фластер прави углавом зато да би га извиђачице носиле као значке. Да ли си у реду? Мислим да ће моћи то да ти ушију назад. Мислим, ако на Тајланду могу да ушивају мушкарцима пенисе, зар не? Пошто њихове жене узму касапске ножеве и одсеку им их. Стварно, ти ножеви су опасни. Да ли си добро?

— Биће ти добро — рекла је Лан одлучно. И изненађујуће ауторитативно додала: — Немој да плачеш.

ЛАН / *Прст јој је крварио и крварио, али сам ја ја превила. Наравно, деца су се испрепадала, нарочито Бејли.*

КАРНЕГИ / — Да се нисам удала за тебе, било би савршено у реду што сам виљушка — викала је Блонди на путу за болницу.

Руку је држала у ваздуху, подигавши је изнад срца, према упутствима из приручника за прву помоћ. Крв је ипак натопила велики завој и обојила га у црвено-смеђе.

— Да се нисам удала за тебе — викала је — сматрали би ме за особу доброг срца, каква и јесам.

БЛОНДИ / Већ неко време смо покушавали да током вечере разговарамо на кинеском. То смо обично радили у кухињи, али смо у последње време прешли у трпеазрију, што је девојкама изгледало забавно. Чак је и Лизи волела да поставља подметаче за тањире, и добре штапиће, и сребрнину. Допадало им се да пале свеће. И волеле су да смишљају мале кинеске стоне украсе — оригами животињице, букетиће шарених миришљавих штапића. Јин-јанг дизајн направљен од лишћа зеленог и црног чаја.

За Карнегијев четрдесети рођендан Венди и Лизи су направиле нарочито сложен аранжман, са картицама које су означавале места и са прстеновима за салвете, са породичним сликама које си биле окачене на свећњак. Ставиле су балоне и заставице, и свакоме оставиле поклончић на столици — било је тако лепо да ми је било жао што сам пријатељима и суседима заказала журку изненађења касније те вечери. Какав ће антиклимакс бити та журка после свега овога.

Колико се Карнеги обрадовао! Седео је у челу стола, без иједне боре или седе власи. Ја сам седела у зачељу, и на том месту сам само ја била окренута великом огледалу које је покривало зид иза њега. То огледало наследили смо заједно са кућом; али је одувек деловало као да одскаче од свега осталог, деловало је толико градски наспрам рустичног намештаја. Наравно, у почетку је било и других сличних детаља. Али, уклонили смо налицкане облоге са грубо тесаних дирека. Скинули смо таписон и поставили бели бродски под. Што се тиче огледала, стално смо хтели и њега да скинемо, и вероватно бисмо то и учинили да смо знали да је иза њега нека оригинална конструкција.

Али, оно је и даље било ту, и како је чудно у њему изгледала наша породица — све те црнокосе главе и само две плавокосе.

Вонгови и Бејлијеви.

Сваки пролазник би помислио да су Карнеги и Лан муж и жена и да је оно њихова породица, а да ја седим са својим сином, Бејлијем. Да ли је била истина и то да су Вонгови више окретали главе, а да смо ми Бејлијеви, пошто смо се осећали мање код куће, мање окретали? Мени се тако чинило, док сам нас посматрала у огледалу. Док сам нас посматрала у огледалу, чинило ми се да су Вонгови власници куће, и да се то могло видети по покретима које су упућивали једни другима. Лизи је, наравно, била најупадљивији члан породице, и најчешће би подигла своје каном тетовиране руке да истакне нешто што каже. Од Карнегија се најпре могло очекивати да ће се нагнути и искревељити се, или застати усред реченице, отворених уста, или гласно запевати. Вечерас је девојке учио песмама Битлса, као и Лан, "Човек ниоткуда", "Црна птица", "Јуче". Али, чак су и Вендини покрети били слободни док је са Лан чаврљала преко стола. А како је Лан била опуштена! Она није махала рукама, али се јесте мало љуљала, нагнула се мало напред, заинтересована, па се онда исправила и забацила главу, подигавши цело тело од задовољства или изненађења.

Ја сам, са своје стране, охрабривала и охрабривала. Окретала се и климала главом, окретала и климала, као механички медвед у продавници играчака. Баш сам се осећала непријатно. Ударала сам својим умотаним прстом у тањир, у чинијицу. Једном сам оборила штапиће на под. По свему томе личила сам на Бејлија, који је наизменично слушао и одушевљено лупао, или се пажљиво загледао у свој грашак. Одмарао се од подстицања, претпостављам. Бејли је лепо јео. Лепо је и спавао — добро дете.

Што је важно како породица изгледа?

Док сам посматрала своје ћерке, нисам у њима видела Азијаткиње. Видела сам особе које сам познавала боље него своје родитеље. Знала сам колико је тешко било навикнути их на ношу. Знала сам како реагују на грдњу, на загрљај, на успаванке. Знала сам колико су тврдоглаве, колико досетљиве, колико сањаре. Колико причају, колико реагују телом, колико драматизују ствари. (*Морам да обришем сузе пре него што наставим да причам*, имала је обичај Лизи да каже.) Знала сам које су им биле најраније патње. (*Та деца ми гризу осећања*, зајецала је Венди једном приликом.)

И када би нас снимили на траку, могла бих изгледати као да сам у већој мери део породице него Карнеги, чији је кинески споро напредовао. Већином бих, када бих се окренула и климнула главом, и рекла нешто. Дометнула реч које неко не би могао да се сети; изгледа да је моја наставница кинеског са колеџа била у праву. И сама сам то могла да осетим — била сам природни талент.

Ипак, наши одрази као да су говорили нешто што је упорно хтело да ме оповргне.

Да ли би ми то тако тешко пало да нисам године и године провела као дизајнер?

Како ми је тело крупно! Била сам као лутка на надувавање у поређењу са свима осталима.

Нисам се тако осећала док смо породица били само Карнеги, ја, Лизи и Венди. Али, Бејли је донекле променио ствари, а Лан — о томе сам размишљала чак и док сам износила торту и почињала да певам, и смејала се свећицама-варалицама — Лан је ствари променила још више.

Карнеги је, када смо се венчали, више ушао у моју породицу него ја у његову. Стид ме је што морам да признам да тада нисам превише размишљала шта значи бити опкољен — шта значи бити бројчано превладан. Примећивала сам да људи не говоре о томе да је племенито од њега што се оженио мноме. И јесам их исправљала када би говорили о томе да је племенито од мене што сам се удала за њега, нарочито зато што он има и Лизи. *Како си ти отворена за различитости!* — свеједно су ми говорили. *Колико си пуна љубави! Колико спремна да преузмеш ризик!*

Волела бих када бих могла да кажем да се због тога после неког времена нисам помало осећала надмоћно.

Бројеви су важни, говорио је Карнеги. Имао је обичај да одмахује главом на онај начин „као син досељеника" и истиче оно што је болно очигледно. *Живот није песма.*

Колико бих се другачије осећала — нисам могла а да не осетим колико другачије — да смо ми, рецимо, бели пар са једним дететом из Азије.

Да ли је могуће бити превише отворен?

Човек не може а да се не запита, док данас пролази извесним улицама, у извесним градовима и местима. Шта би чак и моја мајка рекла када би сазнала да постоје делови Лос Анђелеса који изгледају као Мексико Сити, да има градова на Средњем Западу које су преплавили Хмонг Кинези?

Можда би моја мајка ипак са задовољством рекла *Ах, породица човечанства*. Можда би и даље возила придошлице у цркву или библиотеку или болницу. Можда бих ја за њу била разочарање. *Проста Цејни, тринаесто прасе*. Наравно, ја бих се осећала као да су ме прегазили; целог живота сам се осећала као да су ме прегазили.

Али, можда би чак и она рекла, *Осећам да су други заузели мој простор*. Можда би се чак и она запитала, *да ли је ово још мој дом?*

Можда — вероватно — не би казала ништа. За разлику од Маме Вонг, која би зацело казала, *Овде је превише дођоша*, чак и ако би то били Кинези.

Да је на мом месту, Мама Вонг би зацело питала, *Чија је ово породица?*

Да сам одраз наше породице гледала са улазних врата, помислила бих да је то завештање људских могућности. Да ју је посматрала моја мајка, осетила би да сам ја права њена ћерка.

Али, ако бих покушала да замислим да је то група људи која се окупила око мог одра; ако бих замислила себе како лежим, као што је лежала моја мајка, са цевчицама које ми вире на све стране и док ме надгледају са свих страна, помислила бих да умирем у иностранству — у пријатељском окриљу неке испоставе за странце.

Одлучила сам да склоним то огледало. Следећег јутра сам у подруму пронашла гвоздену полугу и Карнегијеве старе заштитне наочаре из гимназијских дана. Осмехнула сам се када сам их скинула са клина, замишљајући свог мужа како се нагиње над Бунзеновим гориоником. Видела сам га окруженог епруветама које је покушавао да схвати озбиљно; било ми је жао његовог партнера у лабораторији. Нашла сам и усисивач који је Карнеги једног Божића тражио на поклон, у време док је размишљао да би дељање дрвета могла бити добра терапија за Лизи, без обзира што није правио разлику између тестере и струга. Извукла сам своју опрему уз степенице. Није ми било лако с оним палцем. Порушила сам неке конзерве.

Кад сам се нашла у трпезарији, међутим, застала сам пред огледалом и насмејала се свом одразу. Зар сам после толико година брака почела да личим на Карнегија? Карнеги је био неко кога би човек могао затећи у рано јутро са заштитним наочарама на глави, а не ја. Како маше тим огромним белим палцем.

Управо сам хтела да га замолим за помоћ. Управо сам хтела и да га питам да ли је гвоздена полуга одговарајући алат за овај посао — да нема негде неки завртањ који придржава огледало — када је неко позвонио на вратима.

— *Buon giorno!*

12
Блонди узима слободан дан

БЛОНДИ / Заштитна врата су била скинута јер смо мењали окно на њима, тако да није стајала чак ни иза стакла. Само се чуло звоно и — Габријела! Са огромним наочарима са штрасом.

КАРНЕГИ / Водич по светим местима. Питао сам је на чему је радила у Италији, и ето шта ми је она одговорила. Прво је морала да нађе таква места, а затим да пише о њиховом мистичком значењу. И на крају да предложи ритуале.

— Са ритуалима је тешко — рекла је. — Не можеш тек тако да медитираш на сваком месту. Ни да завијаш.

— Савршено тачно — рекао сам ја.

— Али уредник баш то тражи од мене — рекла је. — И добиће ритуале.

— Наравно — рекао сам ја. — уредник се мора узети у обзир.

— Наравно, свеће су увек ту — рекла је — и тамјан. И већини није превише тешко да понесу са собом звечке или мали бубањ.

БЛОНДИ / Вртела се по кухињи како бих могла да видим да није „злоупотребљавала храну", како је рекла. Није баш да је намравала да се стеше и добије *bella figura*. Чак је и избацила огледало и вагу. Коврџава коса, која је некада била укроћена, сада је била огромна блистава маса на којој је предња трећина била везана у пет-шест чворова као везаних на крају узице; чворићи су јој стајали као тачке на глави. Ни нокти јој нису били сјајни од лака, као када смо се последњи пут виделе, него су сијали сами од себе. И мада је још требало да промени наочаре, одустала је од увртнутих фармерица и кожне јакне. Уместо танких високих потпетица носила је спортске сандале.

— И, чик погоди? — викнула је. — Нашла сам себи кућу!

КАРНЕГИ / И поред свег времена које је провела у Италији, њени италијански манири били су исти онакви какве је имао Боби Грк у локалној пицерији.

БЛОНДИ / Није ми писала о тој великиј новости јер је хтела лично да ми је саопшти. Прво, да је практично купила неку сеску кућу у Умбрији — стару, наравно, тамо су све куће старе — праву руину, са намером да је она и Ђорђо сами среде. Наравно, било је много бирократских заврзлама. Али, он је имао везе, а познају и неки пензионисани енглески брачни пар, расположени су да живе у помоћној кућици, као куће-пазитељи. А тек греде! Подови! Двориште! А ту су и тушеви на отвореном, и прозори у облику полумесеца и огроман камин...

— Ђорђо? — рекла сам ја.
— Изненађење! — повикала је Габријела. — Заједно смо већ четири недеље!

Он је луткар са Сицилије, геније, управо напушта Палермо и своју жену и сели своје позориште у Умбрију. Срела га је на степеницама Дуома — топао човек који чврсто стоји на земљи, уопште није притворан као што људи причају за људе са *Mezzogiorno*, мада је мало мамин син, истина, и не зна зашто мушкарац не би могао да има љубавницу или две. Или је бар тако рекао; ко зна шта заправо Италијани уопште раде осим што причају — углавном, како јој се чинило, о томе како Американци не умеју да се опусте, како су уздржани у вези са пићем, пушењем, свиме. И стално раде! Није му било јасно како било ко може за Америку да мисли да је слободна, њему је изгледала као затвор. Једине речи које је знао на енглеском биле су „политички коректан".

Али, није било времена за причу. Једва да је имала времена да се поздрави са својом козом — мада смо и то, разуме се, обавили, на брзину — Томо! Томи! — довикнула је. — Препознајеш ли ме? — пре него што је ускочила у кола. Јер, каснили смо, како се испоставило, на даривање.

— Даривање?

Рани ручак који њена добра пријатељица приређује јер треба да се породи, шта друго; живи у суседном месту, и Габријела је хтела да је упознам — не, не у суседном, у оном следећем месту иза њега — а то је сјајно, зато што ћемо имати времена да причамо о Ђорђу — који и поред све приче у ствари никада није имао љубавницу, и на сву срећу, има само једно дете, девојчицу, четвртином Алжирку, која му је важнија него што се може замислити; али, пре свега, шта ми се десило са палцем?

Остале ствари испливале су док смо се труцкале путевима за које нисам ни знала да постоје, иако сам годинама живела у том крају. Почевши од тога како је тај Ђорђо живео у истој кући са мајком, иако је ожењен. Али је она недавно умрла, а он се разводи — баш занимљиво, рекла сам ја — стара прича, рекла је Габријела — али ипак, у овом случају истинита. Заиста напушта жену; разговарали су о томе свакога дана током *passegiata*. Још ме је убеђивала колико је искрен, кад смо изненада наишле на чудну кућу у шуми — нека осмоугаона кућа, хипи кућа. Изгледала је као рушевина, или нечија кућица за разоноду — можда зато што се налази на ивици мочваре, чак и у том тренутку прекривена лишћем; а крај ње сазидана кула, такође осмоугаона, на чијем врху је направљена сауна. Греје се на дрва, и унутра се улази кроз отвор у поду. Скинуле смо се и попеле се у облак — као на небо, како је изгледало — где су нас дочекали тамнопути или тако румени и тамни арханђели, сви голи, као и наша домаћица, Рејн, која је, наравно, била трудна.

Жене које су седеле или лежале на полукружним клупама од цигала биле су различитих раса, година, типова тела. Имале су разне белеге и пирсинге на телу, али је коментаре изазвао мој палац. Објаснила сам им. Жамор сажаљења. Нисам била ни најдебља ни најмршавија; ни најстарија, ни најмлађа; ни најсветлија, ни најтамнија; ни најковрџавије, ни најравније косе. Нити сам ја била једина која није познавала Рејн — која је само могла да с времена на време провири радозналом главом из суседне туш-кабине. Пошто је, наравно, претерана топлота опасна за бебу. Све те мере предострожности током трудноће; заборавила сам колико их је много. Упознали смо се са још једном придошлицом; затим се Габријела са свима поздравила. Дисала сам дубоко — удах, издах — а Габријела ме је представила као Шајн. Шајн! Габријела је умела понекад да ради такве ствари; насмејала сам се и легла, опруживши леђа. Кожа ми је постала влажна — сијала сам се. Жене су се присећале својих трудноћа. И ја сам нешто додала; за неколико њих се испоставило да су имале исту бабицу, и да су се порађале код куће; две жене које су ишле у болницу, како се показало, породиле су се у истом крилу. Онда је дошло на ред поређење ожиљака од царског реза; и искрено дивљење беспрекорним телима двеју жена које никада нису биле трудне. То су биле Габријела и жена са низом кинеских карактера тетовираних дуж кичме.

— Види се да никада нису дојиле — рекла је једна жена. — Ох, како је лепо кад су ти једре!

Габријела се испрсила као војник; сви су се насмејали.

— Ох, како је лепо кад те не растежу! — рекла је нека друга жена. — Ви са царским резом и не знате колико сте срећне.

Још смеха.

— Ох, кад не би цурило кад год скочим — рекла је трећа.

Рејн је стално провиривала; пријатељице су јој наизменично правиле друштво. Ја сам прешла код ње тек на крају, кад сам се истуширала и пресвукла.

Као крупна жена која је чекала близанце, Рејн је деловала монументално, нарочито онако напола огрнута пешкиром за плажу. Трбух јој је био жив, али је она говорила да је активност успорена. Бебе су толико нарасле да нису имале места да се крећу. Гледала сам како јој друге жене додирују стомак када би улазиле или излазиле из туш-кабине, неке и обема рукама; једна га је пољубила, као да је амајлија. Али, ја се нисам усуђивала да је додирнем док се она није осмехнула и ухватила ме за руку и сама је спустила на свој трбух.

— Не зовем се Шајн — рекла сам.

— Наравно да се зовеш — рекла је, намигнувши; и из дубине бубња њеног трбуха пуног стрија осетила сам неко испупчење које ме је подсетило на Бејлија у мојој стидници. То огромно тајанствено створење које израња на површину.

— Имаш дете — рекла је Рејн. — Не, имаш више од једног.

— Троје — рекла сам ја. — Двоје је усвојено.

— И једно природно.

— Ми кажемо, биолошко..

— Наравно — рекла је она. — Троје природне.

— Тачно.

— Ја ћу добити две девојчице — рекла је она. — Тако ми је драго што су девојчице.

— Син је син док не нађе жену — рекла сам ја. — А ћерка је ћерка целог живота.

— Истина је, зар не.

— Још нисам дотле стигла. Не знам.

— Јави ми чим сазнаш — рекла је она. — Шајн.

— Послаћу ти разгледницу.

— Зар не би волела да нама сад неко пошаље разгледницу? — рекла је. — Да нам каже и све друго што треба да знамо.

— Желим, како да не — рекла сам ја. И онда сам још рекла: — Мора бити да си изгубила мајку.

— Јесам — рекла је она. — И ти си.

— И ја сам.

— Види се на километар — рекла је она.

Затим је напољу приређен ручак, и направљена купка од ружиних латица за Рејн — а у том обреду нису коришћене само ружине латице, него и лавандино уље. У мантилима, мокре косе, прекрштених ногу, седеле смо на каменим клупама у природном кругу који су правиле гране две огромне јеле. Дрвеће за удају, како га је звала Рејн. Дрвеће се дизало високо, високо, високо и као да се на врху додиривало, правећи типи за дива. Напољу је било прилично свеже, тако да је вероватно требало да пређемо на сунце, само што је овде у благој сенци расла цела шума женских папуча. Као да си окружен вилама, гомилом вила са надувеним трбусима које су се љуљале — гле! — баш као Рејн. И оне трудне. Држале смо се за руке и певале песме. Распалиле смо ватру пре него што смо кренуле, предвиђајући да би нека од нас могла пожелети да се загреје после седења напољу. Сада се велика белина ваљала иза дрвећа; могло би се помислити да је кула у пламену. Али није — осмотрила сам је. На срећу, није била.

На помисао да треба да оперем ноге женама које сам управо упознала осетила сам се непријатно; заиста, прање било чијих ногу деловали ми је суманто. Наравно, чула сам ја за Њу Ејџ ритуале, који су у данашње време тако популарни. Рената и Аријела имале су много пријатеља који су се посветили ударању у бубањ и урликање и сахрањивање постељице. И наравно, Габријела је одувек волела радионице. Још на колеџу је ишла да учи како се прави накит и како се дува стакло и како се прави грнчарија.

Али, ево мене сада овде. Свака чланица групе би редом полила топлим уљем Рејнине босе ноге и по њима посула ружине латице, а затим изреклна неку жељу.

— Желим ти да се лако породиш.
— Желим ти да спаваш.
— Желим да имаш праву подршку.
— Желим ти да све примиш у себе, и да то сачуваш, и да не изгубиш.
— Желим ти храброст да тражиш епидуралну инјекцију ако ти затреба. И дођавола, да она заиста делује.

Убрзо је на мене дошао ред, и како је само диван течни звук сипања — оно кап, кап, кап, кап. Мирис уља се дигао до мене — лаванада, тако је. Заронила сам целу десну шаку и већи део леве — све осим палца. Завој се мало овлажио на ивици, али не мари. Било је лепо бити мали, смерно се поклонити, клекнути пред Рејн, нашом богородицом са задигнутом сукњом која је седела на пању. Мада сам ја прижељкивала да обучем џемпер, њој је било савршено пријатно, чак и без обуће; тело јој је било загрејано. Осмехивала се тако искрено љубазно да је то за мене био шок. Трбух јој је висио између раширених ногу; није имала крило. Није имала достојанство. А ипак, њено лице, њено драго лице, било је лице светице.

Друге жене желеле су да изгледају као манекенке; ја сам одувек желела да зрачим таквом добротом. За то се мора имати широко, донекле равно лице, и боре од смејања. Треба имати благе очи и мало пљоснат нос; и поглед ти мора бити успорен, и глава се мора окретати на нарочит начин следећи поглед, као да се очне јабучице не крећу онолико лако колико би требало. Севање и шарање погледом било је својствено некоме другом — градској особи, мудрој особи. Љубазна особа диже лице у лаганој радости када види некога кога воли, као да је полуслепа.

— Шајн — рекла је Рејн. — Ово ти лепо стоји.
— Желим ти ћерке које ће те ценити — рекла сам.
— Боље ми сипај још мало уља по ногама — насмејала се она.

Многе гошће биле су сусетке које су живеле у нечему што је требало да буде комуна сазидана на ивици мочваре. После прања ногу жена по имену Анђела повела је Габријелу и мене у обилазак. Мршава жена са дугим плетеницама, Анђела је била готово болно поучна.

— Све то можете да видите на Интернету — почела је. — На нашем сајту.

Али слике, наставила је да објашњава, нису довољно добро приказивале земљиште, за које се дуго сматрало да се на њему ништа не може градити, и које су само оснивачи комуне видели као једно од последњих незагађених комада земље у целој области — прелепо и богато створењима из дивљине. То је, заиста, било станиште плаве чапље и мањих птица. У лето су цели хектари прекривени локвањем. Наравно, ту је и неизбежни љубичасти поточњак, али су успели да га обуздају.

Габријела и ја смо климале главама.

Сада, на срећу, настављала је Анђела, цела област је постала заштићена мочвара. Колико је само комуна задовољна што ће ова и друге сличне мочваре остати нетакнуте, да никоме неће бити дозвољено да гради чак ни овако као они — сојенице без водовода, од којих се свака састојала од три дела. Оне су укључене у нови закон, делимично зато што су показале да имају веома мало утицаја на земљиште.

— Заиста — рекла је Габријела.

Било је много дрвених мостића, на пример, да људи ништа не би пореметили. Користили су тоалете из којих се потом вади ђубриво, и сав материјал је биолошки разградљив; и наравно, више кућа саграђених заједно много је ефикасније него појединачне породичне куће, које су, у ствари, једнако велика пошаст као и аутомобил.

— Савршено истинито — рекла сам ја.

Анђела је објаснила да чланови комуне задиру у живот мочваре на само два начина. Једно је ограничавање раста љубичастог поточњака, а друго је што су донели слепе мишеве да би се борили против комараца. Показала нам је заједничку кућу, где су се бавили јогом и медитацијом, играли и јели заједничке обеде и одржавали семинаре. Ту су се неки школовали код куће; држали семинаре о будизму; и сваке године прослављали новогодишњи обред са лампионима. Иза ње се налазила заједничка башта — желели су да живе ближе својим изворима хране. У томе и у другим стварима су се инспирисали комунама из Данске.

Габријела и ја смо климале и климале главама.

— Многи мисле да је тешко живети у оваквој комуни — рекла је Анђела. Мисле да ће морати стално да буду расположени. Али, у ствари се ни од кога не очекује да стално буде добре воље. Ни од кога се не очекује да буде светац.

— Стварно — рекле смо ми.

— Нама је важна толеранција — наставила је Анђела. Ово је место где се људи осећају добро зато што живе изван стега.

Поштар им је, како изгледа, бивши професор правног факултета. Она се забављала са наставником физичког кога је упознала у центру за описмењавање — дивним човеком који није ни умео да чита када га је упознала, а сада је већ до пола прочитао *Браћу Карамазов*.

— Треба ли да се преселим овамо? — питала се Габријела док смо се спотицале дуж кратке стазе која је водила назад до Рејнине куће. На све стране било је срећне детелине — на стотине, на хиљаде листова детелине.

— А шта ћеш са Ђорђом?

— Ђорђо — уздахнула је. А онда је намигнула: — Можда ћу ипак да се преселим.

— Ја ћу се преселити са тобом — рекла сам ја. — Знаш ли шта је ово? Ово је Острво независности.

— Твоја бака, како се оно зваше, била би одушевљена.

У колима је Габријела наставила да анализира Италију и Ђорђа.

— Рећи ћу ти да понекад помислим — рекла је. — Понекад помислим да у ствари највише волим Томија. Једнога дана желим да имам и овцу, и пилиће.

— Штета што ниси упознала моју баку Доти. Могла си да се преселиш код ње у Висконсин.

Габријела се насмејала.

— Могле смо да узгајамо женшен. Да се убацимо у процват посла са јогуртом.

Још ју је занимала масажа, и ароматерапија. У ствари, кад је завршила са писањем водича и са реновирањем куће, помислила је да би могла да отвори центар за релаксацију, са разним врстама јоге. А чим би тај посао кренуо, пребацила би и Томија.

— Шта мислиш, кад ће то бити?

Мрско ми је да то питам, али ипак, незаконито је држати козу у граду, објаснила сам. Објаснила сам и то да смета Карнегију, да смета и Лан.

— Томи смета Лан? — Габријела ме је погледала збуњено. — Мислила сам да Кинези умеју са животињама.

Да ли је требало да јој кажем како га је Лан гађала кофом у главу?

— Не брини — понављала сам. — Пазићу да се више не понови. Не брини. Са Томијем ће све бити у реду.

Она је ипак била узнемирена.

Затим се, међутим, вратила на Ђорђа.

— Штета што је ожењен — уздахнула је. — Каже да ће је оставити. Али, дубоко у срцу мисли да мушкарац има право на две жене. Мисли да је то сасвим природно.

— Бојим се да и Карнеги тако мисли — насмејала сам се ја.

Габријела је одмахнула главом.

— Али ти си прва жена, а ја сам, како се то зове. Жена за љубав — рекла је.

ВЕНДИ / Кад се мама врати кући, сви миришемо, чини ми се, на соја-сос и сусамово уље, зато што смо у кухињи правили ваљушке. Тата и Ланлан су сецкали, ја и Лизи смо помагале да их увијамо, и моје су све остајале целе, у једном комаду, а оне које су се распадале у води биле су Лизине. Она каже да нису, али јесу.

БЛОНДИ / Пошто је између улазних врата и трпезарије ходник кратак, нису ме одмах видели. Али, знала сам како ће ствари да се одвијају у следећем тренутку — како ће Бејли да осети моје присуство и да повиче, *Мама!* Како ће да се искобеља из своје столичице и да се стушти кроз ходник, вичући *Мам! Мам! Мам!* Знала сам како ће изгледати његов загрљај, снажан и окретан, док га подижем на бок. Знала сам како ће ме коленима стегнути око струка, и како ће завући своју главицу у мој врат, како ћу осетити његов влажни дах под својом брадом, док скидам ташну са рамена и спуштам је на столицу.

Али у оном делићу тренутка, још онај делић тренутка, гледала сам их — Карнеги у челу стола, са бејзбол капицом; Лан у зачељу, на мом месту. Седела је исто онако како је и ходала и стајала — царски. Коса јој је блистала.

Сви су ћутали и били занети нечим.

Колико је само природнији овај призор од онога који је укључивао и мене. Колико је све то природно и тихо било — тишина је била готово оно најгоре. Сви су из чинијица јели грицкалице. Нико није јео из кесице, чак је и Карнеги јео чипс из две плаво-беле чинијице за пиринач. Пред Карнегијем, Лизи и Венди стајале су шоље са поклопцима какве сам виђала у Кини и у Кинеској четврти; пред Бејлијем је стајала његова шоља са сисаљком, која ми се сада такође учинила као шоља с поклопцем. Сви су носили папуче. Лан је носила плаве и свршено једноставне.

Жена за љубав.

Често сам виђала те папуче — волела је да носи папуче. И наравно, Карнеги је годинама имао своје чупаве папуче. И Лизи је имала чупаве папуче, са обрубљеном ивицом. Венди и Бејли су имали папуче са животињама, пандама и лавовима. Знала сам то. Али никада пре их нисам видела све заједно у папучама.

Лизи је устала да уради нешто, вукући ноге.

Лизи вуче ноге!

Свако је нешто радио, наравно.

Напољу је поподне било као створено за уживање. Сунце је било високо и благо, већ се осећао мирис јоргована. Јудино дрво је процветало, и свибе у шуми, и наш круг јабукових стабала је пупио. Било је време да легнемо под наше дрвеће и да зуримо у таваницу од цветова; да сам била код куће, тражила бих да сви пођемо да се котрљамо низ падину. Пењали бисмо се на дрвеће и брали цвеће и плели венце и направили пикник.

Међутим, сада је свима био укључен компјутер.

Карнеги је радио на графиконима. Лан је, претпостављам, вежбала куцање. Зачудо, Лизи је, како је изгледало, писала свој задатак, док је Венди лупкала по тастатури у програму за вежбање математике. Бејли је седео поред Лан и играо се гомилом старих дискета. Осим што је наш дивни врт напољу стајао пуст, призор је био диван.

Сви су изгледали срећно.

Какав је то мирис?

Екрани су треперили у живим бојама. Девојке су држале укључен тон. Тихо, као несвесно, као шушкање кућног љубимца. Чак су и замршени каблови деловали срећно, повезујући и људе колико и компјутере. Карнеги, опуштен, испружио је ноге свом дужином испод стола, док је Лан подвукла своје прекрштене глежњеве испод столице. Вероватно зато да не би додиривала његове огромне папуче, које су се помаљале велике као крпље. Ипак, Карнегијеви палци као да су додиривали ивицу њених панталона у тренутку када смо Габријела и ја коначно најавиле свој долазак.

— Ох — рекао је Карнеги, сместа уставши и повукавши ноге назад.

— Мама!

Бејли се искобељао из своје столичице. Девојке су подигле поглед.

— Здраво, мама. Здраво, Габи!

Девојке су скочиле да се поздраве са Габријелом. И Лан је устала, црвенећи. Карнеги је попио гутљај чаја — откад ли је само пио чај? — и вратио поклопац назад на шољу пре него што је запамтио оно што је радио на рачунару. Онда је, коначно, одгурнуо столицу и устао. Снажно се протеглио, готово додирујући руком таваницу. Погледом је лутао негде преко мог левог рамена. Масирао је врат. Наместио капу за бејзбол.

— Мама! Мама! — подигао је руке Бејли.

Подигла сам га на бок; он је зарио нос у мене док сам спуштала ташну.

— Како си ми, лепото? Шта је то било с твојом косом?

Толико сам била обузета папучама, да готово нисам ни приметила Бејлијеве шишке, са великим искрзаним празнинама.

— Сам је себе шишао — рекла је Лан.

— Откуд му маказе?

Нико није одговорио.

— Мама! Мама! — рекао је Бејли поносно.

— Браво, Бејли — рекла сам махинално. — Али следећи пут пусти маму да то уради, важи?

Спустила сам га.

— Мама!

Вукао ме је за руку, из све снаге.

— Играмо! Играмо! — рекао је, мислећи, „играј се са мном".

Привукла сам га себи и пољубила га; он се надурио, знајући шта то значи.

— Лизи — рекла сам.

И једном у животу, она је послушно узела да се брине о брату, који је, још се дурећи, дозволио ову замену. Све нас је изненадио.

Наредила сам Венди да пође са њима; и она је, једном, послушала.

Онда је нас четворо одраслих само стајало тамо, осећајући се непријатно. Као група људи који се знају, али покушавају да се сете како су се упознали. На крају је Габријела, са руком на наслону столице, почела да протеже колена. Ноге су јој биле потамнеле, али пуне пега.

Мене је болео палац.

— Можете да наставите да радите ако желите — рекла сам карнегију и Лан. — Ја идем да се котрљам низ падину са децом.

КАРНЕГИ / Блонди у ствари није одмах отишла, као што је обећала, него је само претећи стајала, са палцем у завоју и спласнулом косом.

— Ја сам се јуче котрљао с њима — рекао сам.

— Да ли је било забавно? — упитала је Габријела.

— Можда да ја изиђем да изведем децу напоље — рекла је Лан.

— Наравно — рекла је Блонди. — Не заборави свој кишобран.

— Ах — рекла је Габријела, и даље се протежући. — Тачно.

Блонди је отворила прозор.

БЛОНДИ / — Нема ничега лошег у томе што неко напорно ради — рекао је Карнеги.

— Да ли је неко рекао да има нечега лошег у томе што неко ради? — рекла сам ја.

— Васпитан сам тако да верујем у рад — рекао је Карнеги. — То је моја религија.

— И зашто човек не био био радохоличар ако жели, ово је слободна земља — рекла је Габријела, променивши ногу.

Карнеги је сео и окренуо капицу уназад.

— Хвала ти, и не заборави на своју козу — рекао је он. — Ако је будеш и даље оставила овде, појешћемо је.

Почео је да куца неко писмо.

13

Блонди даје отказ

БЛОНДИ / Тог тренутка је требало да зауставим све то. Али, шта су то у ствари они урадили? Седели са истим столом? Слагали се? Како сам ја то била искључена из њиховог заједништва, осим у својој глави?

— Нико ништа није урадио — рекао је Карнеги. — Превише си посесивна.

— Није то у твојој глави — рекла је Габријела. — Мораш нешто да учиниш.

Али, на основу чега? Какав доказ имам?

Габријела је рекла: — Није ово судска парница. Мораш да верујеш свом осећању.

Могла сам да чујем и своју мајку. *У овој породици, не осуђујемо људе а да им не дозволимо да се оправдају.*

И тако сам још неко време оклевала.

Крајем маја, девојчице су увече најчешће нестајале после вечере и одлазиле да се друже са Лан. У теорији, тада уопште није ни била обавезна да ради. Али, она је упорно тврдила да јој то не смета, а девојке су преклињале. И Карнеги им је скренуо пажњу да тако нешто може да потраје само неколико недеља. Зар све то неће природно престати када Лан поново почне да иде на часове?

— Помисли колико би горе могло да буде — рекао је. — Кад се узме у обзир да адолесценткиње стално висе напољу. Девојке би могле да буду негде на улици са нашим драгим Страшним Страшилом.

„Страшно Страшило" је био Расел.

— У праву си — рекла сам.

На неки начин сам се сложила, рећи ће Карнеги касније. Да ли сам се сложила да и Карнеги нестане?

— Морам да идем да спасавам свој посао — рекао је после прања судова. Ако ме сумњичиш да идем да четујем на Интернету, грешиш.

Или: — Тренутно сам у тешкој ситуацији, знаш. Врло, врло тешкој.

— Добро, онда иди па се спасавај — насмејала сам се ја.
— Јеси ли узео појас?

Стварно нисам знала да ли да бринем због њега или не.

У сваком случају, била је права дивота што сам имала четрдесет пет до педесет пет минута које сам могла да проведем насамо са Бејлијем пре него што крене на спавање. Правили смо штапиће од хлеба и слагали куле од коцкица; играли смо се ринге-ринге-раја и летели као авиони. Читало смо књиге; лупали по клавиру. Онда је дошло време да се ваљамо по поду; трудила сам се да проведем бар петнаест минута дневно радећи шта год Бејли пожели.

Целих десет дана нисам проверавала шта девојке раде код Лан.

Али, једне вечери Бејли и ја смо ставили мало банана премазаних кикирики-путером да се запеку у рерни. Бејли је обожавао да се умаже једући банане. Ја сам обожавала да му помогнем да се маже, и то још бананама у браон боји. Какве је све дивне ствари Бејли радио! Направи се као да ће пипнути рерну, али онда измакне руку и каже *ссссс*. И сам је седео на ноши — у ствари ништа није радио, али је то ништа покушавао да ради иза затворених врата.

— Глављен! — викао је иза врата. — Глављен!

— Заглављен — рекла бих му ја, чудећи се и смејући, док бих гурала врата. Полако, дајући му времена да се склони када се врата отворе. — Заглављен.

Касније, међутим, узнемирен, како ми се чинило, управо тим својим новим забавама, бацио је варјачу преко собе.

Покушавајући да му скренем пажњу на нешто друго, узела сам га у наручје и изнела напоље. Успела сам; умирио се и привио уз мене. Нећу још дуго моћи да га носим, знала сам — колико је тежи него девојчице у његовим годинама. А и мање се држао, и пуштао мене да носим сву његову тежину. А ја сам била старија и то ми је све теже падало. Ипак сам га и даље теглила окаченог о бок.

Подигао је главу чудећи се: — Иде? — упитао је.

— Куда да идемо? Идемо у Ланин стан, да видимо девојчице. Зар није забавно?

Он је млатарао ногама.

Прво смо отишли да се поздравимо са Томијем. Зашто му је кофа за воду празна? Како год било, ја сам је напунила, док је Бејли мазио козу, коју је волео; некада нам се чинило да треба да га заштитимо од Томија, али се он у ствари боље слагао са Томијем него било ко други из породице. Затворила сам и врата на остави да веверице не би улазиле да једу семе за птице.

Попели смо се уз спиралне степенице; Ланина врата била су отворена. Ипак сам покуцала док смо улазили и довикнула, „Здраво!", док ми је срце лупало од пењања.

Лан је била у кухињи, за својим компјутером. Девојке су радиле домаће задатке испред телевизора.

— Здраво, Лан. Здраво, девојке.

— Здраво — рекла је Лан.

— Хммм — рекла је Венди.

— Хммм — рекла је Лизи.

Телевизор је био одмах поред врата, на супротној страни од кухиње. Лежао је на поду, а поред њега и видео; девојке су потрбушке лежале на тепиху, само два корака далеко од екрана. Мада су неки делови Ланиног стана били осветљени, девојке су изгледа читале под светлошћу телевизора. Лица су им треперила од одраза боја — бледоплаве, бледожуте, пригушено црвене.

Спустила сам Бејлија да стане и чучнула да искључим телевизор. Лица девојака изненада су потамнела, очи им се изненада заблистале, одражавајући светлост из кухиње.

Бејли је почео да плаче.

— Тевевизор! Тевевизор! — тражио је.

Севао је окицама пуним беса и на тренутак се ножицама укопао у положају који ме је подсетио на мог оца. Затим је почео да трупка и кења, као беба, што је и био; поново сам га узела у руке.

— Лан — рекла сам — да ли ти то пушташ Бејлија да гледа ТВ?

Лан је устала да ми одговори, извиривши поврх компјутера. Коса јој је била скупљена у репић.

— Само врло, врло ретко.

— Рекла сам ти да Бејли не сме да гледа ТВ.

— Само једном или двапут.

Отимао ми се из руку — излив беса какав сам желела да избегнем надвио се над нас.

— Тевевизој! — тражио је, бесно плачући. — Тевевизој!

Упалила сам лампу на поду. Девојке су трепнуле, ухваћене, како је изгледало, у круг жуте светлости. Још су лежале потрбушке. Када сам ушла, махале су ногама по ваздуху; сада су спустиле прсте на љубичасти тепих. Венди је носила своје папуче са пандама; Лизи је била боса. Држала сам Бејлија, измичући се од њега и покушавајући да му стегнем ножице да ме не би ударао. Лизи је ижврљала маргине своје вежбанке за математику. Задатке је решавала флуоресцентним маркером.

То можда није био баш најбољи приступ за некога ко је упркос томе што је обдарен за математику успео да добије тројку из тригонометрије у претходном полугодишту.

Бејли ме је сада снажно шутирао — ојачао је. Спустивши га на под, клекнула сам поред њега.

— Лан — рекла сам држећи Бејлија око стомачића. — У овој кући, домаћи задатак је на првом месту.

— Наравно — сложила се она прелазећи преко собе. — Зато сам им рекла, ако и гледају ТВ, нека раде домаће задатке.

— Лан, девојке не могу да раде домаће задатке поред укљученог телевизора.

— Наравно да не могу. Зато сам им рекла да угасе ТВ. Али, знате, оне воле да је ТВ укључен. Кажу да тако боље раде.

Тај аргумент ми је био познат. Лизи је тврдила да је ТВ опушта и помаже јој да се концентрише. Тврдила је да не би добила тројку из математике да сам је пустила да гледа ТВ док ради домаће задатке.

— Лизи — рекла сам. — Стварно. Да ли стварно мислиш да је то најбоља стратегија? Сада кад ти предстоје завршни испити?

Она је скупила стопала. Венди је села.

Бејли се отимао и цвилио желећи да се одмакне од мене.

— Лан — рекла сам. — Мораш да им забраниш да гледају ТВ док не заврше домаће задатке.

— Ако се вама не свиђа ТВ, нема ТВ — рекла је на крају.

— То је баш типично — рекла је тада Лизи стављајући поклопац на маркер. — Типично! Не можеш да нас пустиш да макар једну ствар урадимо по свом. Све мораш да упропастиш!

У жељи да умири Бејлија, Лан му је понудила комадић слаткиша из чиније која је стајала на сточићу. Он се смирио и вешто почео да одмотава бомбону.

— Лан — рекла сам ја. — Рекла сам ти да му не дајеш бомбоне.

Гласом који сам једва могла да чујем, она је рекла: — То је бомбона од урме, као неко воће. Није то права бомбона.

Бејли је заплакао још гласније када му је узета бомбона.

— Бом-бом! — викао је. — Бом-бом!

— Ако не волите бомбоне, нема бомбона — рекла је Лан.

Стајала је изван круга светлости. Глас јој је био савршено раван.

Иза нас су се отворила врата. Ушао је Расел, ненајављен.

— Хеј, људи — рекао је. — Шта се дешава?

Расел је имао плаве плетенице и агресивну самоувереност коју сам познавала из корпоративног света — обележје некога за кога је све само представа. Носио је избељене фармерице и кошуљу са које је истргао рукаве.

— Могу ли да те питам шта ти радиш овде? — рекла сам ја.

— Дошао сам по Лизи.

— О чему ти то, молим те, причаш? — рекла сам ја. — Елизабет Бејли Вонг, знаш да не смеш да излазиш преко недеље.

— Ето на шта сам мислила — рекла је Лизи, коначно устајући. Маркер јој се откотрљао преко вежбанке за математику и зауставио се на ресама тепиха. — Зар нисмо сви били срећни док ти ниси ушла? И само слушајте тај глас, *Елизабет Бејли Вонг, знаш да не смеш да излазиш преко недеље.* зар не чујеш како је све то лажно? Зашто просто не вичеш? Ето, то ме занима. У ствари, то нас све овде занима. Зашто мораш да говориш тим лажним гласом?

— У овој породици...

— Ма ко онда уопште жели да буде у овој породици? — дрекнула је Лизи. — Јер, ја умем да вичем! Ја стварно умем да урлам! Ја нисам лажњак као ти, као што је свима јасно!

Бејли је занемео од страха.

— Дођи, срце — рекла сам ја. — Све је у реду.

Пружила сам руке према њему, али се Бејли измигољио, сагнуо се преко стола и дохватио бомбону.

КАРНЕГИ / — Лан их обожава — рекао сам ја.

— Све ће учинити да их освоји — рекла је Блонди. — Никад им не каже не.

— Како од ње можемо да очекујемо да се бори са девојкама кад уопште не би ни требало да буде са њима током вечери?

— Повлађује им. Зар не видиш? Зар не видиш како им све повлађује? Знаш ли шта ми је Лизи рекла? *Зашто мораш да говориш тим лажним гласом. То занима све нас овде.* Све нас. Све нас. А ти ми реци на кога је мислила.

— Блонди. Сети се шта ми њој говоримо да треба да ради у школи. Да игнорише друге, зар не? И ти би требало да радиш оно што ми сами проповедамо и да заборавиш шта је рекла. Нека та твоја памет у годинама почне да ради за тебе.

— Да заборавим шта је рекла? Да је игноришем? Па она ми је ћерка.

— Има петнаест година.
— А шта ћемо са Лан? Колико година она има, реци ми, молим те. Колико година има?

БЛОНДИ / Недељу дана касније напустила сам посао.

КАРНЕГИ / — Не мораш то да радиш да би вратила своју породицу — рекао сам.

И још: — Зар заиста можемо да дозволимо да то урадиш?

Ситније питање заједничког интереса, о чему нисам нашао за сходно да расправљамо.

— Ја не могу да дозволим себи да то не учиним — рекла је она.

БЛОНДИ / Портер, мој шеф, није показао ништа веће одушевљење. Радио је са неким исечцима из новина, савијао их и исправљао, затим их спуштао на подлогу од жутог папира и посматрао их.

— Да ли нам смета што нас напушташ? — рекао је. — Наравно да нам смета.

Био је креативан, понудио ми је акције. Такође, мање радних сати — знао је да је то значајна понуда. Флексибилније радно време. Већу подршку. Чак и компанијски врт. Постојао је неки мали врт окренут ка југу који је изгледа био прекопан и онда напуштен, у подножју главне зграде. Ја нисам знала да је био прекопан, и била сам изненађена што је Потер то знао. Али и ја сам га приметила. Врт тик уз зграду, врелина бетона ширила се целом површином за засаде, претпостављала сам.

Никада не бих имала времена, међутим, да заиста средим тај врт. Потер уопште није имао представу колико ствари дуго трају, и никада то није ни сазнао.

Некада давно, друштвено свесно улагање кроз тржите новца изгледало је као ствар коју треба подржати. Не само зато што је то било нешто што сам сама открила, независно од Карнегија, него и зато што сам веровала у то. Зар такво улагање не би представљало значајну промену? Било ми је лако да направим лепу брошуру, јер су ми се биле смучиле — као и свима — године Регановог агресивног тржишта. Све оно јајајајајаја. Истовремено, ми улагачи били смо реалисти — реалисти-идеалисти, претпостављам.

У то време су сви мушкарци у компанији носили браде. Жене су носиле распуштену косу.

КАРНЕГИ / Коса. Сви су имали косу.

БЛОНДИ / Сви смо имали канцеларије исте величине.

КАРНЕГИ / Било је периода када су секретарице зарађивале више од председника управног одбора. Периода када су менаџери преживљавали на једвите јаде од компензација на основу учинка.

Затим су дошле деведесете, и ти исти менаџери су почели да одлазе у Танзанију на сафари. Када би им деца у школи учила о Египту, они би кренули на крстарење по Нилу; одатле су доносили папирусе за школске задатке. Своје кухиње напунили су професионалним шпоретима са по шест плотни, фрижидерима са дубоким замрзавањем. Јединственим шерпама са невероватним дршкама и стакленим поклопцима.

БЛОНДИ / Временом смо ми, оснивачи, постали имућни — довољно имућни да бисмо живели од једне плате уз мало стезања кајша. Чак довољно имућни да живимо без икаквих прихода, неко време, ако би Карнеги заиста изгубио посао.

У канцеларији смо увек причали о томе шта мислимо под речју „добар" — шта значи бити добар, и да ли те то чини добром особом. Како знаш да ли си довољно добра учинио. Сада смо постављали другачија питања. Да ли је у реду водити добар живот, на пример, и да ли чинимо више добра ако се осећамо добро.

Бринуо ме је ожиљак на палцу када ме је Потер замолио да поново размислим.

— Радо ћу повећати твој удео у профиту ако желиш — рекао је.

— Ми смо били нешто друго — рекла сам ја.

— Ми смо и даље нешто друго.

— Некад је било, превише сам заузета да идем на ручак — рекла сам. — А сад сам толико заузета, да не идем увек на ручак.

Потер се намрштио на своју жуту подлогу. Никада не би сео без жуте подлоге пред собом; међутим, ретко је писао по њој. Углавном би је одгурнуо, као што је и сада учинио, као да је то нека крута мисао.

— Нико не жели да прескочи ручак — рекла сам.

Првога дана мог новог живота пробудила сам се, као и обично, у пола седам. Карнеги је пружио руку да искључи радио-будилник, а онда исту руку пребацио да ме потапше по рамену. Гунђајући.

— Не морам да устајем, сећаш ли се? — рекла сам. Ти си тај који мораш да устанеш.

На то је он рекао нешто о пећинском човеку и животињама и у којем тренутку су људи почели да приморавају себе да се буде када у ствари желе да спавају и да ли човек у ствари није болесна животиња којој је тешко да чак и повремено узме слободан дан све док им не умре мајка. Затим је одједном решио да устане из кревета; могла сам да осетим како ми се тело хлади са његовим одсуством.

Наравно, певао је под тушем, певао и певао. Понекад је говорио да је разлог томе што не мора да узима нормалан годишњи одмор у томе што је свакога дана узимао одмор. И заиста, вода је текла. Био је попут баштенске прскалице нове генерације — помахнитала врста која је прскала на све стране одједном. Бочицу са шампоном држао је високо изнад главе, да би му се шампон сливао на главу, затим би оставио бочицу, непоклопљену, на оближњој полици. Бочица би остала непоклопљена; волео је да баца поклопце чим му се укаже прилика. За разлику од мене — зашто сам ја ропски отварала мој шампон, употребљавала га помало, а затим пажљиво враћала поклопац? — И пешкире сам слагала, као и веш, укључујући и доње рубље, пре него што је дошла Лан. Сада је она то радила. Али, ја сам некада слагала веш, целу машину сваког другог дана. Карнеги би, напротив, само убацио своје рубље у фиоку у плакару.

— Какве има везе? — рекао је. — Од слагања доњег рубља нема ни маргиналне користи, и, ако дозволиш, исто важи и за чарапе.

Да ли бих и ја, у свом новом животу, могла почети да само убацујем своје доње рубље?

Деца су се разбудила; гужва је почињала. Могла сам да је чујем и пре него што су заиста устали, док су се још превртали под изгужваним чаршавима и почињали да схватају да су спавали са једном ногом откривеном, или да им се рука некако завукла у јастучницу — што су стања која смо Карнеги и ја често откривали када бисмо ноћу отишли да проверимо како су. Ја сам и даље лежала у кревету и осећала да ми се један прст још није пробудио. Био је то мој четврти прст, прст који зачудо никада није био једнако осетљив као остали. Размрдала сам га, и више сам осетила мрдање него сам прст. Затим сам протеглила руке изнад главе. Хоћу ли за годину дана открити да сам престала да се бријем испод пазуха, попут мојих сестара? Осећала сам да су ми образи тешки, да су ми неки мишићи напети у угловима усана. Моја мајка имала је напете те исте мишиће — понекад је било тешко разазнати да ли се осмехује или криви лице. Ипак, она је била тип жене која се осмехивала чак и када би изражавала незадовољство.

Није била попут Маме Вонг, која би ти све само сручила у лице.

Обично бих скочила из кревета и почела да организујем — да планирам и да бележим, да излажем могућности које имам. Када сам данас коначно отворила очи, било је то зато да бих се дивила зраку светлости који је продирао поред ролетне. Стварала је узани блистави ходник који се јасно пружао преко собе и нестајао на зиду на супротној страни — као нека пречица за духове. Неколико тренутака касније појавио се још један такав пролаз; заиста сам могла да видим пролазе како се стварају и расту из минута у минут, како се неком чаролијом издужују. Како сам уопште могла и да замислим да је наша соба тако величанствено украшена јутарњом светлошћу од пода до плафона? Пришла сам кроз украсе раширених руку. Светло, тамно, светло, тамно, светло, тамно. Како сам уопште могла да мислим за себе да сам жива?

Девојке су улетеле у собу, вичући. Шта то радиш? Показала сам им. Лизи и Венди су испробале исту ствар на лицу места, у спаваћицама. Јурцали, скакутали, поцупкивали, кикотали се. Чак се и Лизи кикотала — откад је само нисам видела да се тако кикоће. И Бејли се дотетурао и почео да скаче, али са пеленом тако мокром од претходне ноћи да сам морала да га зауставим и да му је скинем. Да ли је требало да га пустим да скаче без пелене? Урадила сам то, са предвидљивим исходом. Али, како је само забавно било слушати га како цичи, и гледати га како трчи, што је одједном почео да ради управо ове недеље, без престанка, док су му ножице севале, а тело као да уопште није имало тежину. Како су његове сестре споре када се упореде са њим. Године су их већ успориле.

Лизи је легла на сто за масажу да се измасира, али је за старе даме било време да крену како не би закасниле у школу. Све сам их избацила напоље и отворила капке, осећајући снагу светлости — попут нечега што може да те обори с ногу, сруши те и удави.

Срећно смо стрчали доле на доручак. Како је дан већ постао дугачак!

Тако је остало и целог тог дана.

Годинама су ми дани пролазили у сталном кашњењу. Каснила сам мало, каснила сам отмено, каснила сам неопростиво. А сад је прошло преподне, и поподне, па онда вече. Чак је постојало и рано преподне, и касно преподне. Рано поподне. Касно поподне. Сумрак. Коме треба да живи до стоте кад је већ један дан као цела година? Гледала сам како се креће сунце, и како се креће месец. Како дубоко у углу дворишта врви од глиста. Како се танке беле гљиве дижу право из меке земље правећи кратере у земљи око својих ножица, и, гле, дижу своје шешириће.

Мој отац оперисао је катаракту. Тада сам била у прилици да одем кући и да му се нађем. Отац није смео да се нагиње напред због притиска који би то могло створити у његовим очним јабучицама; било је лепо помагати му и додавати му ствари, слати електронске поруке, кувати, не препуштати сву бригу само мојим сестрама. Било је лепо и што гледам како мој отац ужива што поново види. Само на једно око — ускоро је требало да оперише и друго. Било је лепо смејати се са њим; сада је видео као тинејџер! Више сам вежбала пратећи њега него дуго пре тога, круг око блока брзо се продужио у десет километара шетње дневно.

ВЕНДИ / Мама да отказ на послу, и у почетку је све као, Ох, дивно је што имам времена. Воли што има времена да шета. Воли што открива ствари које није знала, као на пример, да ја волим сир на роштиљу. То јој је промакло, каже, није јој јасно како је то могло да јој промакне.

БЛОНДИ / Водила сам децу на плажу неколико пута недељно. Хватали смо ракове-самце, и крабе. Закопавали се у песак. Правили скулптуре од мокрог песка, целе породице древних створења са компликованим сукњама од морске траве.

Водила сам девојке у походе у град, водила их у позоришту, у музеје, на концерте.

— Искупљујеш се због кривице — рекао је Карнеги.

Није ми било важно. Нисам могла да верујем колико сам срећна, да могу да застанем кад год пожелим, да могу да направим предах. Да могу тек тако да узмем да проучавам вилиног коњица, његове очи као чиоде, његова крила као разапете мрежице. И каква је само она сиво-зелена шара у облику костура коју има на леђима; као да носи рендгенски снимак на себи. Могла сам да застанем да посматрам како вољка подрхтава у врату птице док гутуће, да гледам колико је напора птици потребно да би завукла реп испод себе. Једнога дана видела сам корњачу. У дворишту је вероватно стално било корњача; недалеко од нас налазио се рибњак. Али ова! Огромно створење праисторијског изгледа са великим кожнатим подвољком. Изгледала је као отелотворење проласка времена — одлучна, озбиљна, неумољива.

Како ми је, коначно, живот изгледао довољан! Свакога дана осећала сам задовољство. Свакога дана бих изнова угледала брезе у дворишту. Видела сам их као заштићене, скривене иза облака, шибане ветром, везане за земљу, и осећала одушевљење што час дува, час се смири, што ме успокојава.

Каквој сам дивној заједници сада припадала! Марџи, Линдзи, Џејми, Синди. Годинама сам губила пријатеље, једног по једног, зато што нисам имала времена. Сада ми се цео један свет пријатеља без икаквог напора вратио у живот. Убрзо сам почела да се састајем са пријатељицама у парку у девет, у патикама за трчање; уторком сам ишла с њима на сеоску пијацу. Створили смо читалачки клуб — како је изгледало, реинкарнације неке раније групе. Читали смо гомиле књига — о слепилу, о Аустралији. О религији, смрти, ћеркама.

Уређивала сам башту онако како то годинама нисам чинила, заиста се посветивши својим биљкама.

Бејли и ја сада смо проводили сате играјући се. Играли смо се са водом, у песку, са шљунком. Смешно ходали. Смешно причали. Купали се два пута дневно. Девојке и ја пресвукле смо неке комаде намештаја муслином. Како је ведра постала наша нова дневна соба!

— Као у бањи — рекла је Лизи.

— Као на небу — рекла је Венди.

Правили смо јастуке налик облацима, прекриваче налик небу. Дивили смо се свом делу, гласно себе тапшали по рамену. А онда бисмо сели, склупчали се тамо, са превише топлим прекривачима раширеним крај наших ногу, и почели да причамо — нарочито Венди, али и Лизи. Почеле су да ми причају онако како то нису чиниле откако су биле сасвим мале. *Неки дечко се залубио у њу*, рекла је Венди. Поцрвенео би кад год би је видео; звао се Лајонел. Побеђивала га је у шаху, али је он њу побеђивао у скраблу. И неке девојчице у њеном разреду носиле су праве грудњаке, са корпама, рекла је, а не на бретеле. Купаће костиме су морале да купују на одељењу за одрасле, иначе би им се виделе брадавице.

Лизи је објавила да ће постати новинар кад порасте, пошто јој тако добро иде да другима загорчава живот и увек уме да препозна кад неко лаже. Питала ме је и да ли стварно увек мораш момка да тераш да ставља гумицу — навлаку, тако је она то звала.

— Ох, Лизи, молим те, да — рекла сам ја. — Обећај ми да ћеш тражити? Хоћеш ли да ми обећаш?

— Обећавам — рекла је она свечано, окренувши главу. — Не кажем да је то неки проблем. Само би баш било глупо добити сиду.

— Било би, било би глупо — рекла сам ја. — Било би то врло, врло глупо.

Исплатило би ми се да дам отказ само да бих водила тај разговор.

И друге разговоре. На пример, разговор о томе може ли да иде на камповање са Раселом, чак и ако још гомила људи иде са њима. Разговор о посети др Марку — мом пријатељу, да, али дивном гинекологу за почетак, уверавала сам је. Разговор о сталној тетоважи; договориле смо се да може да ради шта хоће кад напуни осамнаест година. Разговор о томе да ли сме да искључује мобилни телефон кад изиђе са Раселом — где је исход био да не може.

А шта са скупим поклонима? Водиле смо разговор о томе шта Расел сме и шта не сме да јој поклања.

— У овој породици не прихватамо електронику — рекла сам. — У овој породици, признајемо да ниједан поклон није бесплатан.

— То ти је, као, толико цинично — рекла је Лизи. — Зашто не би смео да ми даје поклоне кад његова породица има вишак нечега?

Ипак, вратила је Раселу CD вокмен који је он хтео да јој поклони — што је била добра ствар, јер се испоставило да он припада његовој маћехи.

— Уопште не би приметила да га нема — рекла је Лизи у неком тренутку.

Али у следећем тренутку је рекла: — Не могу да поверујем да је Расел мислио да је то у реду.

Обе девојке имале су своје планове за лето. Венди је ишла на камповање са уметничком секцијом, а Лизи на драмску радионицу. Али, док је Венди могла у сваком тренутку да узме слободне дане, Лизи је морала да мисли на пробе. Јер, чик погоди: требало је да буде Марија у *Звуку музике*!

— Режисер мисли да имам глас — понављала је одушевљено.

Марија! Глас!

— Не верује да ће било ко замерити што не изгледам као Аустријанка — рекла је. Рекла сам му да су ми прабака и прадека били Немци. Рекао ми је да сигурно зато делујем тако природно.

Карнеги је вежбао готово колико и Лизи:

*Како да је натераш да стане,
Да саслуша наше речи?*

Али, и Лизи је певала:

Е-дел-вајс, е-дел-вајс...

Само у својој соби, наравно. Ето ње, спрема се да пева за салу пуну слушалаца, а ипак неће да пева пред нама. Напољу у ходнику, међутим, могли смо да је чујемо; целе вечери провела сам у ходнику, слушајући.

Њена представа је доживела прави успех. Зар је то наша Лизи? У диндрлу? Прве вечери нервозна, али сваке вечери после тога са све бољим и бољим гласом, до краја сезоне испунила је целу позорницу, цео аудиторијум. Тапшали смо и тапшали, плачући.

— Лизи ће бити сасвим добро — рекао је Карнеги касније. — Можемо да престанемо да бринемо. Ипак ће моћи да нас издржава у старости.

У августу сам направила радионицу за ручни рад, надајући се да ћу моћи да се огледам у неким од пројеката које су моје сестре организовале са својом децом. Бележнице, колажи, столице од прућа — привлачне идеје и употреба материјала који се могу наћи у кући. Била је то предивна соба коју су девојке помогле да осмислимо, са много уграђених елемената и кровним прозором изнад великог стола.

— Ох, дивно! — рекла је Лизи када смо завршили.

А затим, одједном, као пустињски дух, појавио се отпор.

— Колажи? Никако — рекле су.

— А столице од прућа? — рекла сам ја. — Или да ставимо огледало на зид са полицом и рупом за фен за косу? Имамо такве поличиће у студију за јогу; врло су корисне.

— Никакво пруће — рекла је Лизи. — Пруће је досадно.

— И ко још користи фен за косу — рекла је Венди. — Осим као зими.

Те вечери повела сам Бејлија у дугу шетњу — последњу летњу шетњу, то се могло осетити. Како је само посустао био ветар, колико влажан. Био је то ветар којег је човек био свеснији него своје одеће; могло се осетити да ће ускоро киша.

И наравно, следећег дана врућина је била драматично прекинута.

— У питању је простор — рекла је Габријела посматрајући олују.

Биле смо у центру, у џемперима, загревајући се кафама са млеком.

Габријела је рекла: — Простор им даје утисак да могу да бирају.

Бирање је, наравно, по Габријели било када се Ђорђо врати својој жени.

— То ти је као Палремо против Умбрије — наставила је. — Тако одлука постаје више или/или. То значи да постоји и план, да није све у слободи. Тако осећају као да се укључују у нешто. Да се обавезују. Негде сам прочитала неки чланак о томе.

— Наравно да постоји план — почела сам ја. — Наравно да су се обавезале на нешто. Ја сам им мајка.

Али, Габријела ме је погледала као да ће се расплакати, и зато сам према њој гурнула пишкоте.

— Ма, он је будала — рекла сам.

— Јесте — сложила се она. — Баш као Лан. Шта ли деца уопште виде у њој?

ВЕНДИ / Ланлан се не брине више толико о нама откако је мама више код куће, али ипак одлазимо да је посећујемо, и слушамо њене приче. Као, прича нам ту причу о некој баба-тетки и како је она пушила опијум, што њен деда-теча није знао док се нису венчали.

— Како је могао да не зна да она пуши опијум? — каже Лизи.

Ланлан каже да је то зато што муж не би чак ни упознао жену док се не венчају, тако се у Кини често радило. И много људи је пушило опијум, не само неки, а пошто је мајка била зависник, кад се дете родило, и оно је било зависник.

ЛАН / Таквим бебама мора да се дува опијум у лице, иначе ће беба да умре. Можеш да јој дуваш свакога дана све мање дима и тако се беба ослободи зависности, али то мора да се ради полако, полако. И тако она покуша да иде полако, полако, али кад је беба напунила месец дана, направе велико славље, зато што је био дечак. Дође много гостију. Мајка покуша да дува дим беби у лице, али има толико гостију да не може довољно често да склони бебу одатле. И тако беба није добила довољно дима, и умрла је.

ЛИЗИ / — Аууу — рекла сам ја.
— Шта је уопште тачно опијум? — рекла је Венди.
— Нека дрога — рекла је Ланлан. — Нешто као оно што Лизи пуши.
— Трава је — рекла сам ја — нешто сасвим друго. — И бар не узимам екстази и не дајем свом млађем брату бенседин, као неки.
— Дрога је дрога — рекла је Ланлан. — Треба да прекинеш. Тачка.

ВЕНДИ / То каже оним својим благим гласом, као да говори Лизи које јој је боје кошуља.
— Иста си као моји родитељи — каже Лизи.
Али и она говори благим гласом, као да зна да јој је сукња црна, просто је такве боје. У сваком случају, каже, пуши само помало, ради друштва, није она као она наркоманка њена пријатељица Ксанаду.

ЛИЗИ / Ланлан је рекла да не треба ни да спавам са Раселом, иначе се никад неће оженити мноме. Али ја сам јој рекла, кад не бих спавала са њим, он уопште не би ни хтео да ми буде дечко. Рекла сам да сам у ствари срећна. У ствари, неке девојке спавају са момцима, а онда им уопште и не постану девојке. Буду само „повлашћене пријатељице" — тако их момци зову.
— У сваком случају, свеједно ми је да ли ћу се удати — рекла сам.

Али, она је рекла да не би требало да ми буде свеједно, и да ће ми то једнога дана бити важно.

— Видећеш — рекла је. — Удаја је врло важна.

— Али, ти ниси удата — рекла сам ја. Јел' тако? Ти се никад ниси удавала.

— Зато знам шта је важно — рекла је она. — Имам искуства.

ВЕНДИ / Свиђају нам се чудне приче иако су тужне, некако личе на оне видео снимке опере које је Ланлан гледала, само што због њих не плаче, у ствари, уопште и не изгледа узнемирено. Само их прича, на онај равнодушан стари начин. Лизи се свиђају зато што су стварне, каже да оне нису толико слађуњаве као оне које прича мама.

ЛИЗИ / Морале смо да се пазимо тих прича са фарме — ако претера, образи ти порумене.

ВЕНДИ / Ланлан мисли да смо чуле превише прича, да треба *да причамо о нечему лепом.* Али, ако то каже, Лизи се наљути на њу готово исто онолико колико се љути и на маму.

— Хајде, испричај нам неку чудну причу — каже.

И, после неког времена, ако је Лизи довољно упорна, Ланлан исприча још неку причу. Има ону своју хоклицу на којој седи, то је хоклица на којој смо Лизи и ја стајале кад смо прале зубе док смо биле мале. Она седне на њу, ми поседамо крај њених ногу, и то јој се допада. Воли кад вриштимо ако су њене приче страшне и кад се гадимо ако су одвратне.

ЛАН / *Моја стара аш ми је стално причала такве приче док сам била мала.*

Једног дана, испричала ми је причу о малој девојчици.

— Кад се та беба родила, отац није био срећан. Отац је желео дечака, већ је имао две девојчице. Зато је узео бебу и ухватио је за ноге, као пиле. Онда је замахнуо и само је треснуо у зид. И наравно, беба умре.

ВЕНДИ / — Треснуо је о зид? — рекла сам ја.
— И беба је умрла? — рекла је Лизи чупкајући тепих.
— Замисли — рекла је Лан.
Дуго нико није рекао ништа.
— Ова је сувише грозна — рекла је Лизи на крају.
— Сувише грозна — сложила се Ланлан. — Наравно, такве ствари се дешавају на селу. Јел' важи да следећи пут испричам причу која није тако чудна?
— У реду — кажемо ми.
Али, следећи пут Лизи ипак поново тражи чудну причу.

БЛОНДИ / Ја бих разговарала са Карнегијем. Карнеги би разговарао са Лан. Лан би обећала да ће престати. Али недељу дана касније, девојке би нам испричале нову очаравајућу причу.
Нове приче биле су углавном о Културној револуцији. Као да су завршили партију о грозотама са бебама, па су сад прешли на ову следећу.
— Синоћ смо слушале како су црвеногардејци натерали неког типа да сатима стоји пред хиљадама људи са великом, високом лудачком капом на галви — рекла је Лизи. — Као неки митинг. И после је све признао, али су га ипак убили.

И још: — Синоћ смо чуле како је Ланин отац убијен. Рекла је да су му пресекли гркљан и онда га бацили кроз прозор да би изгледало као да је извршио самоубиство. Она зна зато што су га убили на њене очи, видела је шта се десило. Била је сведок. У ствари, морали су да је вежу за столицу и да је ставе поред прозора, да би могла да гледа очево тело како лежи на земљи у дворишту, и нису га ничиме ни покрили. Тек га је на крају неко покрио асуром. Нико није смео да га склони, али га је неко ипак покрио, никада није сазнала ко. Можеш ли да замислиш?

Шта да кажем?

— Не — рекла сам. — Не могу да замислим. Не.

— То се десило Ланлан — рекла је Лизи. — Ланлан. Стварно се десило.

— Јадна Лан — рекла сам ја. — Тако ми је жао. — Јадна Лан.

— И то је права истина — рекла је Лизи. — Људи пате, то напросто није нешто о чему желимо да разговарамо у нашим удобним америчким предграђима.

ВЕНДИ / Слушамо и слушамо Ланлан, онај ко не слуша је Бејли, у ствари, сви морају да слушају њега. Као кад се пробуди, Бејли тражи да га снесу доле у његовом ћебенцету, заједно са његовим животињама, неће сам да сиђе низ степенице и стварно се наљути ако га неко спусти, чак и ако је то зато што је нека животиња пала, што се стално дешава, кад их има онолико много. Као, Велики Пу, и Средњи Пу, и Мали Пу, и Прасенце, и Тигар, и понекад Беба Кит. Онда одлучује шта ћемо за доручак, као на пример кекс који хоће да му исецкамо на комадиће, али Ланлан не сме баш да му га одмах исецка на комадиће. Не одмах. Мора да сачека да јој он тражи, иначе се разбесни. Или, ако стави погрешну ствар на кекс, као на пример џем од малина уместо џема од боровница, он побесни. Онда одлучује шта ће да пије, сок од поморанџе или млеко, и из које ће шоље да пије. Ланлан диже шољу за шољом.

— Ову? Ову? Плаву? Жуту?

Наравно да хоће ону која је у машини за судове, па Ланлан мора да је извади и да је опере, и да му је донесе са соком, ако јој је то тражио. Ако отвори кутију пре него што он тражи, разбесни се, и ако сипа сок пре него што га он покаже, разбесни се, и понекад хоће сам да стави поклопац са сисаљком, што, наравно, не може, па онда испросипа сок и разбесни се.

Сав је као нека стварно грозна компјутерска игрица.

Понекад то Ланлан уопште не смета. Понекад само каже, Дете не разуме ствари као што их разумеју одрасли. Или само слегне раменима и на кинеском каже, *Мали Жутокоси*. И онда сви уздахнемо и кажемо, *Hiao Huang Mao* и осећамо се боље.

Али, једнога јутра неће ни шољу коју је користио раније, ни плаву шољу, ни жуту шољу, ни Тигар-шољу, него хоће шољу са псом и ватрогасним колима, која се налази напољу у ауту. Или бар тако претпостављамо кад видимо да неће ниједну другу шољу. Зато Ланлан мора да обуче капут и да изиђе напоље док ја идем у купатило, и кад се вратим назад, мама је у кухињи и хоће да зна зашто је Ланлан оставила Бејлија самог. И кад Ланлан каже да је то зато што је Бејли хтео шољу са псом и ватрогасним колима, мама каже да Ланлан мора да научи да му не повлађује.

— То је љубав — каже мама. — Радити оно што је најбоље за дете, а не напросто оно што ће дете натерати да те воли.

Ланлан тада каже: — Ако хоћете да кажем не, ја ћу да кажем не.

И то и ради. Кад Бејли хоће ово, хоће оно, она каже: — Твоја мајка је рекла не. Не може, не.

Тако он сада стално бесни.

Једнога дана се разбесни зато што неће да му се промени прљава пелена, и на крају га она стави изнад клозетске шоље и каже: — У Кини нема пелена. У Кини родитељи држе бебу и беба ради *хуху*, *ехех*, а шта ћеш ти? Само зато што имаш жуту косу, мислиш да си бољи од других беба? Жута коса, црна коса, нема разлике, разумеш?

Za zhong, тако га зове. Што значи папазјанија, као Лизи.

Онда га продрмуса. И он се тако уплаши да се још више расплаче, и баш тада уђе мама.

Сва срећа да мама није видела како га дрмуса, и овако се стварно разбеснела.

— У овој кући се тако не разговара — каже. — Чујеш ли ме?

Али, због начина на који то каже, онако бесна, чак је страшнија и од Ланлан, која бар није викала.

БЛОНДИ / Није хтео код мене. Обиснуо се Лан око врата и није хтео код мене.

Следећег дана сам схватила и зашто.

ЛАН / *Кад би Блонди пустила да неко спава са бебом, он не би био тако немиран. Не би се понашао тако размажено. Рекла сам јој то једног дана. Али, Блонди је мислила да Бејли треба да буде независан и да спава сам. Независан! Беба! Понекад, када бих погледала у Бејлија, могла сам да осетим колико је усамљен. Могла сам да осетим и колико је мали, превише мали да би спавао сам. Касније су га ставили у кревет за велике дечаке зато што се пентрао уз оградицу на колевци. Мислили су да је то опасно. Али, тај кревет! Тако ми га је било жао. Могла сам да осетим колико је велики само за њега и његово ћебенце. Превише велик и превише хладан. Није ни чудо што никад није хтео на спавање. Понекад бих ја легла с њим да му помогнем да засти. Наравно да је био одушевљен. А понекад бих и ја заспала, што је сасвим природно.*

БЛОНДИ / — Устај! — рекла сам кад сам их затекла. — Устај. Устај.

Очекивала сам да ћу морати да узнемирим неки пар у кревету једнога дана, али сам заиста очекивала да ће то бити Лизи и Страшно Страшило.

— Устај! Устај!

КАРНЕГИ / Шта смета што су заједно дремнули? Нисам схватао какав је то злочин.

— Већ је придобила девојке, не може да добије и Бејлија — рекла је Блонди. — Бејлија, кога уопште и не воли. Зове га Жутокоси. Жутокоси! Какав је то начин? Чак га и девојке понекад зову Жутокоси. А кад ја кажем, У овој породици се тако не говори, погоди шта ми они кажу? Али, тата тебе зове Блонди.

— Нечувено!

— Хоћу да ми се врати мој дом — наставила је. — Пошто је ово моја кућа, и пошто су ово моја деца, ја одлучујем о правилима. Ја одлучујем ко с ким спава.

— А ја? Да ли и ја одлучујем?

— Хоћу да ми се врати мој дом.

— Само сам питао — рекао сам.

— Разумеш ли ме? Карнеги?

Допустио сам тишини да речито проговори.

У знак одговора севнула је очима, стиснутих углова усана, док јој се звездица на носу јако истицала. Никада нисам видео тако тврд поглед у њеним очима. Кућа је била савршено тиха; ваздух око ње као да се заледио.

А крају сам рекао: — Хоћеш да ти се врати твој дом.

И још: — Молим те за стрпљење.

И на то сам је ухватио за руку и одвео је до моје радне собе, где сам је ставио да седне на моју бесконачно прилагодљиву столицу и окренуо је ка рачунару. Заједно смо написали поруку нашем злогласном рођаку из Хонг Конга. У прозорчићу за предмет смо написали: Одмах вратити Лан.

У одговору је стајало:

Твоја мајка је била савим чисте памети када је написала тестамент. Немам другог избора него да поштујем њену последњу жељу. Написала је године, у множини. То, по мени, значи најмање две.

— Молим те — преклињао сам тада Блонди.

— Да ли она уопште жели да остане? — упитала је Блонди.

ЛАН / *Добро питање, које мени нико није поставио.*

КАРНЕГИ / — Само још пишљивих дванаест месеци — рекао сам ја. — Само је пусти да живи овде; можемо да нађемо не-

кога другог да се брине о деци. Чак можемо да замолимо Лизи да то ради. Зар Лизи није довољно одрасла?
— Лизи! — рекла је Блонди.

ВЕНДИ / — Замисли да је ту брод који тоне и само један појас за спасавање — рекла је Лизи. — Коме би га бацила, мами или Ланлан?
— Обема — рекла сам ја. — Могле би да га деле.
— Али, рецимо да се налазе на различитим странама брода, и да мораш да бираш.
— Тата не би изабрао Ланлан — рекла сам ја. Сигурно би изабрао маму. А и ја бих, бацила бих појас за спасавање мами, а онда бих скочила да спасавам Ланлан.
— А шта ако не би могла да спасеш Ланлан?
Лизи сређује косу док разговарамо, прави два репића, као ракетне моторе.
— Ипак бих покушала — кажем ја.
— Па, и тата би покушао, и зато је мама љута.
— Али, зар не би и она покушала, да је она на броду?
— Једина је ствар ако она покуша, а друга ако покуша тата.
— Зашто?
— Зато што је љубоморна — каже Лизи гледајући у мене и, чак и пре него што јој затражим, почне и мене да чешља. — То покушавам да ти објасним.

КАРНЕГИ / Отишао сам до Ланиног стана једног суботњег поподнева; наводно је фрижидер био бучан. Није била код куће. Хтео сам да се вратим касније, али сам онда — користећи изванредну прилику да је избегнем — сам откључао и ушао.

Пошто неко време нисам био у њеном стану, а и иначе ретко када залазио даље од кухиње, био сам запањен што стојим у њеном стану и схватам колико он личи на мајчин. Сетио сам се: почела је са мајчиним гломазним намештајем. Али, временом смо налазили и друге мајчине ствари на тавану и давали их Лан. На пример, мајчину постељину. Прошле зиме смо извадили мајчин прекривач за кревет из кутије; такође и мајчину ћебад. Нико није желео да те ствари пропадају. Док смо копали по кутијама, нашли смо мајчин црвени јастук за читање од ребрастог сомота, са пуњеним наслонима за руке и цеповима.

— Твоја мајка је волела да чита у кревету — приметила је Лан.

Рекао сам да јесте, и затим инсистирао да испроба тај дивни јастук. Сада је он громогласно кормиларио Ланиним бродом од кревета. Испод њега били су мајчини фланелски чаршави. Блонди и ја смо купили Лан нове чаршаве, али их је она сва срећна заменила овима — тако меким, и скоро новим.

— Твоја мајка је волела меке ствари — рекла је Лан.

Било је то нешто што нисам нарочито запажао, али сам сада видео да је истина. Ребрасти сомот, кашмир, фланел. Да ли су је те тканине тешиле? Да ли их је волела зато што је била усамљена? У сваком случају, Лан није сметало да све то поново употребљава. А није јој сметало ни да користи ни ствари за тоалету које моја мајка никад није отворила — њену пасту за зубе, њене лосионе. На помисао да употреби козметику мртве жене Блонди се јежила; ионако није користила исту марку као Мама Вонг, и мислила је да то треба да бацим. Лан, међутим, није нарочито волела ниједну марку. Нити је имала неки посебан стил уређивања куће; радосно је извукла из заборава многе ствари за које је Блонди мислила да су савршено неумесне. Мајчину чинију за бомбоне од венецијанског стакла и вазу од вецвуда, на пример. Њену саксију у облику мајмунске главе. Сада када је Лан почела да кува, узела је и мајчине свакодневне тигање и лонце. Мајчин распарени есцајг и штапиће. Њене кинеске чинијице за пиринач са постољем. Наше старе пластичне тањире.

Пуко поседовање тих ствари није могло да утиче на начин на који је Лан чувала гљиве илиређала посуде у фрижидеру — брундавом фрижидеру. Ипак, зачудо, она је све те ствари распоредила на начин сличан ономе на који је то чинила моја мајка — на пример, напунила је највећу кутију, на којој је јасно писало БРАШНО, пиринчем. У кухињи је имала таблу, као моја мајка. А насред кухињског стола — рачунар. Моја мајка је имала само калкулатор, али га је држала на том истом месту.

Наравно, ја сам тај који је рачунар ту поставио. Ја сам тај који је на неки начин, махинално, изабрао то место. Али, Лан га је оставила тамо; и то је истина.

Дрхтао сам док сам извлачио фрижидер из лежишта испод радне површине, све време видећи мајку, младу, борбену. Видео сам њену снагу и полет; замишљао сам њену исцрпљеност. Осећао сам шта је за њу морало значити то што је успела сама, у страној земљи, са дететом о којем је морала да брине.

Компресор.

И, открио сам да је сада волим на начин на који никако нисам могао да је волим док је била жива.

14

Шанг

БЛОНДИ / Карнеги је готово целу каријеру направио у Системима за обраду докумената — петнаест година.

КАРНЕГИ / Наше канцеларије биле су споменик полукружној биковој њушци, светилиште у фурниру од правог дрвета. Новије фотеље биле су сиве, али старије столице биле су тамнозелене и представљале остатке из златних времена компаније, из дана када су, тек приспели из гараже, млади инжењери још могли веровати да ће заувек носити браде, фармерице и спортске ципеле. Тамнозелено још није постало боја деценије, боја која ће бити стегоноша новог занимања за нашу планету Земљу. У то време, то је још била боја за шумаре и школарце, за оне који су веровали да је дух шездесетих још жив. Била је то алтернативна боја савршена за људе који су ишли у алтернативне средње школе и хтели да се баве алтернативним пословима. Људе који су се викендом опорављали не на игралишту за голф, него у шуми. Била је сушта супротност мркој, сушта супротност барутно плавој. Била је сушта супротност боји кајсије. Није се слагала готово ни са чим осим са шумским тоновима и столовима за пинг-понг.

И биљкама. Неко време наша канцеларија је изгледала као стаклена башта, само што су биљке биле смеђе по ивицама; као да је неко неписано правило захтевало да изгубе већину великих листова. Али, зашто би то било важно? Ми смо били револуционари. Било смо изнад украшавања канцеларија.

БЛОНДИ / Зар, на крају крајева, нису били фирма која је изнова измислила обраду докумената?

КАРНЕГИ / Одакле су потекле Интернет-компаније?

Одувек је било младих магистара пословне администрације жељних да оставе траг — да приграбе део моје моћи за себе. Онда су одједном деца престала да желе посао; одједном су пожелели да се ја упустим с њима у овај или онај подухват, који би месијански описали у својим пословним плановима. Ко би на то пристао? — Да ли је требало да се одрекнем места потпредседника Развоја, које је представљало петнаест година кривудавог успона, ради несигурне тезге са неким двадесетогодишњацима?

Осетио сам благо задовољство када је њихов талас уминуо.

БЛОНДИ / Само још да нису однели сву ону високу технику са собом.

КАРНЕГИ / Држање Интернет-компаније било је држање наше компаније; сви смо се тако понашали. На пример, Телеком. Колико су само каблова поставили! За долазак новог доба. Али, није био у питању само Телеком; сви су само трошили и трошили. Да, било је људи који су знали да ће Тајм Ворнер једнога дана зажалити што је преузео AOL, да ће AOL једнога дана значити *Albatros Online*. Али стварно радити посао значи бити стално спреман, бити сматран компанијом будућности. Ко би се усудио да брани стари начин размишљања о економији?

Па онда тон којим су изговаране речи „у прошлости"; и како прошлост као да ти је стално била за петама, као непријатељ. Како су брзо ствари постајале застарела технологија, старо, старо, старо — док трепнеш оком, могло би се рећи, само што је трептање оком постало бедно споро. Нико није могао себи да дозволи да се тако споро креће. Како си само морао јурити да би остао нов!

Све док, наравно, више не будеш нов.

БЛОНДИ / Некада је био звезда.

КАРНЕГИ / Био сам стратег за продор у нове технологије; био сам изванредан аналитичар. Једном сам погодио почетну вредност тржишта. Правио сам нацрте, предвиђања, примао нове људе. Придобијао, отпуштао, реконструисао. Свака година завршавала се са успехом и са бонусом.

Затим су дошли консултанти и почели да помињу нова имена. Одмеравали су оком; нудили нове парадигме. Носили скупе кравате. Када су отишли, било је то више телом него духом, оставивши за собом своје дебеле извештаје и још дебље рачуне.

Можда сам ја од почетка био, као што је тврдила моја мајка, овца. Можда у тренутку када је околина постала грубља више није било довољно бити неко ко ради најбоље што може и чека на згодитак. Или је можда она неодређена усамљеност коју сам одувек осећао — нека вртоглавица, осећај да морам нарочито да пазим да не испаднем из игре — на крају ипак постала важна. Или је био у питању прави ниво моје посвећености?

Можда.

Мада, колико људи заиста једнога дана не узврати на ударац и помисли *Ја сам бедни роб*?

Пре ће бити да су исувише често за мене говорили да сам добар момак. Много је боље да твоји сарадници говоре за тебе *Прави је гонич робова*.

Уместо тога, шта? Могу да замислим. *Стварно можеш да разговараш са њим.*

Дао ми је неколико слободних дана.

Побринуо се да антедатирају осигурање.

Верује у различитост.

Противници су за мене говорили да сам недовољно оштар.

— Камо среће да сам се мало дуже пекао на ватри — рекао сам.

— Само хоћу да помогнем — рекао је речени противник. — Добар си ти момак.

Наравно, речени противник убрзо је и сам био отпуштен.

— Шта си очекивао? — говорили су људи. — Човек је читао романе за време ручка.

Како би ти могао да ми будеш син? Поштено ти кажем, немам појма ко си ти.

Прво су ме пребацили са посла у производњи на положај у администрацији, без икакве директне одговорности, а затим на место које уопште и није било положај, где су ми дали канцеларију, али не и посао. Пустили ме на отаву. Некада давно жалио сам се на своју електронску пошту; нисам могао да стигнем да прочитам двеста порука дневно. Сада сам се ужасавао свог празног поштанског сандучета.

Како сам само пажљиво читао свако обавештење.

Бар ми је Блонди слала порукице, и хвала јој на томе. Прослеђивала ми је вицеве и линкове. Ко још има времена да проверава линкове? Тако сам некада мислио. Сада сам срећно проучавао нове сајтове.

Да се постидим толико да поднесем оставку. Изгледа да је то био план, како не би морали да плаћају одштету. Очајничка стратегија компаније у очајању. Нико није могао да ме погледа у очи. Људи којима сам давао унапређења, људи којима сам помагао и подржавао их, људи због којих сам стављао гузицу у процеп, сада су окретали главу од мене, као да су добили неки необјашњив неуролошки тик. Или би прешли преко целог ходника да се поздраве са мном — *драго ми је што те видим, човече!* - срдачно ме потапшали по рамену, а затим се некуда изгубили.

Колико сам само бринуо да ме не отпусте! Сада сам сањао о томе.

Сањао сам о томе да им кажем истину, онако како сам је ја осећао:

Једног дана ни ви нећете више бити важни.

Једног дана и ви ћете мислити, некада сам био важан.

Како ће се само мучити да разумеју себе!

Кад би се макар Блонди вратила на посао, помишљао сам понекад. Тада бих могао себи да допустим да дам отказ.

Мада — да ме Блонди спасава! То би било још горе.

БЛОНДИ / Нисам разумела зашто.

КАРНЕГИ / Иронија над иронијама: годинама је Блонди много више жонглирала — много више припремала храну, возила из школе, мерила температуру — него што сам то чинио ја; чешће организовала забаве, превоз колима, журке, излете, заједничке ручкове, продају колача. А ипак је, необјашњиво, успевала не само да избегне пребацивање на мање одговорно место, као што је чинила већина мајки, него и да заиста напредује на послу. Да ли је то било зато што се није нарочито трудила да напредује? Зато што је веровала у своје циљеве? Да ли је у праву што је све то приписивала пукој срећи? Многе друге мајке су због ње пале у депресију, у сваком случају. Та чињеница бацала је њу у депресију.

— Као да сви већ ионако немају довољно брига — говорила је.

А што се тиче мене, још могу да видим, тамо на нашем кухињском столу, Блондин ружичасти, несразмерно велики чек са платом. Годинама је био већи од мог у сваком погледу, пошто је добијала део провизије од укупне зараде фонда.

Отворено признајем да сам је потпуно подржао, када се појавила прилика, да директно уложи у фонд. Реците да сам бедан, али бар сада говорим истину.

— Имам уговор на двадесет година — рекао сам Лан једног поподнева у кухињи. — Нека Бејли заврши колец, и онда сам завршио посао.

— Уговор? — рекла је Лан спуштајући свој маркер.

Лан је учила за кухињским столом са интерфоном за бебу поред лакта и гомилом домаћих задатака пред собом. Ових дана је била срећнија јер је добила довољно поена на тесту ТОЕФЛ да бисмо у августу могли да је упишемо на студије. А да ли ће моћи да заврши те студије — па, гајили смо неодређене наде да ће се све некако средити.

У међувремену, завршавала је виши курс из пословања и нижи курс из кодирања боја. Разнобојне налепнице вириле су из сваке књиге. Поред књига су лежале оловке, такође разних боја, као и фломастери, које је, како сам могао да видим, волела да користи. Странице пред њом вриштале су од разних боја. Једва да је остао неки пасус у огољеном, првобитном стању.

— Понекад помислим да је требало да радим нешто друго — рекао сам. — Наравно, имамо ми ону изреку, „Трава је увек зеленија на другој страни".

— Трава је увек зеленија на другој страни — поновила је Лан.

Посматрала је зелени маркер док је говорила. Да ли ју је тај афоризам надахнуо да доради схему за кодирање боја? Када је чајник запиштао, устала је да ми донесе кафу; махнуо сам јој да остане да седи. Мислећи, *Како је лепо ваљати се у сену после целог дана напасања*, али сам зрело успео да се само пријатељски осмехнем.

ЛАН / *Поново ћеш се уздићи иза сточних планина, рекла сам му. Dong shan zai qu. Не брини. Сада су твоја врата тако празна да би у њима могао да хваташ ластавице. Али, ku jin gan lai, после горчине долази сласт.*

КАРНЕГИ / Био је то дан великих мудрости.

Направио сам себи кафу. Размишљајући, док је она полако цурила, о кухињском поду, којем су слојеви воска вратили само бледу сенку некадашње славе.

Колико сам само ипак био срећан што видим да Лан сија од наде.

ЛАН / *Карнеги је имао неке рођаке у Пекингу, и један од њих се, како му се чинило, оженио неком женом из Сужоуа. Наравно, ко зна да ли је то нека стварна веза. Ипак, вредело је проверити. И мада сам била превише стара за обичан посао, почела сам да размишљам о томе да бих можда некој страној компанији могла да помогнем да започне посао. Можда бих могла да преводим за неку америчку компанију, рекао је Карнеги. Ко зна? Можда би неко могао нешто да ми нађе.*

Ако не Карнеги, онда можда неко други.

КАРНЕГИ / Како је само суверено сада ћаскала о чудима микрозајмова у Бангладешу; објашњавала значај продавања изворних кодова за програмирање софтвера у Индији; говорила о важности нове економије. Похвалио сам је за таква размишљања док сам пио кафу.

— После само четири недеље! — рекао сам ја.

Она је на то застала. Поређала своје маркере.

Готово да нема потребе да помињем да је обожавала своје професоре, нарочито извесног Вудија Незнамкако — Пословни развој — и тај професор Вуди обожавао је њу.

— Пази се — рекао сам јој.

Али, ко сам ја да бих некоме нешто говорио? Морао сам да је замолим да ми објасни шта је „микрозајам".

Ни ја, обазриво је рекла, не знам све.

А потом, када сам наставио да наваљујем: нада се да нисам љубоморан.

— Наравно да нисам — рекао сам ја, осетивши се погођен. А опет, ништа, некаква веза без икакве везе. Као да разговарам са бившом љубавницом. — Само ти желим добро, то је све. Увек ће ме занимати твоји планови.

Она се мало насмејала, стежући шаку.

— Планови — рекла је смејући се.

ЛАН / *Толико сам мало добрих мушкараца упознала у животу. Он ми је био као отац. Млађи од мене, а ипак као отац, или брат.*

КАРНЕГИ / Неколико недеља касније поново сам је затекао у кухињи, и даље окружену гомилама књига, али замишљену. Није ме поздравила на уобичајени начин када сам ушао; само је подигла главу, а затим је оборила. Око ње, онај разнобојни рај, гомила маркера. Али, фломастер који је држала у руци остао је отклопљен, и како су само збуњујуће црно-беле биле странице пред њом.

— Нешто није у реду? — упитао сам.

— Све у реду.

Спустила је рукаве. Носила је шљампав мушки џемпер јарко црвене боје. Када је спустила рукаве, као да није имала шаке.

— Како ти иду часови?

— Који часови?

Преко пута, Мичел је истоваривао колевку из свог новог комбија; каћиперка је, неочекивано, била трудна. Затим је истоварио сточић за пресвлачење, носиљку, нераспаковано седиште за кола.

— Да погодим. — Удахнуо сам, а затим рекао: — Вуди.

Сунце је искоса падало на њен џемпер попут ленте.

— Да ли си заљубљена у њега?

— Којег њега?

— Постоје двојица њега? — нашалио сам се.

Она се није насмејала. — Знаш, ја сам Кинескиња, и скоро ми је педесет година.

— По америчком рачунању, имаш само четрдесет и седам — рекао сам ја.

— Немам посао. Немам породицу.

— И немаш зелену карту, ха?

Крај ње се зачуо интерфон. Црвено светло је затреперило. Да ли је то био плач? Засукала је рукав да појача тон, али је само угасила црвено светло. Пуцкетање. Искључила је тон, спустила рукав.

— Радо бих ти био спонзор, знаш — рекао сам ја. — Ако натерам Блонди да се сложи. И ако будемо у могућности.

Сва та силна „ако" код мене би пробудила занимање, али код Лан изгледа нису.

— Веома си љубазан — рекла је. — У школи кажу да има три милиона људи на листи чекања за зелену карту.

— Ипак, неки их добијају.

— Кажу да велике могућности нису више у Америци.

— Хонг Конг. Шенжен. Шангај. То ти каже Вуди?

— Не само Вуди. И Хонг Конг не изгледа баш сјајно у данашње време. Превише је ризичан.

Бар је проговорила. Ставио сам да се загреје вода у чајнику.

— Америка више није Америка — рекао сам.

— И даље је Америка — рекла је она. Само није једина.

— Овде имамо слободу. Зар људима није стало до слободе?

— Слобода? Индивидуализам? — Насмејала се, додирујући косу рукавом. — Превише индивидуализма. Овде је превише свађе. Кинези воле мир.

— А шта је са слободом? Има ли превише слободе?

— Није слобода увек баш тако добра — рекла је. — Погледај Русију. У сваком случају, има и других проблема. Превише насиља.

— Тако кажу у школи?

Климнула је главом.

— А кладио бих се да, чак и ако послују у иностранству, ипак држе до америчког држављанства.

— Наравно, америчко држављанство је веома корисно. Чак ти ни не треба држављанство. Само зелена карта.

Чајник је запиштао.

— Кафу? — поудио сам. — Чај?

Одмахнула је главом, али је почела да заврће рукаве. Открила је шаке, дуге, бледе и елегантне.

— Тако причају у школи? Да је довољна зелена карта?

Она је напола климнула главом.

— Вуди.

— Није Вуди — рекла је.

— Није Вуди? Онда је неко ко има зелену карту. Неко коме би добро дошао партнер који говори кинески.

Она је поцрвенела.

— Сигуран сам да је још превише рано да бисмо разговарали о венчању — рекао сам, наваљујући. Нагађајући, наслепо, смело, али, хеј! Она је поново спустила рукаве. — Удај се из љубави — рекао сам јој. Сипао сам себи кафу, трудио се да ми глас остане ведар, али сам ипак у њему чуо призвук узнемирености. — Можеш то да урадиш, знаш. Ово је Америка.

— Наравно, удаја из љубави је лепа — рекла је. — У почетку јој је глас био веома тих, као сигнал на мобилном телефону на којем ми је батерија била готово потрошена. Али је онда постао јачи. — Узгред, и у Кини има љубави. Мада понекад не баш одмах. Понекад мушкарац и жена науче да се воле тек пошто су већ дуго у браку.

— Да ли је он ожењен?

— Треба да се разведе од жене — рекла је.

— Ох, Лан — рекао сам ја.

ЛАН / *Шта је ту тако страшно? Ако ме он већ не жели, зар не би требало да пусти неког другог да бар покуша?*

КАРНЕГИ / — А како си упознала тог момка?

— Блонди нас је упознала — рекла је.

— Блонди?
— Упознала га је на часу фенг шуија.
— Блонди?
— Габријела је једном изишла с њим.

БЛОНДИ / То је била Габријелина идеја.

КАРНЕГИ / *Не можеш да верујеш тој Блонди.*

БЛОНДИ / Ја сам се само некако сложила са тим.

КАРНЕГИ / Пошто је пријатна особа.

ВЕНДИ / Зове се Шанг. Брије се глатко као калуђер, и Ланлан није баш сигурна у вези са њим. Сувише је низак, каже. Али се осмехује док то говори и загледа се у празно, и Лизи каже да то значи да момак зна како да заради новац у Кини.
— Откуд ти знаш? — кажем ја.
Али, она само каже: — Гледај.
И следећи пут кад је тај Шанг дошао, каже: — Немој да продаш душу. Можеш сама да зарадиш паре у Кини, не треба ти тај тип.
— Није то тако лако — каже Лан.

ЛИЗИ / — Само треба да се решиш — рекла сам јој. — Сама стварáш своју срећу. Да ли си чула изреку „Што се хоће, то се и може"?
— Што се хоће, то се и може — поновила је Лан. — Што се хоће, то се и може.
Али је онда рекла: — У Кини су везе веома важне.

— Женама не требају мушкарци — рекла сам ја. — Савршено смо способне да саме станемо на своје ноге.
— Сувише си млада да би разумела — рекла је. — Разумећеш једног дана.

ЛАН / *Био је мало старији од мене — йедесетих година — и звао се Шанг, йо деди, који је био из Фуцијана. Мислим да му је право име било Брајан. Уопште није изгледао као Кинез. Ни онолико колико Бејли, него као било који lao wai, свуда са смеђим длакама. Свуда осим на глави. Није био згодан. Али, занимала га је Кина, више него Карнеги. Живео је на Тајвану, и много је читао о њему. Кинески му је био зарђао, али је ипак мало говорио. Неколико пута је био у Копненој Кини. И од свих места која је посетио, рекао је да му се Сужоу највише допао. И Лијианг му се допао, и Хангжоу, и Гуилин. Али ништа се није могло поредити са Сужоуом, рекао је. То је рекао пре него што је уопште чуо да је мој laojia Сужоу.*

Наравно, многима са Тајвана се допадао Сужоу, толико да се причало како су сада по целом Сужоу отворили тајванске чајџинице. Тајванци воле да улажу у Сужоу. Тако се прича. По томе су слични Сингапурцима. Можда је Шанг научио да воли Сужоу само зато што је живео на Тајвану.

Ипак, због тога сам пожелела поново да га видим.

Дуго нисам разговарала ни са ким ко је уопште знао где је Сужоу. То ми је било толико важно, да сам се постидела. То је вероватно изгледало као љубав. Али сам у ствари само желела да разговарам са њим.

Није био онако љубазан као Карнеги. Али сам помислила да ће можда једног дана увидети да сам ја из Сужоуа. Гајила сам ту наду — да ће схватити да је требало да одрастем тамо, у свом породичном врту. Да је требало да одрастем пишући песме и вежбајући краснопис поред рибњака. Да је наш павиљон требало да буде пун музичара и оперских певача, а не пракља. Да је требало да имам кувара да ми кува специјалитете из Сужоуа. Да је требало једва и да знам како кухиња изгледа. Да је требало да се удам за некога веома богатог. Не нужно и згодног; требало је да се удам за неког од оних старих учењака са наочарима и у кимону, који би ујутро одлазио у чајџиницу, а увече у купатило, који би ујутро убацивао воду у кожу, а увече кожу у воду, како се код нас говорило. Требало је да имам мајку; требало је да мој отац живи дуго и спокојно. Требало је да имам децу. Моја деца је требало да имају рођаке. Требало је да имам јетрве да са њима трачарим, и сверкву да се на њу жалим.

Касније су људи говорили да је Шанг моја карта за бољи живот. И то је било истина. Али, у почетку сам углавном желела да причам с њим.

Стидела сам се.

КАРНЕГИ / Тај тип је од почетка био погрешна особа. Сазнао сам то тако што сам га угугловао; понешто сам о њему сазнао и од некога ко је некада радио за њега, али је сада, како се испоставило, радио за неког од мојих некадашњих директно подређених сарадника. Она се звала Хејзел Рајли, имала је дугу косу и била програмски инжењер и председник Удружења родитеља и водила дечији обласни фудбалски клуб.

Хејзел ми је испричала: не само што је ћелав, него је и застрашујуће мршав. Пије огромне количине воде. Био је један од првих који су предвидели да ће се на флашираној води зарађивати добре паре. Да ће људи плаћати за то, да ће се шетати наоколо са флашицама воде. Много је зарадио зато што је улагао на основу тог предосећаја. И на сушију. У време када нико није ни помишљао да би Американци јели тако нешто, он је купио деонице компаније која је, ни мање ни више, хтела да продаје суши на аеродромима.

Пресуда о висини: није баш толико низак. Ипак, пре се може рећи да је низак, и непријатно присан. Од оне врсте људи која осећа потребу да свуда ставља руке. Хејзел је рекла, ако тај уђе у твоју канцеларију, буди уверен да ће ти узети нешто са стола. Није могао да прође поред трудне службенице а да јој не спусти руку на трбух. А ту су и други делови тела са којима је остваривао додир.

Највеликодушније што се о њему могло рећи било је следеће: и поред свих својих пара, увек је био гладан за новим везама.

Преовлађујуће виђење: да је пас, попишао би се ама баш на све.

Хејзел је рекла да Шанг стално нешто позајмљује. Оловке, калкулаторе, подлогу за писање. Идеје за летовање. Манире. Рекла је да би, пре него што спусти шаку на неку ствар, ту ствар већ опипао; изгледа да је као дечак са оним својим дугачким и танким рукама радио на фарми као оплођивач кобила. Али је тај посао изгубио, рекла је Хејзел, зато што је једном убио коња. Или се бар тако причало по канцеларији; а људи су у то вревовали зато што је имао опаку нарав. Бацао је ствари по просторијама. Цепао. Једном је избацио рачунар кроз прозор. То је учинио пошто је претходно разбио екран фризбијем од мермера који је добио као награду. И самог Шанга је потресло што је то учинио.

Ишао је на јогу да би смањио стрес. Ипак, жалио се да ту нема довољно надметања, мада би у турнирима јоге могло бити новца. Узимао је многе биљке. Покушао је и са фенг шуијем — тако је темељно испремештао намештај у канцеларији да људи више нису знали где да седну. Био је луд као шеф, рекла је Хејзел, жива сапунска опера.

Са друге стране, морало му се одати признање какве је све ствари смислио. Најновија му је била јастуче за седиште на стадиону са пакетићима леда за више употреба које се продавало преко сајта smiriopekotine.com. Када је компанија кренула да продаје деонице, чак су и секретарице зарадиле брдо пара.

Преовлађујуће виђење: сво то лудило просто је ишло са његовом генијалношћу.

На сваку ствар је гледао као на предлог, предузеће у које ће уложити или неће уложити. На пример, ако му поменеш школске одборе, он ће да каже, продај. Школски ваучери: купи. Контролисана најамнина: продај. Кампања за финансијску реформу: купи.

Што се тиче тога где сада улаже новац, одговор је Кина; још је волео. Жене из Кине. Храну из Кине. Звуке Кине. Волео је *erhu*, рекао је. Какав планетарни звук.

— Шта год да је то, дођавола — рекла је Хејзел.

Али, то је оставило утисак на Лан, то што је Шанг знао шта је *erhu*. Рекао је да му његов возач редовно то свира.

Највеликодушније виђење: занима се за друге културе, свестан ограничења цивилизације Запада и у складу са традицијом о просвећености.

Алтернативно виђење: његов стварни интерес лежи као велики пас крај његових ногу, не можеш а да га не видиш, мада углавном само дахће.

ЛАН / Први пут сам га видела на панел-дискусији о вирусном маркетингу. Нисам постављала никаква питања, него сам само слушала и хватала белешке, тако да сам се изненадила када ми је потом пришао и представио се. Дао ми је своју посетницу обема рукама, у кинеском стилу. Ја нисам имала посетницу, па сам му дала свој број.

Следеће недеље, извео ме је на пиће. И то на какво отмено место! Тада ми је рекао да воли Сужоу. То ми је рекао чак и пре него што је сазнао да сам из Сужоуа, и то на кинеском! Извињавајући се због нагласка, који је заиста био грозан.

И тако, наравно, да. Када ме је позвао на вечеру, пристала сам.

Каква дивна вечера! Са леденом скулптуром унутра, насред ресторана. Пар лабудова — како су ме само подсећали на Кину, били су исклесани готово исто онако лепо као и ледене скулптуре у Кини. Било је и цвећића од поврћа на тањирима. Они нису били ни приближно онако лепи као у Кини. Али је храна ипак била укусна — француска. Столњаци су били ружичасти. Било је и свећа. И толико чаша! Запањила сам се колико је било чаша, и са каквим танаким ножицама!

Нисам могла ни да помислим да ће се неко према мени тако лепо опходити. У мојим годинама! Мислила сам да сањам.

Донео је слике свих вртова у којима је био. Неки су били чувени, наравно — Врт скромног чиновника. Врт господара рибарских мрежа. Али је он посетио и многе мање вртове, вртове који су више личили на врт моје породице. Дуго смо гледали слике. Одушевило ме је што их је толико донео, и тако различите. Слике прозора различитих облика, и шара од цигала на подовима. Слике риба. Призор пре него што скренеш иза угла, и призор после — изненађење. Сликао је чак и Baodai Qiao, чувени стари мост, ноћу, тако да се види како неких вечери сваки од његових многобројних лукова има свој месец — како месец баца сној одблесака на воду, као бисерну огрлицу која се пружа од једне до друге обале.

— Кад само помислим да си могла тамо да одрастеш — рекао је на крају. Невероватно.

Тада се умало нисам расплакала.

Тамо се налазио и плесни подијум; позвао ме је да играмо. Рекла сам да не умем, али је он рекао да то није важно, и није било важно. Научио ме је. А за дезерт је наручио суфле од топле чоколаде за двоје. Посматрао ме је док смо јели; мислила сам да сигурно у нечему грешим. Да можда још нечему жели да ме научи. Али ме је он и даље гледао, и на крају ми додирнуо руку. Чак не ни моју шаку — само руку. Као да се није усуђивао да ми додирне руку.

Онда ми је рекао да жели да се вратим у Кину са њим. Велике могућности, рекао је, налазе се у Кини. Не постиже свака компанија успех. Наравно да не. Али, док у Америци само једна од сваких двадесет нових успева, у Кини успева свака трећа.

— Само треба да покушаш — рекао је. — Кажу, ако изгубиш шест година, преживећеш. И ако хоћеш да пробаш са једном по једном компанијом, за петнаест година ћеш свакако имати шта да покажеш, зар не? А ако покушаш са више компанија истовремено, помисли само. Али, наравно, мораш знати како да се опходиш према Кинезима. Ту ти постајеш важна. Потребан ми је неко ко ће их смекшати. Неко ко говори њихов језик.

— Схватам шта мислиш — *рекла сам ја*.

— Тамо је су сва предузећа заједнички подухвати. Рецимо, у САД нека компанија се бави продајом, и само продајом, не бави се услугама, јел' тако? И онда оде у Кину, и шта се деси? Наћу се у лепом заједничком предузећу са владом, и пружају услуге. Па онда направе друго заједничко предузеће и баве се улагањем. И тако четири компаније раде нешто за владу, а само једна компанија се бави продајом. Потребан ми је неко ко ће све то обављати. Ко ће то радити на задовољство Кинеза.

— Разумем — *рекла сам ја*.

— Разумеш — *рекао је он гледајући ме*. — То ми је јасно. Ти разумеш Кину. И фина си жена. Наравно, ако све испадне добро, једнога дана нећеш морати да будеш тако фина.

То ме је изненадило.

— Не разумем шта хоћеш да кажеш — *рекла сам*.

Он се насмејао.

— Не брини, научићу те. За сада само замисли. Шта бисмо све могли да урадимо са добром идејом. А ја је имам. — *Завалио се у столици*. — Коцкање на Интернету. Размисли о томе.

Све је смислио. Да ће људи користити телефонске картице и уз помоћ њих стављати улоге, и подизати новац ако добију. Како ће моћи да се кладе на све и свашта. Вимблдон — то је тениски турнир. Или Светски куп — то је фудбал. Било шта на телевизији. Или да се картају преко Интернета. Да играју нешто што се зове блекџек, на пример. Или нешто што је више традиционално кинеско. Махјонг. Можемо да откријемо шта се некада играло у Шангају, рекао је. Можемо да га назовемо LasVegas.com. Или, како се на кинеском каже Обогати се?

— На крају ћемо хтети да се ослободимо телефонских картица — *рекао је*. — Да правимо сопствене картице. А тек онда! Схваташ ли колико бисмо новца могли да зарадимо само на замени картица?

Објаснио ми је како ћемо зарадити на замени, и како већ сада куцује пословни план о заједничким улагањима. Али је желео да ја у томе учествујем од почетка. Хтео је да ја будем саоснивач.

— Знаш ли шта сам помислио кад сам те први пут угледао? — *упитао ме је.*

Одмахнула сам главом.

— Купи — *рекао је.* — Купи и задржи.

— Где ће бити седиште компаније? — *упитала сам.*

— У Сужоу — *рекао је.* — Наравно. Радњу ћемо отворити у Сужоу, као и сви тајвански бизнисмени.

Када се примакао да ме ухвати за шаку, ја сам му је препустила са захвалношћу, од свег срца.

КАРНЕГИ / Као у другоразредном филму: никад није долазио кући по њу. Због жене и деце, увек ју је чекао иза поште у центру, на пет минута хода. Није важно што је живео у трећем месту од нашег; желео је да буде опрезан. И, на неки начин, његово страховање од нашег комшилука било је оправдано: свако је ту знао која су чија кола, и пажљиво мотрио на све што је било необично, истина је. Приметили би да се ограда срушила, да је застава остављена на киши, да је трицикл остављен у дворишту. Залутале животиње. Да је маслачак набујао, нарочито ако се зна да маслачак потом прави оне маце које су тако изазовне за децу и тако опасне за суседство.

У центру је било мање видљивог надзора. У ствари, и ја сам у неколико махова приметио његове доласке и одласке, зато што се вежбаоница у коју сам однедавно одлазио налазила на другом спрату зграде која је гледала на паркинг иза поште. Одувек сам се питао чему служе прозори од пода до плафона у оваквим зградама, када човек на крају добије величанствен поглед на паркинг. И где пише да вежбаонице обавезно морају да имају фасаде са великим стаклима? Ја лично никада нисам чезнуо да ми цео свет буде сведок да вежбам, и одавно сам предвидео повлачење тог тренда. Ко заиста жели да гледа како се људска бића грче у напору да набаце кондицију?

Изгледа, сви.

Сада сам и ја суботом ујутро вежбао у излогу. Само благо трчкарао, и нисам трчао, јер ми је тако наредио кардиолог. На монитору сам пратио рад свог срца.

Тако сам сазнао да Шанг вози црни БМВ кабриолет, и да је Лан у кола улазила брзо, као да се крије. Знао сам да воли црна кола; у Кини је елита на власти возила црна кола. У ствари, једном се наглас упитала зашто Блонди и ја не возимо црна кола са затамњеним стаклима. Са колико смо само страсти тада изражавали своју вечну оданост нашем комбију! Али, скрећем са теме. У сваком случају, једва да би стигла да затвори врата пре него што кола полете. Једном јој је шал остао закачен за врата. Успела је сама да га откачи; Шанг је готово одмах стао. Ипак, срце ми је тако јако лупало да је монитор засветлео и почео да пишти, па сам сместа прешао на смиривање.

Једном сам их са бицикла за вежбу на другој страни сале видео како улазе у експрес-ресторан преко пута, или ми се тако учинило; окретао сам педале добрих пола миље, жмиркајући с неверицом. Да ли је то стварно била Лан? Носила је тесне фармерице, и одакле ли јој она блуза? Са дубоким изрезом и са карнерима као на креветском прекривачу, савршена за приказивање облина, и огрлица од карнеола, за коју сам се могао заклети да је припадала мојој мајци.

Као да је, путем неког чудног компјутерског сецкања и лепљења, делић Шангаја доспео у центар нашег места. Јер, тамо се свакако, упркос свим мојим напорима, рађала једна од оних Кинескиња које је описао Мичелов брат Ник.

ЛАН / *Вероватно све то није баш лепо изгледало. Али, Шанг је био несрећан са својом женом много пре него што је мене срео. Једини разлог што су имали децу био је то што су им помогле епруветке. Био је усамљен. Било ми га је жао.*

Понекад сам се питала какав је тај наш пословни план. Да ли бисмо заиста могли да ui deng tian — у једном кораку стигнемо до неба? Нисам била убеђена.

Али сам ипак гајила наду. Први пут у животу сам истински гајила наду.

КАРНЕГИ / Када би ми се Лан сада обратила, гледала је у мене што је мање могла. Ако бих је упитао, Да ли поново излазиш? Она би рекла, Ако желиш да останем код куће, остаћу код куће.

Једнога јутра сам затекао бели џемпер затопљен у лавабоу у перионици. На њему је био велики црвени круг, као да га је неко употребио као подметач за вино. Просторија је заударала на варикину.

Такође, сада је носила дивну кожну ташницу. Фирмирана, сјајна полукружна ташница са танким штрафтицама и патент-затварачем дуж горње ивице оште попут сечива ножа.

ВЕНДИ / Ако јој закуцаш на врата, она и даље говори, Ти си! и Уђи! Али више не прави сендвиче, и није јој баш било криво ако одеш. Раније, ако пођеш, она смисли нешто да те натера да останеш. Али сада, ако пођеш, она каже, здраво. И још се распитује како је у школи, али ако јој причаш шта се десило на одмору, она те после пет минута пита, а шта је било на одмору. А ако јој поново испричаш шта је било, она поново каже, Ох! Баш је смешно! Или Ох, не, па то је страшно! А ако јој кажеш, већ си то рекла, она ће, Ма немој? И онда изгледа искрено тужна и криво јој је.

Понекад кува и каже да се од тога боље осећа. Али, понекад кува и због тога се само расплаче.

— Кување је за породице — каже једнога дана у својој соби.

Књиге су јој разбацане на све стране, али онако по поду, као Лизине, и ако погледаш у њену свеску, видиш да жврља по ивицама, исто као Лизи. У сваком случају, сада не учи, сада покушава да игра шах са мном.

— Ја немам породицу — каже.

Каже: — Чак и кад бих се сутра удала, вероватно би већ било касно.

— Како то мислиш? — питам је.

А када каже да је превише стара да би имала деце, кажем јој да није истина, да увек може да усвоји неко.

— Шта да усвојим? — каже она.

И направи тако лош потез, и жртвује краљицу, да морам да јој кажем, такнуто-макнуто. Али она, наравно, уопште и не жели да мења потез, и шта ја да радим? Да јој поједем краљицу?

— Девојчицу као што сам ја — кажем. — Ја сам усвојена, сећаш ли се? У ствари, вероватно би могла мене да усвојиш.

Она се само насмеје и каже на кинеском: — *Мислила сам, йраву йородицу, али у реду. Узећу тебе.*

Ја само зурим у таблу.

— *Нисам ја лош други избор* — кажем јој. — *Својим родитељима сам била други избор.*

И на крају то и урадим, поједем јој краљицу. Оставим је у катастрофалној позицији.

Њу баш брига.

— *Не, не* — каже она. — *Својим родитељима си ти била йрви избор, а и мени би била йрви избор.*

— *Нисам* — кажем ја. — *Али, други избор не значи да је то нешто слабије од нечега другог. Тако они кажу.*

Ланлан ме онда чудно погледа.

— Наравно да си рођена у Кини — каже она на енглеском — али као да си рођена овде.

— Као да јесам, али нисам — кажем ја. — Шах.

— Ах! — каже она. — Превише си добра за мене.

— Ако играш лауфером, можеш да ме блокираш — кажем.

Она игра лауфером.

— Мат — кажем ја.

— Ах! — каже она опет. Али онда одједном каже на кинеском: — *Такве ствари нису важне. Разумем ја да теби није важно одакле си. Без обзира на све, ти си мој први избор, и мој други избор. Ти си моја добра пријатељица.*

Затим погледа у прсте на ногама, мада не може баш да их види, пошто носи плаве папуче.

— *Ланлан* — кажем ја — *шта ти они кажу?*

— *Кажу да су стари, али су можда и даље добри* — одговара она, мало као да се осмехује, а мало као да се не осмехује. — *Мада, ко зна. Можда ће једнога дана изгледати као њена кожа. Ових дана се надам. Али, можда ћу на крају ипак умрети у кући пуној мува.*

— *Неће тако бити* — кажем ја и склањам шаховске фигуре.

Али, она само каже: — *Ко зна?*

КАРНЕГИ / Још сцена из другоразредног филма: Лан стиже кући са кутијом — поклоном у руци. Следеће вечери када има састанак, појављује се у новом џемперу, или сукњи, или јакни. Јакна је кожна. Нема више V-изреза са карнерићима, ово је нешто савршено модерно, са марком. Крој је неуобичајен; закопчава се на леђима; боја изгледа црна или плава, у зависности од светла. Пресијава се, има патент-затвараче, добија се са торбицом за ношење.

ВЕНДИ / — Мислила сам да ти не треба одећа — рекла сам.

— Ништа мени не треба — слаже се она. — Али, погледај како је лепо.

Показује ми хаљину.

ЛАН / *Те ствари нису биле у хонконшком америчком стилу. Али су ми се свиђале, заиста. А морала сам да мислим и на то шта саоснивач треба да носи.*

ЛИЗИ / — Мућни главом — рекла сам јој. — Ниједан поклон није бесплатан.

Али се она само насмејала.

— Погледај ово — рекла је показујући ми неке ципеле.

ЛАН / *Ах, али ципеле су стварно биле сјајне! Никад нисам видела такве ципеле. Можда су у Шангају имали такве, али не и у Јинану. Мислила сам да су прелепе. Какве боје! Не само светлоцрвена, на пример, него и тамноцрвена, и модроцрвена. Неке су биле од антилопа. Неке су биле лаковане, или украшене тако да изгледају као змијска кожа. Један пар је имао каишеве у облику слова Т. Једне су имале каишеве који су се омотавали око гежња.*

ВЕНДИ / Облачи их да им их покаже, и шетка се оним ситним корацима.

— Изгледаш као да једва можеш да ходаш — кажем ја.

— Богаташи не морају да ходају — каже она.

БЛОНДИ / Експериментисала је са косом. Једног дана би је намазала гелом, другог дана исекла шишке да јој падају до очију. Крајеве је неједнако ошишала. Стално је имала све више чуперака.

И шминку је почела да користи — тен, руменило. Сенку за очи. Неки пут бледи руж, неки пут јарко црвени. Оцртавала је усне оловком да јој буду изражајније. Чупала је обрве и увијала трепавице. Нека друга жена би можда изгледала смешно. Лан је изгледала као филмска звезда.

Како смо икада могли да помислимо да је обична?

Наравно, како је Лан мењала свој изглед, тако су и Лизи и Венди. Лизи је почела да се облачи у беби-стилу — сва је била у ружичастом.

ЛИЗИ / Коју сам носила иронично.

БЛОНДИ / Затим је дошао на ред стил избегавања куповне одеће. Лизи ми је тражила да је научим да шије — одушевила ме је — и почела сама себи да прави одећу. Њена некада празна соба сада је била пуна комадића тканине. Дозволила ми је да је научим и да плете, и да хекла. Понекад ми се чинило да се претвара у моје сестре — имала је ону утопијску естетику. Волела је да прави хеклане квадратиће, какви се употребљавају као подметачи за шерпе или се од њих праве прекривачи. Она је од њих правила блузе.

Са хеклних блуза прешла је на блузе од шарених марама, па онда на блузе од исцепаних старих извиђачких униформи, или униформи са бензинске пумпе, или мајица за куглање. Сав материјал био је из продавница старе одеће. Ништа се није уклапало — то је био део естетике.

Правила је и сукње, неконвенционалних облика. У виду звезде, овалне, у облику амебе. Направила је сукњу која је изгледала као велики црвени троугао, и продала је.

ЛИЗИ / За двеста долара! Новац сам дала Раселовом бенду.

БЛОНДИ / Попут Лизи, и Венди је носила сукње и панталоне заједно, и кошуље преко џемпера. Копирала је Лизине комбинације боја — ружичасто и наранџасто, црно и пастелне боје. Носила је оно што би јој Лизи поклањала од своје одеће, блузице са Петар Пан крагнама или са пуф-рукавима. Што су Вендини другови из разреда у почетку сматрали за уврнуто. Али је онда Елејн почела да копира Венди, а убрзо су је копирали и сви остали.

КАРНЕГИ / Венди Бејли Вонг, девојка која ствара трендове.

БЛОНДИ / Лан је сматрала да је све то веома чудно.

ЛИЗИ / — Не свиђа ти се ништа из радње? — рекла је Лан.
— У данашње време свака ствар има неку маркицу на себи — рекла сам ја.
— А ми мрзимо марке — рекла је Венди.
— Кад носиш марку на себи, осећаш као да те корпоративна Америка поседује — рекла сам ја.
— Наравно да су америчке корпорације лоша ствар — рекла је Ланлан.
— Мрзимо моду — рекла је Венди.

КАРНЕГИ / Филм другоразредне продукције: Понекад је Лан долазила на доручак са тако надувеним очима да је изгледала као фотографија из *Nationa Geographic*, јасно се могао видети натпис испод ње. *Ово створење надује очи и тако избегава наметљиве разговоре.*

Али, цвеће је свакога дана стизало пре поднева. Она је постала таква редовна станица да достављач није ни звонио на врата, него би само довикнуо кроз прозор, Хеј, Лани!

БЛОНДИ / Почела је да не долази кући на спавање.

КАРНЕГИ / То смо знали тако што смо, по савету других родитеља, почели с времена на време да проверавамо где је Лизи у глуво доба ноћи. Није да јој нисмо веровали, веровали смо. Али, какву смо само електронску пошту добијали у последње време; било је грозно, као нешто из ФБИ.

> Нешто се дешава. Припазите. Не остављајте кућу празну током викенда. Ако сви закључамо наше ормариће са пићем, они ће бити закључани, и молим вас, не претерујте са тренутним порукама.

Није нам било тешко да и Лан укључимо у ноћни обилазак. Теже је било убацити је на листу за разговоре о сексу. Али сида није онаква тема на Истоку као што би могла да буде.

БЛОНДИ / Покушавали смо да је натерамо да оде код истог гинеколога, др Марка, код кога смо послали Лизи.

— Ништа те неће коштати — уверавали смо је. — Све покрива здравствено осигурање које смо ти уплатили.

КАРНЕГИ / Мислили смо да би могла да оде ради превентиве; она је била умислила да амерички лекари не чине ништа да би те ојачали. Да им је драже да виде да се људи разбољевају како би могли скупо да им наплаћују лечење.

Свеједно, др Марк је уопште није занимао.

БЛОНДИ / — Зар тај др Марк није ваш пријатељ? — упитала је.

Као да хоћемо некако да је преваримо.

КАРНЕГИ / И шта да радимо што сад долази кући са поцепаном одећом? С поцепаном блузом. С поцепаном сукњом. Њена дивна нова ташница морала је код ташнера, да се поправи дршка. Никаквог знака од повреда, осим што јој је једнога дана ухо било црвено.

А једном и модрица на подлактици.

— Ударила сам се негде — рекла је. — Можда у врата. Можда у столицу.

— У шта си се ударила? У врата или столицу?

— Не обраћам пажњу на такве ствари — рекла је. — Од тога нема никакве користи.

А другог дана: — Ништа то није. Стално ударам руку.

И следећег: — Ово је Америка. Не морам да вам подносим извештаје.

ЛАН / *Нису ми сметали Шангови изливи беса. Његова секретарица је рекла да никада није видела никога ко тако уме да га умири. Претпостављам да је то зато што ме није изненадио. Шанг је био грозан, али сам ја умела с њим.*

Али, Карнеги ми је био чудан. Тако фини човек, тако љубазан човек, али нисам могла да га разумем. За сасвим другу причу, стално је понављао. Да сам ја жена за неку сасвим другу причу. Али, коју другу причу?

Шанг и ја радили смо на пословном плану. Дотеривали смо га, рекао је. Већ смо имали једног инвеститора, али је други одустао.

Морали смо да нађемо некога другог уместо њега. То је био наш следећи корак.

ВЕНДИ / Понекад Шанг не долази лично по њу. Понекад пошаље возача, који је кинески Кинез, као из Кине, висок, са пажљиво зализаном косом. Он вози црна кола, али никада не спушта кров, и вози сасвим полако, као да иде у обилазак зоолошког врта. Као да су около животиње, па мора да вози полако, полако, полако, надајући се да ће неку да нађе. Онда се кола зауставе и возач изиђе напоље и отвори врата Ланлан. Сачека да она уђе и као намести се. Онда затвори врата за њом, и куцне у прозор, и осмехне јој се. Има велика уста, ако жаба, и предивне очи благог погледа, једном ме је погледао, и то је било као лептир кога не желиш да узнемириш. Као кад желиш да ти нешто остане на рамену неко време, иако те је изабрао само зато што се твоја кошуља слаже с њим.

Понекад је довезе и кући, доведе је баш до куће, уместо да је остави код поште. Имаш осећај као да то не би требало да ради. Осврне се на обе стране, онда јој куцне у прозор и полако отвори врата. Пружи јој руку да јој помогне да изиђе, а понекад је испрати до врата. Ходају полако, полако, као старци. Понекад јој носи капут, или ципеле. Или ташну. Обеси ташну око врата, не зато да би био смешан, него да би је носио, као да му је тако згодно, и баш га брига што изгледа као бернардинац. Једном је она дошла у мушким папучама, ко зна шта су радили у колима. У сваком случају, није их вратила. Следећих неколико недеља је виђамо у тим мушким папучама, које су од испуцале мрке коже и превелике су јој.

Зато Лизи каже да је он тај кога Ланлан заиста воли.

— Не би она то никад признала — каже.
— Зашто не би?
— Зато што је тешко — каже. — Понекад ни самој себи не желиш да признаш.
— Да ли то значи да ти недостаје Дерек? — кажем ја. — Али не желиш да признаш?
— А шта је са Лајонелом? — каже она. — Волиш ли га?
— Мислим да смо само другови.
— Можеш ти да мислиш шта год хоћеш — каже она. — То не значи и да је то истина.

БЛОНДИ / Једнога дана Лан је заборавила да Бејлију стави пелену.

Другог дана се жалила да он стално плаче, али је потом открила, то јест, заједно смо откриле, да му је дете на игралишту ставило семенке у уши.

— Заљубљена је — рекла је Габријела. — Када су заљубљени, људи постају психотични. Помути им се разум и не можеш на њих да се ослониш, као што се врло добро и сама сећам.

Једног дана је, опет, изгрдила Бејлија што има фарбу на одећи: — *Знаш ли ти шта сам ја носила у твојим годинама? Знаш ли?*

— То је њено унутрашње дете — рекла је Габријела. — Дубоко у себи, она је још девојчица без мајке, која је жељна хране, одеће, топлоте, свега и свачега. Тешко јој је што гледа како твоја деца расту у оваквом обиљу. На неки начин, не можеш да је кривиш за то.

— У праву си, стварно не могу да је кривим — рекла сам ја.

Али, једном сам, опет, затекла Бејлија како плаче, и Лан како држи пуну кашику супе крај његових уста.

— Једи — говорила је. — Добра супа!
— Вруће — викао је он окрећући главу. — Вруће!
— Знаш, једног дана више уопште нећу да те храним — рекла је. И промрмљала себи у браду: — *Hiao Huang Mao.*
Мали Жутокоси.

— Да ли је вруће?

Узела сам Бејлија и пробала супу. Ако се Лан и изненадила што сам ја ту, није то показала.

— Аух! — повикала сам.

Лан је бацила поклопац са сисаљком у судоперу.

— Кромпири — рекла сам мирно. — Кромпири заиста чувају топлоту, знаш.

— Ако хоћеш хладније, направићу да буде хладније.

— Молим те, учини то — рекла сам ја. — Кромпир није као пиринач. Можда то ниси приметила. Пиринач не задржава топлоту овако као кромпир.

— Кромпир задржава топлоту — рекла је Лан. — Није као пиринач.

— Молим те, буди пажљивија.

— Ако желиш да будем пажљивија, бићу пажљивија.

КАРНЕГИ / Затим је дошло до инцидента са водом у кади.

— Бејли је плакао — испричала ми је Блонди. — Вода је била врела.

— Да ли си сигурна да није само правио позориште?

— Вода је била превише топла. Пипнула сам је.

— Да ли си јој казала да не користи толико топлу воду?

— Рекла сам јој.

— И?

ЛАН / *Рекла сам:* — *Ако хоћете хладнију воду, направићу хладнију воду.*

КАРНЕГИ / Косу је уплитала у плетенице, везивала у репиће; крајеви су јој били подшишани као четка. Како је само девојачки изгледала! Колико је била неозбиљна, живахна и лепа. Посматрао сам је док је одмотавала букете цвећа — били су умотани у папирне салвете — а затим почела да скида гумицу са стабљика.

— Не, не — рекао је мушкарац, а затим извадио перорез. Али, гумица се теглила и теглила преко оштрице ножа и никако да се прекине. Лан је хтела да узме ствар у своје руке; мушкарац је упорно тврдио да ће успети ножем; гумица се и даље теглила, све док на крају није испробао оштрицу на свом прсту, и наравно, потекла му је крв. Ијао! Смејали су се и смејали, засипајући једно друго шалама и лудоријама.

Пожелео сам да и ја могу да је натерам да се тако насмеје.

А ипак, и да покажем такву исправност. Да будем тако срећно љубоморан! Како су само природно она и тај мушкарац деловали заједно; како исправно, како срећно. Изгледали су као почетак срећне приче у чијем расплету се очекују носиљке за бебе и родитељски састанци.

ВЕНДИ / Он носи зрикавца у тиквици за зрикавце у свом сакоу, тако да се чује како зриче док пролази поред тебе. И пушта нас да га видимо ако хоћемо. Стави га под сијалицу да се угреје ако је хладно, да би запевао.

ЛАН / *По томе је био као мој отац. Мој отац је понекад носио зрикавца у тикви. Баш овако, у џепу на сакоу.*

ВЕНДИ / Ујка Сју још и свира виолину.

ЛАН / *Његово енглеско име је било Џеб. Џеб Сју. Кинеско име му је било Су Цијабао.*

ВЕНДИ / Једног дана је донео виолину да нам је покаже. Ланлан није хтела да свира, мада каже да уме, али плаче као киша кад он свира, можда зато штво свира све неке тугаљиве ствари. Једног дана је донео *erhu*, а због тога се она још више расплакала, каже да је то толико подсећа на њеног оца, мада су све песме које ујка Сју свира са севера. Тешко је објаснити откуд она то зна, али каже да зна, одмах, по звуку. Песме из Сужоуа су као и све друго из Сужоуа, истанчаније и префињеније. А његова техника, па, није баш Ах Бин, каже она. Тај Ах Бин је њихов чувени свирач *erhua* који је као био слепи просјак или тако нешто, и није баш био из Сужоуа, него негде из тог краја.

ЛАН / *Био је из Вуксија, оближњег места.*

ВЕНДИ / Ујка Сју долази на бициклу и вози се са Ланлан наоколо, она седне иза њега и уопште се не држи. Само одржава равнотежу, најудобније што може, забаци леђа уназад и прекрсти ноге, а он окреће педале. Она каже да је то лако, у Кини то свако уме.
— Заљубљена си у ујка Сјуа! — каже Лизи. — Суочи се са истином, јеси!
Али, Ланлан каже да није. Зато што он, мада је држављанин, нема будућност, каже. Зато што *размишља старомодно.*

БЛОНДИ / Била сам тако одушевљена што сам дала отказ и што имам нови живот да ме је сада било стид да признам да су дани почели — кад се то десило? — да се вуку. Почела сам да купујем књиге о самопоштовању, што је већ само по себи знак слабог самопоштовања, како каже Габријела.
Жена престане да вежба; престане да одржава довољно висок ниво ендорфина. Не успева да добије довољно помоћи за бригу о деци, што јој је неопходно да би се бринула о себи.
Не успева да одгаји срећну децу. Колико сам се несрећније сада осећала у вези са, рецимо, тиме што Венди мора да ручава сама, или што Бејли лиже све што дохвати. Колико сам поражанија била тиме што Лизи више неће да има никакве везе са позориштем.

— Даровита си — рекли смо јој. — Мораш то поштовати. Зар ти није јасно?

Али, она је говорила не, није јој јасно.

А шта је са певањем? Да не би можда волела да иде на часове певања?

— Ако уопште будем певала — рекла је — певаћу у Раселовом бенду.

— Потребан им је вокал?

— Не, и нећу тражити од њих да ме зову, ако на то мислите.

Свако дете има своје проблеме. Тако су рекли у мојој књижевној групи.

Ипак, било је дана када нисам могла да устанем из кревета. Дана када су ме траке јутарње светлости заробљавале.

Док сам радила, све што сам чула били су гласови жена које су изабрале да се *концентришу на оно што је заиста важно*. Сада су све што сам чула били гласови оних који су се вратили на посао.

Добила бих слом живаца да сам остала код куће.

Не можеш ни целог живота да возиш друге наоколо.

Колико пута на питање, Шта има ново? Можеш да одговориш Ништа нарочито...?

Питала сам се да ли је мени у ствари само била потребна пауза. Зашто ми Потер није понудио једногодишњу паузу?

Помислила сам да бих могла да волонтирам негде. И да онда почнем да радим нешто више, ако будем могла. И чула сам да због слабе економије многе жене имају тешкоћа да поново добију своје старе послове.

И тако, ето мене на интервјуу код некога коме сам ја некада дала посао. Неко коме сам ја некада дала посао говори ми да ја баш и нисам оно што они траже.

Да ли би се то и мени десило? Никада тако нешто не бих помислила, али када сам чула да ми је Потер нашао замену, запитала сам се.

Изненадило ме је што немам жељу да све време сређујем башту; одувек сам мислила да бих могла да радим у башти и дању и ноћу. Изненадило ме је и то што ме није заокупило нешто друго — јахање, прављење грнчарије, сликање. Изненадило ме је што се моја дубља перцепција света није претопила у страст.

Колико сам само желела — чезнула — да се занесем. Али, ма које ноте да је та страст свирала, морала сам да закључим да оне нису моје.

Мада, ко каже да човек мора да буде страствен? Занимљив? Пун оних идеја од којих осећа — а други у то верују — да је храбро презрео друштво и остао веран себи?

Габријела је мислила да треба себи да дам више времена.

— Неколико месеци — рекла је. — Шта је неколико месеци? Још успораваш. Још се ослобађаш.

Али, ја нисам веровала да је то питање времена.

Цејни, тринаесто прасе.

Схватила сам да ме занимају ствари у вези са зеном — све оно пражњење. Савршена страст према бестрасном. И, у сваком случају, још сам се бавила јогом у време када би Бејли спавао. Сматрала сам да више не могу да тражим од Лан да га пази док је будан. Али док је спавао, хтела сам да покушам да се искрадем и одем на часове. Јер, да ли је то било питање моде или није, у сваком случају, то је било нештио за шта сам могла да кажем да волим — тај мир. То је био мој ослонац.

ВЕНДИ / Мама је на јоги, а Ланлан је напољу и брине се о кози кад се он појави и прво што се деаси је да га Томи убоде. Ланлан се смеје ставивши шаку преко уста и увукавши главу у рамена, и на тренутак изгледа готово као да ће се и он насмејати. Јер, заиста је смешно како се коза прикрала и убола га у задњицу. Види се колико је изненађен зато што никад не улази у кућу и можда није ни знао да имамо козу све док га, јој, није поткачила, знам како је то, као кад те убоде дршка од метле, само што је оштрије. Ја сам на јабуци, оној са великом дугачком граном која се спушта све до земље, можеш да се попнеш уз њу као да је прилазна рампа за горњи спрат дрвета, ако не изгубиш равнотежу кад згазиш на неки чвор. Тако могу да га гледам како изводи оно што тата зове Она проклета козија игра. Мало као поскочи и устукне, па се врати и пружи руку и извија се и уврће покушавајући да види сопствену задњицу, због чега изгледа као неко из цртаћа, безмало можеш да чујеш како се људи смеју, и да је то тата, фрктао би и махао песницама и смејао се. И вероватно би певао, ово је баш тренутак када би тата запевао нешто као:

> Беше једна коза на тој фарми,
> Вечера је било њено име, ох!
> Т-О-М-И
> Т-О-М-И
> Т-О-М-И
> Вечера је било њено име, ох!

смешним гласом који постаје све смешнији ако се ми не смејемо све док на крају више не можемо да се уздржимо. Али, Шанг не пева, осврће се да види свој тур тако црвеног лица као да му кожа није довољно чврста да задржи крв унутра. Онда схватиш колико је бесан, што значи да је довољно бесан да би дохватио виле којим Ланлан скупља Томијево сено. Ланлан виче Не, не, не и покушава да га одвуче држећи га око струка или да га ухвати за руку и заустави, али се његове рзуке снажно дижу и спуштају, са њеним рукама обавијеним око његових, као да га учи како да користи кинески месарски нож. Онда Томи уопште више и не стоји, него лежи и најпре мекеће и дахће и крвари, а онда само кркља и глава му је смешно окренута и крв му цури на уши. Тада схваташ колико му је задњица кошчата, и како му је реп био подигнут право увис. Зато што сада само лежи на земљи и уопште није подигнут. Али се онда дешава нешто уврнуто. Ланлан покушава да спречи Шанга али изгледа као да га грли, тако бар каже Лизи. Ланлан би требало да мрзи Шанга, али га не мрзи, не мрзи га.

Она мрзи Томија.

Онда Шанг стане и руком обрише чело и врати виле назад у оставу за алат поред гараже док Ланлан цвили и цвили, заклео би се човек да је заиста волела ту козу, просто нам није јасно. Само што мало вири док онако цвили и гледа како Шанг склања виле, и онда све постаје више као нека њена прича. Више као нека од њених чудних прича, само што је сад истовремено прича и живи у њој, нека прича о девојци и кози коју је волела, само жели да Шанг седне и саслуша је и да схвати колико је ужасан, као цар који је убио срце оне девојке. То је као једна од оних њених чудних прича, само што се дешава овде у Америци, а требало је да остане у Кини, шта ће она овде? И шта ће она у њој, и како Шанг може да је разуме? Кад Шанг вероватно никад није чуо ниједну такву причу. Како може да му буде криво кад је он као дете које никада није чуло за пожртвованост? Кад уопште и није Кинез?

Баш је чудно тако нешто у дворишту као што је наше, пуно веверица и јабукових стабала и справа за вежбање. Веверица скаче са једне гарне на другу, јурца, јурца тачно изнад моје главе као да сам ја део дрвета, или ме се можда не плаши зато што може да види да сам се укипила. Кроз руке и ноге ми се шири сок, прекривена сам лишћем, право је чудо колико га је остало, кад се узме у обзир колико га је отпало, ваљда цела тона. И колико је крви чак и у тако малој кози. И сва излази на уши. Зато се углавном скупила на једном месту, скроз око главе, што је добро. Да ли ће на путу да остане флека, или ће да се испере? Преко пута се чује зујање Мичеве косилице за траву, коси последњи пут пре него што трава престане да расте. И још неки шум — веверице на крову амбара гребу ли гребу, стално се нешто саплићу и клизе, Лизи каже да Расел каже да су оне као најнеспретније веверице које је икада видео. И косови, и они праве буку на телефонској жици, само што данас као да ју је небо усисало. То је због оних облака што висе као стари кауч изнутра, ако се завучеш под њега, знаш како се тамо не чује готово ништа. Све се креће, косилица и веверице и птице, као и обично, само Томи лежи на земљи, али чак и са свом оном крвљу ми се чини да ће сигурно устати и почети да трчкара тамо-амо, само што је сада као животиња из музеја, знаш како уопште не трепну чак ни ако мува слети на њих. Не мрда и не мрда и не мрда. И тада схватим да звучни изолатор није небо, него Томи. Баш је уврнуто што то може да уради, невероватна ствар, али Томи упија у себе сву буку, све упија и претвара у крв. Тако остају само речи, чујем их као да говоре у дрвету. *Мртав је.*

— Убио си га! Мртав је! —Ланлан виче и виче и виче и виче. Клечи поред Томија и нагнула се над њега тако да је готово умочила косу у његову крв, али није сасвим, забацила је преко рамена и клекнула тамо где је његова крв неће упрљати колена. Али углавном виче и виче, чак и када устане и некако опкорачи Томијево тело, затворивши врата оставе за алат тако да виле остану унутра. У оставу још може да се уђе кроз врата гараже, која су отворена, али онда мораш да зађеш за угао, и види се да Ланлан о томе размишља.

Зато што је Шанг још бесан.

Он је тип који носи све од ликре. Шљаштећи црни бициклистички шортс са поставом на задњици и исту такву црну мајицу са рајсфершлусом на оковратнику и жутом траком преко рамена, да се покаже да је даса. Због такве одеће изгледа још длакавији него што вероватно јесте, зато што је јако глатка, а он је јако длакав свуда осим по глави. И црвен, лице му је црвено као да има огромну флеку од рођења. Пун је речи које су за Ланлан нове, речи за које ни ја нисам сигурна да их знам, као, шта значи „набијати рогове" и „курва"? Виче тако гласно да не могу да разумем све што каже, стално морам да затварам очи. Кад Ланлан каже, тишим гласом, ни то не могу све да чујем, желим само да одлелујам као лист и да ништа не чујем. Ланлан каже да сада разуме козу, види да није могла а да то не учини, није имала избора, али он јој каже да пусти сада козу, да она није коза и да ради оно што жели. Она каже да јој је жао, да не зна о чему он прича, да је само тражила најбоље решење, зар јој није рекао да треба то да ради? Чувала је отворене могућности, баш као и он, зар и он није радио исто? Остао у браку са својом женом?

— Није то исто — каже Шанг, али кад Ланлан тражи да јој објасни, он не објашњава.

Небо је све теже и теже.

Т-О-М-И.

Ланлан шутне козу. Баш онако као што људи понекад поступају са Елејн, подсмевају се другима да јој се умилили и да се онда она њима не би подсмевала. Само што га први пут није јако шутнула. Само онако за пробу, шутне га у леђа, на место где је сув. Али га онда шутне још једном и још једном, и стегне шаке у песнице, и успе у томе. Шанг се насмеје.

— Мрзела си ту козу — каже. — Ко и не би.

Она поново шутне и израз на њеном лицу ме изненади, не личи ни на један израз који сам икада раније видела. Изгледа као да би и она могла бити један од црвеногардејаца о којима нам је причала, или један од оних типова око аутомобила тамо у Кини, онда када су ме усвојили, Лизи је рекла да су изгледали као да никада неће добити оно што су целог живота желели, него морају на телевизији да гледају како други људи добијају.

— Могућности! — каже одједном Шанг као да га је неко нагло пробудио из сна. — Какав виц.

— Није виц — каже Лан. — Ово је Америка, јел' тако? Земља слободних људи. Чини ми се да бити слободан значи имати различите могућности.

— Видим да ћеш почети да студираш права — каже он.

— Враћам ти сву твоју одећу — каже она.

— Добро — каже Шанг и почиње да јој скида сукњу.

— Склањај руке од мене! — вришти она.

Косилица престаје да ради. Да ли ју је Мич можда чуо? Не, није, носи вокмен и поскакује док врећу пуни травом. А сад се и ветар подигао, па је и лишће почело да опада, као све одједном, и ускоро ће сви моћи да ме виде.

— Хтео сам да се оженим тобом — каже Шанг још је држећи. — Хтео сам да оставим Вики због тебе. Какав виц.

— Као да бих се ја удала за тебе!

— Е, ово је стварно виц — смеје се он. — Имате ли још нешто смешно да ми кажете, госпођице Покажи Ми Шта Је Сексуални Роб? Госпођице Реци Ми Шта Желиш?

Свуче остатак сукње са ње и она остане у гаћицама. Кад се дотера, облачи неко бикини-рубље, али сада на себи има обичне гаћице, као моје, само дроњавије. Толико се снажно отима да згази у Томијеву крв, једном, двапут, три пута, гази и гази док јој сандале не остану све умазане крвљу, као и сукња која јој је спуштена до колена. Нису то оне њене отмене сандале, и није то она њена најбоља сукња, али знам да је ипак љута због тога.

— Престани — моли га она. — Престани.

Почну да падају оне крупне капи кише, свака се распрсне збиља бучно. Томијева крв почиње да тече и Ланлан оставља велике ружичасте трагове стопала свуда унаоколо, чак и по својој сукњи, која јој је још умотана око једног стопала.

— Престани! — повичем тада и ја, гласније од кише. — Остави је на миру.

Скочим са дрвета као веверица и слетим на прилазни пут. И тресем се као веверица, али успева ми! Он престане.

— Шта ти ту радиш — каже он и његов поглед одједном постаје пријатељски, као код оног ујака кога једва познајем, али он зна маму и тату и како сам ја усвојена, и све остало.

— Немој пред Венди — каже Ланлан. А мени каже: — Ово је само игра. Свиђа ми се.

И осмехне ми се оним скроз кривим осмехом.

— Стварно. Не треба да бринеш.

— Само игра — понавља он. — Свиђа јој се. — И онда каже: — Видим да почиње киша.

— Пљушти — кажем ја.

Јер стварно пљушти, ветар одједном дува и киша се спушта све јаче и гласније, и из далека се чује грмљавина и онда киша *шшшш*, стварно почне све да натапа.

— Извини нас — каже Шанг. — Ући ћемо унутра да се склонимо са кише, а и ти би требало да то урадиш, млада дамо. Зашто не отрчиш унутра и обучеш нешто суво пре него што добијеш запаљење плућа.

Затим дохвати Ланлан онако у гаћицама и одвуче је у гаражу. Сукња јој остане напољу.

— Мичел! — повичем ја и потрчим низ прилазни пут. Мичел!

Али се онда сетим вила. Потрчим назад до врата гараже и уђем у оставу за алат, и тамо затекнем Ланлан без икакве одеће осим крви, прслучета и ципела, и Шанга како јој заврће руку иза леђа.

— Имам нову реч за тебе — гопвори јој он. — Та реч је...

— Немој пред Венди — каже Ланлан. — Престани. Престани!

Он тада престане, окрене се и погледа ме, и ја га ударим вилама, и тада се Ланлан отргне и она га такође нападне, и ја замахнем и поново га ударим, из све снаге. Некако је страшно кад удараш другога, никада раније никога нисам ударила. Само се надам да га нисам повредила, нисам ја као Ланлан, која га удара коленима и ногама као да хоће да га убије.

Он се згрчи на поду, ту, на бетонском поду, у оној својој дивној светлуцавој одећи.

Киша пада ли, пада. Учини ми се да чујем Томија, али претпостављам да га не чујем.

Ланлан навлачи рубље на себе, Шанг запомаже. Лице му је као да га је направио компјутерски програм, као да си притиснуо команду *зїужвај*, само што у ствари плаче.

Што значи да је жив.

Лан га не гледа и ништа не говори.

Помислим да би можда требало да му донесемо воде или тако нешто.

Још држим у рукама виле, али оне постају све теже. Дршка је зарђала и гребе ме, и глава неког ексера ми се забила право у шаку.

Томи, чујем. Кунем се да чујем Томија.

Где је Томи?

15
Острво Независности

КАРНЕГИ / Пошто је прво правило међу онима који немају држављанство то да избегавају закон, нисмо поднели тужбу против Шанга, него смо Лан послали у Мејн. Смислили смо да је оставимо неко време да живи на Острву Независности са њеним пријатељем возачем. Да пустимо да се афера са козом смири, као и ко зна какве још невоље приде. Као што се и могло предвидети, Џеб Сју — бивши професор, како се испоставило — решио је да искористи своју прилику. Пошто је имао онако велика уста, дословно је развукао осмех од уха до уха када је у мојој радној соби чуо наш предлог. Богзна колико нам се речито захваљивао на помоћи, на беспрекорном енглеском; између осталог, било ми је драго што видим да је Лан добила изванредног старатеља. Потрудио сам се да му ставим до знања да новембар у Мејну баш и није неко време за медени месец. Да ће тамо вероватно падати снег, и да се за грејање у главној колиби користи пећ на дрва. Али је пећ бар нова, велика и добро ради, рекао сам му. Ако је добро распалиш, гореће целе ноћи.

— Не брините, уверен сам да ћемо се снаћи — рекао је.

— Радо ћемо вам позајмити кола — рекао сам му. — Имамо стари џип који смо хтели да дамо Лизи када добије дозволу. Молим вас, користите га докле год желите.

— Ох, не — рекао је он. — Не можемо Лизи да узмемо кола.

— Недавно смо схватили да ни у ком случају не желимо да она има своја кола. Ово је савршен изговор да јој их не дамо.

— Веома сте великодушни — рекао је он тада. Хвала.

— Има вучу на сва четири точка — рекао сам ја. — А то ће вам бити потребно.

— Хвала вам — поновио је он.

Као снажан човек, савршено се уклопио у своју столицу. Наслони за руке као да су били прављени по мери његових руку; његова стопала досезала су тачно до тепиха.

— Можда је тамо живот тежак — наставио је — али дуг је пут од Хеилонђианга. Игром случаја, знате, и мене су у оно време послали у село на северу. Лан и мени то искуство је заједничко.

— Нисам то знао — рекао сам.

— Помињем то — рекао је — зато да бих вам рекао да имам одговарајуће искуство за овакве изазове. Не треба да бринете. Добро ћу се бринути о њој.

Као да жели да нагласи да је квалификован за ову нову улогу, носио је црвену вунену кошуљу какву носе дрвосече, коју је изгледа обукао право из кутије. Линије по којима је била пресавијена делиле су његов труп на правоугаонике.

— Сјајно — рекао сам. — Веома ми је драго.

— Она је вредна тог труда — рекао је он. Са одушевљењем је подигао руке са наслона. — Изванредна девојка.

Блонди и ја смо се сложили.

— Молим вас, реците нам ако вам било шта треба — додала је она нагињући се напред у својој столици.

— Тако ми је драго због вас — рекао сам. — И због Лан.

А тако је и било.

Лан је, међутим, када сам је посетио у њеном апартману, деловала је нервозно.

— Хладно је, али се не може ни поредити са Хеилонђиангом — рекао сам.

Она се паковала.

— Он те воли, знаш. Блонди и ја смо тако срећни због тебе.

Она се паковала.

— Зар ти њега не волиш?

— Ако желиш да га волим, волећу га — рекла је она коначно.

Прозори су се затресли.

— Зар те ово не чини срећном? Видео сам да се смејеш са њим.

— Ако желиш да будем срећна, бићу срећна.

— Изгледа ми као фин човек. Лепо говори. Образован је.

— Писао је пропаганду за кинеску владу — рекла је.

— Писао је пропаганду?

Она је смекшала.

— Не зато што је хтео, морао је.

— А ми морамо да урадимо ово — рекао сам ја. — Зар ти није јасно? Ко зна шта би Шанг могао да уради ако останеш. Опасан је то човек.

Она се паковала.

— Желиш ли да идеш?

— Ако желите да идем, ићи ћу.

— Молим те, престани с тим — рекао сам ја.

Ма каква била њена осећања према Шангу, сада је паковала лепе џемпере, кожне панталоне. Отмене ципеле, у разним бојама, са високим потпетицама и шиљатим врховима. Права ствар за Мејн. Умотавала их је у папирне убрусе и пажљиво их слагала, са налакираним малим прстима подигнутим, како ми се чинило, више него икад.

— Ако желиш да престанем, престаћу.

ЛАН / *Чак и сада понекад помислим да сам могла све то да средим.*

Нико није умео са Шангом као ја. Тачно је, изгубио је контролу. Али, како је само касније умео да буде нежан! После кише, сунце.

Осим тога, већ смо имали једног инвеститора и два састанка заказана за следећу недељу.

БЛОНДИ / Како Габријели да кажем за Томија? Донела сам јој пилећу супу, али она није хтела, није могла да једе.

— Ти и Лан — уздахнула сам — потпуно сте ме исцрпле.

— Таква ти је судбина — рекла је Габријела. — Да покушаваш да натераш људе да једу.

— Вала, јесте. Како ми се то десило?

— Сама си пристала — рекла је Габријела коначно пробајући кашику супе. — Ето тако.

ВЕНДИ / Једна ствар у вези с тим што је Ланлан коначно отишла је то што мама може да тражи нову беби-ситерку. Качи огласе по улици, објављује огласе у новинама, и тако телефон звони ли звони, али она каже да јој није много тешко да бира пошто половина уопште не говори енглески, а она свакако хоће некога ко говори енглески, због Бејлија. И још је добила неки формулар од пријатељице, само чита питања и штриклира. Да ли возе? Пуше? Пију? Имају искуства? Да ли су имали саобраћајну несрећу? Шта би урадили кад би дете о којем се брину почело да се гуши? Не жури се, него каже, ако се нико не појави, нико се није појавио. После оног последњег искуства жели праву особу.

Онда треба размишљати о стварима као што су да пронађе терапеута за мене, каже да стварно жели да одем код некога због свега кроз шта сам прошла.

— Тако сам поносна на тебе — каже. — Али то је тако грозно. И кад само помислим да уопште ниси плакала. Мислим да би требало да плачеш.

— У реду — кажем ја.

Она ме загрли.

— Овде смо провели цело време док си била беба и трудили се да те натерамо да прстанеш да плачеш, а сад морамо да те натерамо да почнеш да плачеш.

Смејемо се. Али, онда јој кажем да је истина, имам ружне снове о Шангу и Томију и Ланлан, грозне, грозне снове у којима се Шанг враћа и напада ме вилама, или ме ухвати онако као што је ухватио Ланлан.

— Био је страшан — кажем.

— Него шта је — каже мама. Мораш да се клониш људи као што је он. Онда ме поново загрли и каже: — Кад бих могла, исисала бих то из твоје главе, *ишшшш!*

И када то каже, ја се мало расплачем, зато што нема таквог усисивача, пожелим да се нађе такав усисивач.

— Волим да те овако загрлим, знаш — каже она. И још: — Мисли на Лајонела. Кад ти падне на памет тај Шанг, ти помисли на Лајонела.

И ја онда покушам и закључим да ми прилично успева. То је једно.

А ту је и Раселов бенд, ухватили су их кад су провалили у школу да нешто позајме, чини ми се, можда појачало, и хтели су да га врате, али су ипак награбусили, и сад мама хоће да Лизи и Расел раскину. Више га не зове Страшно Страшило, сада га зове г. Погрешни.

— Ако си ишта научила од Лан — каже она Лизи — онда би то требало да буде да је г. Погрешни г. Погрешни. Срце може да те одведе право у пропаст.

ЛИЗИ / Али, мене није занимало да учим од Ланлан. Пре свега, Ланлан није слушала своје срце, а друго, Расел уопште није неко ко би провалио у школу.

— Није он као његови пријатељи — рекла сам. — Он је свој човек. Требало би да чујеш шта пише, тај звук је његов лични. Нема никакве везе ни са његовим пријатељима, ни са било ким другим. Ни са његовим родитељима, који уопште и не умеју да певају.

— Ма немој — каже мама.

— Није он као ти — рекла сам ја. — Читаш све што твоји пријатељи читају и трчиш зато што твоји пријатељи трче и идеш на јогу зато што цео свет иде на јогу. Расел каже да је баштованство најраширенији хоби у Америци, ти само знаш да будеш следбеник.

ВЕНДИ / Расел хоће да Лизи живи с њим, то је новина. Мама и тата су рекли не долази у обзир, али Лизи жели да проба.

— Не бих ја као престала да идем у школу — каже. — Не бих одустала од колеца.

— Значи, планираш да идеш на колец — каже тата.

ЛИЗИ / А у ствари мисли, Мора да се шалиш — рекла сам ја.

— Теби је шеснаест година — каже тата. — Један-шест.

— Можда је теби шеснаест мало, али сам довољно стара да добијем посао — рекла сам ја. — Довољно сам стара да могу да возим. Довољно сам стара за много што-шта.

— Реци ми, молим те — каже тата.

Хтео је да зове Раселове родитеље, али није могао да се сети како се зове Раселова маћеха. Рекао је да може да се сети само имена жене број један, која је пријатељица наших суседа, и жене број три, коју је познавао с неке друге стране. Жене број четири није могао да се сети ни да га убију.

— Питање је, ако бих Раселовом тати поставио то питање усред ноћи, да ли би и он знао?

— Тата — рекла сам ја — не можеш да управљаш мојим животом као што си урадио са Ланлан. Да те обавестим, не можеш ти да одлучујеш ко ће са ким да живи.

— Нисам ништа урадио са Ланлан.

ВЕНДИ / Ланлан и ујка Сју су се готово одмах венчали, али им нико није ишао на свадбу зато што нам уопште нису ни јавили унапред. А осим тога, то и није била права свадбе, само су отишли код матичара, није било ни венчанице, ни торте, нити било чега, само су хтели да реше проблем са визом зато што је Ланлан имала ону студентску визу и требало је да иде на часове, а сад више није ишла на часове. Лизи каже да је можда трудна, али ја јој кажем да се сети како је мислила да је превише стара?

— И даље има менструацију — каже Лизи.

— Па ипак — кажем ја.

И наравно, уместо да добију бебу, они отворе радњу у којој продају кинеску храну.

— Сећаш се све оне хране коју је кувала за нас? — каже мама. — Сад кува за друге. Каже да је тако срећна што је научила какав укус имају Американци.

У радњи не може да се седне, премалена је и могу само да праве храну коју купиш и однесеш. Али, добро им иде, каже тата, још једна прича о успеху досељеника. Каже како они стално раде, тежак је то посао, много тежи од домаћих задатака, на које не треба да се жалимо, докле год мислимо да је домаћи задатак тежак посао, нећемо успети у животу. То каже онако задовољан собом, као да је коначно нашао нешто на овом свету за шта може да се заложи. Као, на послу му грозно иде, али бар та једна ствар иде сјајно.

ЛИЗИ / Као да има где да стигне.
Све о чему одрасли брину су куће и кола и како ће децу да пошаљу на колец. Као да уопште желимо да се упишемо.

ВЕНДИ / Тата каже да Ланлан треба свима да нам послужи за пример, али Лизи каже да је Ланлан сада у ствари иста као мама и тата, зар ти не дође да се убијеш због тога?
— Као, била је у вези са Шангом и са ујка Сјуом, и замишљала да ће један од њих двојице морати да се ожени њоме.
— Није то зато, него је била заљубљена у ујка Сјуа! Сама си тако рекла — кажем ја.
Али, Лизи сада каже да је Ланлан само користила мозак.
— Ујка Сју није био ожењен — каже. — Шанг јесте. Али, Шанг је имао сјајан план да направи паре у Кини. Сећаш се како је хтео да она буде саоснивач његове компаније? Ујка Сју је за њу значио да ће добити зелену карту и посао ко зна где. У Мекдоналдсу.
Лизи то говори док прави оне ситне плетенице у коси, као, по целој глави.

ЛИЗИ / Таква је била Ланлан. Као, кад сам је питала да ли треба да живим са Раселом, она ми је рекла да треба да размислим колико пара ће музичар зарађивати. И како ћу да га натерам да се ожени са мном. И да ли би се ико други оженио мноме ако бих живела с њим. Покушала сам да јој објасним да то што живиш са неким не значи да си, као, упропашћена. Нећу баш да заглавим у некој шупи или подруму.

— Још си млада — рекла ми је Ланлан. — Немој јефтино да се продајеш.

ВЕНДИ / У сваком случају, и даље мислим да је она сјајна. Као на пример, рекла ми је да не треба толико да бринем због Елејн, без обзира колико јако сунце сија, на крају ипак зађе. И била је у праву. Као, испостави се да ће Елејнин отац да иде у затвор због махинација на берзи, а тата каже да је то фин начин да се каже, због преваре, сви у њеној кући су у толикој депресији да кажу да чак неће ни ићи на скијање за Дан захвалности. И сад, ко год види Елејн, само стави прсте испред лица као затворске решетке, и она побегне плачући. Написала је рад за разредни часопис под насловом „Деца умеју да буду злобна", због чега су јој се сви само још више смејали. Онда је написала „Ниси ти било шта, ти си ти", и „Људи просто воле да некога муче". Жао ми је ње, али Лизи каже да треба да научим да кажем људима да иду до ђавола.

— Мислиш да би Елејн било жао тебе ако би ти написала рад и кад би ти се због тога сви смејали? — каже.

И тера ме да вежбам да говорим: — Иди дођавола! — каже.

— Иди дођавола! Иди дођавола! Иди дођавола! — кажем ја.

Једног дана сам чак то рекла Елејн у лице: — Иди дођавола! — кажем ја.

Али кад сам видела како је побегла, било ми је жао, не могу ја ту ништа, и терапеут каже да је то у реду.

Она се зове Мери Кеј, и држи игуану у ординацији.

ЛАН / *Излог наше радње био је најмањи у Главној улици. Радњица је била као тунел. Али, понекад би се направио ред све до улице, чак и по снегу. Људи су долазили из суседног места, чак и из суседне области. И, чик погоди које нам је било најпопуларније јело?Ваљушке! Исте оне ваљушке које сам некада правила за породицу.*

Ред испред радње био је бољи од било какве рекламе, у ствари, помакли смо касу ближе вратима да би ред био дужи. Тога сам се ја сетила, а сетила сам се и да направимо прозор кроз који се може видети кухиња, тако да људим могу да гледају како се кува, и делили смо бесплатне ваљушке за првих десет муштерија сваког дана. Наравно, нисмо рекли зашто смо померили касу. Рекли смо да нам је потребно више простора позади, за кухињу, зато што је продаја порасла. А и то је била истина.

Људи су већ почели да причају о нама. Објављен је и чланак у новинама. Пошто су многи покушавали да покрену неки посао на Главној улици, и многи су пропали. Кад прођеш улицом, видиш само полупразне радње са превише полица.

У чему је наша тајна, питао је репортер.

ЛИЗИ / Наравно да је одговор, у раду. Одговор на такво питање увек је — рад.

БЛОНДИ / Окренули смо се средишту наших живота. Бејли је кренуо у обданиште. Лизи је отишла да живи с Раселом, а онда се — хвала Богу — вратила кући када је схватила да јој прислушкује телефонске разговоре.

— Нисам смела да излазим без његове дозволе — рекла је. — То је друга ствар. Кунем се, био је гори од вас.

У међувремену, Венди је стекла нову другарицу, Мију, која је била паметна, и слатка, и добра у шаху.

КАРНЕГИ / Одједном је све троје деце имало нов превоз. Лизи је, на несрећу, добила возачку дозволу; колико смо само бринули и бринули, али не више, како је рекла Блонди, него што смо бринули око Раселове вожње. Лизи, на наше изненађење, бар ништа није рекла поводом ципа.

На срећу, Венди је тражила Лизине ролере и научила неке трикове. А Бејли се толико заљубио у лопту за скакање да је престао да хода и само је скакао као кенгур.

Због тога је сазван састанак у обданишту.

БЛОНДИ / Карнеги је добио нови посао као шеф техничког одељења у непрофитној образовној организацији која се бави пружањем подршке наставницима у руралним областима. Није то био баш неки врхунски посао, и ко би могао преболети начин на који су се према њему понели у СОД? *У овој породици се не помиње СОД*. Али, допали су му се људи на новом послу, допадали су му се њихови циљеви, и схватио је да тамо често може да узима слободне дане. Чак понекад и целу недељу.

КАРНЕГИ / Почео сам да се бавим једрењем. Размишљајући, док сам пловио тамо-амо под сунцем, колико је то здраво. Колико уравнотежено. Колико разумно.

Али, да ли сам то био ја?

БЛОНДИ / Целе јесени и зиме и пролећа кућа као да је била испуњена нашим сопственом музиком. У овој породици не једе се нездрава храна. Наравно да можемо да купимо нову штоперицу за шах. Нов начин одбране против Гринфелдовог отварања, сјајно. Нема лизања маме и тате у овој породици. У овој породици се не везујемо појасом. У овој породици, викендом је повечерје у једанаест сати. У овој породици, *лилихип се не рачуна као вечера*.

Престали смо да тражимо ситерку, пошто нам је била потребна само понекад суботом увече. И ја сам била мање депресивна и имала мање слободног времена — у ствари, била сам срећна — схватајући, претпостављам, да морам стално да будем заузета нечим. Није то било неко дубоко откриће каквом сам се надала. Али, ипак је било неко откриће.

У међувремену сам правила експерименте у кухињи. Једна недеља је била недеља упаковане хране — риба у пергамент-папиру, пилетина у фолији, говедина *en croute*. Следећа је била недеља чатнија, па онда недеља забавних чорби — чорба од кртола, ружичаста чорба, шарена чорба.

И славска чорба — када је Лизи поново почела да се виђа са својим бившим дечком Дереком.

ВЕНДИ / Дерек Нормални.

КАРНЕГИ / Како је само Бејли тада био слатко опседнут возовима, баш као Лизи док је била мала. Сваки дан је било само *ћи-ћи-фу, ћи-ћи-фу*! Па онда, *судаар*! Увек је било много сударања. Па онда, *Сиаси-воз*! Што је значило да му је потребан неко ко ће поново да сложи возове. И наравно, спасивоз је увек био ту кад год би пожелео.

Откуда толики смисао за хумор? Рекао би за себе да је Сок, и онда се смејао; своје медведиће је звао Путер. А када је једнога дана затекао Блонди како спава, шта је рекао? *Грок, грок, мама! Грок, грок!*

Није то значило ништа одређено, све те ствари. А ипак, због њих се човек осећао као да се насукао на спрудове какве не би пропустио ни за шта на свету. Као да гледа у реку.

БЛОНДИ / Тада се појавио први знак невоље.

ВЕНДИ / — Шалиш се — каже мама. — Шалиш се.

Изгледа као да ју је нешто прегазило преко лица, сва се спљоштила, и глас јој је чудан, брз и некако испрекидан. Пискав, а онда тих. Тих као нека велика кутија у којој знаш да има нечега.

БЛОНДИ / Посао са готовом храном је био прави погодак. Али, када је дошло време да пређу у већи простор, сазнали су да у граду постоји само један кућевласник. А тај кућевласник је одредио неку цену не само за нови простор, него и за стари простор. Завлачио их је и расправљао се — познавала сам тог човека, наплаћивао је осигурање против пожара сваке друге године. Тако су се на крају преселили у нови простор — нису имали избора. Али је то било заиста прескупо за њих.

КАРНЕГИ / Зар се људи ипак нису и даље клели у њихове ваљушке? Које су они правили у четири веома укусне варијанте, укључујући и свеамеричку. (Нисмо се усудили да питамо шта то значи; на њих се стављао, рекли су нам, нарочит сос.)

А што се тиче притужби на кућевласника, шта је ту ново? Кућевласник је био похлепно ђубре, то су сви знали. У ствари, причало се да је због њега град у депресији, да он уништава сваки посао који крене да цвета. Сам градоначелник, велики човек, охрабривао је Лан и Цеба да остану.

ЛАН / *Градоначелник је ручао с нама и рекао нам да не жели да будемо принуђени да одемо у други град. Рекао је да то што кућевласник ради није у реду, и да радња као што је наша доводи много људи у наше место. Делује подстицајно на економију. А то је добро за све.*

И тако смо му обећали да ћемо остати. Руковали смо се са градоначелником и сликали се с њим. Рекли смо му да ћемо, за добробит места, остати.

КАРНЕГИ / Како би снизили цену рада, раднике су заменили кинеским досељеницима попут себе — понеким легалним, понеким не — које су нашли преко билтена кинеске заједнице на Интернету. А ту промену су објашњавали овако:

Породични пријатељи, имамо обавезу према њима — говорили су.

Веома нам је жао, али разумећете нас.

Г. Сју има неке пријатеље.

Већином су га звали г. Сју. На пример, радници, бар док их нису отпустили. После су га звали „онај шупак Сју".

Ти Кинези се држе заједно, једино верују својим пријатељима.

Џеб је покушао да им стави до знања да је реч и о способностима, да нови радници имају више искуства са кувањем праве кинеске хране. (Наравно, ту би се распричао преко својих свеамеричких ваљушака.) Недуго потом, међутим, испоставило се да нови радници уопште нису њихови пријатељи, како су их представљали.

Тај свет само лаже! Кад ти кажем.

Лан је на крају отворено признала да су нови радници напросто јефтинији, али то ништа није помогло.

Оном свету не плаћају ништа.

ЛАН / На крају смо отпустили досељенике и уместо њих узели локалне раднике, по много вишим ценама. Али, чак и тако су радници сматрали да их премало плаћамо.

Шта, дођавола, да радимо? У сваком тренутку могу да нас замене досељеницима?

БЛОНДИ / Покушали смо да кажемо Лан и Џебу да не обраћају пажњу на то шта људи причају. Све је то само завист и љубомора, рекли смо.

КАРНЕГИ / — Болест црвених очију — рекли смо. — На крају ће све испасти добро. Имате подршку градоначелника.

А зар градоначелник није био сјајан тип? О'Рајли, тако се звао, Ирац, знао је он како то иде. Колико је прошло откако је бити Ирац значило стално се борити са неким око нечега?

— Људи те нападају с лева и здесна — рекао је.

ЛАН / *Shu da zhao feng* — *највише дрво сваки ветар шиба.*

БЛОНДИ / Проблем с међуљудским односима постао је већи када су радници почели у једне порције да стављају више, а у друге мање. У теорији, користили су кутлаче, и свака порција је била иста. Али, у пракси је било разлике. Људи су почели да пореде своје пакете, и локални црнци — све шесторо — тврдили су да им стално закидају.

Онда су почели да се жале што се уље кикирикија користи за све. Троје деце у граду било је алергично на кикирики; њихови родитељи би пре него што наруче редовно питали да ли у том и том јелу има уља од кикирикија. И Лан је увек пазила да пита куваре. Али, кувари можда нису увек били сасвим искрени у својим одговорима — или можда и јесу. У сваком случају, једно дете је отишло у болницу и мајка је окривила радњу да можда није била фер.

У сваком случају, пронео се глас да Ланина Кинеска храна умало није убила једно дете.

ЛАН / *Пронео се још један глас — да смо у интервјуу који смо дали новинама рекли да разлог нашег успеха није то што много радимо, него што радимо више од свих других. Сад су нас у бару преко пута питали, Шта је било, зар не радите? На шта би њихови пријатељи одговарали, Не, господине, не радим. Мислим, не радим толико као неки, зато сам у овој истој одећи коју носим већ десет година.*

Наравно, Цибао и ја никада нисмо седели у бару, пошто смо имали превише посла. И то је био повод за шалу. Наш главни кувар нам је испричао шта људи говоре.

Шта ти овде радиш, пропалице? Опет џабалебариш.
Кад би више радио, не би живео у приколици.
Кад би више радио, не би се овде смуцао.
Тако како ти радиш, ускоро ће да те позову у Мексико.
Наравно, Цибао је мислио да је то истина, да су неки мештани заиста лени. San tian diao yu, liang tian shai wang, говорио је — Рибари три дана, а два дана ти треба да осушиш мреже. Онако како они раде, говорио је, могли су да постану чиновници у кинеској влади.

КАРНЕГИ / А онда је дошла на ред кућа.

16

Плажа звана Сју

КАРНЕГИ / Последње враћање уназад, у време непосредно после Бејлијевог рођења.

Подсећање: Отишао сам до куће сам, узео слободан дан, да проверим какав нам то уљез стално укључује аларм.

Она дуга, дуга вожња.

Оне дрске, безобразне лењштине на плажи.

Онда сам упалио светла у колиби, и тако открио гомиле празних конзерви, прљавих тањира, буђавих шоља. Кукуруза за кокице. Неко је, изгледа, очекивао да ће затећи микроталасну пећницу, и није схватио да су Бејлијеви неизумрла врста бораца против нових технологија који су своје кокице правили над логорском ватром, у шерпама са дугачким дршкама. Нашао сам и пелене, и марамице. Играчке.

Нека жена се улогорила у згради библиотеке одмах поред; била је то најсвежија од свих зграда током лета, захваљујући брезама. Никада се нисам срео ни са ким ко је био тако величанствено неуредан. Жена као од брега одваљена, с косом као нерашчешљана вуна, није устала када сам ушао, него је само отворила очи и погледала ме као да хоће да ми стави до знања колико сам непристојан. Као да сам ушао на спиритистичку сеансу. Љутито је спустила углове усана; тако је недвосмислено поново затворила очи да оне као да су се повукле назад под њене накострешене обрве. Пегаве груди су јој се подигле и спустиле.

— Добар дан? — рекао сам. — Добар дан?

Она није одговорила. Одговор је, зачудо, дошао од бебе која је изронила из прња у које је била умотана њена мајка, као у школској представи о шумским људима.

Нисам баш био непогрешив кад је требало проценити године неког детета, али сам нагађао да би беба (када сам је боље погледао) могла имати око годину и по дана. На себи је имала жуту мајицу са распараним порубима и тешку пелену. По коси и обрвама личила је на мајку, али уопште није била као од брега одваљена. Напротив, копрцала се и баульала, превртала и падала, стално.

— Здраво — рекао сам.

Она се сакрила у мамину сукњу.

Вероватно је обе требало сместа да избацим из куће у коју су провалиле. Међутим, ја сам непромишљено позвао жену на вечеру у главној кући. Било је време вечере, а како би оне нешто скувале кад сам ја у кухињи? Зато сам их позвао.

— Хвала — рекла је жена, устајући.

Њене очи — узнемирујуће бистро плаве, сада кад се пробудила — као да су ме одмеравале тражећи неку задњу намеру. И сама је била као дете по томе што је без устезања пиљила и пиљила и пиљила до миле воље.

— Радо ћемо вечерати са вама — закључила је.

Величанствено, задивљујуће, устала је.

— Мислили сте, одмах? — упитала је када је устала. — Или сте мислили касније?

Направила је један корак; као да гледаш како са позорнице одвлаче египатски храм. Покрети су јој били гипкији него што сам очекивао; стопала невероватно мала. И дете је деловало некако несразмерно поред ње, као минијатурно дете.

— Одмах — одвратио сам, присећајући се садржаја ручног хладњака који сам донео.

— У реду, онда — рекла је она.

И тако смо нас троје кренули у велику кућу.

Била је то, што је Блонди могла да ми каже, г. Бакова праунука. Звала се Сју. Ћерка јој се звала Ешли.

— А ко сте ви? — упитала је.

Објашњавао сам јој док сам рашчишћавао велики сто и износио храну.

— Сећам се ваше свадбе — рекла је Сју. — Имали сте девојчицу.

— Тачно — рекао сам ја. — Попут ваше.

— Ово је моја девојчица — рекла је она тада. — Немојте да вам нешто пада на памет.

— Ох, не — рекао сам ја стављајући сармице од винове лозе. — Наравно да је ваша.

Ешли је седела у мајчином крилу. Преко стола сам сада могао боље да видим колико су јој израсли и испуцали били ноктићи и колико јој је коса била замршена. И њене очи — прелепе плаве очи, попут мајчиних — биле су крмељиве, усне и образи испуцали. Руке и врат и лице су били прекривени уједима инсеката и вашки; тако се чешала да ме је кожа сврбела од сажаљења.

Јели смо. Брзина којом је Сју јела није била ненормална, ненормално је било само то што је јела, и јела, и јела. Ешли је била мање уздржана; трпала је храну у уста, жвакала и жвакала.

Колико смо само пута мотрали да терамо девојчице да једу! Да им певамо док једу, да им читамо. Да им сецкамо сендвич у облику птичица и срца, да хладимо превише врелу храну.

А Ешли, напротив. И како су само чудно изгледале та жена и дете, једући обе истовремено, једна преко друге, поређане на два нивоа.

Услужно сам изнео сву храну коју сам понео. Храну из хладњака — рибу, ракове, пилетину. Салату од сочива, салату од орзо-пиринча, салату од тофуа. Пад таи. Шаргарепе. Кељ. Нисам хтео да понесем толико хране; али, шта ако се укаже потреба да проведем неколико дана како бих средио ствари? То ме је питала Блонди. У месту је постојала нека прчварница, али је била нездрава за срце. Зато: чорба од брокола. Парадајз-чорба. Чорба од шаргарепе. Салса. Јогурт. И кесице и крофне из бакалнице. Крекери. Хлеб. Вегетеријански чипс. Тортиља-чипс. Колачи од пиринча. Ораси. Воће. Мада сам понео и пиво, оставио сам га у торби.

Иза прозора, језеро се пресијавало и пресијавало, оличење невиности. Површина би се повремено намрешкала, а затим смирила. Везан за мол — какво изненађење — благо се љуљушкао чамац на педале. Зачудо, са њега су биле скинуте ручке.

Сју и ја смо разговарали. О времену, о моторним чамцима, о лучком капетану, о месту. Али и о кући, за коју је Сју сматрала да припада њој.

— Немој да ти свашта пада на памет — рекла је.

Уверавао сам је да неће.

— Моја породица је била власник овог острва много пре Бејлијевих — рекла ми је. — Моја породица је била власник овог острва пре него што је оно постало школа. Мој прадеда је саградио ове колибе. Острво смо дали школи. Не Бејлијевима, него школи.

— Школа га је продала Бејлијевима — рекао сам ја. Или чак не ни Бејлијевима, јел' тако? Него баби и деди моје жене, који су га оставили њеној мајци, која се удала за Бејлија.

— А сад ти живиш овде.

— Само сам дошао у посету — рекао сам ја.

— Можеш да долазиш у посете — рекла је — докле год не почне свашта да ти пада на памет.

Додао сам јој вегетаријански чипс.

Преко пута, сунце на заласку је секло брда на два дела — горња половина блистала је на сунцу, а дно било у мрачној сенци.

— Узећемо га назад — рекла је.

— Баш занимљиво — рекао сам ја.

Она је намрштила своје космате обрве.

— И не пада ми свашта на памет— рекао сам..

— Немој да си дрзак — рекла је она.

Ешли се коначно најела и искобељала се из мајчиног крила. Нагнувши се преко ивице стола, дохватила је крофну и погледала ме кроз рупицу. Ја сам јој махнуо, онда и ја узео крофну и намигнуо јој кроз њу. Она се осмехнула и бацила свој монокл на под, па сам на то и ја свој бацио на под, као мајмуни из *Капа на продају* — књиге за коју сма се надао да ће јој једнога дана неко прочитати. Она се закикотала.

— Теби стварно свашта пада на памет — рекла је Сју.

— А чак уопште и нисам Бејли — рекао сам ја.

— То се види — рекла је она. — То је тако очигледно.

— Не знам да ли је очигледно — рекао сам ја. — Могао бих да будем Бејли. Мислим, неко ко изгледа као ја могао би да буде Бејли.

— Е, стварно ти свашта пада на памет — рекла је она.

Сунце је почело да залази; језеро је постало наранџасто--ружичасто. Тражећи свеће, упитао сам Сју откада живи у библиотеци.

— Одувек — рекла је она упирући прстом у фиоку са шибицама.

А колико намерава да остане?

— Заувек — одговорила је. — Ово је наш дом.

— Не желим да будем дрзак — рекао сам ја — али ми се чини да Бејлијеви сматрају да је то њихов дом.

— Могу они да мисле шта год хоће — рекла је она.

— Наравно — рекао сам ја.

То је изгледа била најприхватљивија ствар коју сам до тада рекао.

— Ово баш није најбоље место за дете — рекао сам палећи свећу. — Где живиш кад не живиш у библиотеци?

— Негде другде — рекла је она. — Не буди глуп.

— Наравно — рекао сам ја.

Покушао сам да установим да ли има неки посао, или здравствено осигурање, или партнера. Ништа од свега тога.

— Има ли Ешли свог лекара? — упитао сам.

— Све би било у реду — рекла је Сју изненада — кад бисмо могли да останемо овде.

— Наравно — рекао сам ја.

— Могу ли да запалим?

— Наравно — поновио сам, мада су Бејлијеви мрзели дим и нису дозвољавали да се пуши у кући.

Сју је извадила паклицу марлбора. Ешли и ја смо јели јабуке и гласно жвакали једно на друго.

— Да се договоримо — рекао сам. — Можеш да радиш као кућепазитеља ако одведеш дете у клинику у граду. Ја ћу све да средим.

— Онда можемо да останемо овде — рекла је.

— И ти треба да одеш код лекара — рекао сам. — Има ли овде социјалних радника?

— Не буди смешан — рекла је она.

Ешли се склупчала на њеном крилу, поспана; ја сам извадио неку чинијицу уместо пепељаре, донекле се прибојавајући да ће Сју испустити зажарени пепео детету на лице. Понудио сам Ешли и њој и кревете у главној колиби, али је она рекла да ја слободно могу да их користим.

— И ја сам управо добио бебу — рекао сам јој када је полазила. — То јест, моја жена је управо родила бебу. Зове се Елисон Бејли Вонг.

— Наравно — рекла је она.

— Тако је леп — рекао сам. — Само да видиш како је леп.

Она је бацила опушак на земљу испред врата кад је пошла. Земља је на том месту увек била влажна, што је она можда и знала; у том углу се скупљала вода која је падала низ цреп. Ипак, када је замакла за угао, згазио сам опушак да га угасим.

БЛОНДИ / Карнеги је стварно звао социјалног радника, и локалну клинику, и полицију, када се вратио. Али су тада Сју и њено дете већ били отишли.

Карнеги је почео поново да укључује аларм.

Више нико није проваљивао.

КАРНЕГИ / Сада је већ скоро било лето. Пошто су преживели искушења беле зиме, и искушења мрке каљаве јесени, Лан и Цеб су сада преживљавали искушења мува и Сју; јер, Сју се вратила. Како су нам испричали, стајала је чвршће на земљи него у време мог надреалног упознавања са њом. Ошишала је косу, носила чисту одећу, деловала сасвим прибрано. Ипак, више су се прибојавали ње него породице медведа која је редовно успевала да се избори и са њиховим најдомишљатијим спремиштима за отпатке.

— Медведи нису луди — рекли су. — А Сју је луда.

ЛАН / *Једног дана, док смо спавали, Сју је ушла у кућу. Тако смо сазнали да таква особа уопште постоји. Тако смо схватили да живи у библиотеци, одмах поред нас. Jian guai bu guai, рекао ми је Џибао — Не бој се странца. Ипак сам се уплашила.*

КАРНЕГИ / Рекли смо Лан и Џебу да је не избацују. Рекли смо им да је Сју безопасна, да има ћерку. Да би могли да покушају да успоставе неку везу са Сју, да бисмо и њој и Ешли могли некако да помогнемо. Лан је рекла у реду, али је неколико дана касније поново звала и рекла да нема ћерке.

— Ћерка би могла да се врати — рекли смо јој. — Припази на то. Сју је безопасна.

ЛАН / *После тога смо закључавали врата, али би она понекад долазила и стајала испод прозора. Наравно да смо спавали поред затворених прозора. Ипак смо могли да је чујемо како каже, Ово је мој дом. Ово је мој дом. Навлачили смо завесе, али смо и даље видели њену прилику. А кроз оне старе прозоре смо могли и да је чујемо. Дошао је неки човек, говорила је. Дошао је неки човек и донео јој божанску храну, и рекао јој да се брине о острву. Ти си кућепазитељка, рекао јој је. Теби је препуштена брига о свим зградама и свим биљкама, докле год ходаш овом земљом. Или је бар тако тврдила. Понекад би тврдила и Моја породица је била власник овог острва. Моја породица је била власник овог острва пре него што је постојала школа. Моја породица је саградила куће на овој земљи.*

Моја породица је острво дала школи. Нико није ни помислио да ће га школа продати. И то породици која уопште и не долази! Која га је дала странцима! Како им је то само пало на памет? Рекла је да јој се прадеда јавио у сну. Провери уговор, рекао јој је. У уговору пише да острво дајемо школи, да то буде место где ће деца да уче. Ако више није школа, узећемо га назад.

Сад је под нашим прозором певала.

— Узећемо га назад — говорила је. — Провери уговор. Узећемо га назад.

— Какав уговор? — питао ју је Цибао једне вечери. Склонио је завесу и разговарао са њом. Она га је само погледала и рекла: — Ти чак и ниси Бејли.

— Бејлијеви су нас овамо послали — рекао је Цибао. — Ово је њихова кућа и ми смо њихови гости. Намеравамо да једнога дана купимо ову кућу од њих.

— Баш теби свашта пада на памет — рекла је она.

КАРНЕГИ / То је за мене била новина. Цеб и Лан су размишљали да купе кућу? Али, када сам питао Блонди, рекла ми је да им је заиста рекла да је то могуће. Да ће разговарати са оцем, тачно. Пошто не бисмо могли тек тако да је продамо, иако је наша.

— Наравно да не бисмо могли — рекао сам ја.

ЛАН / После неког времена више се нисмо толико плашили. Било нам је жао Сју, нарочито откако смо открили да јој је влада узела дете. Али, зашто се није потрудила да уради нешто за себе? Као Цибао и ја. — Зар никад ниси чула да човек сам себи мора да помогне? — упитао ју је Цибао. Рекли смо јој, ако буде вредно радила, моћи ће да узме натраг своје дете. Ако буде вредно радила, она и њено дете би могли да имају своју кућу, и храну, и нову одећу. Цибао је рекао да је она душевно болесна, али ја сам мислила да је лења. Рекла сам јој како смо Цибао и ја припремили кућу за зиму својим рукама.

Објаснила сам јој како нам је топло откако смо ставили изолацију. Рекли смо јој, кад год јој је увече хладно, слободно може да дође код нас. Јер чак и у рано лето ноћу још може да буде прилично хладно. Некад бисмо ујутро видели да је пират прекрила слана.

Али је Сју одбила нашу понуду, баш као што је касније одбила и посао у кухињи.

— Не будите смешни — рекла је. — Како ја да задржим посао?

Чека, рекла је, да јој се врати ћерка.

Онда је дошло топло време, а са њим не ћерка, него много пријатеља.

Не само што су људи долазили на плажу иза окуке, него и на плажу испред куће. И безобразно су пиљили у нас. Нарочито у мене, зато што сам жена. Кад год бих изишла из куће, људи су само пиљили. Као да сам ја на њиховом имању. Понекад бих се сакрила иза великог бора који је растао одмах поред куће. Наравно, зато би ми се само смејали. Било ми је драго што има толико буба; бубе би их, кад сунце зађе, отерале на неко време.

Али, када је постало топлије, ни на бубе више нису обраћали пажњу.

У јулу је било све више света. Почели су да увече пале логорске ватре, да вечерају на плажи. Волели су да једу ствари са роштиља. Роштиљ се осећао и у кући. А дим, како су причали, растерује бубе. Понекад је изгледало као да никад неће отићи. Цибао и ја смо могли да се вратимо из радње у једанаест увече, и опет да затекнемо свет како седи око ватре на плажи.

— То је опасно — рекла сам им. — Превише сте близу бреза. И борове иглице су много суве.

Али, они су се смејали.

Као да је стално било све више ватри, и све ближе кући. Понекад бисмо погледали кроз прозор и осетили се као да си mian chu ge — као да слушамо песме chu са свих страна. Као да нас држе као заробљенике у логору непријатељске војске.

Осећали смо се као да не смемо да изиђемо из куће. Колико ми је већ лето изгледало бесконачно!

БЛОНДИ / Волела бих да су нас чували.

ЛАН / Нисмо мислили да Крнеги и Блонди могу више да нам помогну. Помислили смо да имају превише посла око бебе. Зато смо звали полицију. А кад полиција није дошла, отишли смо код градоначелника, који је одмахнуо главом и онда нам објаснио да је он само градоначелник. Рекао је да треба да зовемо полицију.

КАРНЕГИ / Још да полиција и сама није користила плажу за своје годишње Све што можеш да поједеш прављење палачинки ради прикупљања новца.

БЛОНДИ / Мештани су ту плажу звали Плажа Сју. Острво су звали Баково острво, а плажу, Плажа Сју.

ЛАН / Понекад би Цибао викао на уљезе са застакљеног трема који је гледао на најбољи део плаже. Понекад би им довикнуо: — Губите се са приватног поседа! Губите се!
Понекад би викао: — Није ово ваша плажа!
Једном је излетео на трем и сјурио се низ степенице. Молила сам га да стане, да се врати унутра.
Али, није ме слушао.
Наравно, људи су му одговарали: — Одјеби. Није ни твоја плажа.
Један међу њима је био нарочито гласан, крупан човек са тетоважом по целом телу. И са великим ушима, као Буда. Шетао се са пешкиром око врата.

БЛОНДИ / Били.

ЛАН / Још једном сам замолила Цибаоа да уђе унутра.
— Молим те — рекла сам. — Поцепаћу своју зелену карту. Молим те.

То сам рекла зато што је мислио да сам се удала за њега да бих добила зелену карту. Понекад би помислио да ћу се развести од њега чим будемо провели две године у браку и чим ми склоне услове са зелене карте. Лудео је од тога, и радио су манутe ствари.

— Врати се унутра — рекла сам.

— Ово је градска плажа — рекао је тетовирани човек. Прво је припадала Сјуиној породици, а она ју је сада узела назад и поклонила је граду.

— Ова плажа — рекао је Цибао — припада породици Бејли. По закону. А Америка је земља у којој влада закон.

— Ма немој? А какве то везе има са тобом?

— Они су нам дозволили да живимо овде.

— Ма немој?

— Наравно, планирамо да једног дана купимо имање од њих.

— Јебени странци — рекао је неко. — Јебени странци ће да буду власници наше плаже.

— Да не поверујеш, јебо те бог — рекао је неко други. — Јебени странци.

Тада се већина вратила да се сунча. Превртали су се на својим пешкирима, спавали или пушили или разговарали или пили. Неки су улазили у воду, или се играли са децом. У води је било много сплавова. Људи су волели сплавове на којима је могло да се лежи, нарочито оне са држачима за чаше, за своје пиво. Само неколико је остало да седи. Човек са тетоважом је и даље стајао.

— Ово није ваша плажа — рекао је Цибао. — Ово је плажа породице Бејли.

— Ова плажа припада планети земљи, а земља припада човеку — рекао је тетовирани човек.

— Чуо си шта ти човек каже — рекао је неки од посматрача. Човек са тетоважом је подигао руку, што је значило „тишина". Затим је наставио: — Па сад, ако разумно причамо, мораш признати да нешто није у реду кад постоји само једна плажа на целом језеру, једна плажа у целом месту, која припада породици која не долази чак ни викендом. Породици која отвори целу своју кућу, али онда одлучи да уопште није извесно да вреди труда возити се толико да би дошли да леже на својој плажи. Мораш признати да нешто није у реду кад је дају странцима да је користе, кад људи који овде живе уопште немају никакву плажу. И мораш признати да нешто није у реду кад су странцима понудили да је купе, а да нико у месту не зна да је на продају. Схваташ ли шта ти причам?

— Не — рекао је Цибао.

— Просто је неприродно — рекао је тетовирани човек. — Јер, као што сам рекао, планета земља припада човеку.

— Мислио сам да си рекао да припада Сју.

— Њена породица ју је поклонила градској деци. Није желела да њени власници буду странци — рекао је неко други.

— Нико, ама баш нико никад није хтео да она припада јебеним странцима — рекла је трећа особа. То је јасно. Ни планета земља, а ни Бакови.

— Можда је било непристојно и неприродно што Бејлијеви од самог почетка нису више мислили на своје суседе — рекао је Цибао. — Можда постоје закони изнад закона које је требало да узму у обзир. Што се тиче планете земље, међутим, морам вам рећи да не верујем да планета земља има било какво мишљење.

На то се дечко са клупе насмејао: — Како земља може да има мишљење?

Остали су га ућуткали.

— Штавише — рекао је Цибао — ако земља има неко мишљење, онда нико не може да каже, Ово парче земље је моје. Нико живи. Ни Бејлијеви, нити било ко други. Да ли неко овде има земљу?

Нема одговора.

— Можда се можемо сложити да се земља слаже са начелом приватне својине у капиталистичким земљама — рекао је Цибао. — Или барем не може томе да се противи. Слажете ли се?

Нема одговора.

— И још нешто — рекао је Цибао.

— Ма, умукни већ једном — рекао је неко. — Хоћеш ли да умукнеш?

Неки су појачали своје транзисторе.

— Ја нисам странац — рекао је Цибао.

— Како сад то? — рекао је тетовирани човек.

— Ја сам држављанин САД.

— Ти, држављанин? Како ти можеш да будеш држављанин? — рекао је неко.

— Идиоте — рекао је неко други. Он ти је оно, како се зваше. Неутрализован. Натурализован.

— Положио сам тест — рекао је Цибао.

— Положио си тест — рекао је тетовирани човек.

— Тест за држављанство.

— Тест за држављанство! — смејали су се људи.

— Мој стриц је полагао тај тест — рекао је неко.

Али су се људи и даље смејали и смејали.

— Да вас питам — рекао је Цибао. — Хајде, реците ми колико огранака владе постоји.

Нико није рекао ништа.

— Три — рекао је Цибао. — Извршна, судска и законодавна.

— А шта мислиш, да ти нама кажеш на колико начина тебе могу да јебу — рекао је неко.

Сви су се смејали.

— У сваком случају, чињеница да си држављанин не значи и да си Американац — рекао је тетовирани човек.

— Ма, немој — рекао је Цибао. — А како то?

— Држављанин мисли да ова земља почива на закону. Али, Американац зна да у ствари почива на томе ко је стварно Американац.

— Молим вас, напустите ову плажу — рекао је Цибао.

— Ова земља не припада теби и, веруј ми, никад и неће.

— У праву сте — рекао је Цибао. — Припада Бејлијевима. Молим вас, идите.

— Баш ћемо тебе да послушамо — рекао је тетовирани човек. — Ти си обично говно.

— Ја сам у Кини био професор — рекао је Цибао.

— Професор! Професор чега? Професор Срања? Са дипломом великог кењатора?

Изишла сам на степениште.

— Уђи унутра — рекла сам Цибау на енглеском. — Време је да једемо. Уђи, храна се хлади.

Он ме је погледао. Људи су се и даље смејали.

— Молим те, уђи. Молим те.

Он се двоумио, али је на крају ипак ушао, довикнувши им:
— Ви сте луди!

— И ти си луд кад разговараш са тим светом — рекла сам ја. — Убиће те.

— Нека ме убију — рекао је Цибао. — Знаш, погледам ту плажу, и видим да је лепа. И рибњак, погледај само како је леп. Као са слике, место где би ученици требало да долазе на пецање. И ова кућа је лепа, и моја жена — где — ти си најлепша од света. Да нисам напустио Кину, никада не бих сазнао колико среће никада неће бити моје.

— Биће, биће твоје — рекла сам ја. — Са радњом нам добро иде. Вероватно ћемо ускоро поново почети да зарађујемо.

Али, он је само понављао: — Волео бих да нисам ни сазнао. Волео бих да нисам ни сазнао. Можемо да купимо кућу Бејлијевих, али не можемо да је имамо.

Смејао се и смејао.

— Плажа Сју никада не може постати плажа Г. Сјуа — рекао је. — Не можеш само да додаш једну реч, без обзира колико новца имаш. Каква смејурија! Баш права смејурија!

И потом: — Једног дана ћу да се вратим у Кину и да помогнем нашој земљи да се поново уздигне. Само гледај. Помоћи ћу Кинезима да се супротставе овим америчким незналицама и силеџијама.

— Можда ћу ја поћи са тобом — рекла сам.

— Ти! — рекао је он. — Ко би се могао ослонити на жену као што си ти? Знам ја такве као што си ти, и више него добро. Ујутро кажеш три, а увече кажеш четири.

— Свакако бих пошла са тобом — рекла сам ја. — Ако би ме позвао.

— Мислиш, док те г. Шанг не позове да будеш његов саоснивач, јел' тако? Онда ћеш да заборавиш на ваљушке. Гђа Саоснивачица!

Покушала сам да му кажем како сам одувек желела да се вратим у Кину, да би ми Шанг помогао да се вратим у Кину. Али он није хтео да ме чује.

Волео ме је, али ме није чуо.

Касније је више почео да личи на себе.

— Nao hiu cheng ni — рекао је — стални стид постаје срџба.

Рекао је: — Разумем ја мештане. Какав им је живот.

Рекао је — Можда није требало да постанем држављанин САД. Требало је само да узмем зелену карту, као ти. Да заборавим на држављанство. Онда бих слободно могао да идем тамо-амо. Да зарађујем у Америци, кад се пензионишем, да одем у Шандонг. Мада, наравно, ти никада не би пошла са мном у Шандонг.

Нисам могла да кажем да бих. Могла сам то да кажем устима, али не и срцем. Зато нисам рекла ништа. Што је он разумео.

— У сваком случају — рекао је — тамо је превише хладно.

Рано је отишао на спавање, са главобољом. Ја сам остала много дуже будна. Ипак, пошто сам имала заказано код лекара, ипак сам устала пре њега.

Наравно, чак и тада је прилично дувао ветар.

Зашто нисам пробудила Цибаоа?

Пустила сам га да спава. Било је сувише рано. Морала сам рано да кренем зато што нисам умела да возим, него сам хтела да идем пешке. Није то много далеко, свега неколико километара.

Цибау је био потребан сан.

Како је само дувао ветар! Као у Шандонгу у пролеће.

БЛОНДИ / Био ми је познат тај ветар — како је умео да узбурка воду, да направи пенушаве таласе. Када би се подигао такав ветар, позатварали бисмо прозоре. Мајка би рекла нама деци да брзо одемо да проверимо да ли су чамци добро везани. Ако чамци не би били везани, отац би нам свакако показао због тога.

КАРНЕГИ / И ја сам се сећао тог ветра. Како бих могао да га заборавим? Како се само изненадно дизао. Како је окренуо језеро против мене.

ЛАН / *Једни су говорили да је пожар намерно подметнут, у одговор на Цибаове увреде. Други су говорили да је пожар избио због непажње — да га је изазвала ватра која је на плажи остала да тиња, и која би се под нормалним околностима угасила. Трећи су говорили да је ватру подметнула Сју. Говорили су да је Сју мислила да је зима и да су је поново избацили из куће, из њене куће. Рекли су да је упалила ватру да би угрејала дете.*

Није тачно да смо избацили Сју, али су људи тако причали. Можда је долазила ранијих зима и није могла да уђе јер је било закључано. То је било могуће.

У сваком случају, упалило се једно дрво, па онда и друга. Брезе. Онда је велики бор уз главну зграду пао као да га је неко гурнуо. Пао је, запаљен, на кров. Који је хитно требало поправити — Цибао је то приметио када смо постављали изолацију.

Једног дана, рекао је, киша ће само да суне унутра.

КАРНЕГИ / Кровна греда је изгледа пукла када је дрво у пламену пало на њу. Чак и да се Цеб пробудио, вероватно не би могао да побегне, причали су људи. Цело острво је горело. Дим се дизао у небо.

ЛАН / Било је толико дима да сам чак у вароши нешто осетила. Када сам изишла из лекарске ординације, застала сам крај његове цветне леје, размишљајући шта да радим. Затим сам подигла главу. У први мах нисам схватила какав је то мирис. Ни зашто је небо тако тамно. Све на шта сам у том тренутку могла да мислим било је какво је изненађење што сам затруднела — у мојим годинама! Била сам довољно стара да будем нечија бака; и заиста, доктор ми је рекао да не треба превише да се надам. Да се лако може десити да имам побачај. Али ипак, рекао је, могу да покушам. И, ко зна? Погледај Блонди, на крају крајева. Била сам старија него што је Блонди била кад је добила Бејлија. Али, зар и она за себе није мислила да је превише стара? А ја сам била већ три месеца трудна — најопасније време већ је било прошло. Доктор ме је питао зашто нисам одмах дошла, али ја сам мислила да ми менструација престаје. Да сам у менопаузи.

Хтела сам да кажем Цибаоу, наравно. Знала сам како ће изненађен и узбуђен бити. Колико сам била нервозна! Али и колико срећна.

Како сам само, на известан начин, желела да сам у Кини, где бих могла да узмем траве за трудноћу и да једем сву ону посебну храну од које беба ојача. Да сам у Кини, међутим, ко зна да ли би ми дозволили да одржим трудноћу? Ко зна шта би вођа моје јединице рекао? Или колике су квоте за ту годину. Могла сам да га преклињем, Молим вас. У мојим годинама, моја једина прилика. Све ћу учинити. Платити колико хоћете. И то би ми можда успело. Али, можда би ми се само насмејао.

Како сам срећна што сам овде трудна! И то са Цибаом, који ме воли.

Тако сам размишљала — о толико ствари да нисам одмах ни приметила да је небо црно од дима, и да је тај дим од пожара. Да је онај мирис мирис пожара.

За све сам ја била крива, сада то увиђам, Цибао је одувек мислио да сам се за њега удала да бих добила зелену карту, и то га је изједало. То га је терало да чини луде ствари.

БЛОНДИ / За све сам ја била крива. Како сам могла да дозволим да се Лан упозна са Шангом? Каква особа ради такве ствари?

КАРНЕГИ / Како сам могао да их пошаљем у Мејн? Како то да нисам предвидео колико непожељни могу тамо бити?
    Пепео је падао и падао по језеру, говорили су људи. Изгледа да је то била права представа, боља чак и од градског ватромета за Четврти јул.

Погребни завод је дискретно чаршавом покрио делове Цебовог тела који су недостајали, али нам је дозвољено да видимо мање узнемирујуће делове, укључујући и опечен, али углавном неоштећен горњи део тела, врат и лице. Нисмо се дуго задржали гледајући га, због мириса. Био је то грозан задах налик роштиљу; све време посете смо савлађивали своје желуце.
    Лежао је на металном столу, здепаст човек, грађен помало налик мени, са неком квргом на кључњачи. Коса му је изгорела, као и већи део обрва и трепавица. Видело се да се није будио; да је умро у сну. Било је право олакшање видети спокојство на његовом лицу, затворене очи. Изгледа да га је дим докрајчио пре пламена. Али, како је само мршав био; а пошто му је лице било мртво, више се није могла видети љубазност његовог израза, интелигентност његовог погледа. Бистрина. Замишљао сам га како помаже Лан, као што је толико пута чинио. Замишљао сам га пред разредом, џемпера посутог прашином од креде. Замишљао сам га како размишља над неком књигом, како се смеје са пријатељима, како подригује после доброг јела. Шта би било да никада није напуштао Кину? Шта би било да никад није упознао Шанга?
    Колико је само волео Лан! Да ли му је сметало што она њега није волела онолико колико је он волео њу? Да ли се надао да ће га једнога дана волети?
    Какав би диван отац био.
    Какав задах.

ЛАН / Рекла сам му да у следећем живту може да живи на језеру. У следећем животу може да има стотину језера и да на њима лови рибу попут древних учењака. У следећем животу може го цео дан да лови рибу и да пише песме, може да живи у земљи бресквиног цвета и да има толико много жена, ако жели, сваку лепшу и способнију и заљубљенију од мене.

У следећем животу може и да дигне у ваздух камиинг са приколицама. Рекла сам му да у следећем животу може да разнесе тетовираног човека, или Шанга, или мене, ако жели. У следећем животу, може да дигне у ваздух Америку.

БЛОНДИ / Како је црн изгледао под флуоресцентном светлошћу — црн без сјаја, као Лизина офарбана коса. Како је тужно помислити да више никада неће видети светло дана. Да више никада неће осетити сунце. Да више никада неће затворити очи да види како су му капци црвени изнутра. И шта је небо, или вода, или летња вучика сада за њега? Да ли је уопште икада имао времена да оде да види вучику, тамо на другом крају острва?

КАРНЕГИ / Натерао сам себе да га додирнем. Натерао сам себе да спустим руку на његове хладне, црне, укочене груди. Није био онако попут опуштене вреће, као моја мајка, пошто је био млађи, али је и тако деловао некако спласнуло.

Нисам могао да се натерам да погледам остатак, али сам видео како је чудно на неким местима био положен чаршав. Видео сам да има необичних празнина под одећом, изненадних удубљења.

— Молим вас да ми опростите — рекао сам.

— Молим вас, ако можете, свима нам опростите — рекао сам.

БЛОНДИ / Моја породица дошла је у Мејн на сахрану. Не моји зетови; они су остали код куће са децом. Али моје сестре и браћа су сви дошли. Служба је била једноставна и лепа. Купили смо Џебу гробно место у зимзеленом шумарку, с погледом на воду. Фотографисали смо га у нади да ћемо једнога дана те слике послати његовим рођацима у Кину. То неће бити лако, пошто су му сви папири изгорели. Лан је знала само то да је, као и њена баба-тетка, пореклом из Шандонга, где је био четврто или пето дете неког рудара. Никада не би добио образовање да није било комуниста, рекла је. Али, ступио је у војску, и послали су га у школу. Био је захвалан на томе све док током Културне револуције није открио да је постао интелигенција — друштвени елемент против кога се треба борити.

ЛАН / *Пас који се дави, ето шта је био. Било је много тешких година. Али је на крају имао среће. Пишући пропаганду, успео је да се рехабилитује. Мада је било људи који су говорили да није био прави бунтовник, његовом главном тужитељу пуцано је у главу пре него што је успео да заврши оптужницу против Џибаоа.*

Волео је мантоу — оне куване хлепчиће које су Северњаци јели уместо пиринча. И говорио је грозан мандарински који ти је парао уши, као и сви из Шандонга.

БЛОНДИ / Некако је завршио као Шангов преводилац, када је Шанг био у Кини. И Шангу се допао — он му је касније помогао да дође у САД.

Џеб је дошао у нади да ће једнога дана поново предавати. Надао се да неће заувек морати да пише пропаганду. Шанг му је обећао да ће неко време бити возач, да ће мало преводити, али да ће се на крају вратити у школу. И да ће предавати.

КАРНЕГИ / Покушао сам да телефонирам Шангу, да видим да ли зна нешто о Џебовој породици. Његова секретарица није пропуштала моје позиве.

БЛОНДИ / Сахранили смо га.

КАРНЕГИ / Градоначелник није присуствовао служби. Ипак, послао је венац средње величине.

Док Бејли је све то ћутке посматрао. Веверица је доскакутала на ивицу гроба, погледала унутра и одскакутала даље; Док Бејли није ништа приметио. Његово крупно тело, које је, попут Блондиног, обично било некако лагано, данас је било непомично и гломазно. Стезао је вилице.

— Ни ја не бих умео боље да кажем — рекао сам ја.

— Несумњиво се задржао на пићу са кућевласником — рекао је Док Бејли.

— Води нове преговоре око мита — рекао сам ја.

— Питање је, шта је овај човек радио овде? То бих ја волео да знам. И то у нашој кући.

— Претпостављам — рекао сам ја — да је то била моја замисао. Пошто је Лан моја рођака из Кине, као што знате. Која је живела са нама.

— Наравно. А тај човек — њен дечко?

— Њен муж. Овде су се венчали. Заједно отворили радњу.

— Као што си их ти охрабрио да учине.

— Јесам.

— А шта си тиме мислио?

— Мислио сам да је дивно што добијају такву прилику. Знате, да остваре сан сваког досељеника. Да вредно раде, да напредују. Човек поврати веру у Америку кад види тако нешто.

— Да ли је човеку потребна вера у Америку?

— Вера у нешто.

— А због чега?

— Мора бити да се у неком тренутку појавила еволуциона предност у осећају вере.

— У томе што се окрећеш нечему што је изван тебе, мислиш?

— Само нагађам.

Док Бејли је климнуо главом. Само кратко; ипак, због тог покрета почео је мало више да личи на себе.

— Твоји родитељи су то урадили — наставио је. — Остварили сан досељеника.

— Моја мајка јесте.

— Па зашто онда не би и ови људи. Да ли си тако размишљао? Да сачуваш традицију.

— Било ми је драго што видим да неко види обалу ка којој плива. Знате, то није била шала.

Посматрали смо градоначелникове каранфиле, онако лепо увезане један за други.

— Па — рекао је Док Бејли на крају, протежући руке — претпостављам да нема сврхе да себе кривиш.

Грегори је гвирнуо у гроб.

— Ремек-дело ископавања — рекао је.

БЛОНДИ / — Професор — рекао је Питер касније. — Чега?

Погледао ме је.

— Срамота ме је да кажем, али појма немам — рекла сам.

ЛАН / — *Историје Русије* — рекла сам.. — *Специјализовао се за историју Русије.*

БЛОНДИ / И Грегори је хтео нешто да пита, али га је Рената прекинула.

— Није тренутак за истраживање чињеница — рекла је.

— Јесам ли ја рекао нешто? — рекао је Грегори.

— Тужна је то жена, та Сју — рекла је Рената. — Предлажем да јој вратимо острво. Осим ако Лан не жели да остане овде.

Лан је одмахнула главом.

— Камо среће да није изгорело — рекла је Аријела.

— Можда га Сју неће ни хтети у садашњем стању — рекао је Питер.

— Радије ћу да умрем него било шта да јој дам — рекла сам ја.

— Не мислиш ваљда да је имала некакве везе са пожаром? — рекао је Питер.

ЛАН / *Хтела сам да се убијем.*

Ипак, Док Бејли је разговарао са мном.

— Какви су ти планови? Хоћеш ли задржати бебу?

Рекао ми је да би можда било здраво, ко зна. Могло би бити здраво.

— Разумеш ли?

Климнула сам главом.

— Уверен сам да схваташ да можда више нећеш имати прилику.

Поново сам климнула.

— Хтео бих да кажем да ћемо те подржати како год можемо. Ако одлучиш да изнесеш трудноћу. Не намеравам да вршим притисак на тебе.

— Хвала вам. Размислићу — рекла сам на крају. — За неколико дана ћу вам дати одговор.

— Немој да журиш — рекао је он тада. — Твој живот је у питању.

— Како то мислите? — рекла сам.

— Мислим, твоје је — рекао је погледавши ме чудно. *Не тако да бих се осетила непријатно; није хтео да ме постиди. Али ја сам се постидела.* — Нико ти до сада није рекао ништа слично?

— Кинези не говоре тако — рекла сам ја.

КАРНЕГИ / Следећег дана, Бејлијеви и ја смо последњи пут прошетали Острвом независности. Било је изненађујуће облачно за јул — прави мејновски дан, када небо, вода и земља изгледају као да су вешто направљени од истог јефтиног материјала. Колико је мање изгледало острво онако голо! Нису све колибе изгореле до темеља. Овде-онде су још стајали делови зидова. Још се могао препознати и џип, и чамац на педале. Ипак, попут стана без намештаја, полуострво је изгледало превише мало да би на њему могло стајати све оно чега смо се сећали. Тлоцрти зграда такође су изгледали невероватно сићушно.

Само је небо расло. Прустовска Легранденова плава закрпа, рекао је Питер, веома се раширила; и како је само поново деловало огромно, са стомаком који му се ширио и ширио. Полуострво је било неоспорно високо постављено у односу на околину, али никако не и у односу на небо ка којем је стремило. И колико је ближе сада деловао кампинг с приколицама — до тамо се могло добацити каменом, тако да је полуострво деловало као продужетак кампинга који чека нове приколице. Станари приколица посматрали су нас како кружимо по нашој заравни, нешто изнад њих, са рукама у џеповима. Трудили су се да нам не сметају. Ипак, могли смо да чујемо најпискавије гласове како жељно коментаришу наш пролазак, и мрмљање у позадини: *каква штета, каква штета*. Сваки коментар био је, на наше изненађење, пун сажаљења. Приликом доласка смо приметили да је више људи оставило цвеће затакнуто на нашој капији. Сада смо са широке стене посматрали срце исцртано угљем. У његовом средишту било је урезано *Г. Сју*.

Нико није знао шта да каже.

Земљиште око нас изгледало је каменитије него пре. Поцрнела оборена стабла, пањеви. Гомиле пепела. Није било зеленила, али би се овде-онде појавила нека веверица. Нека птица.

Видели смо све што се могло видети. Бејлијеви су ипак још тумарали наоколо. Сада, кад су престали да посматрају једну по једну посебну страну разарања, са рукама на леђима, које су отварали и затварали, растежући их, као да су тужни, као да су заиста погођени овим губитком; а ипак, помало уморни уопште од ствари овог света.

На крају смо се загледали у воду, која је деловала чудновато непромењена. Сунце је изишло; како је рибњак светлуцао! Ћарлијао је поветарац. Током шетње, разговарали смо о корову који прети рибњаку. Хајдучка трава.

— Семе се разноси преко дна чамаца — рекао је Питер.

Гуске. Причали смо о томе како се гуске више не селе, него остају овде целе зиме. Урођеничке гуске, звали су их људи. На теренима за голф користили су граничарске колије да их растерују; куповале су се боце са лисичјим урином. Тражили гнезда гусака у пролеће и поливали јаја уљем.

Док Бејли се расплакао.

— Ваша мајка — рекао је. — Не можеш ни да замислиш колико јој је ово место значило. Само се молим да она никако не може да види са неба шта се десило. То би је поново убило.

Блонди, Аријела и Рената су покушавале да га утеше. Био сам изненађен и дирнут када сам га видео како на тренутак спушта своју велику главу на Блондино раме.

— Овај свет може да нестане као било који други — рекла је Блонди касније.

Аријела је климнула галвом: — Бака Доти је тако говорила.

Неко време су сви ћутали.

Рената је на крају рекла: — Право је чудо што се ватра није раширила.

Сви су се сложили.

— Мада се због тога осећаш некако као проказан — рекао је Грегори.

— Због несреће? — рекао сам ја.

— Због чега другог? — рекао је Грегори.

Али се Питер није сложио: — Ништа слично нам се никада раније није десило. Схватате ли то? Колико смо одвратно срећни били?

— Глобализација — рекао је Грегори. — Кад-тад је морала да нас закачи туђа брљотина.

— Тај кампинг са приколицама — одговорио је Питер. — Без плаже. Кад-тад је морало доћи до невоље.

— Шта то причаш? — рекао је Грегори.

— Хоћеш да кажеш — рекао сам ја — да је плажу требало дати граду?

— Ти си то могла да урадиш — рекла је Рената. — Могла си да поклониш плажу граду. То је била твоја кућа.

Али, Блонди се успротивила: — И јесте и није била моја. Једина особа која је то заиста могла да уради је тата.

Док Бејли, на срећу, као да то није чуо. Али Блондине сестре јесу, као и њена браћа, и нико се није успротивио.

Питер је рекао, тврдоглаво се враћајући на исто: — Само кажем да је нас можда заобишла њихова невоља. Можда је њих закачила наша.

Поново тајац.

Вода би на тренутке заблистала, али иза ње, шума је лежала у помрчини.

— Да ли је ово место било осигурано? — упитао је Грегори; и када сам ја одговорио да јесте, он је рекао: — Бриљантно! Бриљантно! Одувек сам говорио Питеру да си ти бриљантан човек!

— Где је сада та жена? — занимало је Ренату. — Та Сју?

— У неквом центру — рекла је Блонди. — Дете јој је код старатеља. Лече је лековима против депресије.

— А шта је са сиротом трудном Лан? — упитала је Аријела. — Шта ће са њом бити?

— Е, то је питање — рекла је Рената.

17

Чекаоница

ВЕНДИ / Ланлан се вратила, али мама одлази, што знамо по томе како су мама и тата разговарали. Поштено. До краја. Искрено, кажу.

Искрено, искрено.

Лизи их имитира: — Искрено речено, ја никада ништа не кажем искрено. Искрено речено, немам појма шта уопште хоћу да кажем.

— Лизи — каже мама. — Молим те. Од тешке ситуације правиш још тежу.

— Искрено — каже Лизи. — Никад у животи нисам рекла ниједну праву ствар.

— Где си само научила да тако говориш? — каже мама. — Да знаш, понекад се баш питам.

— Искрено речено, научила сам од тебе — каже Лизи. — На часну реч, пошто сам те слушала како целог живота не говориш ништа, то ме је натерало да чујем сваку реч коју ниси рекла.

— Сјајно — каже тата. — А шта да ради ова фота?

Звони му моблини, ове недеље мелодија је „Кад свеци марширају".

— Буди љубазан, па се јави — каже мама.

Он отвори врата фрижидера и стави телефон у кутију за поврће.

— Ево — каже он затварајући врата. — Јеси ли задовољна?

Она одлази. У другу кућу, на кратко, каже, само на кратко. И даље ће да се брине о нашој башти овде, и о нама, наравно, никад неће заборавити на нас. Ми ћемо увек бити њена Венди и њена Лизи, каже, пола времена живећемо са њом, волела би да може да остане.

Ако је само на кратко, зашто онда говори речи као што су никад и увек? Баш ме занима. И куда ће, и колико је то кратко, и шта значи „пола времена"? Али нисам стигла да је питам, захваљујући Лизи.

— Напушташ нас — каже Лизи. — Стварно, одувек сам знала да ћеш нас напустити.

— Не напуштам ја никога — каже мама.

— Стварно, мајке раде такве ствари — каже Лизи. — Одустају. Прво се много, много труде, а онда просто одустану.

— Баш ми је жао што тако мислиш о мајкама — каже мама. — Али, то није тачно.

— Баш ми је жао што си ми мајка — каже Лизи. — Стварно, волела бих да сам добила неку другу мајку.

— Па, мени је ипак драго што сам твоја мајка — каже мама плачући. — И, како је говорила моја мајка, добро пази шта ћеш пожелети.

— Мени је драго што сам тебе добила за мајку — кажем ја онда. — Нећу да ми Ланлан буде мајка. Хоћу тебе.

— Није истина — каже Лизи. — Стварно, ти скоз-наскоз хоћеш да ти Ланлан буде мајка.

— Некад сам тако нешто прижељкивала — кажем ја. — Али, жао ми је због тога.

Мама каже: — У реду је кад неко жели такве ствари. И ја сам прижељкивала свакојаке ствари. Свако од нас је прижељкивао.

— Као, да имаш неку другу децу, јел' тако? — каже Лизи. — Да ја нисам тако отворена, и да Венди није тако стидљива, да сви више будемо као Бејли. Зар ниси то прижељкивала? Стварно?

— Стварно — почиње мама.

Али онда не заврши, само опет почне да плаче и лице јој је ружичастије него кад трчи и остане без даха, и очи су јој закрвављене и надувене и око њих има црвене колуте. Запрепастиш се кад видиш како јој трепавице изгледају прилично нормално, само што су мокре, и коса исто, и зуби.

БЛОНДИ / Стварно, ја просто нисам васпитана да тако разговарам.

Стварно, да би неко тако разговарао треба да буде потпуно другачија особа него што сам ја.

Стварно, морала сам неко време да не размишљам ни о чему.

— Венди — рекла сам — не одустајем ја, чујеш ли ме? Само одлазим на неко време, да покушам да средим мисли. Али, чак и док то радим, долазићеш да живиш са мном по три и по дана сваке недеље.

ВЕНДИ / — Јел' то значи „пола времена"? — питам ја.

— Јесте, то значи „пола времена".

— Зашто треба да средиш мисли?

— Због свега око Ланлан, глупачо — каже Лизи. — Стварно! Укључи мозак!

Лизи каже да се све ово дешава зато што тата хоће да се Ланлан сада усели у нашу кућу. Не жели да она више живи у амбару, као слушкиња.

БЛОНДИ / — Јадна жена — рекао је.

— Помисли само шта би твоја мајка рекла — рекао је.

— Помисли само шта је све претурила преко главе, и где се сад нашла. Сасвим сама у страној земљи, и још трудна — рекао је.

КАРНЕГИ / Да се зна, рекао сам и следеће: — Ако желиш да остане у амбару, можемо и то да урадимо. Лан свакако може да остане у амбару.

Рекао сам то, на крају. Попустио сам.

БЛОНДИ / Ја сам рекла: — Стварно, може и у кућу да се усели.

Рекла сам: — Ако ћемо право, излазим из игре.

Рекла сам: — Мама Вонг је победила, и то је све. Одустајем. Крај игре.

ВЕНДИ / Мама води Бејлија са собом, то је још једна ствар.

— Бејли је превише мали за заједничко старатељство — каже мама. — Никако не може да схвати шта се дешава. Разумеш ли? Није тачно да њега волим више од тебе и Лизи. Само, он је мањи.

— Разумем — кажем ја.

КАРНЕГИ / Схватао сам ја да је он превише мали да би се шеткао између две куће, чак и на кратко време. Схватао сам да би прави отац — попут праве мајке пре Цара Соломона — одбио да му дете поделе надвоје.

Али, где је Цар Соломон да онда Бејлија додели мени?

— Одувек си хтела да он буде Бејли — рекао сам. — Више Бејли него Вонг.

— А је ли то неко чудо? — рекла је она. — Кад чак ни ти ниси хтео да будеш Вонг?

О томе сам неко време морао да размислим.

— Ако би то значило бити као Мама Вонг, мислиш? — рекао сам на крају.

— Шта је друго то могло да значи?

— Могло је да значи бити као ја — рекао сам. — Зар ја нисам Вонг? Или бар прилично добар факсимил Вонга. Зар ја нисам исто толико Вонг колико и моја мајка?

ВЕНДИ / Лизи каже да је Ланлан прво направила пожар у оној другој кући, а сад прави пожар и у овој.

— Мислила сам да ти се Ланлан свиђа — рекла сам ја.

— Свиђа ми се, али само кажем — каже Лизи. — А осим тога, није она крива што су обе куће биле спремне да изгоре.

Габријела је имала страх од рака на дојци, то је још један разлог зашто се све ово догађа, каже тата. Габријела ће бити добро, имала је тумор али су јој га извадили, само што то маму подсећа да нико не живи заувек.

— Не значи то да ће мама ускоро умрети, не брини — каже он. — А нећу ни ја, иако ми доктор предвиђа бајпас у блиској будућности.

— Хммм — каже Лизи.

Оно што ме је запањило било је то што је изговорио реч „дојка". Али, можда уопште није тако рекао, пошто се Лизи није смејала ни било шта слично.

— Мислила сам да се рак добија од пушења — кажем ја.

— То је рак на плућима — каже Лизи.

— А шта је бајпас?

— Свако ко је стар то има — каже Лизи. — Скоро свако.

— Нема свако, а и не мораш баш да будеш стар — каже тата. — Али, тачно је, многи људи то имају, и ствар је у томе што мама жели да осећа да је проживела живот који јој је дат да проживи. Зато је дала отказ. Зато жели да се осећа да су њена кућа и њена породица лично њени.

— И шта је сад Ланлан? — питам ја. — Да ли је још наша дадиља? Хоће ли заувек да живи са нама?

Тата се толико намршти као да ће обрве да му се сударе једна са другом, да је Бејли ту, могао би да тражи спаси-воз.

— Не можемо да је пошаљемо назад — каже. — Не док јој траје условна зелена карта. А сада ће добити сталну, пошто је удовица. И још нема ни посао, ни стан, и чека бебу.

— Хоћу да кажем, да ли је она жена за љубав?

ЛИЗИ / То је чула од Габријеле, сигурно није сама тако нешто смислила.

ВЕНДИ / Поподне нам у кући сада влада таква тишина. Ланлан је ту, али ћути, безмало као када је тек била стигла, само што је сад још тужнија.

— За све сам ја крива — каже. — За све сам ја крива.

Тако говори, а све на њој просто виси. Коса јој виси, глава јој виси, и рамена, и руке, и ноге, и стопала, не занима је чак ни шта стопала имају да јој кажу, пошто види да очигледно не кажу ништа.

— *Где ти је qi?* — кажем ја — где ти је животни дух?

Некада јој се допадало да јој се обраћам на кинеском, па се чак и сад мало насмеши. Али, не одговара.

Једе само због бебе, и одбија да се пресели у кућу иако сада може. Покушавамо да је наговоримо да оде преко пута да види Мичелову и Соњину девојчицу — она је већ проходала, кажемо, требало би да одеш да је видиш — али Ланлан готово уопште не излази напоље, а када изиђе, више не носи кишобран, него пушта сунце да јој сија право у лице. Једина нормална ствар је то што још помало кува. Некако као на успореном снимку, али бар то ради.

Није нам баш потребна беби-ситерка пошто Бејлија углавном нема, а тата хоће сам да се стара о Бејлију када дође код нас, никад га нисмо виђали да толико седи на поду. Али Лизи и ја још одлазимо код Ланлан, и хладимо је лепезом, и причамо о Америци — на пример, о томе како ће дете да јој буде Американац, али се она нада да неће да буде превише Американац. Причамо о томе шта значи „самохрана мајка" и како ће она да издржава дете. Какве послове може да нађе у својим годинама, и да ли ће деда Бејли заиста све да плати.

Понекад се плаши да Шанг не дође по њу.

Понекад прижељкује да Шанг дође по њу.

Понекад јој недостаје ујка Сју. Не може да види ниједан музички инструмент, а да се не расплаче.

ЛАН / *Ren qin ju wang* — *и мушкарац и музика су умрли.*

ВЕНДИ / Понекад прича како је за све она крива, али су криви и тата и мама.

ЛИЗИ / А не треба да заборавимо ни мамину породицу са оном плажом коју су оставили да стоји све док цело место није шизнуло. Тата каже да је требало да је продају.

— Па зашто нису? — питала је Венди.

— Зато што мама и тата нису могли да је продају, а Бејлијеви нису моглид а се одлуче да је продају.

— Мислим да су волели ту кућу и да је то разлог — рекла је Венди. — Мислим, стално су причали о њој, иако готово уопште нису ни одлазили тамо.

— Њихове слике су висиле свуда по зидовима — рекла сам ја. — Другде није било места да се ставе.

— Хммм — рекла је Венди.

— Можда су могли да нађу неко друго место, али оно не би било тако сјајно као оно чега су се сећали.

— Хммм — поново је рекла Венди. — Зато ваљда и нису.

— Тачно.

— Значи, волели су је? Донекле?

— Што значи да нису баш обраћали пажњу ни на шта друго. Као на пример на место и на кампинг са приколицама и све остало.

— Мислиш, живели су у свом малом свету?

ВЕНДИ / Лизи ме изненађено погледа.

— Тачно — каже.

— Они су онда као ја — кажем. — Зато знам, зато што сам ја понекад таква. И то је у реду, тако каже Мери Кеј.

Лизи ме гледа као да је гледање у мене коначно једнако занимљиво као и гледање кроз прозор.

— Ниси тако лоша као што си била — каже.

У последње време Лизи више личи на себе, можда због Дерека, а можда и не.

— Дечко је само дечко — каже. — Може да те баци у бедак, али не може да те претвори у сасвим другу особу. Ти си она која јеси, само причаш о различитим стварима. И зато си помало другачија, али не скроз другачија.

— Хммм — кажем ја.

Истог дана Ланлан изненада полази на програм за мишљење смирених и срећних мисли. Зато што мисли да ће смирена и срећна мајка родити смирену и срећну бебу, каже, то је веома важно. И сваког дана гледа слику Шона Конерија, да би јој дете било лепо.

ЛИЗИ / А ми јој кажемо, као, ти то озбиљно? Али, она је веровала да ће то да јој упали. Стварно је веровала.

— А шта ако буде девојчица? — рекла сам ја.

Али је она рекла да зна да је дечак, зато што јој је трбух шиљат.

— Какав трбух — рекла сам ја. — Трбух ти се једва види.

И цркавала је за храном, никако зачињеном, рекла је, и да ли јој се са леђа види да је трудна?

— Не — рекле смо ми.

— Видите — рекла је она. — Дечко је.

ВЕНДИ / — Ово је велика земља, твоје дете ће имати толико могућности — кажем ја њој једног дана.

— Могућности за шта? — каже Ланлан.

Али другог дана је затекнем како седи на сунцу, као мачка.

— Ко зна, можда ће моја беба порасти и бити милионер — каже она. — Знаш, неки људи из мог разреда већ су добили неке стварно добре послове. И тако, ко зна шта ће се десити, све док ујка Сју не почне да шапуће беби на ухо. Да јој прича како треба да се врати у Кину, да помогне Кини да поново постане снажна. Да јој прича да се врати да́ помогне Кини да се супротстави САД.

— Мислиш ли да би стварно то могао да уради? — кажем ја.

— Могао би — каже она. — Наравно, ја ћу у сваком случају бити врло поносна.

Лизи каже да је Ланлан заљубљена у тату, можда јој не би сметало да постане наша права мајка.

— Само што нам она није права мајка — кажем ја. — Мама је наша права мајка.

— Разуме се — каже Лизи.

КАРНЕГИ / Једнога дана сам ушао и затекао Лан у кухињи како спрема јаја са соја-сосом за доручак. Било је то нешто што смо сви волели, али вероватно не бисмо правили, пошто је била врућина; у ствари би нам дражи био сладолед. У последње време смо јели пуномасно, донекле се надајући, претпостављам, да ће Блонди то открити и вратити се само зато да би нас спречила у томе. Али, то се није десило; тамо је стајала Лан, са мокром косом, у шортсу и мајици, и кувала. Трбух јој је растао, наравно, али ипак нисам могао а да не приметим да су јој у ствари највише порасле груди. Преко њеног рамена, показао сам велико одушевљење поводом јаја; и онда сам је, коначно, мада сам био свестан да чиним глупост, пољубио. Јер, учинило ми се тако природно, тамо на благом летњем сунцу, да раздвојим њену хладну косу и да благо уснама додирнем троугао њеног врата.

Зауставио сам се. Из новог, блискијег положаја, могао сам да видим огромну плаву вену, велику као цев, која се гранала низ врат и преко груди; могао сам да видим и њен слатко набубрели јајасти трбух. Показујући способност да контролишем нагоне, својствену разумној одраслој особи, задржао сам се на посматрању тих ствари.

Она је ставила руке на крста и мало се протеглила. Подбочила се. Искључила је плотну.

Али затим, на моје изненађење и запрепашћење, окренула се према мени. Нека нова лењост чинила ју је љупкијом; могло се видети како ће се ускоро кретати попут огромне грађевинске машине. Ипак смо се пољубили.

Касније смо се охладили сладоледом.

ЛАН / *Било је то као у филму Б-продукције. То ми је било јасно, да је мој живот као филм Б-продукције. Хтела сам да мој живот сада буде као филм А-продукције, али нисам била сигурна шта то значи. Помислила сам да би требало да гледам неке филмове А-продукције и да сазнам, али када сам отишла у видео-клуб и тражила филмове А-продукције, она Ејлин за тезгом се само насмејала.*

— Била си на правом путу у Мејну — рекао ми је Карнеги. Вредно си радила и постизала си нешто. Била си део приче о досељеничком успеху.

— Али, сви нас просто мрзе — рекла сам ја. — Да ли је и то део приче?

КАРНЕГИ / — Да те питам нешто — рекао сам ја. Зар стварно ниси могла да платиш мештане да раде код тебе? Да ли си стварно морала да доводиш досељенике да раде?

— То није сасвим јасно — рекла је она. — Уз високу најамнину нисмо знали можемо ли да зарађујемо или не можемо.

— А да ли си црним муштеријала давала мање порције?

— Није нам било драго због тога — рекла је она. — Али, чули смо, ако имаш сувише црних муштерија, то може да ти упропасти посао. Зато смо мислили да морамо да будемо опрезни.

— А да ли си проверавала уље од кикирикија? Кад си знала да деца имају алергију?

— У томе смо били врло пажљиви — рекла је. — Дечије здравље је много важно. — Онда је поново питала: — Зашто нас сви мрзе?

— Болест црвених очију — рекао сам ја.

Не знаш ти шта је Америка.

ЛАН / Толико муке око бизниса старе економије.

ВЕНДИ / Мама седи ли седи у својој новој кући. Њена нова кућа је летњиковац, није баш кућа, и то јој се свиђа. Није пуна ствари, каже да се тамо осећа слободно, нови намештај купује комад по комад. До сада је набавила зелени двосед, и зелену фотељу за читање, и полицу за књиге. Испробава различите боје на зиду, и за Бејлија има малу осунчану собу за играње, целу застрвену тепихом, са уграђеним плакарима. Полако преноси ствари из куће и попуњава полице. Није донела много ствари, само део, да полице не изгледају празно. А за мене и Лизи има кревете на спрат и посебној соби која води право на трем са љуљашком. Некада давно тај трем је служио за сушење рубља, али је сада пун цвећа.

Има мало двориште са новим вртом. Воли што је врт мали, али довољно велики за сунцокрете, у ствари су у њему већ били засејани сунцокрети када се она уселила, тако је знала да је то место за њу. Још нису цветали, али су били ту, а сада свакога дана могу да процветају. Каже да је онај други врт био превелик, стално је осећала да не може да постигне, и свиђа јој се што је овај крај пун деце. Воли што може да шета са Бејлијем улицом, све до парка, где има много других мајки и друге деце. Наравно, има и пријатеље из нашег краја, није она баш тако далеко, али у новој кући се осећа као да никад не мора да изиђе из свог блока.

— Чак више нисам ни претплаћена на новине — каже она. — Зашто бих све то скупљала? Ових дана осећам се као острига. Знате ...

Онда склопи руке као да нешто затвара.

Уврнуто је што идемо у посету. Мама је тако срећна и задовољна кад нас види, и има толико много времена. Прави нам нарочите посластице — ролате и чајне кексе, па чак и праве медењаке кад се Лизи пожали да нам никад није правила медењаке — и слуша све што јој причамо. Воли нас и воли нас.

Лизи је љута, али ипак једе мамине слаткише, иако се због медењака расплаче. И само повремено каже да остатак света умире од глади, и ако мама има толико енергије, требало би да волонтира у народној кухињи.

Мама каже: — Завршила сам са храњењем света.

— Наравно. Зашто би хранила свет — каже Лизи.

— Исцрпљена сам — каже мама — то је реч коју ћете једнога дана разумети.

И онда наставља да прича како ће да ископа неке луковице преко зиме. Уопште не помиње да ли ће се враћати да живи код куће, и ми не питамо, чак ни Лизи не пита.

Играмо се с Бејлијем више него раније, пре свега зато што код маме немамо шта друго да радимо. Осим домаћих задатака и разговора мобилним, што Лизи стално ради, толико разговара са Дереком да мора да набави слушалице какве носе телефонисткиње и да мобилни носи окачен око појаса.

Али, с Бејлијем се играмо и зато што бисмо иначе све време морале да разговарамо са мамом, она би само причала и причала и причала. Помало је као Бејли, на неки начин, само што те он не запиткује само о теби. Као, њега занима шта гризе. Ако му покажеш бубу, он пита, То гризе? И ако види малу мацу, он каже, То гризе? Чак и лептире, ако види лептира, он пита, То гризе? Воли да се претвара да је птица, или мачка, или да пљује, што не сме да ради.

Наравно, кад мама види да се играм с Бејлијем, срећна је.

— Како си ти добра сестра! — каже.

Каже да ме играње са Бејлијем задржава у додиру са мојим детињством, да је то дивна ствар.

Али, Лизи каже да мама само жели да ми не мрзимо Бејлија, пошто га мрзимо.

— Ја га не мрзим — кажем ја.

Она каже да га ипак мрзим. Каже да ја то можда не примећујем, али га мрзим зато што је биолошки и што је дечак и Бејли, није као ми, зато што је то једино дете које је мама узела са собом из куће.

— Није он баш Бејли — кажем ја — он је мешанче, као ти. Само што је њега некако више усвојила мама него тата.

Лизи се смеје кад ја то кажем.

— Како могу да га усвоје — каже она — кад је природан.

— Могу — кажем ја. Само си љубоморна зато што мислиш да је више усвојен него ти.

КАРНЕГИ / Блонди је обећала да ће одржавати врт у нашој кући, али је на крају у њему порасла таква џунгла да сам све посекао Мичеловом машином за сечење корова. Покосио сам њену козију браду која се отела контроли. Покосио сам жутолисту везицу. Покосио сам превише набујао црни слез и скроз пропали матичњак. И све остало — више биљака него што бих умео да наведем — све сам их искоренио. Све сам завршио за сат времена, док ме је сунце пекло у леђа; а када сам био готов, погледао сам шта сам урадио и зајецао.

Наравно да сам од тога добио копривњачу.

Блонди, како је изгледало, од тога није добила ништа.

— Мислила сам да волим ту башту — рекла је гледајући око себе. — Али, сада имам нову башту.

БЛОНДИ / Можда сам постала помало као Бејли, зато што сам стално са Бејлијем. Из тога што сам гледала како једнога дана може нешто толико да воли, воли, воли — свог Пуа, или своје возиће — али да следећег дана пређе на нешто друго.

КАРНЕГИ / Што је Лан више размишљала о Блонди, то јој је више мрзела.

ЛАН / *Блонди је била фолирант. Од првог тренутка сам осећала да је фолирант. И Лизи је тако рекла, да је велики фолирант. Од првог тренутка је желела да се ја вратим кући.*

КАРНЕГИ / Покушао сам да убедим Лан да то што желиш да неко иде кући није баш исто као кад неког мрзиш. Не баш.

Тешко ми је ишло.

Ни разговор са Блонди није баш био птичја песма.

— Лан никада неће заузети твоје место — рекао сам. — Сви се слажемо у томе, знаш. И девојке. Кажу да си ти њихова права мајка, њихова једина мајка.

На шта је она одговорила: — Наравно да сам ја и даље њихова мајка. Само више нисам твоја жена.

Понекад сам износио аргументе у име Бејлија. Како бих могао то да не урадим? Сваке ноћи сам сањао свог дечка озбиљног лица, осећао како је напет од бриге док ми седи на колену. Чуо сам да тражи своју собу, са песком, и океаном, и плавим небом. Чуо га како пита за Ланлан. Тражи Томија.

— Како си то могла да му учиниш? — рекао сам. — Знаш ли шта ме је данас питао? Питао ме је да ли тате гризу. И шта је ватра, хтео је да зна шта је ватра. Да ли ватра гризе? Ето шта је његово детињство. Зар не видиш да му отимаш срећно детињство?

То ју је бар расплакало, то што сам говорио такве ствари. Расплакала се.

Али се иначе стално враћала на своју мантру: — Мама Вонг је победила. Крај игре. Одустајем.

Једнога дана сам јој прочитао песму:

*Ниска и висока, пролећна трава буја,
као да је вуче страст, од ње нам капија зелена,*

*све се из смрти враћа у живот.
Само моје срце од чичка остало је горко.*

*Знаш да у стварима овим поново
Видим тебе како садиш нашу башту*

*Иза куће, и нас двоје како лено скупљамо
Оно што нам је никло. Није то мала ствар.*

Тога дана је слушала, оборене главе, затворених очију; а када сам рекао како мислим да те кинеске песме на крају крајева имају много више везе са њом него са мојом мајком, она се расплакала. Расплакала се и дозволила ми да је узмем у наручје, али је касније ипак пунила своје торбе. Како су те торбе биле пуне! Углавном Бејлијевих ствари, али и других: све је носила, све у малим товарима, у своју кућу. Коју ја никада нисам видео; коју она није желела да ми покаже. Као да сам ја толико пун вашки да би чак и мој поглед могао да загади све на шта би пао.

— Почињеш да личиш на Лизи — рекао сам јој.

Јер, Лизи је имала фазе у којима нам није било дозвољено да дирамо неке ствари, да видимо неке ствари, чак ни да помињемо ствари које нисмо ни додирнули ни видели.

— Само жели да има свој мир — објашњавала ми је Лизи сада.

И још: — Јежи се од тебе. Остави је на миру.

Трудио сам се да је оставим на миру. Али, кад год би дошла, одлазила је са све више комадића нашег живота.

— Бићу ти захвална ако овога пута не будеш прегледао торбе — рекла је шаљиво. — Ништа не крадем.

— Не прегледам ја торбе — тврдио сам ја.

— Ма немој — рекла је она.

— Останем кући! Останем кући! — плакао је Бејли једнога дана на поласку. — Останем кући!

Али, она га је ипак узела, отворено — била је то највећа од свих крађа, за коју јој чак није ни била потребна торба. Бејли је плакао и плакао, опљачкан, док га је она одвлачила низ прилазни пут и везивала га за седиште у аутомобилу; али, чим му је убацила Малог Кита, он је престао. Како је само плавокосо изгледао у колима; како се и могло очекивати, пошто је било лето. А зашто и не би био? Све плавокосији и плавокосији. Када ја не бих био ја — када бих био Блонди — зашто да не бих желео да буде што мање Кинез?

Лан се појавила иза мене док сам махао Бејлију, за случај да ме погледа. Што он није учинио.

— Блонди изгледа тако срећно — рекла је. — Можда је већ нашла новог дечка.

— Не тако брзо — рекао сам ја.

Ипак сам тако јако ударио врата тога дана да сам готово сломио шаку.

БЛОНДИ / Моји нови сунцокрети нису били онако високи као цветови које сам некада имала. И њихова величанственост је некако деловала мање величанствено.

Ипак су ми доносили радост — цветови су расли тако брзо да сам могла да их сечем и правим букете од њих. У ствари сам неке морала да одсечем. Како да опишем уживање у тој дужности? У томе што сам могла да одломим, а не да претестеришем оне жилаве, длакаве стабљике, у томе што сам додиривала цветове. Стабљике су биле тако јаке, иако су неке биле и шупље, биле су дивне. Могла сам по цело поподне да проведем лицем у лице са тим храпавим тањирима од цветова, али бих могла и да живим обасјана светлошћу из њиховик стабљика. Нарочито су веће стабљике деловале као да из њих избија светлост; њихова зелена боја уливала је спокојство; ако је постојало место на које бих пожелела да одем у следећем животу, то би било ту, у чисту светлост, да будем претворена у светлост. Била сам срећна. Упустила сам се у срећну пустоловину — светлост се томе радовала — али сам била сама. Где је Карнеги?

Некада давно — колико ми се само давно то сада чинило — купили смо заједничку гробницу, он и ја, на истом гробљу. Не баш праву гробницу, као Мама Вонг. Изабрали смо модернија места, на којима се могу поставити урне са пепелом, и изнад њих скроман споменик. Он је, ако бисмо желели, могао бити постављен на земљу, као део плочника на стази. Стази окруженој боровим дрветима и жбуновима азалеје. Жбунови су били у пуном цвату и пружали своје дивно, уморно грање; током лета су били густо обрасли лишћем.

Наше место било је прелепо.

Али, да ли ћу са неба морати заувек да гледам како се током зиме гробница Маме Вонг издиже изнад наше?

Стварно сам на то помишљала чак и у оно време.

Стварно, чак и пре него што је дошла Лан, низ зелени пролаз сам се спуштала сама.

ВЕНДИ / Мама долази за мој једанаести рођендан. Журку за разред ћу правити тек кроз недељу дана, почетком септембра, кад се сви врате, али правимо породичну прославу на тај дан. И мада је мој рођендан тако близу Бејлијевом, ја имам своју журку, као и увек, мама се увек бринула да ја имам своју журку и свој рођендан. Направила ми је омиљену вечеру, шунку са кремом од црног лука, и украсила трпезарију шаховским шарама. Направила је шах-торту, на поклон ми даје књижицу са сертификатима, од којих сваки важи за понешто што ја волим — часове шаха, књиге о шаху, обећање да ће ме одвести на турнир ако желим. Моја другарица Мија донела је своје ново сијамско маче које се зове Пад Таи, и ја сам толико срећна, осим на крају.

— Хоћеш ли да останеш? — кажем ја. — Само за једну ноћ? За мој рођендан? Молим те?

Толико плачем док је то молим да, када ми каже да ће остати, ја је чак и не чујем, мора да понови. И онда, стварно! Остаје! Остала је целу ноћ, заједно са Бејлијем. Бејли је у својој старој соби, на ћебадима на поду. Мама спава у гостињској соби.

Али, ујутро више није мој рођендан. Тата излази из гостињске собе и изгледа као да је плакао, а Бејли стварно плаче. Мама ипак спакује још неколико торби пуних ствари — јесење одеће, каже, стигло је време за дуге панталоне.

БЛОНДИ / Можда је то било себично. Понекад сам се питала да ли су моји поступци себични.

Али, тада бих видела Лан, или бих чула Лан. Видела бих како спушта тањир пред Карнегија на тако присан начин да бих могла да се расплачем. Девојке су рекле да и она сада зна сва његова омиљена јела, да му сваке вечери спрема нешто посебно, и то тачно онако како он воли. И сама сам је једне вечери видела како стоји крај њега, са набреклим трбухом, и чека да види да ли му се допада нека нова риба.

Наравно да је био одушевљен.

— Видиш, сад знам твој укус — рекла је уз онај свој искривљен осмех. — Све могу да направим тачно онако како ти волиш. Знам твој укус.

ЛАН / На неки начин, *да*. Знала сам његов укус, *да*. На неки начин, *могла сам да урадим све што му се допада*.

Али на неки *други* начин, zhi ren zhi du bu zhi hin — можеш да знаш некога, да знаш његов стомак, али да не знаш његово срце.

Осећала сам *то*.

КАРНЕГИ / И ето где смо били: подељени, већи део недеље, на два наоко природнија домаћинства, али јасно осећајући подељеност. Јасно смо осећали да нам недостаје наш истински сјај шароликости.

Моја жена ме је обавестила да више не смем да је зовем Блонди. Убудуће је, рекла је, она за мене Цејни.

— Ако хоћеш да говорим Цејни, говорићу Цејни — рекао сам испрва.

Али сам затим рекао: — Блонди! Блонди, ти си Блонди, дођавола!

ВЕНДИ / Стиже једног петка поподне, одмах пошто је почела школа, поштар је лично донео. Или не баш поштар, ово је неки човек сасвим кратке косе и на потиљку обријан у облику рибе. Да сам мала, вероватно бих га питала да ли је то стварно риба, али сада знам да, чак и када људи имају тако нешто на глави, треба да се правиш као да не примећујеш. У ствари, Лизи би рекла да то баш зато и носе, зато што воле да теби буде непријатно, а знам да она некако зна такве ствари. Али, ипак мислим да можда само воли рибе. Јер, откуд знамо? Лизи би рекла да она зна зато што је старија, тако је самоуверена. Каже да сада зна све и свашта, и ускоро више ништа неће моћи да је изненади, и онда ће бити одрасла.

Кад му то кажем, тата одговори: — Ја се још надам да ће ме повремено нешто изненадити, макар само зато да би ме одржало у животу.

Док то говори, потписује на електронској подлози коју је донео човек са рибом, каже, *макар само зато да би ме одржало у животу.* Да ли ћу и ја морати да се одржавам у животу једнога дана? Покушавам да схватим шта то значи када тата каже, Хонг Конг!

То је зато што је пакет послат експресном поштом из Хонг Конга. Тата прво није знао шта је то, али онда помисли да је то баш забавно, каже, то је рођак Маме Вонг који је то чувао годинама, и онда одједном послао експресном поштом.

— Тај ти је право чудо од човека — каже. — Мора бити да га је на то натерала нечија последња воља.

Одмота књигу, и кад скине све оне шушкаве омотаче, испостави се да су то у ствари три књиге, меких корица, све морнарско-плаве. Шивене су са стране, и имају дугачке и уске налепнице тамо где бисмо рекли да је полеђина, али је то ипак лице, са оним црним кинеским карактерима који иду одоздо навише. Тата прелистава књиге и види да је све на кинеском — нема ничега на енглеском. Гледа како су сложене странице — као да је сваки лист у ствари двоструко већи, па онда пресавијен на пола, тако да ивица сваке странице уопште и није ивица, него превој.

И у књизи, наравно, стоји порука на којој пише да је онај тип из Хонг Конга управо обећао неком пријатељу на самрти да неће за собом оставити никакве дугове и тако нешто.

КАРНЕГИ / „Неплаћене дугове и неодржана обећања". У поруци је даље писало:

> И зато, ево породичне књиге. То је прича о породици твоје мајке, кроз седамнаест генерација, у Сечуану. Наравно, она је прва генерација у којој се бележе и девојчице, баш је срећница. За невољу, тебе ту нема, зато што си усвојен у Сједињеним Државама. У сваком случају, ти још ниси био рођен када је књига последњи пут допуњавана. Ипак, твоја старија сестра ће бити срећна

што ће видети своје име. Она је једино дете у целој генерацији.

ВЕНДИ / Тата спусти писмо и пребледи и као да почне да се презнојава. Наравно, вруће је за септембар, свима нам је врућина, али њему избијају капљице зноја, као да је прозор на колима, па се замаглио.

ЛАН / *Да се није нешто десило? Дошла сам да видим.*

ВЕНДИ / Он јој даје писмо, које она чита неколико пута, све док јој се цело чело не набора.
— Да ли си знала? — пита је он.
— Мој отац је говорио да је моја мајка побегла, и да је после умрла — каже она тихим гласом, некако између обичног гласа и шапата. — Од, како се каже, тумора на мозгу. Одавно.
И она је пребледела, савршено су се уклопили.
— Препливала је у Хонг Конг — каже тата. — Са кошаркашком лоптом испод сваке мишке. А тамо јој је овај рођак помогао. Овај исти који је послао књигу.
— Кошаркашка лопта?
— Две — каже тата. — Две кошаркашке лопте. По једна испод сваке мишке.
Неко време нико не говори ништа, и зато ја кажем: — Аууу.
— И шта се онда десило са мужем број два? — каже Ланлан. — И њега је оставила?
Сад може да се чује све што брунда по кући. Као фрижидер, вентилатори, тајмер који укључује светло у дневној соби.
— Не, погинуо је у несрећи — каже тата. — Одувек сам претпостављао да ми је то отац.
Крцка прстима.

— Усвојен! — каже.
— Ко је усвојен? — кажем ја.
— Ја — каже он. — Како ти се то чини, ха.

Изгледа чудно, као да му се лице у углу ухватило на удицу.

— Ала си ти срећан! — кажем ја.

Капљице зноја постају све веће.

— Други избор није и слабији избор — кажем ја. — Просто се тако десило.

— Смејурија — каже он. — Ха, ха, ха. Смејурија. Зашто ми мајка није рекла? Како је могла да ми не каже?

ЛАН / *Стално је то понављао. Али, зар нема свако нешто што жели да заборави? То је сасвим природно.*

ВЕНДИ / — А зашто теби твој отац није рекао? — пита он Ланлан. — Зашто ти је рекао да је мртва?

— Можда није желео да прича о тако несрећним стварима — каже Ланлан. — Већ смо били превише несрећни. Можда је мислио да нисам довољно јака да бих знала. И у сваком случају, каква корист од тога?

ЛАН / *То сам рекла зато што је моја породица из Сужоуа, још смо ми били из Сужоуа. Чак и ако ми је мајка била из Сечуана, опет смо ми из Сужоуа. Из веома лепог места.*

Потражили смо моје име на крају књиге, само да видимо. И наравно, ту сам била ја. Лин Лан.

Онда сам и ја почела чудно да се осећам.

ВЕНДИ / Лизи је дошла, па смо морали све испочетка да објашњавамо, као да треба да је убедимо у то, просто не може да верује. За то време Ланлан само зури у оне књиге, као да разуме сваки карактер понаособ, али не и шта сви они заједно значе.

ЛИЗИ / Тата је био сушта супротност. Шокиран, али је онда почео да разгледа књигу. Да тражи да му се преведе. Да упире прстом ту и тамо.

— Да ли би овде требало да буде моје име? — питао је Ланлан. — Одмах поред твог?

— Ти су у порицању — казала сам ја.

— Порицању? — рекла је она. — Шта ти то значи, у порицању?

Спустила је руку на свој округли трбушчић. Нокти су јој се сијали.

ЛАН / — *Млађи брат* — *рекла сам ја. Затим сам то поновила на кинеском.* Di di.

Он је спустио главу међу шаке.

— *Бар ми ниси прави брат* — *рекла сам ја.* — *Бар нисмо као брат и сестра, нисмо одрасли заједно. Само наша имена стоје заједно у књизи.*

КАРНЕГИ / А ипак, колико је ипак природније бити ожењен Блонди.

Смејурија!

ВЕНДИ / — Мислим да је сјајно што си усвојен — понављам ја.

Али, нико ми ништа не одговара, Лизи гледа у њих двоје и ко зна о чему размишља.

— Немој ни о чему да размишљаш — каже Ланлан Лизи. — Нема о чему да се размишља.

И почне да прелистава књигу, и чита све оне карактере као да је то сада најлакша ствар на свету.

— Гледај колико је синова дато другим породицама како би њихова лоза била настављена — каже. Гледај! У овој генерацији само једна породица је имала синове, све остале су морале да усвајају туђе синове. Можда ти мајка није рекла зато што је толико пуно породица стално усвајало синове. Ко би наставио породично име да те није усвојила, зар не? Заиста није имала избора. Нема ту о чему да се прича.

ЛАН / — *Кинези се труде да учине све да се други не осећају лоше* — рекла сам. *Трудимо се да причамо о лепим стварима.*

КАРНЕГИ / — Мама Вонг је заиста била таква. Никад не би рекла ништа због чега би се неко други лоше осећао — рекао сам ја.

ВЕНДИ / Капљице зноја сада му се сливају у поточићима. Има неку чудну боју, никад га таквог нисам видела, и лице му поново изгледа онако као закачено за удицу, и звучи као да не може да говори.

ЛАН / *Моја мајка! Питала сам могу ли да видим њену слику, али ми нико није одговорио, Карнеги је много чудно изгледао. Сав је био блед.*

ЛИЗИ / — Да ли ти је добро, тата? — упитала сам. — Тата! Да ли ти је добро?

ВЕНДИ / Мама је имала обичај да ми прича како сам једном кад сам била мала седела на степеницама са њом и питала је да ли ће она умрети, и кад је рекла да хоће, ја сам плакала и плакала и рекла сам да не волим кад неко умре, и ако она умре, ја ћу доћи да је продрмам и натерам је да се пробуди. И кад је она рекла да ми то можда неће успети, али да можда постоји небо, није сигурна, неки тако мисле, ја сам рекла да ћу ићи тамо да је нађем, али како ћу је наћи? А она је рекла да је то лако зато што ће она стајати на најочигледнијем месту, само треба да смислим које је то најочигледније место. И ја сам рекла, у башти, и она је рекла, у реду, договорено, чекаће ме у башти.

Али, сада гледам тату и мислим, где ли ћу њега да нађем? Никад се нисмо договорили где ћемо се срести, и зато га дрмусам и дрмусам, и говорим, Тата! Мораш да се пробудиш! Мораш да се пробудиш! Мораш да се пробудиш! Тата! Тата! И он отвара очи, али има тако чудне очи, нарочито у поређењу са обрвама, које су остале исте. И када каже, Мој лек, као да хоће да говори смешним гласом, само што се не шали кад каже, Зови хитну помоћ. Мада нам каже и да им кажемо да се амбулантна кола не заустављају да купују крофне.

— Кажи им да у ово доба дана ионако више нема оних са чоколадом — каже.

И још: — Немој да ме тресеш, молим те, зар не видиш да сам већ сав растресен?

И још: — Увек ћеш бити мој слаткиш. Не заборави. Не заборави.

КАРНЕГИ / — Кажу да не можеш да се сећаш операције на отвореном срцу, како бих уопште могао било чега да се сећам? Можда вожње у амбулантним колима, много се више труцка него што би човек очекивао, и све нешто звецка, и невероватно је колико се споро кола склањају са пута, тако изгледа зато што не осећаш колико се брзо крећу амбулантна кола, него колико често возач притиска кочнице, опет и опет и опет, хвала богу да је лекар ту да те заштити, где су само нашли овог возача? И колико ли се само пацијената без свести освестило од завијања сирене! Знаш да си још жив зато што те заболи глава, а осим тога, дође ти да узмеш сам да возиш. Или бар да им кажеш којим је путем најбоље ићи. *У ово доба дана ја не бих ишао Путем број 2*, кажем. Све се дешава толико брзо и толико успорено, призори се већ мешају: лице лекара, много заинтересованије него што би се очекивало кад се има у виду колико хитних случајева има у току једног дана, рекао бих четири-пет, или је то сувише мало? И Лизино округло лице кад су ме убацивали као што се убацује пица у пећницу. Ланино узано лице и дивно држање. И Вендино лице, најмршавије, тешко је поверовати да је била онако буцмаста беба. Како је само сићушна изгледала, нестала је иза мојих стопала, мојих огромних стопала, сићушнија него што би Бејли изгледао да је ту, зато што би Бејлију неко помогао, док је Венди стајала на својим ногама. Сићушна. Мада то није разлог зашто фудбал није њен спорт, напросто није. Где ли је Блонди, помислио сам. Блонди. Бејли. Чуо сам само Вендин дечији гласић, који су пригушивала моја стопала умотана у чаршав. Пита, Треба ли да кажем мами?

— Кажи мами, да! — вичем ја како знам и умем кроз маску са кисеоником коју су ми већ ставили преко уста. На грудима ми се нагомилао одрон изазван земљотресом. — Кажи мами да се брине о теби! Покушавам да кажем лекару, за случај да ме она не чује. — Реците јој, нека каже својој мами. Да се брине за њу. Реците јој.

— Смирите се — каже он. — Смирите се. Ово вам је први срчани удар? Немојте покушавати да говорите. Само климајте и одмахујте главом.

Ја климнем главом.

— Добро је — каже он.

— Хоћу да се вратим — кажем му. — Мој син. Морам да зовем жену.

Али, он само каже: — Покушајте да уживате у вожњи; даћу вам нешто.

Можда се заиста не сећам свега тога, међутим, да ли бих могао да се сетим одељења за хитне случајеве, људи који ме ударају у груди и вичу и вичу и још људи који трче и њихово да, одлука је донета, да, отвориће ми грудни кош, да, масираће ми срце, да? Наравно да сам био под наркозом, а ипак ми је остао утисак од свега тога, вероватно из филмова као што је *MASH*: рефлектори, проналажење вене, прикључивање сензора, и незаобилазне десетине статиста, сви се начичкали унаоколо, стежу ти руку, изговарају своје велике реченице. *У реду је, сада ћемо да вас пребацимо на сто. Само мали убод. Ово ће бити хладно. Бићете добро. Какво је време тамо? Допашће вам се нови тунел.* Топло ћебе; хладна, хладна операциона сала. Светла, радио, хирургове очи иза наочара, до краја сви буду упрскани као касапи.

Наравно да то нисам видео, али сам касније ипак знао, и то живо, али је чудо било то што је моје тело знало ствари са којима се раније никада није срело, моје тело пуно модрица, ломно, моји рашчеречени удови; боли су га и гурали у њега цевчице. Течност унутра, течност напоље, убризгавање, вађење, техничари и сестре, техничари и лекари, посетиоци и снови, само сам могао да мислим како претпостављам да више нисам млад, на шта је Мама Вонг рекла, Млад! Наравно да ниси млад, како би могао да будеш млад! Али, никада ниси ни одрастао! Тако знам да сам ја гајила Кинеза, а ти си ипак постао Американац.

Мама! — рекао сам. — Боље ти је.

Наравно да ми је боље, шта си ти мислио? Да ћу заувек да останем идиот?

Мама — рекао сам ја — имао сам срчани напад. Напало ме је моје срце.

Твоје срце је одувек правило проблеме — рекла је она. Од самог почетка ти говорим, под један, немаш полета. Под два, свакога мораш да спасаваш. Иако сам мртва, гледам како се трудиш да ме спасеш. Зашто? Каква је то смејурија?

Мама — рекао сам. — Знаш ли ову песму?

*Ми који смо живи, само смо путници у пролазу:
Само у смрти враћамо се кући.*

Наравно да је знам, мислиш да нисам образована? — рекла је она. — Никада нећеш знати колико ја знам.

Требало је да ми буде добро, али ме поново шаљу на операцију, зашто су ме поново слали на операцију? Одједном је ту била Лизи и рекла да су морали да оставе Бејлија, Бејлију није дозвољено да дође, али срећно, сви те волимо, и онда се чуо Ланин глас, учинило ми се, шта је оно говорила? Шта је шапутала? И Венди је рекла, Надамо се да ћеш преживети, онда јој је Блонди рекла да не прича такве ствари, не сме тако да говори, и Венди се расплакала и рекла да ионако не могу да је чујем, и шта уопште значи, „није при свести"? Да ли то значи да ме одржавају у животу? И да ли јој је оно Блондин глас рекао да је у реду, чак и када бих могао да чујем, не бих се љутио? Надао сам се да је то била Блонди, али је онда била Лан, па су онда сви отишли, и ја нисам могао да се поздравим, само сам желео да се сетим чега могу да се сетим док могу. Зашто ме све боли? Бејлијеве прве целе реченице — Тата иди! А затим, Мама моја! Мама моја! Како је Лизина рука укочено висила после инјекције против тетануса, никоме није дозвољавала ни да је погледа, али се ипак играла својим луткама и коцкама и колицима за куповину. Играла се и играла, једном руком. Колико је тада имала година? А Венди је тражила, Чита књигу! Хоћу Лизи чита књигу! Упорно је тражила, кад не бисмо могли да видимо месец, Нађи, Лизи! Лизи нађи месец! Говорила нам, Не волим да неко умре. Питала, Шта ће бити кад сви на земљи умру? И, Кад ја будем имала бебе, хоћеш ти да ми будеш деда? Па онда Лан и њен рачунар; а тамо, Блонди вади вишегодишње биљке у башти. И коме сад ово да дам?

И ја стојим поред судопере у кухињи, лижем сок од брескве са руку пре него што их оперем, наравно да сам морао да их оперем, али сам прво морао да полижем сав сок. Било је то дивно поподне.

Имали смо среће! Сад тако мислиш. Све време се понашаш као да хоћеш да будеш нешто друго; а сад би волео да си ослобођен сваког терета. То је зато што знаш крај приче. На почетку приче, не знаш шта ће се десити, не осећаш се тако срећан, веруј ми.

С друге стране, понекад устајемо рано ујутро, само ја и мој синчић, и осећам да је то велики живот. Понекад размишљам, колико ли само људи осећа досаду, а нама није до-

садно. Ми знамо куда идемо; идемо, идемо, идемо. Већ сам одлучила, и знам. Успећемо. Можеш да имаш велики новац, и наравно, то је добро. Али, можеш да имаш и велику причу, и то је такође добро. Понекад мислим да људи хоће да имају велике паре зато што ће им паре направити животну причу.

Мама — кажем ја. — Добио сам књигу, и испоставило се да ја уопште нисам твој син.

Само мали Американац би прочитао нешто и помислио, Ох, то мора бити истина. Као да је истина тако једноставна!

Па, шта је онда истина? — кажем ја. — Кажи ми пре него што се вратим својој породици.

Твојој такозваној породици — каже она кроз смех.

Мојој породици — упорно понављам.

Она се опет насмеје.

Лан је твоја ћерка.

Ћерка коју сам одавно изгубила.

А ја?

Она се смеје. — Па ко би био, ако не мој син?

Волим Блонди, знаш — кажем ја. — То је још једна смејурија. Оженио сам се женом за љубав.

Како онда може да ти буде жена за љубав? Реци ми.

А шта је са Лан? Могао бих да се оженим њоме, знаш. Ако се Блонди разведе од мене.

Још једна погрешна жена!

Мама. Зар ми је ниси ти послала, из гроба? Другу жену? Жену за љубав?

Смех.

То ми је изгледало сасвим природно — кажем.

Природно! — узвикује она. — Са друге стране, није баш много природно ни то што си се оженио Блонди.

Шта онда јесте природно?

Ништа није природно — смеје се она. — Ништа.

Шалиш се са мном — кажем ја.

А она смеје ли се, смеје. — Никога не можеш тако лако да изненадиш као Американца — каже она. — Да те сад питам нешто, али искрено. Како би ти могао да будеш мој син?

Како бих могао да не будем? — кажем ја тренутак касније. — На крају крајева, ти си ми упропастила живот.

Ах! Сад си прави Кинез! Видиш каква је то велика смејурија.

Остани — кажем ја. — Мама. Немој да идеш. Остани.

Али, она не одговара.

Врати се — кажем. — Како могу сам себи да упропаштавам живот?

И самом ти одлично иде — каже она. — Ионако ти ја нисам мајка да бих причала са тобом. Наравно да нисам.

Како то мислиш?

Погледај само колико ме волиш — каже она. — Како могу да ти будем мајка, кад ме тако волиш?

Али, волим те — кажем ја. — Волим те.

Онда ја нисам Мама Вонг — каже она. — Видиш?

И видим, и не видим — кажем ја. — И видим, и не видим.

Одлично! Видиш и не видиш, кажеш и не кажеш, знаш и не знаш. То је природан пут.

Како то мислиш?

Слушај — каже она. — Нисам ти ја мајка. Ти ми ниси син.

Али, то није истина.

У реду, онда. Ја сам ти мајка. Ти си мој син.

То није...

Тачно!

Мислио сам да си рекла, Дете треба да каже ово је моја мајка, тачка. Ово је мој отац, тачка.

Иначе породица изгледа као да није стварна, рекла сам.

Мислио сам да си рекла...

Откад ти уопште слушаш шта ја причам?

Откако...

То што слушаш је твоја сопствена кривица! Ја сам мртва! Немој мене да кривиш!

Али...

Мртва сам! Мртва сам! Мртва сам! Чујеш ли ме? Мртва!

Али...

Умукни — каже. Одлази! Нема никаквог али.
Али...
Две жене, то је увек невоља, ја да ти кажем.
Али...
Одлази — каже она. Толико се моташ око мене, као да сам ти ја жена за љубав. Одлази!
Али...
Шта је фалило Лили Ли? То ти мени реци.
Мама...
Одлази! Одлази!

ВЕНДИ / Чекаоница је пуна света који чека и чека. Нико не каже да је неко преживео или умро, сви говоре о томе да ли је неко успео. *Да ли је успео? Да ли је успео? И ми тако причамо. Надамо се да ће успети. Надамо се да ће успети.*

Причамо о другим људима.

Причамо о кафетерији.

Причамо о продавници у приземљу.

Али, углавном не причамо много. Углавном се надамо, и чекамо да сазнамо оно што ћемо сазнати. И то је то, претпостављам. Овај свет може нестати као било који други, тако је говорила прабаба Доти, али у сваком случају, сада смо овде. Бејли, Лизи, Ланлан и мама и ја. Једемо чипс, гледамо ТВ, водимо Бејлија у купатило. Превршемо се преко главе, пуцамо, играмо се рођендана.

— Овде сам! — каже нам Бејли. Не два! Три!

Нико не зури у нас, претпостављам да је очигледно да смо заједно.

Чекамо.

Један угао чекаонице је наш зато што смо тамо оставили наше ствари, поред прозора. Заузели смо пет места, али Бејли своје користи само да би скакао с њега. Мама седи преко пута Ланлан и њеног трбуха. Обе су понеле грицкалице за Бејлија, и Бејли узима од обе. Обе се играју са Бејлијем, и Бејли се игра са обе. Али, као да се њих две налазе на супротним странама земаљске кугле, а не у истом ћошку, ако једна од њих прође поред друге, она друга обори главу. Мамине очи једва да су више уопште плаве.

Тешко се може поверовати да би ико за било коју од њих рекао да је уопште за љубав.

Али, ово су наша места, нема других места, чекаоница је препуна. Са друге стране, ако се удаљимо, нико не седа на њих, примећујем. Зато што припадају нашој породици.

У сваком случају, ионако углавном не идемо никуда. Углавном седимо, минут за минутом, гледамо исти часовник, овде у углу чекаонице, где седи наша породица. Ускоро ћемо знати, ускоро ћемо знати, ускоро ћемо нешто знати.

У међувремену, породична књига је моја, чини ми се. Да ли се ико уопште више сећа? Мама Вонг ју је мени оставила. Мада ћу ја, наравно, да је делим са другима.

Кад сунце постане превише јако, навучемо завесу.

И управо у том тренутку појављује се хирург, његова прилика оцртава се на вратима.

— Па, потрајало је мало дуже — каже. — Али, успели смо.

Успели смо! Како се само радујемо и радујемо, полудели смо, сви — радујемо се и радујемо, цела наша породица, заједно. Урааа! Успели смо! Потрајало је мало дуже, али смо успели!

Сви смо срећни, тако срећни, и — ко зна? — можда ћемо и остати срећни. Гледај само како се сви грлимо, Лизи и Бејли и мама и Ланлан и ја, гледај само! Како Ланлан хвата маму за руку, и мама хвата њу. То значи бити срећан!

Али, онда пусте једна другу, скрену поглед, почну да трепћу.

Успели смо! А ипак, сви знамо оно што знамо.

Овај свет може да нестане као и било који други.

Невероватно како нагло може да се смркне.

САДРЖАЈ

I ДЕО

1 Долази Лан 11
2 Извуци ме 35
3 Аутоматика 53
4 Породица је рођена 72
5 Мени је довољно ништа 109
6 Венди 128
7 Нешто као гост 166
8 Карнеги узима слободан дан 186
9 Време 218

II ДЕО

10 Како бити срећан 243
11 Срећна породица 290
12 Блонди узима слободан дан 302
13 Блонди даје отказ 316
14 Шанг 343
15 Острво Независности 382
16 Плажа звана Сју 397
17 Чекаоница 423

Гиш Џен ЖЕНА ЗА ЉУБАВ • Издавачко предузеће РАД Београд, Дечанска 12 • Лектор и коректор МИРОСЛАВА СТОЈКОВИЋ • За издавача СИМОН СИМОНОВИЋ
Штампа Елвод-принт, Лазаревац

CIP – Katalogizacija u publikaciji
Narodna biblioteka Srbije, Beograd

821.111(73)-31

ГИШ, Џен

Жена за љубав / Гиш Џен ; [превела са енглеског Александра Манчић]. – Београд :
Рад, 2006 (Лазаревац : Елвод-принт). – 456 стр. ; 21 cm. (Библиотека Рад)

Превод дела: Love wife / Gish Jen.

ISBN 86-09-00931-9

COBISS.SR-ID 133367564

www.ingramcontent.com/pod-product-compliance
Lightning Source LLC
Chambersburg PA
CBHW051031160426
43193CB00010B/902